浙江省文物考古研究所专著与文集　第 25 号

路　石

——张森水旧石器考古学术之路

张森水　著

浙江省文物考古研究所　编

文物出版社

图书在版编目（CIP）数据

路石：张森水旧石器考古学术之路／张森水著；
浙江省文物考古研究所编 . －－北京：文物出版社，
2022.9
　　ISBN 978－7－5010－7709－0

　　Ⅰ . ①路… 　Ⅱ . ①张… ②浙… 　Ⅲ . ①旧石器时代考
古－研究－中国 　Ⅳ . ①K871. 114

　　中国版本图书馆 CIP 数据核字（2022）第 087604 号

浙江省文物考古研究所专著与文集 　第 25 号

路石——张森水旧石器考古学术之路

著　　者：张森水
编　　者：浙江省文物考古研究所

责任编辑：黄　曲
封面设计：程星涛
责任印制：张　丽

出版发行：文物出版社
社　　址：北京市东城区东直门内北小街 2 号楼
邮政编码：100007
网　　址：https：//www. wenwu. com
经　　销：新华书店
印　　刷：宝蕾元仁浩（天津）印刷有限公司
开　　本：889mm×1194mm　1/16
印　　张：19. 75
版　　次：2022 年 9 月第 1 版
印　　次：2022 年 9 月第 1 次印刷
书　　号：ISBN 978－7－5010－7709－0
定　　价：280. 00 元

引 言

浙江省文物考古研究所在编辑出版张森水先生学术成果与生平资料集《路石——张森水旧石器考古学术之路》，学弟徐新民嘱我写几句导读的话。我虽然爽快答应，却迟迟无法动笔，陷入长时语塞。光阴似箭，先生已经离世 15 个年头了。作为他的学生，我一直无法释怀，一直觉得先生还在身边。与先生一起工作的朝朝暮暮，告别先生的点点滴滴，一切都恍如昨日，一切都历历在目。

先生于 2007 年 11 月 27 日在北京人民医院仙逝。那是一个空气清冷、万籁俱寂的黎明，先生在女儿和学生的告慰声与泪滴中合上双眼。半年后的 2008 年 5 月 27 日，我们陪伴师母在浙江安吉县上马坎遗址旁新落成的"张森水纪念园"内举办先生的骨灰安放仪式。大家簇拥在先生的花岗岩雕像周围抚摸着、仰视着、唏嘘着，久久不愿离去。2017 年 11 月 27 日，在先生辞世十周年的忌日，我们又来到先生的纪念园，瞻仰先生愈发沧桑的雕像，缅怀先生的关爱、教诲和音容笑貌。经历这么多，却常感觉不真实，路过先生曾经工作的办公室，每每会有推门进去求教的冲动；与同仁、学生谈到先生，常会听到梦中与先生互动的述说。一个人常常存念于亲友的内心和梦境，常常在精神上指导大家的学习和工作，生与死，又如何能分辨得清清楚楚！

在先生驾鹤西去不久，我就与两位张家姐姐和新民弟商量如何将先生的精神遗产传递下去，如何将先生引领的学术事业发扬光大。几经斟酌，后与浙江省文物考古研究所时任所长刘斌研究员商议，决定在靠近先生纪念园的浙江省文物考古研究所安吉考古保护中心开辟"张森水纪念室"，以收藏、展示先生的办公用具和著作、单行本、照片、手稿、信件、野外工作日记、书刊、报纸等。这些遗物与资料大多是先生的两位女儿张蕴敏、张韶彬提供的，一些照片和信件是先生的生前友好和学生们捐献的，这些资料浓缩了先生的学术生涯和丰硕建树，汇聚了亲朋好友们的心血和情感。"张森水纪念室"是学科历史的一座里程碑，是晚辈后生的一处情感联络站。

"张森水纪念室"坐落于浙江安吉，适得其所。先生在风华正茂的年月东考西察，考古发现与学术成就硕果累累，但在晚年却有一个心结越结越紧——他的家乡浙江省长期以来是旧石器时代考古的空白区！我曾数次听到恩师念叨：中国旧石器考古界有出自浙江省的"三员大将"，邱中郎、戴尔俭和我，在很多省份找到过旧石器遗存，却在家乡无所建树……2002 年，国家科技部重要基础研究前期专项"中国晚更新世现代人起源与环境因素研究"立项，我请先生御驾亲征浙江这块旧石器时代考古的处女地。先生欣然同意，很快组织人马，于十月一日后率队开赴浙江开展考古调查。先生亲临，马到成功，很快在安吉发现地层明确、石制品丰富的上马坎遗址，取得浙江旧石器考古的重大突破！

其后，先生的工作重心便放在了浙江，多次赶赴这片红土热地调查、发掘和研究，指导徐新民等考古人开展持续的工作，发表了多篇重要学术论著，使浙江省旧石器时代考古变得红红火火，捷报频传。2007 年 9 月下旬，先生最后一次到浙江考察，在半个月的时间内先后于长兴县观察银锭岗和合溪洞的考古发掘现场，脚踩乱石攀登剖面贴近察看遗物埋藏情况，然后转赴浦江县开展野外调查，又发现新的旧石器时代遗址，顺便观察了上山遗址出土的石制品，马不停蹄，日夜澡劳。野外考察结束后从杭州启程，在徐新民的陪护下前往山东省沂源人遗址参加学术研讨会，对相关工作提出指导性意见。我们一路陪伴先生回京，先生虽显露疲态，却一直与我们谈古论今。不曾想这竟是先生的最后差旅！

筹建先生纪念室，学弟徐新民研究员居功至伟。先生启动浙江旧石器考古调查伊始，新民就主动请缨，伴随在侧，一路讨教，日夜照料，成为先生未入籍的关门弟子，受先生教益良多，对先生感情至深。先生去世后他操持了先生雕像的制作和纪念园的建设，承办了先生的骨灰安放仪式和追思活动。其后他着手筹建纪念室，与学友们广泛联系，收集与先生相关的资料，将这些珍贵的文物运至安吉，才有了这处藏品丰富、学术底蕴厚重的"张森水纪念室"。

浙江文物考古界的同仁铭记着先生的贡献，感念着先生热爱家乡的情怀，在寸土寸金的考古保护中心专门辟出空间，使先生的遗赠得到理想的安置。浙江省文物考古研究所前所长刘斌先生热忱支持和促成了先生的浙江旧石器考察之旅，主持了 2017 年对先生的追思活动，支持设立"张森水纪念室"的构想和计划；后继的方向明所长和李晖书记接过这份遗产和责任，对先生事业的传承和精神的弘扬给予了大力支持。

先生一生勤勉，笔耕不辍，在等身的学术著述之外还以"一丁""路石"等笔名写作发表了大量科普杂文。晚年的先生尤喜"路石"这个笔名，把自己当作铺筑旧石器考古道路的石子，希冀通过自己的学术建树和传道授业让裴文中等前辈开创的事业得到传承并发扬光大。他老人家曾在这条崎岖不平、布满荆棘的道路上艰辛探索，奋力开拓，填沟垒桥，一路风尘。他希望后辈学人可以走一条宽敞、明亮、平顺的学术大道，能将旧石器时代文化的精髓发掘出来，传承下去，成为中华社会的知识财富和精神力量。

这部《路石——张森水旧石器考古学术之路》是一个时代的坐标，是一份历史的见证，是一条承前启后的纽带。它饱含着先生丰邃的学养和进取的精神，蕴藏着后继者在先生铺就的学术道路上阔步前行的能量、定力和方向！

高星

2022 年 4 月 22 日于北京

感　谢

　　时间在日升日落不知不觉中流逝，转眼间父亲离开我们已经十几年了，十几个春夏秋冬，日月更迭，他似乎一直没有离开过我们的生活。一方面我们无时无刻不在思念他，另一方面他离开后，我们比他在的时候更多地想了解他曾经的生活和工作，由此结识了很多之前不曾认识的朋友，并更切实地感受他的工作和生活内容，从而也更真切地理解他终身热爱的事业和为之付出的努力是多么值得

　　《路石——张森水旧石器考古学术之路》的出版，是大家对于我父亲的怀念之情的表达，同时也是后辈对于科学思想方法的传承，是一件非常有意义的事情。内容涉及父亲在浙江、福建、安徽、贵州、四川、湖南、陕西、广西、山西、北京周口店、内蒙古等地的科学考察及发现研究，一定程度上是他学术生涯的概括和总结。

　　本书的出版，从选题的确立到收集整合文字图片资料，倾注了浙江省文物考古研究所徐新民老师、中国科学院古脊椎动物与古人类研究所高星老师以及许多曾经和父亲一起工作过的学生、朋友的心血，我们将铭记于心，在此表示深深的感谢！

张蕴敏　张韶影

2022 年 3 月 3 日

目　录

图　版

建德发现的一枚人的犬齿化石及浙江
第四纪哺乳动物新资料[*]

1974 年冬，我们和浙江省博物馆几位同志①共同在该省的杭州和金华两地区进行野外考察。这次工作的结果是发现了一些化石地点（图一），在建德县李家公社上新桥大队所属的乌龟洞内，找到了一枚人的犬齿化石。新发现的材料，扩大了新人阶段古人类的分布范围，也为华南第四纪地层划分提供了有意义的资料。本文扼要地报道这次工作的主要收获。在野外工作中，建德县委宣传组、余杭县和衢县文化部门给予大力的支持，在此特致谢意。

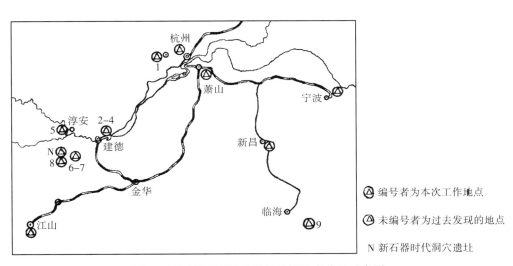

图一　浙江第四纪哺乳动物化石地点位置示意图

一、建德人化石及其共生的哺乳动物群

发现人化石的地点（野外编号 ZH7406），位于建德县李家公社上新桥大队村西的乌龟洞内，即北纬 29°20′、东经 119°05′附近，高出当地河水面约 15 米。原洞顶大部坍塌，现呈岩厦状。该地点曾作过报道②。

已如前述，由于洞顶严重的破坏，洞的原貌难以复原，大部分堆积已无洞顶掩盖。为了进一步确定这个化石地点的性质，进行了必要的发掘。清理掉厚 50 厘米左右的现代堆积后，才露出原生的堆

　　*　与韩德芬共同执笔。
　　①　参加这次野外考察的有浙江省博物馆魏丰、徐玉斌、张明华同志和中国科学院古脊椎动物与古人类研究所的戴尔俭、汇春华、韩德芬和张森水等同志。
　　②　黄正维、孟子江：《浙江哺乳动物新产地》，《古脊椎动物与古人类》1964 年第 8 卷第 1 期，第 92~96 页。

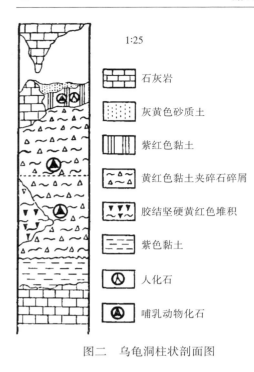

图二　乌龟洞柱状剖面图

图例（1:25）

- 石灰岩
- 灰黄色砂质土
- 紫红色黏土
- 黄红色黏土夹碎石碎屑
- 胶结坚硬黄红色堆积
- 紫色黏土
- 人化石
- 哺乳动物化石

积。发掘结果表明，含化石的地层可分上、下两部分（图二）：

上部：堆积物是紫红色黏土，主要保留在西南支洞内，厚约 35 厘米，在其中发现人化石及第四纪哺乳动物最后鬣狗等 11 种化石。

下部：均为黄红色黏土，厚约 110 厘米，但从 50 厘米向下土色渐变棕黄，灰岩和燧石小角砾渐增，在发掘坑南部，堆积物胶结坚硬，由南向北呈楔状分布，在其中发现较丰富的动物化石，计剑齿象、纳玛象、巨貘等 16 种，但未发现人类化石。

（一）上部地层出土的人化石及动物化石

1. 智人（*Homo sapiens*）

标本为一件右上犬齿（编号 PA.536），它稍有破损，经过修复，除齿冠远端外侧缺一小块外，其他部分保存完好。齿冠唇面有条状浅槽的痕迹，可能被啮齿类动物啃咬过。齿根保存不全，被啮齿类动物咬掉了一部分，根尖缺失，而呈一斜面。

这件标本的齿冠内侧缘已经磨失，齿冠高 11.6 毫米，远中近中径为 8.2 毫米，唇舌径为 9.5 毫米。其粗壮程度大于柳江人，后者被鉴定为男性个体，依此类比，它也可归于男性个体。这件标本齿尖磨耗程度比柳江人稍弱，因之，可能是代表 30 岁左右的青年个体。

根据形态的对比，这件标本应属于智人类型的古人类。若将建德人右上犬齿与北京猿人上犬齿比较，可看出明显的进步性。北京猿人上犬齿无论齿冠或齿根均粗壮，舌面构造复杂，舌峰和副舌峰发育，舌面圆隆的底结节显著，齿带发育；其齿根不仅硕壮，至尖端处有突然收缩成细尖的现象。这些原始性在建德人右上犬齿上是见不到的。但与现代人男性上犬齿比较，不仅齿冠略大，齿根也不像现代人那样呈桩形，而且显得粗壮一些。从形态上看，建德人右上犬齿化石与柳江人和山顶洞人十分相像，但比山顶洞人、柳江人和现代人同类牙齿的平均值都要略大一些（见表 1）。

表 1　　　　　　　　　　　　　　　　人犬齿尺寸比较表

（单位：毫米）

名称 项目	建德人	柳江人		山顶洞人 101 号		现代人
	右上犬齿	右上犬齿	左上犬齿	右上犬齿	左上犬齿	犬齿
唇舌径	9.5	9.1	9.0	8.3	8.6	8.2
远中近中径	8.2	8.3	7.9	7.9	7.8	7.9

注：柳江人、山顶洞人 101 号数据依模型测量，现代人数据依王惠芸（见王惠芸：《牙体解剖生理学》，人民卫生出版社，1965 年，第 23 页）。

在研究柳江人化石时，吴汝康指出："可以确定柳江人是早期智人类型""是至今在中国以至整个东亚发现的最早的新人化石"①。依建德人右上犬齿化石的形态以及其出土的层位和古生物资料，把建德化石人归于柳江人一类的智人类型是恰当的，其时代大体相当于更新世晚期的后一阶段（Q$_{\text{III}}^{2}$）。

2. 建德人同层出土的哺乳动物化石

猕猴（*Macaca* sp.）

最后鬣狗（*Crocuta ultima* Matsumoto）

猪獾（*Arctonyx collaris* Cuvier）

大熊猫（*Ailuropoda melanoleuca fovealis* M. et G.）

中国犀（*Rhinoceros sinensis* Owen）

水牛（*Bubalus* sp.）

羊（*Ovis* sp.）

鹿（*Cervus* sp.）　依第三臼齿长度（一类为 20 毫米，另一类为 29.5 毫米）可能有两个种。

麂（*Muntiacus* sp.）

猪（*Sus scrofa* L.）

剑齿象（*Stegodon* sp.）

以上种属的哺乳动物化石，除剑齿象为若干残破的齿板外，其余多为若干单个的臼齿。

（二）乌龟洞下部地层的动物化石

甲・哺乳动物

猕猴（*Macaca* sp.）

豪猪（*Hystrix subcristata* Swinhoe）

熊（*Ursus thibetanus* Cuvier）

猪獾（*Arctonyx collaris* Cuvier）

大熊猫（*Ailuropoda melanolcuca fovealis* M. et G.）

中国犀（*Rhinoceros sinensis* Owen）

巨貘（*Megatapirus augustus* M. et G.）

鹿（*Cervus* sp.）

麂（*Muntiacus* sp.）

猪（*Sus scrofa* L.）

水牛（*Bubalus* sp.）

羊（*Ovis* sp.）

东方剑齿象（*Stegodon orientalis* Owen）　一件破碎的臼齿，保存情况很坏，可见 3～4 个齿板，但仅能修理出一个较完整的齿板，其一侧稍有缺失，宽度尚有 99.8 毫米，从齿板宽度和有较多的乳突看，可能是东方剑齿象第三臼齿。

纳玛象（*Palaeoloxodon cf. namadicus* Falconer and Cautley）　一件第三上乳齿（DP^3），长 80.4 毫

---

① 吴汝康：《广西柳江发现的人类化石》，《古脊椎动物与古人类》1959 年第 1 卷第 3 期，第 97～104 页。

米，宽 38.8 毫米，有 8 个齿板，第一齿板的前半部已经磨蚀，仅留下齿板的后缘，第二至第五齿板经磨蚀后齿脊盘成扁长条形，中央部未见扩大，第六齿板已经接近磨通，第七齿板的乳突经磨蚀后形成纳玛象比较典型的点线点（·——·）的图式，第八齿板磨蚀程度较浅，为四个分离的圆圈。

在我国华南记述的纳玛象化石多为臼齿，但在江苏丹阳发现过一枚上（？）DP^4，这个乳齿也有 8 个齿板，牙齿长宽的尺寸也几乎是一样的，因丹阳洞穴中发现的纳玛象乳齿为石灰质包裹，咬合面上齿板图式无法进行比较，但依亚洲象（*Elephas maximus*）乳齿的齿脊数目（$DP^2 \frac{4}{4}$、$DP^3 \frac{8}{8}$、$DP^4 \frac{12}{12}$）看，建德乌龟洞下部地层发现的纳玛象乳齿应为 DP^3，但考虑到纳玛象齿脊数目比亚洲象少，因之，也不排除 DP^4 的可能性。

此外，也将乌龟洞标本与广西山洞中采集的和药材公司收购的印度象的乳齿作了比较，依裴文中的记述[1]，上第四乳齿（一件保存前边 6 个齿板的标本，编号 V1956），其齿板开始磨蚀成三扁圆圈，再经磨蚀，则成内外两部（横脊）。从下第三乳齿（编号 V1964）的横切面看，齿板磨蚀后的图案基本上可以分三步：第一步为点点点；第二步为两个横脊；第三步磨通后成一个齿脊盘。这样的图式与印度象的恒齿图式一致。依照上面对比，似可将广西发现的印度象乳齿化石和建德乌龟洞发现的纳玛象乳齿区别开来。由于建德发现的象化石具有点线点典型图式，故将该标本定为纳玛象。然而，裴文中[2]和周明镇等[3]均认为纳玛象和印度象的牙齿在磨蚀后，都可以成点线点的图式；加之，乳齿的变异性大，因之，这件标本的鉴定（在浙江及其邻近地区纳玛象和印度象，特别是其乳齿所知有限的情况下）需要今后发现更多的材料来加以验证。

从华南已知的第四纪哺乳动物化石地点看，乌龟洞下部地层出土的动物群有 14 个种，其中有 5 个绝灭种，总的性质与马坝人共生的动物群、云南富民和尚洞发现的动物群比较接近，其中绝灭种数量相仿，种属近似，且都有纳玛象和剑齿象两种化石共存，马坝人的地质时代应为晚更新世早期。考虑到乌龟洞上部地层时代与柳江人生存时代相当，因之，无论从地层关系或古生物对比来看，乌龟洞下部地层的时代可能与马坝人的时代相当，应属晚更新世的早一阶段（Q_{III}^1）。

乙·爬行类动物

龟（Testudinidae indet.）　背、腹甲碎片数件。

鳖（*Trionyx* sp.）　背甲碎片数件。

二、余杭凤凰山化石地点

该地点（野外编号 ZH7401）在余杭镇东 3 千米的凤凰山东坡，北纬 30°20′、东经 119°55′附近。凤凰山为二叠纪深灰色厚层灰岩，节理发育，在山的周围出露沿节理面溶蚀的一连串洞穴和袋形裂隙，其间多填入黄红色、杏黄色或紫红色黏土。

① 裴文中：《广西柳城巨猿洞及其他山洞的第四纪哺乳动物》，《古脊椎动物与古人类》1962 年第 6 卷第 3 期，第 211～217 页。

② Pei, W. C., 1940, Note on a Collection of Mammal Fossils from Tanyang on Kiangsu Province, *Bull. Geol. Soc. China*, 19（4）：379 – 392.

③ 周明镇、张玉萍：《中国象化石》，科学出版社，1974 年，第 61～65 页。

这个化石地点系采石过程中发现的，洞的原貌已不清楚，估计堆积物高出当地河水面约 10～15 米。此地点曾先后作过两次发掘，堆积物厚约 10 米，自上至下可分三层（图三）：

第 1 层：紫红色黏土，垂直节理发育，厚约 2.5 米，未发现化石；

第 2 层：黄红色黏土中夹燧石碎屑层，厚约 4 米，发现大量化石，但保存不佳；

第 3 层：杏黄色黏土层，厚约 3.5 米，其顶部偶见化石，中下部则未见化石。

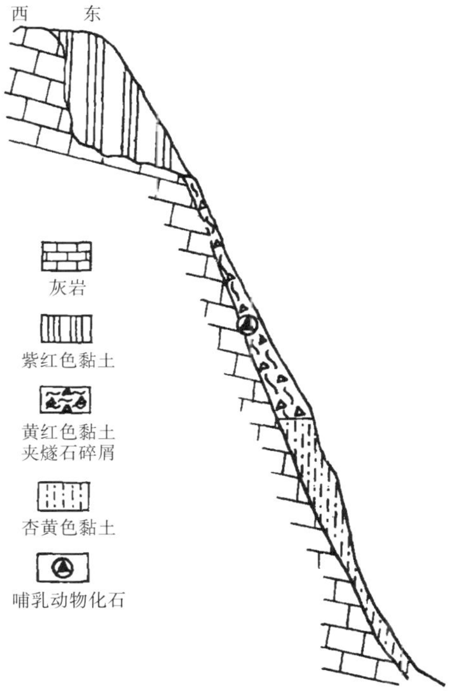

余杭凤凰山化石地点除发现一些龟（Testudinidae indet.）的背甲片外，还发现哺乳动物 17 种，计有：

猕猴（*Macaca* sp.）

豪猪（*Hystrix subcristata* Swinhoe）

黑鼠（*Rattus rattus* L.）

拟步氏田鼠（*Microtus brandtioides* Young）

板齿鼠（*Bandicota indica* Bechstein）

仓鼠（*Cricetulus* sp.）

蝙蝠（Vespertilionidae indet.）

麝鼩（*Crocidura* sp.）

猪獾（*Arctonyx collaris* Cuvier）

图三　浙江会杭凤凰山化石地点剖面图

最后鬣狗（*Crocuta ultima* Matsumoto）　一件右下颌骨，带有 $P_2 - M_1$ 以及零星的颊齿，其中有左下 M_1 一件和 P^4 三件。三件上裂齿的共同特征是内尖（deut.）较大，第三叶较第二叶长，下裂齿较窄而扁，无下后尖（med.）。以上特征与桑氏鬣狗（H. *licenti*）和中国鬣狗（H. *sinensis*）比较均有所不同。

虎（*Panthers tigris amoyensis* Hitzheimer）　犬齿硕大（长 120 毫米，唇舌径 33 毫米），与华南虎相似。

熊（*Ursus thibetanus* Cuvier）　有残破的头骨 1 件、保存较好的下颌骨 3 件及颊齿多枚。从大小和形态看，与我国南方更新世中晚期发现的熊化石十分接近。

中国犀（*Rhinoceros sinensis* Owen）　一件糟朽的下颌骨，带有 P_4、M_1，还有颊齿多件。

水牛（*Bubalus* sp.）

野猪（*Sus* sp.）

鹿（*Cervus* sp.）

赤麂（*Muntiacus muntjac* Zummemann）　一件成年个体的左角，除主枝顶端和角环有些破损外，其余均保存完好。

赤麂标本代表一体型壮大的个体。它的角环保存不全，在角环之上位置较低处分叉，角的表面有均匀的深沟和棱脊。主枝顶端稍有损坏，现长 139.8 毫米，横切面呈椭圆形，主枝向后方缓缓地弯曲，眉枝较小，与主枝呈 60°，其横切面呈圆形，向上逐渐收缩而成尖状，并向外微弯曲，长度为 58.7 毫米。角柄残破不全。

这枝粗大的麂角，无论从形态上或大小方面都与我国更新世发现的一些赤麂化石种和现生种略显粗大，似有区别。为进一步确定这件标本的种名，我们将其与有关的化石种和现生种作了比较。山西省交城县发现的汾河麂（*Muntiacus fenhoensis*）[1] 在形态上和余杭标本比较接近，但也有所区别，前者主枝横切面呈三角形，表面上的棱和沟在内侧面不那么明显，眉枝粗大等。现代赤麂在生长过程中，由于受某些生存条件的影响，角长成后，大小差异悬殊。在中国科学院动物研究所收藏的麂类标本中，我们看到了角大小变异相当大的现象，如其中有一件（编号为 H760 的赤麂标本）其主枝长 177.5 毫米，眉枝长 60 毫米，它的形态基本上与余杭标本相似。此外，在浙江余姚河姆渡新石器时代遗址中，也发现了体型粗大的赤麂角多件[2]，这些标本亦与余杭者雷同。总的来看，余杭赤麂角与同一现生种没有很大的区别。

三、其他化石地点

1. 豪猪洞（野外编号 ZH7402）

这个地点在建德县杨溪公社新宅大队屋基畈村（北纬 29°24′、东经 119°20′附近）后，洞高出村前小溪约 70 米。此洞发育于二叠纪灰岩之中，洞口向东。由洞口斜向下为甬道形洞穴，高 1 米左右，宽约可容 1 人，延伸 10 米为一"厅"，中部高 2 米，面积约 10 平方米。化石见于"厅"内地面上，多被挖过，仅在北侧保留 1.5 米长的原生堆积，厚约 70 厘米。含化石的地层为紫红色黏土，在其中找到 8 种哺乳动物化石：

陆龟科（Testudinidae indet.）

猕猴（*Macaca* sp.）

熊（*Ursus thibetanus* Cuvier）

豪猪（*Hystris subcristata* Swinhoe）

水牛（*Bubalus* sp.）

猪（*sus* sp.）

鹿（*Cervus* sp.）

麂（*Muntiacus* sp.）

化石层下为浅紫色薄层状粉砂，层理清楚，每层厚一般为 1～2 毫米，最厚者不超过 10 毫米，此层未发现化石。

2. 昂畈村后洞（野外编号 ZH7403）

此地点在建德县莲花公社桑园大队附近，距 ZH7402 地点约 1000 米。为一敞口洞，高出当地河水面约 80 米，其左侧有一小支洞，在支洞内的紫红色黏土层中找到少量的化石，计 3 种：

熊（*Ursus* sp.）

---

① 周明镇：《山西交城发现的一新种麂类》，《古生物学报》1956 年第 4 卷第 2 期，第 229～232 页。
② 张明华：《七千年前江南的一处"古动物园"——谈谈河姆渡遗址的古动物》，《化石》1977 年第 3 期，第 18～19 页。

羊（*Ovis* sp.）

鹿（*Cervus* sp.）

3. 樟村洞（野外编号 ZH7404）

这个化石地点在 ZH7403 地点北 1 千米处，属樟村大队。在村南石灰岩山中有一系列洞穴和裂隙，其中或多或少填充黄红色黏土，在一个洞穴内的黄红色黏土堆积中找到似用火痕迹和 6 种哺乳动物化石：

猕猴（*Macaca* sp.）

豪猪（*Hystrix* sp.）

水牛（*Bubalus* sp.）

猪（*Sus* sp.）

麂（*Muntiacus* sp.）

鹿（*Cervus* sp.）

在红黄色黏土层（其上有胶结坚硬的红黄色"盖板"）中发现了积聚成凸镜体状的黑灰色物质，长 88 厘米，宽 30 厘米，最厚处达 4 厘米，中部厚，向南北渐尖灭，疑为灰烬，但经化学分析，黑色物质不是用火遗迹，而是腐殖质积聚的结果。

此外，还在乌龟洞东北 2 千米处的白毛洞内紫红色黏土中发现少量的化石，计有猕猴（*Macaca* sp.）、熊（*Ursus* sp.）、猪（*Sus* sp.）、鹿（*Cervus* sp.）和麂（*Muntiacus* sp.）的单个臼齿多枚。我们还考察了衢县上方的骆洞和三号葱洞，前者采得一些零星的化石，种属未超过前述各地点，后者作了短期发掘，掘至深 60 厘米处发现有少量的鹿（*Cervus* sp.）单个牙齿、有段石锛和印纹硬陶等，显然三号葱洞黄灰色堆积的地层时代属于全新世，即考古学上的新石器时代。

四、结论

浙江建德县乌龟洞发现的人右上犬齿化石是浙江省首次发现的、有地层古生物证据的、地质时代为更新世晚期的人化石材料，从牙齿的形态以及共生的哺乳动物群来看，是与柳江人相近的智人阶段的古人类。建德人化石材料虽然不多，但意义颇大，它的发现增加了智人化石在我国分布的新知，揭开了在浙江发现古人类化石的序幕。

从我们调查过的山洞看，其含化石的堆积大致有两种情况：

一、全新世的堆积，如衢县上方镇的三号葱洞，其堆积物为灰黄色亚砂土，含灰岩角砾，其中除发现新石器时代遗物外，还有鹿类等兽牙。

二、紫红色或红黄色黏土层，其中所含的动物种类属大熊猫－剑齿象动物群。这一层堆积可分为上、下两部：上部紫红色黏土层，即乌龟洞人化石出土的地层，此层有智人阶段的人类化石和剑齿象（*Stegodon* sp.）、中国犀牛（*Rhinoceros sinensis*）、最后鬣狗（*Crocuta ultima*）等；下部黄红色黏土层，以乌龟洞下化石层和余杭凤凰山为代表，其动物种类与乌龟洞上层大体相仿，但增添了巨貘（*Megatapirus augustus*）和纳玛象（*Palaeoloxodon namadicus*）等材料（见表 2）。

表 2　　　　　　　　　　　　　　　浙江晚更新世哺乳动物群分层表

时代		地点	堆积物岩性	化石名称及其他
全新世		衢县三号葱洞	灰黄色砂质亚黏土	*Cervus* sp. 及有段石锛和印纹硬陶等
更新世晚期	Q_{III}^2	建德杨溪豪猪洞 建德莲花昂畈村后洞 建德李家乌龟洞上层 建德李家白毛洞	紫红色黏土，夹少量的小灰岩和燧石角砾	*Homo sapiens* *Macaca* sp. *Crocuta ultima* *Arctonyx collaris* *Ailuropoda melanoleuca fovealis* *Rhinoceros sinensis* *Stegodon* sp. *Ovis* sp. *Cervus* sp. *Muntiacus* sp. *Sus scrofa* *Bubalus* sp. *Testudinidae indet.*
	Q_{III}^1	余杭凤凰山 建德李家乌龟洞下层 建德莲花樟村洞 建德桑园洞 衢县上方骆洞 杭州留下洞 淳安龙源洞 江山龙嘴洞	黄红色黏土，夹较多的小块燧石和灰岩角砾	*Macaca* sp. *Hystrix subscristata* *Rattus rattus* *Microtus brandtioides* *Bandicota indica* *Cricetulus* sp. *Vespertilionidae indet.* *Crocidura* sp. *Ursus thibetanus* *Arctonyx collaris* *Ailuropoda melanoleuca fovealis Crocuta ultima* *Panthers tigris amoyensis* *Stegodon orientalis* *Palaeoloxodon namadicus* *Rhinoceros sinensis* *Megatapirus augustus* *Cervus* sp. *Sus scrofa* *Bubalus* sp. *Muntiacus muntjac* *Ovis* sp. *Testudinidae indet.* *Trionyx* sp.

关于此层的时代问题，过去浙江地区的古人类、第四纪哺乳动物的调查和研究工作做得不多，最早的有江山龙嘴洞和杭州留下①两篇研究报告以及黄正维等对浙江第四纪哺乳动物产地的调查报道，

---

① 裴文中、邱中郎：《浙江留下洞穴哺乳动物化石》，《古脊椎动物学报》1957 年第 1 卷第 1 期，第 42～46 页。

根据他们对化石材料研究的结果认为：浙江境内第四纪哺乳动物群与我国南部之动物群基本一致。此次，我们在浙江发现的材料证明，在第四纪后期，我国华东地区的动物群与华南地区的动物群性质相同。

新中国成立后，我国华南的大熊猫－剑齿象动物群的材料，由于不断采集、发掘和研究，因而对该地区山洞中的第四纪哺乳动物的研究也逐渐深入，综合各方面的意见，大体上可将华南洞穴中的第四纪哺乳动物群划分为几个阶段：属早更新世的有以柳城巨猿洞为代表的巨猿洞动物群[1]，属中更新世的有武鸣巨猿动物群和柳城封门山、柳江流山乡灵岩洞等大熊猫－剑齿象动物群（广义的），属晚更新世的有广东马坝、柳江人洞的动物群等。

将浙江此次发现的几个地点的化石和上述各地点发现的材料对比，不论在埋藏条件上还是动物种属的数量上，都与华南晚更新世的马坝人[2]、柳江人的动物群相当，即建德乌龟洞下层和余杭凤凰山地点与马坝人的时代相当，为晚更新世的早一阶段，而乌龟洞上层与柳江人时代一致，为晚更新世的后一阶段。

参考文献：

贾兰坡：《长阳人化石及共生的哺乳动物群》，《古脊椎动物学报》1957 年第 1 卷第 3 期，第 247～258 页。

裴文中等：《山西襄汾丁村旧石器时代遗址发掘报告》，科学出版社，1958 年，第 24～62 页。

Wang, K. M. , 1931, Die Hohlenablagerungen und Fauna in der Drachin－Maul－Hohle von Kiangsen, Chekiang. *Contributions from the National Research Institute of Geology Academia Sinica* （1）：41～67.

Bien, M. N. and Chia, L. P. , 1938, Cave and Rock－shetler Deposits in Yunnan, *Bull. Geol. Soc. China*, 18：324－347.

（原载《古脊椎动物与古人类》1978 年第 16 卷第 3 期。收入本文集时，删除原文内刊载图版。以下各篇情况同。）

---

[1]　裴文中：《柳城巨猿洞的发掘和广西其他山洞的探查》，科学出版社，1965 年。裴文中：《广西柳城巨猿洞及其他山洞的第四纪哺乳动物》，《古脊椎动物与古人类》1962 年第 6 卷第 3 期，第 211～217 页。

[2]　吴汝康、彭如策：《广东韶关马坝发现的古人类型人类化石》，《古脊椎动物与古人类》1959 年第 1 卷第 4 期，第 159～163 页。

遗憾与快慰

——忆建德人牙发现始末

1974 年冬赴浙江进行野外考察时，我个人有个心愿，那就是想为家乡摘掉无旧石器文化帽子尽绵薄之力。那年的浙西，武斗频仍，11 月 7 日到金华，街上荷枪执棍者比比皆是，根本不可能在金衢盆地开展工作。为安全计，次日转道建德，那时建德是相对平静的港湾。我们到达时，受到当时县政宣组的热情接待，根据以往了解到的一些有关当地的考古发现情况，我们就决定先在建德和淳安进行野外考察。11 月 24 日上午，从建德的上新桥公社出发徒步北行约一小时，抵达乌龟洞。此前浙江省地质局区域地质测量队黄正维等已报道过那里曾发现了化石，我们希望能在该地找到更多的材料，特别是能找到了却心愿的文化遗物。上午对乌龟洞及其周围做了一些调查，考察组魏丰、韩德芬和张森水等认为有必要对乌龟洞进行发掘。

下午雇了三个民工，开始发掘，探坑东西向，南北宽为 2 米。第一天收获不多，次日继续工作，主要发掘含化石的层位。堆积物为黄红色黏土，中夹大量燧石碎屑，局部胶结得很坚硬，由南向北呈楔状分布，在这层堆积里发现了较多的哺乳动物牙齿化石和燧石碎屑。我个人的注意力偏重这些碎燧石，并将之逐一洗净，仔细进行观察，但结果令人失望，看了几百件碎燧石，无一人工痕迹清楚的。正在深感遗憾之时，一位小孩送来一把化石，经我们鉴定有犀牛和牛等，令我们感到意外的是其中有一枚人牙，这着实令大家高兴了一阵子，总算是从遗憾中得到了快慰。

当得知此化石来自旁边的小支洞时，我们希望能在那里找到更多更有科学价值的标本。既然有人化石，就可能有文化遗物。唯恐工人发掘有失，小支洞的发掘由我们自己动手。小支洞堆积很简单，大部裸露着紫红色黏土，局部覆盖着近期的尘土。紫红色（较淡）黏土相当干，有龟裂纹，有呈块状。由于洞底不平，地层厚度也不一样，一般厚 10～15 厘米，最厚的可达 35 厘米。挖出土块，轻敲致碎，化石就完好地露出。在所发现的化石中，多单个牙齿，无完整的头骨和体骨，及至堆积挖完，既未再发现人化石，更无文化遗物出土。此时，日已西沉，夜幕徐降，本人当时的心情与时景相仿佛。

乌龟洞发现的人牙化石是 1 枚右上犬齿，发现时稍有破损，经修复，黏上开裂的小块齿冠，除齿冠外侧远端缺一小块外，其他部分保存完好。齿冠唇面有条状沟槽痕迹，可能是啮齿类动物啃咬的。牙根保存不全，被啮齿类动物咬掉一部分，根尖完全缺失，根部呈一斜面。这件齿冠标本的内侧缘已经磨耗，但齿尖磨耗的程度比柳江人上犬齿的要轻一些，估计年龄为 30 岁左右。这枚牙齿现齿冠高 11.6 毫米（稍偏低，因有一定磨耗），近中远中径为 8.2 毫米，唇舌径为 9.5 毫米，其粗壮程度大于柳江人犬齿。依柳江人头骨性别鉴定为男性，故乌龟洞发现的人牙也应属男性。

若将乌龟洞发现的人上犬齿与已知国内人类化石犬齿对比，如与中国猿人，它缺少中国猿人犬齿的诸多原始性，而有许多进步性；若与同属晚期智人的柳江人和山顶洞人的犬齿对比，在形态上十分相像；若与现代人比，它又稍显原始，不仅齿冠略大，齿根也不像现代人那样纤细而呈圆锥状，故把它归于人类演化中的晚期智人（*Homo sapiens sapiens*）阶段是合适的。

与人牙化石一起出土的哺乳动物化石有 11 种：猕猴、最后鬣狗、猪獾、大熊猫、中国犀、剑齿象、水牛、羊、鹿（可能有大、小两种）和猪。从整个哺乳动物组合看，它属于中国南方的大熊猫 – 剑齿象动物群，其中大多数种类仍在当地生存，少数已不在当地生活，如大熊猫；其中有 3 个种已经灭绝，它们是剑齿象、中国犀和最后鬣狗。整个动物组合所反映的气候，比现在要热一些，因为犀、象和鬣狗目前生活于热带地区。由于其中有灭绝动物的存在，其下部还另有化石层，故我们将乌龟洞含人化石层的时代定为晚更新世后一阶段，估计其绝对年龄不会超过距今 5 万年。后来，曾请北京大学考古学系年代学实验室用牛牙做了两个铀系年龄测定，年龄接近距今 10 万年（230Th 年龄$10.8^{+0.9}_{-0.8}$万年或 9.7 ± 0.8 万年；231Pa 年龄 $9.1^{+3.1}_{-1.9}$万年或 $9.7^{+4.2}_{-2.2}$万年），明显地偏老，因为与人牙性质和上、下层哺乳动物组合对比不符，故不用这一测年结果。

关于"建德人"的称谓，这是通俗的叫法，不能看作正式学名，学术上的称呼应该是建德乌龟洞发现的晚期智人化石。从发现人化石的支洞和主洞堆积看，都没有发现住人的遗存或遗迹，故不能把乌龟洞看作是人类居住遗址，所有化石包括人化石在内都是自然力作用搬入洞内的。至于建德人牙与古越人的关系，由于时间差距太大，难以考证是否有祖裔关系。

1974 年乌龟洞的发掘工作，其重要意义不仅在于发现了人牙化石，还在于从乌龟洞下层发现众多种类的哺乳动物化石，共计 14 个种类，除上层有的外，增加了豪猪、西藏熊、巨貘、东方剑齿象和纳玛象，灭绝种增至 5 种。纳玛象化石在浙江是首次发现，在华东地区亦甚罕见。总的来说，在一个洞内发现那么多种哺乳动物化石（总计 15 或 16 种，按前者把剑齿象和东方剑齿象算一个种，依后者算两个种），而且可分出上、下两层，上层如上述可归晚更新世后一阶段，下层增加了 2 个灭绝种，其哺乳动物组合总性质和与广东马坝人共生的及云南富民河上洞出土的比较接近，其中灭绝种数量相仿，种类接近，都有剑齿象和纳玛象，后两者的地质时代被定为晚更新世早期。在一个洞内发现两个属于晚更新世的哺乳动物组合，不仅在浙江是首次报道，在长江下游亦是前无记录。这对浙江，乃至华东地区第四纪哺乳动物的研究都有重要意义。

光阴似箭，乌龟洞的发现已过去 20 多年，翻阅当时的野外记录，欣喜之感犹在眼前。最近桐庐人头骨的发现，喜上添喜，但遗憾一直尚难驱散，至今浙江是全国唯一的旧石器文化的空白省，为家乡在这方面尽绵薄之力的心愿，随着自己迈入古稀之年，能否实现，实难料也。我坚信，辉煌的河姆渡文化必有其源，只要各方面重视，努力去干，可望在几年内使浙江省旧石器时代考古实现零的突破，遗憾定会变成欢颜。

（原载《文物之邦显辉煌——考古发掘与文物保护纪实》，浙江人民出版社，2000 年）

改写浙江无旧石器文化遗物地点的历史[*]

——浙江旧石器考古调查取得突破性成果

10月12日~11月17日，由中国科学院古脊椎动物与古人类研究所和浙江省文物考古研究所合作进行的中国晚更新世现代人起源与环境因素研究专项——浙江旧石器考古调查项目，在太湖西南岸的浙江省西苕溪流域进行了为期一个月的考古调查，成果显著，一改浙江无旧石器文化遗物地点的历史。

西苕溪发源于天目山，是浙江的八大水系之一。调查以西苕溪的中游地区为重点区域，以考察砖瓦厂为切入口，以砖瓦厂取土断面的地层中得到的石制品作为判断相对年代的依据。调查组在安吉境内的西苕溪中游的二级阶地取得良好成果，共发现旧石器时代文化遗物的地点13处，其中3处在中更新世的网纹红土层中发现石制品，也考察了西苕溪上游的部分山洞。在此基础上，扩大工作区域，在长兴县的调查取得相当丰硕的成果，共发现旧石器时代文化遗物的地点18处，其中2处的石制品有确切地层，1处是网纹红土层，另1处是晚更新世早期的稀网纹紫红色黏土层。为了解石制品分布的更详细的层位，考古人员对位于安吉县溪龙乡的上马坎地点（野外编号AP003）进行了试掘，不仅在网纹红土和稀网纹红土层中找到石制品，还在层位较高的更新世晚期的后期地层（相当于旧石器时代晚期）中找到石制品。对湖州市、德清县的短期考察，大致了解那里的第四纪古人类的生存环境和更新世地层。

调查共发现333件石制品。安吉县境内发现186件，出自地层的45件。其中AP003地点出土30余件，脱层标本141件。长兴147件，出自地层的3件，脱层标本144件。脱层的石制品既采集于砖瓦厂制坯时捡出的石堆中，也采集于该砖瓦厂的取土场（合称一个地点）。

从已发现的石制品可以归纳为几点：

1. 石制品的原料主要是石英砂岩和砂岩，其次是火成岩类如花岗岩和凝灰岩等，还有少量的石英、变质泥岩、硅化灰岩和燧石等。

2. 大多数石制品个体粗大，长度超过80毫米和长度小于50毫米的标本极少。脱层石制品种类繁多，以石核为最多，分有单台面、双台面和多台面3种；石片较少。重型的石器远多于轻型，主要包括砍砸器、石球和手镐，手斧和手锛也有发现。轻型的石器极少，仅刮削器一类，可再分为单刃和两刃等两种。一些较大型的刮削器（因其修理较细，刃缘较齐而归入此类中）则具有砍砸器与刮削器之间过渡的特点。

3. 打片技术基本上使用锤击法，多自然台面，打击点等人工痕迹清楚，所生产的石片以梯形居

---

* 与徐新民、罗志刚、王恩林、刘斌、邱宏亮、梁奕建共同执笔。

多，无典型的长石片。

4. 做石器的坯材多是整块砾石或石核，石片石器数量极少。石器的加工十分粗糙，器形不规则，刃缘曲折，修疤多深宽型，刃口钝者较多，常见者刃角超过 70°，这可能与当时人类的生活方式有关。

5. 石器的修理都用锤击法，将坯材打制出刃口，但其加工方式多样，有向背面（含向砾石的凸面）、向破裂面（含向砾石的平面）、向平面（砾石两面都较平，分不出凸面者，数量极少）、错向加工、交互打击和复向加工。石器主要是向背面加工而成的。

此次调查以前，浙江虽有 1974 年在建德乌龟洞上化石层发现过 1 枚人的右上犬齿化石，但未发现文化遗物。这项成果，填补了浙江旧石器时代考古的空白，使得华夏大地上（包括台湾省和海南省）不再有省级辖区旧石器考古研究的空白区，把古人类在浙江省境内劳动、生息的历史至少提前到距今 10 多万年，甚至更长，说明浙江灿烂的新石器文化有根可寻。调查区内的旧石器分布地点比较密集，说明当时人类在此间活动频繁。AP003 地点的试掘，在多个层位发现石制品，表明古人类在西苕溪流域一带活动，在时间上有悠长的延续历史。

调查所得石制品工业归属明确，属南方旧石器时代主工业，即人们常称的砾石工业，西北连安徽，西接江西，西南邻福建，北界江苏，与周边省份连成一片，并向东延伸了 1°，扩大了中国南方旧石器时代主工业的分布范围，为研究它的发展和文化交流等方面将起到积极的作用。

这次考古调查所积累的工作经验，为今后在浙江境内开展旷野类型旧石器时代考古调查提供了借鉴。浙北地区灰岩分布区，岩溶发育，洞穴很多，今后持续工作，有望找到古人类的洞穴遗址。

（原载《中国文物报》2002 年 12 月 11 日第 1 版）

浙江旧石器调查报告[*]

一、前言

回忆浙江省旧石器时代考古学研究的历程，可以形象地说："起大早，赶晚集"！早在1974年，那时的华东地区在旧石器考古研究方面基本上是空白区，即使是整个中国南方，旧石器时代文化遗址也是寥寥无几。1974年冬中国科学院古脊椎动物与古人类研究所和浙江省博物馆合作，开展这方面工作，起步不可谓不早。在那次调查中，曾对建德市上新桥乡乌龟洞的第四纪堆积进行发掘，从中出土了一批哺乳动物化石和一枚人的右上犬齿化石以及一些碎燧石。作者之一张森水则注意力偏重这些碎燧石，并将之逐一洗净，仔细进行观察，结果令人失望，看了几百件碎燧石，无一人工痕迹清楚的。此后，由于种种原因，此项工作在长达28年里驻足不前。

在20世纪最后20年，随着中国南方旧石器时代主工业（下简称南方主工业）的新发现和研究的深化，出现了中国旧石器时代考古学的第二个高潮，特别应提到的是从1987年起，安徽发现了旧石器，此后，在江西、福建和江苏相继发现了旧石器时代不同阶段的文化地点和一批石制品，从而使浙江省成为华东地区，乃至全中国旧石器文化研究的空白区，对探讨南方主工业种种问题构成了区域性的障碍，使旧石器考古工作者深感在浙江开展这方面工作的迫切性。为此，几经磋商，由中国科学院古脊椎动物与古人类研究所和浙江省文物考古研究所联合组队，实施打开浙江省远古文化宝库的"创新工程"。

二、调查区的选择和技术路线

在浙江省开展旧石器考古调查是前无本区工作经验的探索性的考古研究，要达到预期目的，首选调查区和拟定调查的技术路线非常重要。在选调查地区方面，本文第一作者，借鉴多年在安徽的田野工作经验，首选安吉县，它邻近宣州市辖区，无地理障碍，两地地形、地貌以及第四纪沉积有诸多相似点，在皖地已发现许多旧石器地点，因此，在安吉境内很有希望找到旧石器，进一步需要考虑的是选择该县的最佳地区。

西苕溪中游地段列于首选，那里地形较复杂，有丘陵、"陇岗"（西苕溪阶地）和小盆地，自然环境与安徽宣州市的陈山地点附近也很相似。

在选定重点野外工作区后，我们吸取以往中国南方旧石器调查经验，制定了切实的田野工作技术

---

* 与高星、徐新民共同执笔。

路线：以考察砖瓦厂为切入点，以砖瓦厂的取土场和新开发区地坪场为重点考察地，希望得到较多的接近随机取样性质的石制品，从以上场地的剖面寻找未脱层的标本，以解决它们的相对年代。依此行事，开展野外工作。

浙江省旧石器考察组部分成员于 2002 年 10 月 10 日抵达杭州，次日向省文物局汇报并组队①，12 日到达安吉，13 日开始野外考察。11 月初，在安吉工作的基础上，扩大调查区，部分人员去长兴调查。此外，还对湖州市和德清县进行了短期考察，对那里古人类的自然历史背景有了初步的了解。野外工作于 11 月 17 日结束。此次调查取得了满意的结果，在安吉和长兴两县发现了 31 个旧石器地点（图一），表明这一带旧石器地点分布较密集，曾有过古人类的频繁活动。从出土石制品的层位看，他们在那里劳动、生息的时间相当长，从中更新世某一时段一直到晚更新世。现将浙江旧石器调查主要结果予以报道。

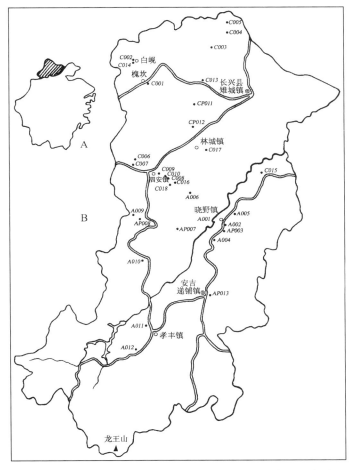

图一　浙江省 2002 年发现的旧石器地点的地理位置示意图
A. 调查区在浙江省的地理位置　B. 安吉和长兴县发现的旧石器地点位置

---

① 考察组成员包括中国科学院古脊椎动物与古人类研究所张森水、罗志刚，浙江省文物考古研究所徐新民、刘斌、安吉县博物馆邱宏亮，长兴县博物馆梁奕建，特邀成员有河北省昌黎县文物管理所王恩霖。

三、调查区地貌与地层

调查区位于浙江省的北端，南部为天目山余脉，西及北部为天目山、莫干山余脉。安吉的地形南高北低，长兴是西北高东南低。在两县中部多丘陵、"陇岗"和小盆地，东部、东北部低地属太湖沉积平原。

本区主要河流是西苕溪，为浙江八大水系之一，从西南向东北流，贯安吉全境。西苕溪有两条干流：西溪和南溪。西溪发源于狮子山（海拔862.5米），因发源于原孝丰县（今安吉县孝丰镇）西乡而得名，流长49.6千米；南溪发源于龙王山（海拔1587.4米），地处原孝丰县南端，故名，流长47.2千米；两溪汇合于塘浦乡长潭村西约0.5千米处，其下的河段称西苕溪，干流在安吉境内流长58.4千米，长兴境内流长18.2千米，而后经湖州，注入太湖。西苕溪为呈叶脉状辐聚单一水系，安吉境内几乎全部溪流均注入此溪中，河床宽度最窄的为50米，最宽的可超过100米，发育有两级阶地。长兴境内，河道纵横，除西苕溪外，尚有泗安塘和合溪新港等较大的溪流。在这些河流两岸（包括其上源的支流）一般可见两级阶地。

在调查区内，在山区多出露古生代和中生代基岩，中部多丘陵，其上堆积着残积、坡积物。在上述区域内也见到一些更新世堆积，在海拔150米以上无网纹红土，可见杏黄色黏土和砾石层，见于报福一带公路旁的剖面。海拔在10米以下的低地，表层下为灰色黏土，可能是全新世堆积。

西苕溪两岸可见两级基座阶地，在马家镇附近（北纬30°42′、东经119°41′），T1高出河床10～15米，上部为耕土和黄灰色黏土，下部为基座——砂岩、页岩，已裸露的厚度在10米以上；T2高出河床30～40米，5处从地层中发现石制品的地点均埋于这一级阶地内，从已出露的地层看，其时代应为中更新世，也可能延至晚更新世，脱层标本也采自这一阶地。T2堆积可划分为以下4层（从下而上）：基岩；砾石层（在本区仅有零星的出露）；网纹红土（多数剖面较纯，但在AP003地点南面阶地后缘网纹红土中夹砾石层）；紫红色块状结构、常有铁锰膜包裹的砂质黏土，中含细的网纹；红褐色砂质黏土或紫红色砂质黏土；顶层为松散的灰黄褐色砂质土。现以CP011地点取土场（黄泥岗，地理坐标为北纬30°59′、东经119°47′）剖面作具体说明（图二）。

1. 表土：呈黄褐色，上部含砂量大，很松散，下部比较致密，偶含小结核和黑色物质呈星点状分布于其中。厚0～0.7米。

2. 紫红色黏土：层顶面和底界面都不平整。堆积致密，较黏，中夹少量的黑色物质和小结核。厚2～2.5米。

3. 稀网纹红土：堆积致密，土色由紫红渐变杏黄，呈团块状结构，块体表面有铁锰膜包裹，上部鲜见网纹，中下部可见排列不规则的细长而稀疏的网纹。厚约2～2.5米。

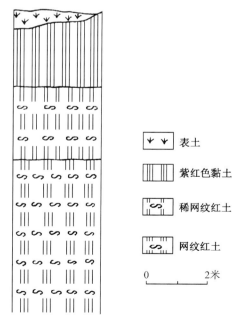

	表土
	紫红色黏土
	稀网纹红土
	网纹红土

0　　　　　2米

图二　CP011地点取土场（黄泥岗）柱状剖面

4. 网纹红土：堆积非常致密，土色呈杏黄色，中夹鲜红条带，网纹发育，排列不规则，未见底，已挖部分厚5～6米。在剖面中部（其上有电线杆处）刚被推土机推出的网纹红土中采到1件半边石片。

依刘东生等对中国南方红土时代的意见，在中更新世，"化学风化和成土作用强烈，基岩地区一般形成红黏土风化壳，松散堆积大多发育成网纹红土"[①]。因此，本剖面之第4层的地质时代可定为中更新世。第3层应属晚更新世。同上书指出："晚更新世气候虽不如中更新世温暖湿润，但仍以湿热气候为主，土状堆积受到一定程度的风化淋滤作用，形成红土风化壳或棕黄色黏土风化壳。"（第197页）第2层的时代可能仍属晚更新世，但从这一剖面上尚未找到断代的有力证据。

四、石制品述要

如上述，共得石制品333件，其中安吉县出自地层的45件，脱层的141件；长兴县来自地层中的3件，脱层的144件（表1）。本文只对石制品总的性质做简要的概述，并举例说明。至于各地点石制品详细的分类和加工技术的研究，将在以后陆续发表。地层中出土者拟另撰文，在此不多涉及。

（一）打片技术

可供这方面研究的标本多达数百件，包括断块、石核、残片和石片。断块指有多裂面的石块，偶可见打击点，但难以归入石核类，出自地层者悉数采集，脱层者，有所选择，入选标本甚少，记述从略。其他的分为石核和石片，综述其特征。

1. 石核

数量很多，超过百件。原料基本上是砂岩，还有少量的粗面岩、凝灰岩、硅质岩和石英岩。原材均为砾石，核体上或多或少保留砾石面。它们的台面主要是砾石面，只有个别是打击的，见于多台面石核上。它不像有意制作的，而是采用转向打法的结果。石核可分为单台面的、双台面的和多台面的，其中以双台面石核最多，常见是对向打片，呈90°打片的不多，单台面石核稍多于多台面者。石核的工作面有呈立壁状的、半柱形的，沿周边对向打击的虽不多，但颇具特色。其打击点一般是集中的，少数是较集中的，台面角偏钝，超过80°者习见，半锥体阴痕深凹的远少于浅凹的，放射状线痕多稀疏，密集的不多。石核的利用率不高，石核厚度相当大，宽厚指数大于60，其中片疤多寡不一，少的仅1或2个，多则超过10个，多数在5～7个，有效使用者还要少一些。片疤的形态多样，规整的很少。现举例做进一步说明。

AP003 1/1[②]，系来自地层中的第1件石制品，出自网纹红土中。其形为自然漏斗状，系单台面石核，自然台面，工作面略呈立壁状，其上可见多个集中的打击点，台面角为86°～94°，半锥体阴痕浅凹，放射状线痕稀疏。工作面上可见3层叠压片疤，远缘浅而长，近缘细碎而有折阶疤，表明最后的打片是不成功的，台面角钝亦能说明这一点。长90、宽115、厚79毫米，重1081克。

---

① 刘东生等编译：《第四纪环境》，科学出版社，1997年。
② A代表安吉，P代表有层位的旧石器地点，标本编号为1/1，如是脱层的则写1/0，分子代表该地点所得标本量的序号。

表1　　　　　　　　　　　　　　　　　浙江旧石器地点调查一览

地点号	地点名称	地点坐标	地理位置	材料摘要
A001	凉亭岗砖瓦厂	30°45′58.1″N，119°45′48.9″E	安吉县溪龙乡上溪龙村	石制品1件
A002	溪龙砖瓦厂	30°45′51.1″N，119°46′24.1″E	安吉县溪龙乡横山寺村	石制品7件
AP003	溪龙村上马坎	30°45′19.5″N，119°45′36.3″E	安吉县溪龙乡溪龙村西	石制品104件
A004	鞍山砖瓦厂	30°45′36.3″N，119°43′30.7″E	安吉县递铺镇鞍山村	石制品2件
A005	石龙砖厂	30°47′43.4″N，119°48′06.0″E	安吉县梅溪镇石龙口村	石制品1件
A006	宗址砖厂	30°49′41.9″N，119°42′51.2″E	安吉县梅溪镇宗址头村	石制品1件
AP007	良朋砖瓦厂	30°47′18.5″N，119°8′0.80″E	安吉县良朋镇上马山村	石制品6件
AP008	高禹Ⅱ砖厂	30°49′23.1″N，119°35′56.3″E	安吉县高禹乡新家边村	石制品20件
A009	高禹Ⅰ砖厂	30°47′37.2″N，119°34′23.2″E	安吉县高禹乡高房村	石制品2件
A010	西亩砖瓦厂	30°13′05.1″N，119°34′53.0″E	安吉县良朋镇小合口村	石制品5件
A011	丰城砖瓦厂	30°36′46.1″N，119°32′37.6″E	安吉县孝丰镇清水口村	石制品4件
A012	下汤砖瓦厂	30°38′08.0″N，119°33′10.0″E	安吉县孝丰镇统溪村	石制品31件
AP013	余墩开发区	30°38′03.8″N，119°42′07.9″E	安吉县递铺镇余墩村	石制品2件
C001	槐坎工业园区	31°03′52.1″N，119°41′40.7″E	长兴县槐坎乡新槐村	石制品2件
C002	白岘砖瓦厂	31°06′40.9″N，119°40′55.9″E	长兴县白岘乡访贤村	石制品17件
C003	水口砖厂	31°06′34.5″N，119°52′03.2″E	长兴县水口乡沉麟岭水口村	石制品13件
C004	夹浦砖瓦厂	31°08′15.4″N，119°55′27.8″E	长兴县夹浦镇丁新村	石制品10件
C005	香山砖瓦厂	31°07′39.1″N，119°54′04.0″E	长兴县夹浦镇金村	石制品12件
C006	二界岭乡第一砖瓦厂	30°55′03.3″N，119°37′06.4″E	长兴县二界岭乡初康村	石制品3件
C007	二界岭乡第二砖瓦厂	30°55′08.8″N，119°36′40.3″E	长兴县二界岭乡张亩山村	石制品7件
C008	塔山砖瓦厂	30°52′56.8″N，119°44′14.5″E	长兴县泗安镇管埭村	石制品9件
C009	白莲砖瓦厂	30°55′05.0″N，119°40′46.3″E	长兴县泗安镇白莲村	石制品4件
C010	泗达建材厂	30°54′18.8″N，119°40′37.6″E	长兴县泗安镇老鸦塘	石制品4件
CP011	白阜砖瓦厂	30°59′58.6″N，119°47′40.6″E	长兴县雉城镇西埠村	石制品23件
CP012	林城砖瓦厂	30°58′13.3″N，119°47′41.2″E	长兴县林城镇方中村	石制品19件
C013	镇湾砖瓦厂	31°03′05.2″N，119°49′29.2″E	长兴县小浦镇镇湾村	石制品5件
C014	王家村开发区	31°06′40.0″N，119°41′31.6″E	长兴县白岘镇王家村	石制品3件
C015	石泉砖瓦厂	30°56′22.7″N，119°56′09.2″E	长兴县李家巷镇石泉村	石制品1件
C016	李王庙砖瓦厂	30°52′19.3″N，119°45′02.4″E	长兴县林城镇李王庙村	石制品4件
C017	午山砖瓦厂	30°56′58.2″N，119°49′51.0″E	长兴县林城镇午桥村	石制品7件
C018	天平福利砖瓦厂	30°53′05.8″N，119°44′49.6″E	长兴县林城镇黄金村	石制品4件

　　AP003 10/0号，双台面石核，呈90°打片，两工作面均呈立壁状。两台面均为自然面，主工作面的台面向背面斜，形成有利生产石片的锐角台面，台面角为74°～80°，打击点散漫，半锥体阴痕浅凹，放射状线痕稀疏，在工作面上可见4个长型片疤；另一工作面在主工作面右侧，短而宽，遗有两块宽

型疤，打击点集中，台面角钝，分别为93°和86°。长139、宽169、厚81毫米，重2284克。

2. 石片

石片数量与石核相仿。依出自地层中的石制品，石片远多于石核，造成目前状况可能在其脱层（取土制坯）过程中流失很多，才出现失常的生产链。石片大小不一，最大的长173毫米，最短的长仅23毫米（1件已被制成刮削器的长仅16毫米，为宽型石片），但大多数长度小于100毫米。石片的保存情况各不相同，包括残片、半边石片（从打击点处纵向裂开，仅存一半）和完整石片（其中有些下部稍残）。就后两者而言，大多数台面是自然的且较大，打击的不多。石片角变异较大，最钝者为128°，最锐的为73°，多数在100°左右；打击点集中的或不显的都不多，常见的是散漫的，放射状线痕多稀疏，基本上不见疤痕和同心波，破裂面多平坦，少数稍有曲度。常见石片的背面或多或少保留自然面，少许标本为多脊多疤，但比较平，未见龟背状凸起者，全部为自然面者甚少。石片形态以不规则的居多，少数呈梯形或三角形。一些石片侧缘上可见使用痕迹。各类石片某些方面的特性举例阐述如下。

C014 3/0号是唯一的一件燧石残长石片，上部估计是被后来打掉的，残长97、宽35、厚23毫米，重74克。若加以复原，其长宽之比可达3∶1。它的破裂面平坦，可见同心波，背面左半仍保留结核的石皮，其余部分遗有几块长疤。这件标本既无"石锈"，也无搬运痕迹，边缘锋利，但见不到使用痕迹。

AP003 10/1号是一件半边石片，缺右半。它的左侧也因打击沿节理面崩裂，下端亦稍残。其为自然台面，左、右侧面均留有残打击点，其余人工特征尚可辨识，背面不保留自然面，遗有4块浅宽疤，可见呈90°的打片痕迹。长77、宽59、厚20毫米，重108克，石片角为111°。

A012 4/0号是凝灰岩宽型石片，自然台面，打击点粗大，半锥体较凸，石片角为99°，放射状线痕清楚，破裂面平坦，背面无自然面，遗有6块长或宽疤，可见对向打击痕迹。在其左侧的中上部遗有连续的细疤，基本上见于背面，表明这部分边缘可能被使用过。长89、宽96、厚17毫米，重188克（图三，1）。

AP003 28/1号系砂岩长型石片，长宽比差接近1倍，除那件残片外，它在所采集的石片中是长宽比差最大的，长宽指数为52。它自然台面，很小，台面指数为5，石片角为105°，打击点散漫，半锥体小而微凸，其下有一椭圆形凹迹（19毫米×23毫米），类似疤痕，破裂面平坦。背面观，下部遗有少许自然面，其余部分遗有多块长疤，呈"Y"字形脊背，台面后缘有清楚的修理痕迹，去棱琢薄，有利于生产形制规整的石片。它的两侧中部有变钝现象和细

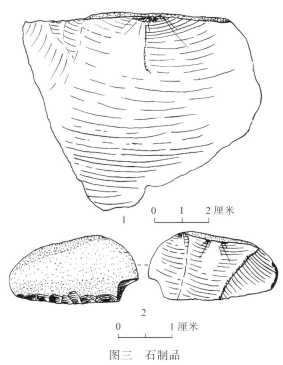

图三　石制品
1. 石片（A012 4/0）　2. 端刃刮削器（AP003 13/0）

疤，表明可能被使用过。

从以上石核和石片的人工特征：石核有集中的打击点，台面角接近 90°；石片的石片角在 100° 左右，说明打片时，力的方向是接近垂直的，故可以推测打片基本上用锤击法。石核和石片背面片疤可见多向打片痕迹，说明当时人打片曾采用转向打法，在不用修理台面的情况下，用此法应是增加产片量的重要方法。在石片中有几件标本具碰砧法打片的特点：台面大而倾斜，台面角超过 120°，且多是宽型石片，因无碰砧石核予以印证，更兼已有打片试验表明用锤击法亦可产生类似特征的石片，故当时人是否用过碰砧法生产石片目前存疑。

（二）石器类型

将毛坯加以修理而成不同用途的石器有几十件标本，基本上是脱层的，出自地层中的极少。石器的毛坯多用大块砾石或石核加工而成，以石片为毛坯的不多，故多数石器属大型的和重型的，小型的非常少。石器的类型包括宽刃类的砍砸器和刮削器，尖刃类的手镐和手斧，无刃类的石球（含球形器）。

1. 砍砸器

是最常见的类型，用粗大的砾石或石核修制而成，器身大部仍保留砾石面。多数是将一侧长边加工成直刃或凸刃，两刃的为数不多。其修理工作多粗糙，修疤以单层为主，亦有双层或多层的，且以深宽型居多，故刃缘显得曲折，刃口钝或较钝的多，刃角常超过 70°。以下举例做进一步说明。

C005 1/0 号是用一整块砾石做的，刃口在右侧，系由砾石较平的一面向较凸的一面加工，被制成较斜的刃，单层修疤，深宽型，刃缘呈波纹形，刃口较钝。其近缘有碎疤，可能被使用过。

AP007 2/0 号毛坯为砂岩断块，其下端被打掉，遗下裂面和几个打击点，其右侧向平的一面加工，被制成斜刃，刃长 103、刃宽 46 毫米，刃口上可见多层修疤，远缘为宽型，近缘为浅宽或深宽型，刃缘曲折，刃口较钝，刃角为 76°～81°。刃口上未见崩疤或细疤，可能是未经使用的石器。长 129、宽 137、厚 37 毫米，重 1198 克。

2. 刮削器

数量不多，既有用石片做的，也有用石块做的，器体变异很大，最小的长仅 16 毫米，最大的长超过 100 毫米。它们有一个共同点，修疤比较小，常相互叠压。诚然，它们中的大型的与砍砸器颇难区分，属两类间的过渡型。刮削器的修理稍优于砍砸器，大多数加工仍是相当粗糙的，仅见单层修疤或双层修疤，刃缘相当曲折，刃口偏钝，刃角往往大于 70°。修疤多深宽型，但也有个别标本修理得相当细致，刃缘平齐，刃口较锐。刮削器以单刃居多，单直刃和单凸刃较常见，还有两刃和多刃的。为说明刮削器的加工之优或欠，以下各举一例。

AP003 44/0 号原料为砂岩，毛坯为半边石片，右侧缺失，左侧做过粗糙的、向破裂面加工，被制成缓弧形凸刃，刃长 68、刃宽 20 毫米，刃缘呈波纹形，刃角为 64°～77°，修疤单层，呈深宽型。长 104、宽 73、厚 37 毫米，重 340 克。

AP003 6/3 号原料为石英，毛坯为锤击石片，其修理痕迹见于其远端，向背面加工，制成平齐的端刃，刃长 22、刃宽 4 毫米，刃缘平齐，刃口较锐，刃角为 63°，刃口上的修疤层叠，浅宽型，显示出是一件经精心制作的工具。长 16、宽 30、厚 7 毫米，重 5 克（图三，2）。

3. 手镐

在采集品中是常见的一类重型石器,系用砾石或石核制成,长度均超过 100 毫米,重量在 1000 克以上。从其长宽比例关系来看,可分为长身的和短身的,前者如 C002 2/0 号长宽之比约为3:2,被加工部位常常只占器身的一半或稍多;后者器身长宽比例相仿,尖刃比前者要短。无论长身或短身的,都做了认真修理,刃口上可见多层修疤,尖刃经细修而变得薄锐。以下举例可进一步了解其特征。

C002 1/0 号是用一整块砾石制成,加工痕迹见于毛坯的中上部,左侧可见 4 个浅宽修疤,刃长 93 毫米,顶端有一浅宽修疤,右侧可见双层修疤,刃长 103 毫米,远缘残修疤既有宽型的,也有长型的,近缘为深宽型。左侧刃角为 61°~70°,右侧者为 81°~88°。两侧刃斜向中相交而成尖刃,尖刃角为 74°。尖刃由于端部的细修,不是呈芒状,如丁村 54:98 地点的三棱厚尖状器那样[①],而是形成稍有弧度的尖刃。长 203、宽 142、厚 83 毫米,重 2314 克。

C002 4/0 号原料为砂岩,毛坯系石核。尖刃在主台面相对的一端。左侧边的一半(刃长 81 毫米)向一面加工成斜刃,几乎是垂直打击的,刃口钝,刃角为 83°~88°,可见多层修疤,均为深宽型;右侧的中上部被加工成刃,刃长 76 毫米,单层修疤,深宽型,刃缘呈多缺状,刃口钝,刃角为 83°~85°。两刃相交生成一个短而尖的刃,尖刃角为 65°。长 110、宽 102、厚 94 毫米,重 1287 克。

4. 手斧

都是用大砾石或石核做的,长度超过 100 毫米,重量大于 1000 克。它们都是两面加工成的,但无一是交互打击的。其修理情况分两种:一是一侧是单面加工的,另一侧系两面修理的,有一个相当锐的尖刃;另一是两面可见修疤,且多浅宽型,刃缘也较匀称,尖刃不是锐的,呈小圆头状或呈半椭圆形的。手斧的后跟既有粗糙打击过的,也有保留砾石面的。

C003 1/0 号系用石英岩石核制成,属前一亚型,其左侧为单面加工,遗有浅宽修疤,侧刃很钝,刃角为 83°~90°,右侧系两面可见修理痕迹,其一面遗有双层修疤,远缘修疤为宽型,近缘为浅宽型,部分修疤上可见散漫的打击点;从另一面看,前端有一段(长 42 毫米)无加工痕迹,由此往下可见修疤,其痕迹很像因砸击向两面剥落修片,且呈浅阶状。左、右两侧刃相交生成稍有弧度的尖刃,尖刃角为 48°。尖刃经较认真地修理,系两面加工,显得薄锐。它的中脊后部可见交互打击痕迹,后跟也粗加修整,遗有几块浅长疤,使这部分变窄,亦稍变薄。长 214、宽 107、厚 99 毫米,重 2076 克。

5. 石球与球形器

这是一类较常见的石器,均属重型工具,其长、宽、厚均超过 80 毫米,重量都在 1000 克以上,基本上是用石核做毛坯。它既有出自地层的,更多的是采集标本。石球:遍体遗有修疤,若鳞状,两疤的夹角均大于 120°,圆度良好,通体呈球形;球形器:圆度没有前者好,但周身遗有形状不规则的修疤,又往往保留少许砾石面,已不具备台面的特征,有别于多台面石核。另从两疤夹角大于 100°看,也表明它是不宜生产石片的。从本类石器的人工痕迹看,修疤不具定向性排列,但有多方向性特征。由此似可揣测从球形器到石球的变化过程最大可能是用多台面石核砸击较硬物体的结果,其中 C003 13/0 和 CP011 1/1 号具有代表性。

---

① 裴文中主编:《山西襄汾县丁村旧石器时代遗址发掘报告》,科学出版社,1958 年。

C003 13/0 号器身已无自然面，遗满大小不一、形态各异的修疤，若不计碎屑疤，可计数的有 20 多个疤，最大的为 47 毫米×43 毫米，最小的为 13 毫米×9 毫米，修疤排列不具方向性，形似鳞片，两疤夹角最钝的为 155°，最锐的为 124°，圆度很好，通体呈球形。长 92、宽 101、厚 103 毫米，重 1280 克。

CP011 1/1 号出自网纹红土中，器身遗有 3 块砾石面，最大的为 87 毫米×63 毫米，最小的为 49 毫米×42 毫米，其周边不见垂直的打击点，应是使用后残留的自然面，器身绝大部分遗有修疤，至少有 20 多块，且多是比较细碎的，两疤夹角为 109°～125°。在几块较大的修疤上可见再打击痕迹。可能是砸击坚硬材料留下的。它的器体球度较差，局部有不明显的钝凸，器面的平整度亦不如前，似可认为它是多面体石核向石球的过渡类型，以称其为球形器为宜。长 98、宽 113、厚 91 毫米，重 1217 克。

（三）石制品的特征

从所得到的石制品看，地层中出土者与脱层者存在一些差别，如前者多石片，而大型尖刃类石器极少；后者却有手斧和手镐等重型工具。虽有这些不同，但其总性质是基本一致的，故在讨论石制品特征中，着眼于共性，而暂不讨论其间之不同。因为地层中出土者材料有限，目前所见之差别未必是其真实情况的反映。它们的特点归纳如下：

（1）大多数石制品粗大而厚重，长度超过 80 毫米，重量大于 200 克；石器更甚，长度多在 100 毫米，重量在 1000 克以上。

（2）做石器原料的岩种较多样，包括砂岩（含致密的和粗疏的两种）、粗面岩、凝灰岩、石英岩、变质泥岩、硅质灰岩、石英和燧石等，其中主要的石料是砂岩。所有岩种均可在 T2 的砾石层中见到，故可认为属就近取材类。

（3）打片基本上用锤击法，是否用过碰砧法难以肯定。生产石片的工艺比较原始。石核以砾石为原料，既不对石核体做事先加工，也未见修理台面的标本，绝大多数以砾石的平面做剥片的台面，故石核和石片以自然台面居多，打击者很少。有打击台面的石核均属多台面的，由后者表明系用转向打法的结果。石片的形态有不规则的，也有呈梯形的，还有少量是三角形或长型的，无典型的长石片（Blade），只有 1 件残长石片例外。

（4）石器的类型包括宽刃类的砍砸器和刮削器，尖刃类的手镐和手斧，无刃类的石球和球形器。在这些类型中，砍砸器是主要类型，手镐和球形器是常见类型，短身手镐为未见记述的新亚型，刮削器数量不多。

（5）在石器中重型的远多于轻型的，在宽刃类中存在少许过渡类型的标本。

（6）石器的毛坯，块状者占优势，多用砾石和石核，断块不多；片状者是少量的。这表明应属以砾石石器为主的工业。

（7）石器的加工都用锤击法，加工方式多样：向背面（含向砾石凸面）、向破裂面（包括向砾石的平面）、向平面（指砾石两面平，单面打击者）、错向加工、复向加工和交互打击的，其中向背面打击为主要方式。

（8）石器的加工，无论出自地层的或脱层者，多相当粗糙，器形不规整，刃缘呈波纹形，修疤多见于近缘，常常只有单层修疤，且多是深宽型的。刃口钝者多，刃角超过 70°者习见。

（四）工业归属与其他

根据以上记述的石制品组合的主要特点，其工业归属应无疑问，属南方主工业。若做进一步比较，它与安徽和江苏的更为接近。浙江调查区的旧石器时代石制品的特点与安徽水阳江流域发现者基本一致，尤其是用有棱砾石加工的手镐，无论是加工方式或形态与出自宣州陈山地点者均基本相同①，从以双台面为主这一点看，与江苏句容放牛山地点的石制品组合更为接近。在那里出土石核 26 件，其中双台面石核 18 件，占石核总数的 69.2%②。预计随着工作的深入和材料的增多，皖、苏、浙三省邻接的地区可能会因存在相近的石制品组合而被划归南方主工业的同一亚工业区。

从已发现的石制品看，浙江北部的发现，也与邻省有不同点，上面提到的短身手镐是其一；双台面对向打片，尤其沿周边打片，也是邻省（除上述外，还包括江西和福建），甚至更远的中国南方均未见记述。这些在目前看来像是小区域特点的工业成分究竟意味着什么？尚有待自身研究的深化和南方主工业更多发现和详细资料的公布。

（五）石制品的时代

石制品的时代，地层中出土者，依地质学家对南方红土的断代意见，为中、晚更新世，考古时代是从旧石器时代早期某一时段起，可能延续至旧石器时代晚期。脱层标本如何断代？对此，我们初步意见是需要做具体分析。

在脱层的石制品中有相当一部分表面遗有网纹印痕，与试掘地点中出自网纹红土层的石制品相一致，其时代可能为旧石器时代早期某一时段。出自地层中或脱层的石制品（有 1 件例外）表面没有或基本没有搬运痕迹，显示出原地埋藏的特征，而所有发现石制品的砖瓦厂的取土场均可见网纹红土堆积及其上的红土层，也为上述推论提供另一方面的证据。

没有网纹印痕的石制品的时代如何判定呢？这部分石制品的表面没有或轻度（可感磨蚀，但标本上棱脊清楚，无变钝现象）磨蚀，依此可以认为它们属原地埋藏，发现石制品的取土场，除表层外，紫红色黏土层也未发现新石器时代遗址或墓葬，应均属更新世的堆积。在两县博物馆所见的打击石器也与所采的标本不同，多为斧、凿和锛等毛坯，相对定型。根据以上种种事实，初步认为，脱层的石制品也是旧石器时代人生产的，其中绝大多数在时间上应晚于网纹红土层的出土遗物，暂时归于旧石器时代中—晚期。

五、意义与前瞻

浙江境内首次旧石器调查，成果喜人，无论对浙江省旧石器考古的从无到有的进程，还是中国旧石器考古学的研究，特别是对南方主工业的研究都具有重要意义。

这次野外调查，使浙江省不再是旧石器时代文化研究的空白区，使华夏大地上（包括台湾省和海南省）不再有未做过旧石器考古研究的省份；在该区发现的旧石器时代文化遗物，把古人类在浙江省境内劳动、生息的历史提前十几万年，甚至更长，也为浙江境内丰富多彩的新石器时代文化溯源研究

---

① 房迎三：《安徽省宣州市陈山旧石器地点 1988 年发掘报告》，《人类学学报》1997 年第 16 卷第 2 期，第 96～106 页。

② 房迎三、王结华、梁又任等：《江苏句容放牛山发现的旧石器》，《人类学学报》2002 年第 21 卷第 2 期，第 41～49 页。

提供了有意义的资料。此次发现旧石器地点之多，使浙江省一跃成为华东地区各省之前列，居第二位，仅次于安徽省。调查所得石制品的工业归属明确，属南方主工业，与安徽和江苏的关系尤为密切，填补了地域缺环，与邻接的皖、苏、赣、闽连成一片，扩大了南方主工业的分布区，向东展宽1°，对南方主工业的发展和区系类型的研究都会起到良好的作用。

另外，有两件石制品 C014 3/0 号（残长石片）和 AP003 63/0 号（单端刃刮削器）是南方主工业所没有的，后者常见于北方主工业的石制品中。在旧石器时代晚期北方主工业的石制品在中国南方发现已非鲜事，会不会像湖北荆州市鸡公山遗址那样[①]，在本区也存在上、下两个不同工业类型的遗址，今后当努力去找。

华东地区旧石器考古研究的"晚集"被我们赶上了，但调查区域有限，工作深度也不够，更何况浙江有广布的网纹红土等更新世堆积，还有大面积的石灰岩区，洞穴众多，展望未来，只要各级领导和有识人士支持，大力培养专业人才，持续地开展野外工作，浙江这块物华天宝的土地在诠释人类远古史方面会起到重要的和不可代替的作用。

致谢：浙江省旧石器考古调查得到安吉县和长兴县委和政府、文化局、博物馆以及安吉县溪龙乡政府的大力支持；省文物局关心此项工作并给予帮助。图一的轮廓和图二的清绘是沈文龙先生完成的，图一计算机填图是冯兴无先生做的，图版照相是李永嘉先生拍摄的，部分石器原料的岩性是裴树文先生鉴定的。对上述单位和先生们为这项工作付出辛勤劳动表示衷心的感谢。

（原载《人类学学报》2003 年第 22 卷第 2 期）

① 刘德银、王幼平：《鸡公山遗址发掘初步报告》，《人类学学报》2001 年第 20 卷第 2 期，第 102～114 页。

浙江安吉上马坎遗址石制品研究*

一、引言

上马坎旧石器遗址（野外编号 AP003 地点）系浙江省旧石器考察组（下简称考察组）于 2002 年 10 月在浙北安吉县境内发现的。10 月 13 日，考察组在溪龙乡砖瓦厂（溪龙乡上溪龙村）调查中获悉，该厂制砖的泥土来自溪龙乡开发区，当即前往考察。在开发区东部挖出剖面的网纹红土中采到第 1 件石制品——单台面石核①；继续寻找，在不同的红土层中发现了几件石制品，同时在开发区挖出的地坪场（为网纹红土面）找到 20 多件石制品。次日，再在该地点工作，在地层中和"地表"采捡到多件石制品。

经两天的考察，使考察组认识到它是一处工作前景良好的旧石器时代文化遗址。为弄清石制品埋藏的详细层位，希望从该遗址获得古人类活动的更多信息，考察组决定对它进行试掘。试掘工作从 10 月 26 日开始，至 11 月 17 日结束，历时 23 天。在试掘期间，继续对开发区地坪场进行石制品的查找，续有收获，尤其是雨后，网纹红土面被水淋刷，脱层石制品去沾土而再现，常常有颇丰的收获。

二、地理位置、地貌与地层

上马坎旧石器遗址位于安吉县溪龙乡乡政府所在地西约 0.5 千米处，距县府驻地递铺镇 21 千米，地理坐标为北纬 30°45′19.5″、东经 119°45′36.3″。

安吉县境内地形多样，南部和西部高，为天目山余脉，且多中低山，最高峰为龙王山，海拔 1587.4 米，并有多处 800 米以上的山峰，向北向东地势渐降，形成丘陵和平原。该县主要河流是西苕溪，其主要支流之一——西溪发源于龙王山，向北偏东流，河道蜿蜒曲折，贯安吉县全境，众多的、起源于天目山或莫干山的支流，呈叶脉状注入西苕溪，使它成为辐聚式的单一水系。

在山区由于地壳上升，阶地堆积遭到不同程度的破坏，给西苕溪上游两岸阶地的划分带来一定困难。在孝丰镇以北、以东地区属丘陵或平原区，在这里，西苕溪发育有良好的一级和二级阶地，上马坎旧石器遗址就被埋在第二级阶地内。

在上马坎旧石器遗址附近，西苕溪第二级阶地面比较宽，可达 500 米左右，由于自然力的侵蚀、平整土地、修公路和建村庄等，使阶地受到严重的破坏，目前所见阶地面狭窄，当地称为"陇岗"。

---

* 与徐新民、邱宏亮、王恩霖、罗志刚共同执笔。

① 张森水、高星、徐新民：《浙江旧石器调查报告》，《人类学学报》2003 年第 22 卷第 2 期，第 105～116 页。见图版 I，1。

西苕溪二级阶地为基座阶地，高出河水面 30～40 米，该遗址距现西苕溪最近的直线距离约 2.5 千米（溪龙至冰步港）。在这处遗址所在的"陇岗"剖面上，目前只能见到土状堆积，尚未见到砾石层，但在"陇岗"南约 300 米处，即第二级阶地的后缘，基座为中生代紫红色砂岩，可见阶地的二元结构，在基座上堆积着厚约 1～1.5 米的红色风化壳，其上是砾石层（中夹薄砂层），岩性以砂岩为主，偶可见石英岩和石英等，砾径多在 10～15 厘米。由此可窥知，做石制品的原料应取自砾石层中。在砾石层上堆积着砂质亚黏土和网纹红土，再上可能生成下蜀土。从对西苕溪二级阶地初步观察看，该溪的主河道较现代的偏南，与上马坎遗址的活动者关系密切。

如上述，考察组决定对该遗址进行试掘，首要的问题是选择试掘坑的位置。经分析，选择剖面的中部，理由是这里出露的地层较好；另外，在前几天的工作中，从这部分剖面上采到较多的石制品，可能会带来良好的结果。探方面积最初设定为长（北—南）6 米，宽（东—西）为 3 米。由于原剖面是向西倾斜的，宽度随发掘进展而有所增加，从顶面挖到深 3.6 米处，宽度接近 6 米。总共挖掉堆积约 90 立方米[①]。试掘取得了比预想更好的结果。依试掘坑的地层剖面，其地层从上到下可分 5 层（图一），现将各层沉积物岩性、特征和厚度简要地记述于后。

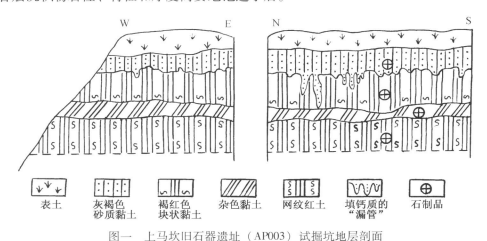

表土　灰褐色砂质黏土　褐红色块状黏土　杂色黏土　网纹红土　填钙质的"漏管"　石制品

图一　上马坎旧石器遗址（AP003）试掘坑地层剖面

第 1 层：表土，很松散，沉积物中含细砂量大，呈褐黄色，多植物根系。厚 40～50 厘米。

第 2 层：灰褐色砂质黏土，含粉砂较多，堆积致密，但未胶结，中含少量的黑色物质，呈星点状分布，排列无序，层中还见零星的小块红土。此层底面极不平，有长短不一的"漏管"，管内填粉末状的、灰白色的钙质物质。从此层中发现 1 件石片。厚 70～80 厘米。

第 3 层：褐红黄色块状黏土，堆积致密，呈块状，表面有铁锰膜包裹，故表面颜色呈黑灰色。此层土色由于中含较多豆粒状的黑色物质，故土色显得相当杂。本层下部可见排列不规则的、稀疏的网纹。从此层出土石片、断块和无加工痕迹的砾石各 1 件。厚 100～120 厘米。

第 4 层：杂色黏土，沉积物堆积致密，打碎后呈块状，中含较多的黑灰色物质。沉积物颜色多样，呈棕褐色、杏黄色、灰色和黑色。从此层出土 3 件石质标本。厚 10～40 厘米。

第 5 层：网纹红土层，已出露部分可再分 3 个亚层。从此层出土 30 件石质标本。从标本出土情况分析，距阶地顶面 311~315 厘米，可能存在一个相对集中的活动面，约有占试掘出土石制品 44.83%的标本出自这厚 5 厘米的地层中。以下对本层各亚层的岩性分别予以记述。

5A 层：粉砂质黏土，沉积物主要是黏土，含少量的粉砂，呈杏黄色，中有大量的网纹，缺乏有规律的排列，纵横交错，堆积十分致密，用锄挖，进尺甚微，但土块可以被敲碎，细块用手指捻，可成粉末，稍有触手感。此层含石制品。层面和底界面略起伏不平。厚约 30 厘米。

5B 层：鲜红色网纹红土，堆积坚实，土壤化明显，含有大量的网纹，应是在湿热环境下形成，是一层古土壤，其顶、底界面也是不平的。含石制品。厚 30~40 厘米。较集中的人的活动面可能在这层古土壤的面上。

5C 层：红色和杏黄色网纹红土，堆积致密，红黏土块呈豆粒状夹于杏黄色网纹红土中。这一亚层颜色比 5B 层稍淡，网纹密度与 5A 层相仿，但比 5B 层略显稀疏。含石制品。厚约 30 厘米，未见底。

关于这处遗址的时代问题，由于断代的直接证据贫乏，因此只有从相关的地质资料来做一些推断。依浙江区域地层资料[①]（苏州、长兴小区），区域地质研究者把该区较高一级阶地的堆积归于"中更新统之江组（Q_2z）"并做如下的记述：分布于长兴、吴兴等地丘陵边缘及山间谷地周围，出露零星。本组往往组成相对高度 20~30 米的冲积、洪积阶地。阶地前缘为冲积相，山前谷地为坡、洪积相。地层变化大，以混合类型出露较多，一般所见，上部为棕红色黏土、亚黏土；下部为砾石夹黏土或亚黏土，上下均有网纹构造，结构紧密，砾石部分风化。安吉东、北部属于这个小区，从沉积物岩性看，与西苕溪二级阶地的堆积基本一致，故后者形成的时代可归中更新世之江组。这与以往"依地质学家对南方红土的断代意见所推定该阶地的时代"也是吻合的。

由于对上马坎旧石器遗址进行了试掘，对其地层有更多了解，通过对邻近的旧石器遗址的地层对比，有利于进一步了解遗址的时代。附近这方面有较深入研究的是安徽省宣州市陈山地点[②]，前称向阳地点[③]，后者发表了一个"宣州市向阳旧石器地点（AX8704）剖面图"，除底砾石层外，将总厚度 11 米多的堆积划分为 14 层，但无各层岩性的描述，依图示含 8 层古土壤，从第 4 层往下有网纹化遗迹；前者，不计第 11 层——网纹化砾石层，将堆积总厚度为 6.75 米（最薄）或 15.40 米（最厚）分为 10 层。依各层岩性描述，上马坎遗址的第 1、2 层与陈山地点的第 1 和 2 层的可以对比，上马坎的第 3 层既可能与陈山的第 3 层相当，但更可能与后者第 5 层相当，因为两层均发现有稀疏的网纹，而陈山的第 3 层未见有网纹化的记述；本文的第 4 层不见于陈山地点，也不排除与其第 5 层下部相当；本文的第 5 层可与其第 6~8 层对比，但其古土壤层厚 3.2~4.8 米，比上马坎者要厚得多。将陈山地点第 2~10 层划分为两期：第 10 层至第 6 层为早期，依 ESR 测年，早期的地质时代为早更新世晚期至中更新世中期，第 4~3 层为晚期，其地质时代为中更新世晚期。杨浩等对陈山剖面风戎沉积——红土

① 浙江省区域地层表编写组：《华东地区区域地层表：浙江分册》，地质出版社，1979 年。
② 房迎三：《安徽省宣州市陈山旧石器地点 1988 年发掘报告》，《人类学学报》1997 年第 16 卷第 2 期，第 96~106 页。
③ 房迎三、杨达源、韩辉友等：《水阳江旧石器地点群埋藏学的初步研究》，《人类学学报》1992 年第 11 卷第 2 期，第 134~141 页。

堆积做 ESR 年代学研究[1]，并对中国南方红土与第四纪环境变迁进行了探讨[2]。依他们发表的剖面，本文的第 3 层相当于它的 S_1，第 4 层相当于 S_2，第 5B 层相当于 S_3。根据杨浩等提供的陈山地点各层测年的结果：S_1 年龄为距今 12.6 万年左右，S_2 为距今 36.4 万年上下，S_3 约为距今 45.5 万年。由此看来，上马坎旧石器遗址已发掘的各层年龄初步可推定为：第 5 层略大于距今 45.5 万年，第 4 层约为距今 36.4 万年，第 3 层约距今 12.6 万年，为中、晚更新世界面期，第 2 层的石制品进入了更新世晚期，属旧石器时代中期或晚期，目前无法肯定。诚然，地层年代有较符实之论，还得用现代科技测年手段做年代学研究。

三、石制品

从该遗址采到的石制品 107 件，其中试掘出自各层的 29 件，调查中采自地层的 12 件，来自地坪场脱层的 66 件。3 种不同情况采到标本的详细分类见表 1。以下分别记述：

表 1　　　　　　　　　　　上马坎旧石器遗址（AP003）的石制品分类与统计

（单位：件）

项目＼分类	断块	石核			石片			刮削器						砍砸器			手镐	石球	地点保本分析	百分比
		单台面	双台面	多台面	完整	半边	残断	单边直刃	单边凸刃	单边凹刃	单边复型	单端刃	两边刃	单边直刃	单边凸刃	两边刃				
试掘坑出土	8	4			12	2	1	1							1				29	27.1
地层中采集	2	3	1	1	3	1									1				12	11.2
脱层标本	4	5	5	2	23	4	1	1	2	1	1	3	1	4	5	1	1	2	66	61.7
分类统计	14	12	6	3	38	7	2	2	2	2	2	3	1	4	7	1	1	2	107	100
百分比	13.1	11.2	5.6	2.8	35.5	6.5	1.9	1.9	1.9	0.9	0.9	2.8	0.9	3.7	6.5	0.9	0.9	1.9	99.98	

（一）试掘坑出土的石制品

试掘坑出土的石制品 29 件，还有 9 件没有加工痕迹的磨圆良好的砾石，其平均长、宽、厚为 78.25 毫米、73.38 毫米和 51.88 毫米；从其砾径大小看适于作石器原料。这些砾石出自土状堆积中，不应有河床相堆积的砾石，而且散布于不同层位（见表 2）中，它们被当时人采来作为石制品的备料应是合理的推测。

发现的石制品出自第 2 层至第 5 层，3/4 稍强的出于后者。从第 5 层出土的石制品水平与垂直分布看，可能存在一个相对集中的活动面，垂直分布集中于 311～315 厘米间，计 13 件，占试掘出土石制品的 44.83%；水平分布于 513～596 厘米之间，计 8 件，占 27.59%（表 2），依此可以窥知集中的活动面可能在试掘坑偏西的区域。

---

[1]　杨浩、赵其国、李小平等：《安徽宣城风成沉积——红土系列剖面 ESR 年代学研究》，《土壤学报》1996 年第 33 卷第 3 期，第 293～300 页。

[2]　赵其国、杨浩：《中国南方红土与第四纪环境变迁的初步研究》，《第四纪研究》1995 年第 2 期，第 107～116 页。

表 2　　　　　　　　　　上马坎旧石器遗址（AP003）试掘坑出土的砾石和石制品一览

标本号	石制品号	坐标	层位	发现时间	体积	初步鉴定
T1	13/1	340×290×100	L.2	10.28	47×100×23	砂岩石片
T2	14/1	500×140×178	L.3	11.3	96×109×56	砂岩断块
T3		141×45×183	L.3	11.4	107×92×78	砂岩砾石
T4	15/1	225×370×188	L.3	11.4	22×26×10	砂岩石片
T5	16/1	245×452×240	L.4	11.6	80×40×33	砂岩断块
T6		490×450×240	L.4	11.6	78×77×75	砂岩砾石
T7	17/1	246×65×232	L.4	11.6	94×93×110	砂岩单台面石核
T8	18/1	192×520×274	L.5	11.7	69×45×100	砂岩断块
T9		60×440×266	L.5	11.7	74×71×35	砂岩砾石
T10		205×260×276	L.5	11.7	51×43×32	砂岩砾石
T11	19/1	196×142×289	L.5	11.8	75×66×38	砂岩断块
T12		301×100×270	L.5	11.8	93×60×38	砂岩砾石
T13	20/1	351×255×289	L.5	11.8	117×67×70	砂岩单台面石核
T14		200×0×265	L.5	11.8	108×104×87	砂岩砾石
T15	21/1	128×377×312	L.5	11.9	117×41×34	砂岩断块
T16	22/1	215×320×293	L.5	11.9	69×41×41	砂岩断块
T17		577×270×298	L.5	11.9	47×70×29	砂岩砾石
T18	23/1	220×596×320	L.5	11.10	80×119×31	砂岩石片
T19	24/1	200×573×315	L.5	11.10	77×46×15	砂岩半边石片
T20	25/1	270×570×328	L.5	11.10	63×58×29	砂岩石片
T21	26/1	50×577×314	L.5	11.10	106×82×29	砂岩砍砸器
T22	27/1	240×535×323	L.5	11.10	86×78×25	砂岩石片
T23	28/1	175×581×313	L.5	11.10	93×42×23	砂岩石片
T24	29/1	170×517×313	L.5	11.10	86×48×51	砂岩断块
T25	30/1	166×522×313	L.5	11.10	114×60×22	砂岩长薄石片
T26	31/1	170×527×312	L.5	11.10	93×66×35	砂岩石片
T27	32/1	66×513×311	L.5	11.10	88×74×18	石英砂岩石片
T28	33/1	60×152×312	L.5	11.10	54×70×13	砂岩石片
T29	34/1	163×416×313	L.5	11.10	88×102×30	砂岩石片
T30	35/1	157×425×315	L.5	11.10	40×50×10	砂岩半边石片
T31	36/1	165×387×309	L.5	11.11	54×86×40	砂岩石片
T32	37/1	394×360×335	L.5	11.11	63×46×13	砂岩断块
T33	38/1	46×381×314	L.5	11.11	75×57×33	砂岩石片
T34	39/1	24×536×315	L.5	11.11	137×150×62	砂岩单台面石核
T35	40/1	595×584×305	L65	11.11	60×32×16	砂岩单边直刃刮削器
T36		33×150×317	L.5	11.11	68×70×41	砂岩砾石
T37	41/1	400×0×302	L.5	11.12	154×114×78	砂岩单台面石核

注：试掘坑坐标基点为北壁与东壁相交点。坐标测量单位为厘米；体积测量单位为毫米。

试掘坑出土的石制品 29 件，可分为断块、石核、石片和石器。它们的进一步分类、测量和统计见表 3。各类标本人工的特征述要如下：

表3　　　　　　　上马坎旧石器遗址（AP003）试掘坑出土的砾石和石制品分类、测量与统计

（单位：毫米、度）

分类　　项目	砾石	断块	单台面石核	石片			石器	
				完整	半边	残片	刮削器	砍砸器
分类小计	8	8	4	12	2	1	1	1
百分比	21.62	21.62	10.81	32.43	5.41	2.70	2.70	2.70
长度	81.00	78.25	125.50	73.25	70.00	40.00	60.00	106.00
宽度	69.75	73.38	106.00	73.33	52.00	35.00	32.00	82.00
厚度	53.38	51.88	82.25	25.33	22.00	10.00	16.00	59.00
台面角/石片角			74.75	100.42	107.00			
刃角							80.00	79.00

1. 断块

8 件，岩性均为砂岩（其中两件较致密），原材为砾石，个体变异较大，最大的为 96 毫米 × 109 毫米 × 56 毫米，最小的为 63 毫米 × 46 毫米 × 31 毫米。其形状为不规则的多面体，其上大部保留砾石面。它们除 1 件为单裂面外，余皆有 2～4 个不等的裂面，偶可见小的片疤，但都无清楚的打击点。尽管如此，它们因没有水流搬运痕迹，故仍能认为是人工制品。在断块中如 37/1 号其左侧面有 2 块长方形片疤，应属于断块和石核难分的标本；又 38/1 号其右侧缘上有细疤，可能偶被当作工具使用过。

2. 石核

4 件，岩性为砂岩，原材为砾石，出自第 4 层的 1 件，余者来自第 5 层，均为单台面石核，都是自然台面，向砾石的一面剥片，因此核体上大部分保留砾石面，基本上不改变原材的形态。本类标本相当粗大，最长的 154、最短的 94 毫米，最宽的 114、最窄的 67 毫米，最厚的 110、最薄的 62 毫米。石核上打击点较集中的 3 件，集中的 1 件。台面角最钝者为 90°，最锐者为 60°，有 3 件小于 80°。半锥体阴痕微凹，放射状线痕稀疏。工作面呈立壁状，见 2 个片疤的 2 件，1 或 3 个的各 1 件。从石核片疤量看，石核利用率很低，但由其台面角看，还可再生产石片，应归阶段性打片的石核，不能认为是废弃的石核。

3. 石片

石片是试掘出土标本最多的，占石制品的 51.72%。从保存情况看，可分为三类：断片、半边石片和完整的石片，各类标本量及测量值参阅表 3。以下简述各类石片的一般性质。

断片　上部残缺，其各面均不保留自然面，破裂面平坦，背面遗有多块浅凹的片疤。从残留的诸人工特征及本遗址石片的一般性质分析，它原应是锤击石片。

半边石片　缺左、缺右各 1 件，自然台面，台面指数分别为 13 和 27[①]，若加以复原，应均属大台

---

① 赵其国、杨浩：《中国南方红土与第四纪环境变迁的初步研究》，《第四纪研究》1995 年第 2 期，第 107～116 页。

面。破裂面观，打击点集中，半锥体较凸，放射状线痕较密集，石片角为103°和101°，破裂面平坦；背面观，其一大部保留自然面，另一少许保留，分别遗有2或3个片疤。24/1号破裂面右侧上部有明显变钝现象，可能被使用过。

完整石片　是指反映人工性质的上部完好保存的，个别的下部或侧角上稍有破损。完整石片出自第2层和第3层的各1件，其余的出自第5层。岩性为砂岩，原材为砾石。在本类石片中，有长型石片7件，宽型石片5件；长宽比差大于或约等于1倍的有2件，宽长比差最大的也有超过一倍的，仅1件。它们的大小有一定的变异，长度为22～114毫米，宽度为26～119毫米，厚度为10～35毫米。在这些石片中，包括大型石片1件，中型的10件，小型的1件。关于石制品分型问题，将在记述脱层标本中加以讨论。

石片的破裂面观　台面以自然的居多，打击的3件，其中两件为平台面，另一为点状的。台面多大而厚，以大中型的居多，约占2/3，小台面占1/3，台面指数[1]为1（实为0.26）～44。石片角变异为88°～135°，超过120°的仅1件，多数在110°左右。打击点集中或不显的极少，多为较集中的，半锥体凸或不显的约占一半，另一半是较凸的，具双锥的仅1件，放射状线痕稀疏或不显的各占1/2，不见疤痕，但有1件例外。石片的破裂面基本平坦，两件长型石片稍有曲度（侧面观）。

石片背面观　全部保留自然面或无的各1件，大部保留的2件，其余的自然面占背面的1/3～1/5。背面除1件无疤外，常见的为双疤，约占1/3，其余为3疤或更多的（最多的有5个），背面大多数片疤是与剥片同向的，3件有侧向打击痕迹，表明曾使用过转向打法。

石片形态　虽有不规则的，但大多数呈梯形、三角形或呈似铲形。有3件标本侧边有细疤，可能被使用过。以下依石片形态结合其他未能记述的特点，举例说明之：

30/1号呈梭形石片，长宽比差接近2∶1（114∶60），点状台面，台面指数为0.26，属最小台面。破裂面上的打击点清楚，半锥体呈梭形凹入，放射状线痕稀疏，破裂面下部不平。背面观，留有约1/3自然面，遗有4块片疤，同向与异向的各两块。它的背面两侧可见连续细疤，应是1件使用石片。36/1号也可能是使用石片，其远端缘的背面有连续的细疤。

28/1号是长石片（93∶42）。它的左侧（破裂面观）匀称地内凹，右侧为凸弧，台面打击，属小台面，破裂面人工性质为常见的，唯其疤痕特大（26毫米×19毫米），破坏了部分半锥体。背面观，远端和左下遗留小块自然面，为双"Y"形脊背，遗有5块同向片疤（图二）。它是这个遗址出土的形制最规则的石片之一。

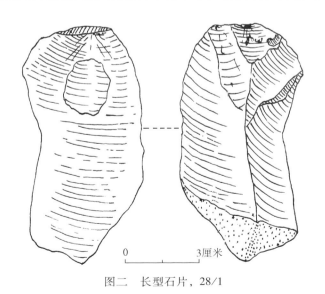

0　　　3厘米

图二　长型石片，28/1

---

① 赵其国、杨浩：《中国南方红土与第四纪环境变迁的初步研究》，《第四纪研究》1995年第2期，第107～116页。

13/1 号，发现于第 2 层。略呈梯形，台面粗大，为打击台面，打击点不显，半锥体微凸，放射状线痕稀疏。它是宽型石片，而且是长宽比差最大的标本（47∶100）。

4. 石器

石器只有两件，其一为单直刃刮削器，岩性为砂岩，毛坯为砾石，将其左侧向凸面加工成直刃，刃钝，刃角为 80°，修理工作简单，仅见单层修疤，为深宽型；另一是单边凸刃砍砸器（106 毫米×82 毫米×29 毫米），岩性是致密砂岩，毛坯为石核。其顶端遗有垂直剥片痕迹，将右侧向破裂面稍加修理，遗有浅宽的修疤，形成可用的刃口，刃角约为 60°。从刃口上看，除右下角有变钝现象外，刃口大部无使用痕迹。

5. 小结

从石制品垂直和水平分布相对集中来看，该遗址应有一个较集中的活动面。从石片形态看，依第 5 层出土者，不仅形态规则，还有几件长宽比差超过或接近 1 倍、背面片疤基本上浅凹的以及几件呈 "Y" 字脊等说明，当时人用锤击法打片具有较高的水平；由石核体和台面未见事先加以处置这一点看，打片使用的是较原始的工艺。石器不多，均属宽刃类，器体粗大或较大，加工粗糙，为非常用型石器。

（二）调查来自地层中的石制品

这部分记述的石制品为 12 件，多出自下部地层（距现地面向上约 2.5 米），除 2 件石核（1/1 和 8/1 号）出自相当于试掘坑的第 5 层外，其余应属第 5～3 层。由于调查条件限制，无法详细分层，故作为一个研究单元来处理，现分类记述于后。

1. 断块

2 件，岩性为砂岩，原材为砾石，均甚粗大，平均长 138.5、宽 62、厚 42 毫米，呈不规则的多面体，或多或少保留砾石面，但均有 3 个裂面，打击点不清楚。其中 6/1 在一侧中部有细疤，可能是使用痕迹；另一件（11/1 号）在长边上有不连贯的片疤，或许意味着它是打片不成功的标本。

2. 石核

5 件，岩性属砂岩，原材为砾石，其中含单台面石核 3 件，平均长 71.0、宽 119.0、厚 115 毫米，1/1 号可为其中代表[①]；双台面石核 1 件，长 139、宽 169、厚 81 毫米，台面角分别为 93°和 86°；多台面石核 1 件，具 3 个台面，两个自然台面，一个打击台面，台面角为 68°、74°和 82°。这些石核都是宽型的，长宽比差最大是 9/1 号单台面石核，为 64∶105。

3. 石片

4 件，包括完整的 3 件，缺左半边石片 1 件。岩性为砂岩（均较致密），原材为砾石。半边石片（77 毫米×59 毫米×22 毫米）为自然台面，打击点等人工痕迹清楚，石片角为 107°，背面无自然面，遗有 4 块片疤。完整石片 2 件属宽型的，另 1 件属长型的，平均长 62.3、宽 75.7、厚 23.3 毫米，平均石片角 97.3°。它们的台面性质有自然的，也有打击的，还有 1 件半自然、半打击的，打击点集中、较集中和不显的各 1 件，半锥体凸，放射状线痕稀疏。背面遗留 1/2 自然面，少许或无的各 1 件，台面

---

① 张森水、高星、徐新民：《浙江旧石器调查报告》，《人类学学报》2003 年第 22 卷第 2 期，第 105～116 页。

后缘可见打击点，有呈弧线状，也有呈"一"字形的，背面片疤有 2 或 3 个，有的与石片破裂同向，也有呈 90°的。其中有 1 件，即 10/1 号，为自然台面（节理面），右侧被后来的打击，残了一部分，残留部分半锥体和放射线，在左侧也可见弱半锥体，破裂面平，下部向右倾斜，锐缘有连续的细疤，可能被使用过，其背面无自然面，则有清楚的转向打片痕迹（图三）。3/1 号边缘也有连续细疤，也可能使用过。

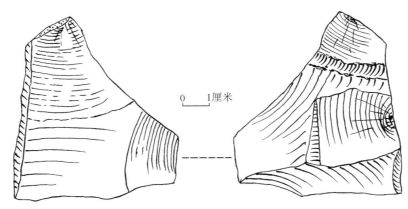

图三　石片（背面可见转向打法），10/1

4. 石器

1 件，岩性为致密砂岩，毛坯为石核，右侧和顶端都曾剥过石片，在此基础上稍加修整，修整痕迹见于前端和右上部，被制成深波形凸刃，修疤单层，为深宽型，刃缘曲折，刃口钝，刃角为 80°，系向破裂面加工而成。长 156、宽 82、厚 75 毫米，重 1248 克。

5. 小结

调查中采自地层的标本，打片和修理石器均用锤击法，其总的性质与试掘坑出土者基本一致，故不细述。

（三）脱层石制品

脱层石制品发现于被挖掉的阶地的部分堆积所形成的网纹红土的地面上或半埋于土中。采集工作是在调查和试掘中不断地进行的。从这个地点先后共采集到石制品 66 件，实际数量还要多些，因为大多数断块，因脱层了意义不大，未悉数采集。由于在人造地面没有发现新石器时代遗物，如上述，经试掘地层中也未发现那个时代遗物，在采集的石制品中其总性质与试掘出土者可资对比，故我们倾向于认为这些石制品属旧石器时代遗物，更有部分标本留有网纹印痕，可与试掘出自下层的石制品的表面痕迹相对比。在研究南方主工业时，石制品分级问题，笔者深感有提出的必要。以往使用北方主工业的[1]，由于南方主工业具粗硕的特点，北方的已不适用，应制定新的标准，在本文中提出试验性的建议：初级产品石片与石核（不完整的断片与断块不计在内）长度超过 101 毫米的或长宽相加超过 200 毫米（考虑到石核和石片多宽型的特点）的为大型，中型的 51～100 毫米或 102～200 毫米，小型的小于 50 毫米或 100 毫米；石器分级可参照上述分级，减去约 20% 修理过程对毛坯的耗损。关于脱层

---

① 张森水：《丁村 54∶100 地点石制品研究》，《人类学学报》1993 年第 12 卷第 3 期，第 195～213 页。

表 4 上马坎旧石器遗址（AP003）脱层石制品分类、测量与统计

（单位：件、毫米、度）

分类 / 项目	断块	石核			石片			刮削器						砍砸器			手镐	石球	总计
		单台面	双台面	多台面	完整	半边	残断	单边直刃	单边凸刃	单边凹刃	单边复型	单端刃	两边刃	单边直刃	单边凸刃	两边刃			
分类小计	4	5	5	2	23	4	1	1	2	1	1	3	1	4	5	1	1	2	66
百分比	6.1	7.6	7.6	3.0	34.8	6.1	1.5	1.5	3.0	1.5	1.5	4.5	1.5	6.1	7.6	1.5	1.5	3.0	99.99
长度	93.3	125.0	110.8	80.0	56.5	63.8	46.0	89.0	49.5	85.0	35.0	43.7	95.0	111.0	122.5	151.0	110.0	103.0	
宽度	104.3	136.4	134.4	87.0	57.2	42.8	40.0	55.0	44.0	56.0	36.0	38.3	56.0	85.0	78.3	141.0	90.0	96.5	
厚度	58.0	67.2	96.4	83.0	20.2	21.0	13.0	31.0	16.0	18.0	19.0	16.7	18.0	36.5	43.3	65.0	60.0	105.5	
台面角		86.2	91.7	98.5															
石片角					108.7	114.3													
刃角[1]								82.0	66.0	76.0	61.0	61.7	61.0	68.2	68.5	89.5	75/75[1]	118.8	

注1）：含尖刃角，见分母。

石制品的详细分类、测量和统计的结果参阅表4。现依分类，扼要地记述各类的特点于后。

1. 断块

4 件，岩性为砂岩，与试掘者相仿，系多面体石块，大部保留砾石面，但有几个破裂面，个别的可见零星的片疤。无论是破裂面或片疤上，打击点等人工痕迹均不清楚，故无法归于石核类。

2. 石核

12 件，包括单台面和双台面各5件，多台面者2件，岩性均为砂岩，原材系砾石。其个体变异较大，最长的190、最短的71毫米，最宽的191、最窄的49毫米，最厚的158、最薄的43毫米。本类多为宽型石核，长型者仅3例，长宽指数为106。现分别述要于后。

（1）单台面石核

均自然台面，核体长71~190、宽74~191、厚43~83毫米。台面角虽变异较大，为61°~115°，但从台面角来看，表明多数石核尚可继续打片。本类的工作面呈一面壁状者4件，略呈半柱形的1件，其上打击点是集中或较集中的，半锥体阴痕浅凹，放射状线痕稀疏或不显；片疤多单层，双层者2件，片疤形态多不规则，但有1件例外，呈梯形或三角形，片疤量为2~7个不等。

（2）双台面石核

宽型的3件，长型的2件。它们的平均尺寸小于单台面的。其台面亦均为自然面，工作面都有一定的弧度，诸人工特点与前类石核相仿，但台面角偏钝，均超过80°（83°~105.5°）。这些石核若不采用转向打法，难以再产生适用石片。本类石核，对向打片者3件，双台面呈90°打片者2件，以下举一例作进一步说明。

10/0 号，双向呈90°打片，主台面为自然面，明显向后倾斜，形成锐角台面，台面角为56°~71°，遗有几块长方形和长三角形片疤，5块片疤有3块长宽比差超过2∶1，左侧以石核底面为台面，也是自然台面，打下两块宽型石片，有很集中的打击点，台面角分别为97°和98°。

（3）多台面石核

都是宽型的，其平均尺寸是最小的。器身6个面，大部保留自然面，台面亦均为砾石面。打片方向都是两端对打，外加一个由一侧横向打击，诸人工特点清楚，台面角偏钝，最锐者为86°，其余的均超过90°，最钝的达114°。这类石核有单工作面的，如39/0号，其工作面呈似柱形，遗有7个片疤，其中有几个近似梯形；另1件几乎是沿原材周边剥片，其上遗有10个片疤。多台面石核是利用率较高但是难以再打片的标本。

3. 石片

包括残片1件，半边石片4件和近端完好保存的石片23件，后两类对研究打片技术有一定意义，综述其一般性质，并举例做个案说明。

（1）半边石片

原料为砂岩，原材系砾石。缺左者1件，另外3件为残右者；现宽型者1件，余为长型的。若加以复原，应均为宽型的。它们的个体变异较大，最长109、最短38毫米，最宽60、最窄29毫米，最厚34、最薄9毫米，本类的台面均为砾石面，石片角最钝的126°，最锐者100°，打击点集中或较集中，半锥体微凸，放射状线痕稀疏，无疤痕，破裂面较平；背面观，

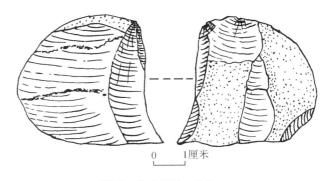

图四　半边石片，6/0

无自然面多疤者3件，另1件保留1/2自然面，由此说明它们不是从石核上打下的初始石片，留有转向打法的痕迹也能证明之，台面后缘多见1个集中的打击点，呈缺口状，整个背面多疤，但较平。从侧面破裂痕迹分析，其中3件可能是打片时崩裂的，另一件可能是有意砸裂的（图四），台面右侧角遗有清楚的砸痕以及由此形成呈放射状剥片痕迹。

（2）完整石片

除个别的尾端稍残外，基本完整。其岩性除白云岩、花岗岩和硅质岩各1件外，余皆为砂岩（部分较致密），原材均为砾石。它们的个体变异大，最长123、最短27毫米，最宽161、最窄21毫米，最厚47、最薄7毫米。在本类中长型者9件，宽型者14件。在研究本文的石片时，石制品分级问题，依笔者提出的上述分级。石片属大型的1/2件①，中型的12/11件，小型的10/10件。本类宽型石片略多于长型的（13：10），其中长度超过宽度一倍的有1件，如20/0号，为60：29，相反情况为0件。石片的长宽指数（平均值）为101.2。石片形态呈铲形、长方形和不规则的各有5件，另有8件略呈梯形。

石片的台面　自然者居多，为16件，如42/0号；打击者7件，后者有1件可见台面脊，但不是修理台面的痕迹，可能与砂岩的层理有关。它们的台面角最锐者为78°（具锐角的3件），最钝者为140°，超过120°者8件。台面大小变异相当大，台面指数变异范围为1～40，其中属小台面的8件，中

---

① 分母为依长宽相加分级，分子指依长度分级，下同。

台面者 4 件，大台面者 11 件。

破裂面观　打击点集中或不显者不多，常见是较集中的；半锥体多较凸的，但有 1 件是凹入的，系打崩的结果，放射状线痕不显的习见，偶尔可见密集或稀疏者，有疤痕仅 1 例。破裂面较平，个别的有折坎。破裂面上诸人工特点显得较弱，不应视为软锤打片的结果，而是与砂岩质欠致密有关。

背面观　全部为自然面者仅 1 件，无自然面者 14 件，少许保留的 5 件，保留 1/2 以上者 3 件；台面后缘无打击点或仅有 1 个者各为 9 或 8 件，双点或 3 点的各 3 件，后者由后缘曲折表明，这些打击痕迹不是修理台面缘的工作。背面片疤，除 1 件外，少则 2 个，多则 5 个，其中以长型的居多，故背面显得较平，无龟盖状凸起的。

石片边缘有细疤的不多，仅有 3 例，可视为使用石片。47/0 号是其中之一。它的右侧中部有连续的细疤，长达 13 毫米。为探讨石片的生产方法，举几例于后。

42/0 号，破裂面诸人工特征如上述为常见者，其背面遗有 1/4 自然面，左侧面为多折坎的三角形疤，中间的似梯形，右侧为长形残疤，台面后缘可见双打击点，两疤相交而成明显的尖突，使台面呈不等边的三角形。这些人工特征表明是用硬锤生产石片留下的痕迹。

1/0 号，与此相类似的还有 4/0 号（100 毫米 ×110 毫米 ×48 毫米），都是宽型略呈铲形的标本。1/0 号是最大的一件石片（123 毫米 ×161 毫米 ×47 毫米），自然台面，台面指数为 18，台面大而倾斜，石片角 121°，打击点、半锥体和放射状线痕显示极弱，背面有双疤，后缘见 1 个散漫的打击点。依正、反两面的人工痕迹分析，它具有用碰砧法生产石片的特点。这件标本的左侧缘有变钝现象，下缘中右部和右侧有小疤，或许意味着它曾被使用过。但应指出一点，就本项研究的石片而言，多数台面大而倾斜，石片角超过 120° 的未必是用碰砧法生产的，如笔者曾指出过，并有试验证明[①]，用锤击法打片有时也可获得类似结果。

4. 石器

22 件，分属宽刃类 19 件、尖刃类 1 件和无刃类 2 件，现分类记述于后。

A. 宽刃类　数量最多，占全部脱层石器的 86.4%。在宽刃类石器中如何区分砍砸器和刮削器，因其器体均粗硕，不像北方旧石器时代主工业那样易于分类。它不仅是这个研究组合遇到的问题，也是南方主工业石器分类普遍存在的，应通过实践，提出合理的分类方案。在没有现成分类方案情况下，本文提出探讨性的方案。本文作者认为，区别两类石器的关键之一应是其体积和重量，刃口钝锐和毛坯应是分类要紧因素，但后两者尚缺可比资料，现依前两个要素提出石器的长、宽、厚相加超过 230 毫米和重量超过 500 克的宽刃类石器归砍砸器类，小于 180 毫米、重量不到 300 克的称刮削器。这样基本上适于本文的石器分类，不足之处，中间尚有若干过渡类型，如 44/0 号是其代表，说明上述分类雏议尚需进一步完善。依上述暂时性分类原则，对刮削器和砍砸器分述之。

（1）刮削器

9 件，岩性为砂岩 6 件，火成岩类 2 件，还有石英 1 件；毛坯块状多于片状的，为 6：3。刮削器

① 中国科学院西藏科学考察队：《珠穆朗玛峰地区科学考察报告（1966～1968）：第四纪地质》，科学出版社，1976 年，第 105～109 页。

可再分为 6 类, 详见表 4。刮削器个体变异大, 最大的为 95 毫米 ×56 毫米 ×18 毫米, 最小的仅 16 毫米 ×30 毫米 ×7 毫米, 后者也是加工最好的[1], 其余的加工多粗糙或相当粗糙, 相比之下, 单端刃优于其他各类。其修理方式, 以向背面居多 (4 件), 向破裂面的 3 件, 交互打击的和复向加工的各 1 件。修疤基本上是单层的, 多浅宽型, 亦有深宽型的。刃缘多呈波纹形, 刃口较锐, 刃角变异为 52°～81°, 除 2 件刃角大于 70°外, 其余的小于 70°。从其器形和加工情况分析, 它们应属非精品 (仅 1 件例外), 是偶用型石器, 不少是在毛坯被使用的基础上略加修整而成。

(2) 砍砸器

10 件, 岩性为砂岩 9 件, 石英岩 1 件; 毛坯块状的 6 件, 片状的 4 件。其器体粗大, 仍有相当的变异, 长度 90～158 毫米, 宽度 71～144 毫米, 厚度 14～65 毫米。砍砸器的修理痕迹多见于一侧边, 常常是将毛坯较薄的一边加工成刃; 修理方式多样, 向破裂面加工的 5 件, 向背面者 2 件, 还有错向的、复向的和交互打击的各 1 件。修理工作较粗糙, 仅见单层修疤, 有深宽型的, 也有浅宽型的, 个别为浅长型的。刃口钝、锐均有, 刃角最锐者为 56°, 最钝者接近直角。为说明砍砸器的特点, 兹举一例于后。

37/0 号系用石英岩断块制成, 其上无网纹印痕, 体积为 151 毫米 ×141 毫米 ×65 毫米, 重 1472 克, 是本类最大的。它的两端可见截断的痕迹。修理痕迹见于两侧边, 左侧为直刃, 右侧为复型刃, 刃角分别为 86°或 75°; 左侧刃修疤细而浅, 系向较平一面加工, 右侧刃加工方向相反, 两刃系错向加工而成, 在本类中它是修理较好的。与试掘所得石制品表面痕迹对比, 它可能出自上部 (第 2 或 3 层) 地层。

B. 尖刃类——手镐

1 件 (53/0 号), 岩性为砂岩, 毛坯为砾石, 但较平一面的右下侧曾打下过两个长三角形石片。在其较凸一面的左侧中上部可见修理痕迹, 右侧整个长边被修理成刃, 刃缘呈波纹形, 具双层修疤, 两侧刃徐向中收, 并相交成尖, 尖刃角为 75°。由于其器身长宽指数为 82, 故归短身手镐 (图五)。这类石器如我们曾指出: "器身长宽比例相仿。" "为未见记述的新亚型。"[2]

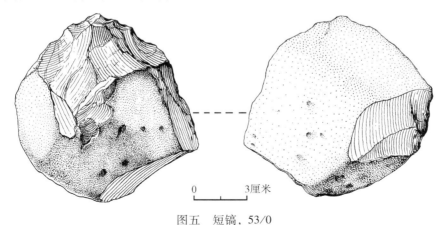

图五 短镐, 53/0

① 张森水、高星、徐新民:《浙江旧石器调查报告》,《人类学学报》2003 年第 22 卷第 2 期, 第 105～116 页。
② 张森水、高星、徐新民:《浙江旧石器调查报告》,《人类学学报》2003 年第 22 卷第 2 期, 第 112、113 页。

C. 无刃类——石球

2 件，岩性属砂岩，毛坯为砾石，周身遗有少许砾石面，绝大部分可见鳞状片疤，其长、宽、厚差别不大（其一为 102 毫米×103 毫米×105 毫米，另一为 104 毫米×94 毫米×106 毫米），圆度中等，片疤夹角最锐的为108°，最钝的141°，大多数夹角大于120°。石球上的片疤多浅宽型，亦有深宽型的。对石球的用途，如我们曾推测的："修疤不具定向性排列，但有多方向性特征。……可能是用多台面石核砸击较硬物体的结果。"①

5. 小结

脱层石制品与地层出土者相比，从表面痕迹看，应有出自不同层位的标本，多数出自下部地层。就打片技术言，均用锤击法，石核类型和石片形态与试掘出土的基本相同，唯脱层的多了几件具碰砧法特点的石片，因未发现用碰砧法打片后的石核，如我们以往曾指出的，用锤击法有时也能打出相仿特点石片，故上马坎遗址的古人是否用过碰砧法生产石片目前无法肯定。石器的毛坯，地层出土者均为块状毛坯，脱层者以块状毛坯居多，亦有约 1/3 为片状毛坯，前者因发掘面积小和采集的局限性，难以反映实际情况，脱层的远较地层的丰富，或许与采集量有关。石器的修理方法和方式，脱层的与出自地层的大体上是相仿的，刃口钝锐、修疤形态以及刃缘规整度亦类似，唯脱层的有几件较精致的石器。

四、结束语

上马坎旧石器遗址的时代目前依区域地质资料，该遗址所在的阶地，应是中更新世形成的，另据已挖的地层下限与安徽宣州陈山地点对比，依后者 ESR 年代测定结果，该遗址的年代可能从距今 40 万年左右一直至距今几万年。若对比相对可信，则第 2、3 层发现的石制品有特殊意义，时间上可能在现代人起源研究的范围，可为现代人起源与文化关系研究提供有价值的资料。综合上马坎旧石器遗址石制品组合特点：个体多粗大，石器以块状毛坯为主，砍砸器是其主要类型，以及刃口偏钝（刃角多超过 70°），故可以肯定，这个石制品组合属于南方主工业。

这处遗址初步工作表明，已知存在一个相对集中的活动面。依试掘资料，其时间延续长，石制品分布密度也较邻近地区、经过发掘的旧石器时代地点的要大，故它是很有前途的旧石器时代遗址。它也是浙江省第一个旧石器时代文化遗址，将来通过对它进行多学科综合研究，会对古人类行为及其对环境的适应，还可对现代人起源和文化关系研究产生良好的作用，很可能成为中国南方最重要的旧石器时代文化遗址之一。

致谢：本文图版相片是李永嘉先生拍摄的；图一和图五是沈文龙先生清绘的，图表打印和稿件校对是姜昕和朱之勇先生完成的，英文节要经由高星先生修改。作者对上述各位先生为本项研究付出辛勤劳动表示衷心的感谢！

（原载《人类学学报》2004 年第 23 卷第 4 期）

---

①　张森水、高星、徐新民：《浙江旧石器调查报告》，《人类学学报》2003 年第 22 卷第 2 期，第 112 页。

索史有缘品白茶

——浙江旧石器考古散记（上）

秋天，色彩斑斓、沉稳、成熟、丰富。2002 年 10 月金秋，我们踏上尚未发现旧石器、文化历史没有突破万年关的浙江，希望消除中国最后一个省级旧石器时代考古研究的空白区。

20 世纪 80 年代以前，中国南方发现的旧石器时代文化地点寥寥无几，发现人化石地点多于发现石制品地点。出土人化石地点都没有与石器共存，我们于 20 世纪 70 年代在浙江的努力，也没有突破这个怪圈。1974 年秋冬之交在浙江的野外考察中，尽管在建德市上新桥乡的乌龟洞发现一枚人的犬齿化石和一批属大熊猫－剑齿象动物群的化石，仍没有发现伴存的石器。那次调查想叩开浙江远古史之门，未能遂愿。可以说既幸运又失望。

进入 20 世纪 80 年代，中国南方旧石器考古突飞猛进。湖南、广西发现大量旧石器地点。与浙江毗邻的各省亦有旧石器考古研究成果问世，尤其是安徽发现旧石器地点众多、硕果累累，形势逼人。浙江的这方面工作，由于种种原因，久久地脱不了旧石器时代考古空白省的帽子。等到旧事重提时，已进入新世纪了，自我调侃，"起了个大早，赶了个晚集"。

或许有人会问，为什么浙江旧石器考古的突破口不选在浙西江山等地，那里 20 世纪 30 年代发现过哺乳动物化石，或在建德一线，那里在 20 世纪 70 年代发现多个哺乳动物化石地点和人牙化石，应该说有一定工作基础，反而要弃熟路而走生道选在安吉呢？这是应了老家的一句俗话："讨饭人（乞丐）摸熟路。"为了开展浙江的旧石器考古工作，笔者自退休后，曾多次去与浙北邻近的安徽宁国、宣城一带考察，了解那里的新发现和工作经验。安吉、长兴与那个地区，没有地理阻隔，地貌环境也相似，那里从 1987 年首次在安徽宁国的英雄岭发现旧石器以来，经十几年努力，已找到旧石器地点数十处，与其近在咫尺或数十千米的安吉、长兴怎么可能没有旧石器呢！希望是明摆着的，关键在下功夫。

我们一行，索史探源心切，行色匆匆。10 月 10 日夜抵杭州，11 日浙江旧石器考古调查组（下简称调查组）建立，西湖美景无暇过，12 日抵安吉。据此前对安吉地貌和第四纪地层的了解，把西苕溪作为首选的工作区。到达安吉后，得到当地有关部门的大力支持，县博物馆馆长程亦胜先生出力甚多，提供与此次考察相关的信息，查阅地方志和水文资料，制订调查的技术路线。为说明与此相关的决策，有必要介绍一下西苕溪。

西苕溪，虽没有钱塘江知名度高，但与其并列为浙江八大水系之一，是浙北最长、流量最大的河流，全长 100 多千米，发源于安吉西南部高山区，向东北流，贯安吉全境，经长兴，进湖州，注入太湖。全流域有山区、丘陵、低岗、平原，地貌具多样性，依当地第四纪地质资料，更新世时期，气候温暖，雨量充沛，自然资源丰富，与安徽水阳江流域相仿，有利于古人类劳动、生息和子孙繁衍。

虽说西苕溪在安吉境内流长区数十千米，流域面积则有数百平方千米，但何处是最佳"突破口"？需要好好地斟酌。西苕溪，上游是高、中山区，坡降大，侵蚀严重，第四纪堆积不易保存，下游是太湖平原，更新世地层深埋地下，即使有遗物也很难发现。而中游是丘陵和岗地，更新世沉积物保存好，从那里起步调查，或许能收到意想不到的结果。

当时大体形成的思路是：以西苕溪中游地区为首选调查区，以考察砖瓦厂为切入点①，从砖瓦厂的取土场寻根求源。

依此调查技术路线，调查组于 13 日开始工作。第一个地点是凉亭岗砖瓦厂，从它的制坯车间始端找到了 1 件人工痕迹清楚的石制品。经了解，该厂区已无取土场，生产用土是从附近的溪龙乡开发区运来的。下午即赴该地考察。溪龙开发区，小地名叫上马坎，在当地叫垅岗，实是西苕溪二级阶地开挖，制造人工平地，开发建厂。我们到达时已挖去不知多少万立方米的土，平整出上万平方米的平地（网纹红土面），在平地的东面留着北南长约 200 米、高 3.5 米的剖面。正当观察地层剖面和寻求希望时，距笔者仅数米之遥，安吉县博物馆的邱宏亮同志（调查组成员）从尚大半埋在网纹红土中抠出一块"石头"，但很快放了回去，因为他想到，这是生土，不应有文物。就在这一刹那，好像有一道奇异的光进入我的眼帘，赶紧走过去，一看，好一件石制品，真是太幸运了！想不到工作头一天，就把 60% 变成 100%。这是在 11 日与省文物局商谈工作中，一位领导向我提出此行有多大把握，我说 60% 吧。

此一发现，惊喜甫定，赶紧叫其他同志过来，先照相，存留资料，而后取出，给大家讲解为什么是人工制品。其上有同方向的多处打击，遗有三层叠压的片疤，应是件单台面石核。如此特征可排除水流搬运和地层挤压的可能性，更何况它埋于土状堆积中，表面无冲磨痕迹。

这件石核无疑是吉光片羽，但给调查组一剂补药，激起大家更高的热情，分头从剖面上找，又从层位略高的网纹红土中发现几件石制品。此外，在人造平地（网纹红土）面上或半陷土中找到 10 多件石制品。于是，上马坎地点就成为浙江省第一个旧石器时代文化地点，浙江旧石器时代文化之门终于被撞开了，梦想成真，在中国疆域内省级旧石器研究空白区也不再存在。

说到这里，不得不说几句安吉。该县有深厚的古文化积淀，已发现新石器时代马家浜文化以及各历史时期文化遗址；现代自称三乡：白茶之乡，竹之乡和吴昌硕的故乡。白茶，春芽幼嫩，外形细秀，形如凤羽，色如玉霜，一芽二叶，叶张玉白，茎脉翠绿，汤色鹅黄，清澈透亮，品之微苦，鲜爽甘醇，齿间留香。溪龙乡是白茶主要产地。品白茶，观石器，心驰神往，如入远古，回味无穷。竹乡名不虚传，山连山，竹如海，满目苍翠，风起，浪声滔滔，如钱塘潮涌；风止，如碧潭，平如镜，行于大竹海，恍若置身于绿色梦境，心旷神怡。吴昌硕（1844～1927 年）出生于安吉县鄣吴村，是集诗、书、画、印四绝于一身的布衣艺术大师，其金文书法之精妙，被誉为美如画。如此自然环境和人文底蕴，将今论古，从这里索史求源无疑是理想之地。

---

① 这是安徽同志们的工作经验。砖瓦厂在制坯时，会把包括旧石器时代大的石制品在内所谓大石块筛拣出来，以保证机器的安全和砖瓦的质量。

在安吉工作了一月有余，发现了 13 个旧石器地点，试掘了上马坎地点，发现了一处活动面，出土和采集了 200 多件石制品，其中较多的是以砾石为坯材的粗大的石核，还有砍砸器、石球和不多的刮削器，1 件短镐为首次发现之物，以往发现的手镐长宽比差多为 3∶2 左右，或更长些，这件标本，长稍宽一点点，加工方式与常见的手镐是一样的，向砾石凸面加工，两侧相交使成一尖刃，尖刃角为 75°，可作割切挖掘之用。还有件小型的加工精致的刮削器也是调查中独一无二的标本。它的发现，为我们工作提出新问题，它不应该属于南方主工业，似乎有新的工业类型等待我们去寻找。

上马坎遗址试掘结果表明它在旧石器时代考古学中的重要地位，引起多方面重视，必须采取措施，予以有效保护。当务之急是阻止开发区向东推进。为此，商请乡政府保护，要求不要向东开发，还惠请向西退 50 米。此事难度无疑是大的，抱着试试看的心态与乡政府谈。乡政府领导听了意见后，从经济上考虑，可能要损失一百万元，但他们保护文物意识极强，原则上接受了我们的建议。在向县政府汇报中，得到县委、县政府领导的认同，经济损失由县里给予补偿。这一结果令调查组感激万分。我原以为很棘手的事，就这样顺利解决了，令人感慨万千。我想，县、乡领导若没有对文物保护有深刻认识，要做到这一点是很难很难的，说明他们不是急功近利者，而是目光远大，从科学发展观和可持续发展看文物保护价值，令人敬佩。

安吉旧石器的基本面貌大体清楚，属中国南方旧石器主工业或砾石石器工业，但总感到缺点什么，如大石片仅 1 件，南方旧石器主工业常见的石器，如长身手镐、手斧则缺如。为使对这个区域旧石器时代工业有较全面的了解，有必要扩大调查区，于是决定，以长兴为重点，兼做湖州市和德清县的调查。后两市、县仅做短期田野工作，收获不大，记述从略。长兴野外考察，趣闻颇多，成果较硕，另行文，以飨读者。

（原载《化石》2006 年第 2 期）

求真无垠识紫笋

——浙江旧石器考古散记（中）

长兴，浙江最北的县，省之煤都。境内的长兴灰岩，被国际地质学界定为全球二叠－三叠系界线层型，闻名国内外，与扬子鳄和银杏古林长廊并列为县之"三奇"。对本题先做一点说明。题中之紫笋，名笋非竹笋，而是一种茶名。据史载，茶的研究由此开始，有千余年的历史，取其名暗示其地历史悠久。此次考察，会写出长兴历史新华章。

去长兴考察意外地顺利。由徐新民同志与长兴县博物馆馆长梁奕建同志（下简称梁馆）取得联系，说明来意，请他做调查前的准备工作。11月1日，天低云密，细雨霏霏，我们一行从安吉出发，驱车前往长兴，会见梁馆。他的准备工作让人惊喜，十分细致，几十个砖瓦厂制成一表：厂名、地理位置、负责人或联系人姓名、电话等一应俱全；县志和县地名志等材料亦已备齐。见到这些材料，有这样的合作伙伴，使我们信心倍增，事成近在咫尺之感油然而生，一扫细雨带来寒意，心里暖融融的。工作洽谈甫定，参观了县通史展，具体地了解到此地已有距今五六千年的历史；同时还参观了抗战期间新四军坚持苏浙斗争的文物展，对长兴县的光荣革命传统有很深的感受。从这些展览中，获得许多新知。

长兴旧石器考察目的明确：寻找在安吉未找到的属于中国旧石器时代主工业的石制品，调查路线是以长兴县政府所在地雉城镇为中心，先西北后东南，顺序展开，首选地区是槐坎镇和白岘镇。槐坎镇在县城西稍偏北，四面环山，风景秀丽。从长兴县城北行，山峦叠翠，林木葱茏，竹海青绿，点点农舍，缀于其间，诱人遐想桃花源。这里建有新四军苏浙军区纪念馆，当时的司令部设在附近的仰峰村。梁馆曾是纪念馆的馆长，在革命文物征集、保护、展陈以及其他文物保护方面做出重大贡献，被国家文物局于2002年授予"全国先进文物工作者"称号。在他导引下，参观了纪念馆，得知匪浅。

在槐坎镇附近，考察了三个地点，只在槐坎工业开发区发现了石制品，其中1件石片是刚从杏黄色黏土层中崩坍下来的。此层土堆积在紫红色黏土层之上，可能是下蜀土，使我们在浙江第四纪地层方面获得新知，这里下蜀土很晚，或许到晚更新世的后期，那件石片的时代可暂归于旧石器时代晚期。原计划吃过午饭返回安吉，因为司机阿龙要去朋友处吃喜酒。当我提出返回时，梁馆却说已与白岘乡联系好了，一定要去。恭敬不如从命，听主便吧，看看地图，心想去看看，不误阿龙的事。谁知山路难行，20多千米路走了40多分钟；丰富遗物的发现，让我们忘了时间。

在白岘砖瓦厂内发现了大量的石制品，最让人动心的是那件用大块砾石做的手镐（图一）。它单面加工，前端成尖，长达211毫米，重2212克，还有一件石片基本上埋于网纹红土层中。说来也怪，刚开始调查时，在乱石堆中，即使只有一个片疤的标本也不放过，如获至宝，眼前徐新民、罗志刚和梁馆陆陆续续采来大量的石制品，我却发起愁来，如果都把它带走，总重几十千克，考虑到脱层标本的失值，精选又精选，把加工好的、成器的，如砍砸器、手镐和石球等以及有代表性的石核和石片带走研究。此外，在白岘镇开发区还发现 1 件石叶，这不是中国南方主工业所应有的，暗示这个地区还可能有新的工业类型。这一类型为研究提出新课题。

图一　左：手镐，右：大石片（采自白岘砖瓦厂，约 1/2）

离开白岘，夕阳的猩唇正吻合在天际的峰峦上，一抹晚霞，如赤链喷射出万缕灵光，给远处丛林勾画出参差错落的剪影，车驶出村庄，天渐渐暗下来，但耳边一直响着远古居民在白岘打击石器噼啪作响的声音。

调查工作有序地进行，由西北转向县城东北的水口镇。这里是名茶——紫笋茶的主产地。据史书载，紫笋茶自唐大历五年（公元 770 元）起为贡茶，设贡茶院，专治贡茶事，及至明末，历时近 900 年。茶圣陆羽于公元 773 年～804 年居顾渚（水口镇西北约 3 千米），撰写《茶经》。据《茶经》记载：紫笋茶的产地以湖州者上（生长在长兴县顾渚谷），并说："紫者上，绿者次，笋者上，芽者次，叶卷者上，叶舒者次。"这次在水口镇政府品到正宗的紫笋茶，汤色清亮，闻之幽香沁腑，啜之甘洌，饮之神爽。

茶乡——顾渚村，三面环山，梯田层层，紫笋茶树遍野，金沙泉如带，潺溪流淌、清澈甘凉；东眺太湖，水天一色；北望天目山，林茂竹秀、云雾缭绕、翠绿欲滴，让人产生幻觉是身处仙境还是人间！景虽美，无心赏，一心朝目的地奔去。

在这一带我们找到了三个含旧石器地点，采到 30 多件标本，其中最有意思的是一件手斧，两面交互打击而成，重达 2067 克，是砍劈、挖掘的利器。在县南部考察中，最令人难忘的是白阜砖瓦厂，在厂旁的乱石堆中发现了大量的石制品，择优而采，带回 20 多件，有一件是当年找到的最大的石片，长182 毫米，重 1437 克。在此地对面 200 米处的网纹红土层中发现了 1 件石球。初见时，石制品刚露出一点点，以为是 1 件盘状砍砸器，花了好大力气，挖出来却是石球。同日在林城镇方中村约 10 多米的红土层剖面上罗志刚同志用竹竿捅下一块单台面石核，又增加了一个新层位。

长兴十余日的调查，收获颇丰。说俗一点，想要的东西都得到了。共发现 18 个地点，采到各类石制品 148 件，更有意思的是在更新世不同时代的三个土状堆积中采到石制品。从地点分布上看，当时人类在此间活动频繁，从出土层位看，先民们在此活动绵延不断，大约从 40 万年前至 1.2 万年前，劳动、生息、繁衍子孙于斯地。浙江旧石器考古调查，初战告捷，心情兴奋，难以言表，于是借用两名茶之名，寓意当地历史悠久，标本弥足珍贵，胡诌了一副对联：上联是"索史有缘品白茶"，下联是"求真无垠识紫笋"，横批是"安吉长兴"。

（原载《化石》2006 年第 3 期。收入本文集时，略有修改）

茗香回味论假真

——浙江旧石器考古散记（下）

在《索史有缘品白茶——浙江旧石器考古散记（上）》中提到邱宏亮同志发现浙江第一块旧石器时原地放回，以自然石处之。为什么会出现这种情况？事出有因。中国现代考古学，由于历史原因，以及研究手段的差异，从事考古学研究的人很少参与旧石器考古研究，他们从新石器时代考古研究始，原同属中国科学院的考古研究所和古脊椎动物与古人类研究所业务范围有不成文的划定，前者基本上从事新石器时代和历史时期的考古，旧石器考古则由后者承担。所以从事原始社会后期至历史时期考古工作者在发掘工作中形成习惯，挖至生土就停工。不知从何时起，形成生土之中无文物的概念。在当场讲解那件标本的人工特征和重要意义后，小邱说："谁知道旧石器就在生土中。"

"生土"是相对"熟土"而言。所谓"熟土"，指第四纪堆积经人类活动，使土质、土色变杂（含房址、灶炕和灰坑等人类有形建筑以及墓葬等的填土），由于时间短，人类活动遗存保存较好，易于辨识。在旧石器考古遗址中，特别是旷野类型，由于时代荒远，生活方式简单，古人类在更新统堆积中的活动，往往只留下石制品，其他活动遗迹，由于受自然侵蚀，早以泯灭，与未经人工的自然堆积，浑然一体，难以分辨。这样的生土，实非真生土。在中国南方所见的红土或北方所见的黄土，从大面积而言，是真生土，但在真生土中小范围可能是人活动过的假生土，故生土之中无文物说是不全面的。由于旧石器考古与非旧石器考古业务上的分割，出现小邱的举措不足为怪。俗话说，不知者不罪么！小邱有此经历，在后续的安吉的调查和上马坎遗址的试掘中，他对旧石器认知程度提高很快，有出色的表现。

古人类在生产石器的过程中会改变岩石的形状，故笔者常常对不懂得旧石器的文物工作者半开玩笑地说，你们在田野考古中如在土层（黄土或红土）中发现石头，若是圆圆滚滚的，可以置之不顾，若是有棱有角的碎石，捡回来，等我给你们鉴定，恐不期会有重要发现，也可能避免使真石器被当作普通石块而扔掉的厄运。

更新统地层里有石头，最常见的有两种情况：其一这里曾发育过河流或沟，堆积着砾石，在没有人的作用下，它是成层的，有一定分选，并有定向排列，因长距离搬运或长时间被冲磨，原来的岩块的棱角被慢慢地磨蚀，久而久之，成为表面光滑、形态浑圆的卵石；另一种情况是储料场兼石器制造场，如安徽宁国毛竹山遗址，在这里既堆放着大量的河卵石，却显示人的行为，其中的砾石质好而坚硬、砾径较大，适于生产石制品，是当时人从附近河床中挑选来的，随便摆放在遗址内，因此，也就杂乱无章，没有定向排列的特点，与这些砾石相杂的还有不少人工制品：石核、石片和石器。它们的分布与自然砾石层的产状迥然相异，一目了然。

　　从旧石器考古资料中，可以了解到在旧石器时代晚期，有石器专放地，但至今还未发现单纯的石制品储料场，常常是与石制品加工场合而为一，上面提到的遗址就是一例。在这样的遗址里，常能留下石制品生产过程不同阶段的产品，从中可窥探到较完整的生产链。从这个过程可以看到，石料经打击而解体，发生首度变形，此后的不同加工过程，使原材料不断发生变形，甚至失去原貌，少数的到最后连一点磨光面也都不保存。

　　话还要说回来，使岩石破碎改变形态，不只是人工的一种动力，许多自然力作用也能使岩石破碎，甚至有时会达到以假乱真的程度。在这方面裴文中先生曾做过系统研究（1936），被约翰逊认为是20世纪这方面最好的工作，"在有关曙石器的文献中，最重要的论文是裴文中1936年发表的报告（1978）"。非人工使岩石破碎，归纳起来可分四大类：一、动力作用（河流搬运、海浪拍击、地层挤压、冰川作用等）；二、热力作用（火烧、气候骤变）；三、生物作用（动物啃咬、植物根系扩裂）；四、现代机械作用（包括人和野兽的踩踏）。尽管种种自然力能和机械作用使岩石破碎，但毕竟是无目的的，与人类劳动所产生的制品有本质的不同，后者有清楚的目的性。现从有无目的性的角度说一说真、假石制品的区别。

图一　石核
（出自丁村，脱层标本；台面
曾经修理过，较单纯专向
打法，前进一步）

　　古人类生产石制品的目的是为了使用，既有一步到位的，即将原材料直接加工成石器，但更多的是分阶段的。第一阶段的石质产品主要是石核和石片，前者是后者的母体，以往只要这样的制品上具有台面、打击点、半锥体（或其阴痕）就视为人工制品。实践证明这样的鉴定标准不够，因为若干自然力也能产生类似特点的石核和石片，如自由落体以石击石或砾石层受地层挤压，都能产生这样特征的"石制品"。有鉴于此，判别是否是人工石核和石片，笔者提出关键是看其上有无转向打法。什么是转向打法？石核在生产石片过程中打过第一石片后，转90°，利用打出来的片疤做台面再进行打片。这样的转向既可能仅此一次，也可能是多次的。具体地说，在石核和石片上可见非自然的台面，即打击台面。在鉴别单个石核和石片时，有无打击台面成为决定性的鉴定因素。如图一所示，这件盘状石核，不仅可见转向打法，而且台面曾经修理过，是更高层次的转向打法，虽然它是件脱层的标本，但仍可认定是"丁村人"的制品；图二是件石片，台面是打击的，表明这件石片曾经历过转向打法而生产的。对一组石核与石片而言，则不能件件依此而定，但其中必须有经转向打法的标本，否则就值得慎处。

图二　石片
（出自丁村54∶97地点；台面
是打击的，曾经转向打法）

　　人制造石器的目的是为了有效地使用，劳动的本质之一是以最小付出而能达到预定的目的，体现出人的主观能动性；某一人群制造石器，在加工石器方式上往往会反映出他们的习惯和倾向性。这三者就构成石器具有形、位、向的特点，这是任何自然力作用造成的碎石所不具备的。

　　形者指石器刃口的形态或器形，这是使用的需要，如旧石器中常见的直刃宜割切，凸刃适于刮削。

若干自然动力，如河流搬运、海浪拍击等造成的碎石，尽管更变了原材形状，但不稳定的动力和无控的碰撞，是不可能造成一定形状刃口的，其形态常常是非几何形的。

位是指石器的加工部位。绝大多数情况，加工只限于标本的一定部位，以最少的劳动付出能达到使用目的即可。这是人类劳动的本质的体现。自然力作用则不能有此特点，以水流搬运和海浪拍击为例，这样动力造成的碎石，不仅疤无定位，往往是边和脊上都有疤，形象一点说就是"遍体鳞伤"。水流搬运和海浪拍击会不断地进行，旧疤被磨蚀，新疤又出现，疤显得有新有旧，仿如几度"加工"。

向是指古人群在修理石器方式上有一定倾向性。例如，中国北方的旧石器，主要加工方式是向石片背面加工，贵州西南部的猫猫洞工业，石器主要是向破裂面加工，台湾省台东县的潮音洞也有如此特点，而新近（2005~2006 年）发现的香港黄地峒地点的石器，其主要修理方式不同于交互打击的两面加工，而是先打一面再修另一面，浙江和中国南方的多是向砾石的凸面打击，在非洲和欧洲旧石器时代早期常用交互打击修理手斧等重型石器。总之，人工的有规律可循，自然者"遍体鳞伤"，都是多向的。

如果把转向打法以及形、位、向作为鉴定单个石质标本的标尺的话，那么从古人类对石料资源的要求和石制品生产角度看，原料、产品和类型的三个多样性可作群体标本鉴定的依循。

古人制造石器，用为先。因此对原料要求达到能使用的和一定耐久性。即使最原始的旧石器，选料首先要考虑其硬度。依现行的矿物硬度分级，分为 10 度，原始人选料，多选硬度超过 5 度的矿物或岩石，如石英、水晶、燧石、硅质灰岩、硅质泥岩、石英岩、石英砂岩以及各种火成岩等，硬度在 2 度或 3 度的泥岩、页岩或方解石等，因石质太软，既打不出可用的锐刃，也无使用效果，更无耐久性可言，故它们不见于旧石器时代石制品的原料中。石制品原料的选择性是人类行为的体现之一。远古人类制造石器，对原料不仅有选择性，而且还有适应性，这就表现在遗址内石制品组合原料的多样性。旧石器时代越久远，由于技术原始和不熟练，对原料消耗大，专用某一种优质石料会出现供需矛盾，为适应当地能提供的可做石器的其他岩石，以补充优质石料的欠缺，如中国猿人石制品组合，原料多达 44 种。这就构成人工石制品组合第一个特征。而自然力作用下，如海浪拍击、冰川活动造成的岩石挤压，或海岸地层掏空所产生的燧石层挤压的碎石，岩石种类单一或极简单，常常与附近基岩一致，绝无人类的选择性和多样性。在我国南方，常能发现动物啃咬造成的假石器，无论在哪里发现，原料无例外的都是泥岩，笔者记述过广东发现"手斧"和"端刮器"。几年前在四川雅安某某地方发现数以千计"新型石器"。实际上是鼠类动物啃咬出来的，条条齿痕与人工修疤在形态上泾渭分明，鱼目焉能混珠。

现代生产的产品经不同工序，做出不同阶段的产品。原始人制造石器虽无现代那么严格的工序，但也有简单工序，打击出不同阶段的制品。旧石器时代较早时期生产流程大体如下：选料→生产初级产品（石核、石片、断块和断片）：部分直接使用，部分被加工成石器（常见的刮削器、砍砸器和尖刃类石器），相当数量不适用的成为废弃品→使用后再加工→再使用→再修整→废弃。从石制品生产链可以看到它具有产品多样性的特点。

如上述，原始人生产石制品最终目的是为了使用，使用对象的不同，要求有不同器形和各种形状的刃口，石器类型和刃口形状的多样性是人类石制品的另一个特点，这也是任何自然力造成的碎石所不具的。若把初级产品中的断块和残片搁置勿论，仅就石核、石片而言，早期者石核可分为单台面、双台面和多台面，稍后石核走向定型化，常见有长方形、梯形和三角形等，更晚些，出现盘状石核（见图一），至旧石器时代晚期，石核更趋定型化，式样众多，不一一枚举。石片形态，除非几何形者外，常见有梯形、三角形，至旧石器时代中期之末出现石叶，它和细石叶成为晚期主要初级产品。石器的类型，随着旧石器时代时间的推移，类型由少到多，由多用走向专门化和复合工具。即使是最原始阶段的石器：如非洲的 K. B. S. 工业和卡拉利工业；中国的小长梁地点，建始龙骨洞和繁昌人字洞的石制品组合（以上组合，都是在 100 万年前，甚至超过 200 万年），都有几个类型和多种式样的刃口，由自然力作用所形成的碎石，无论如何也是不具备的。

从生土中无文物引出对真假石制品辨识的简述，算是浙江旧石器考古散记的余音。辨别真假石器有一定难度，问题主要出在最早石器上，但抓住人工石制品的特点：转向打法、形、位、向和三个多样性，真的不会假，假的也就真不了。有比较才能鉴别，人们不会陷于不可知论，真假石器可辨性是毋庸置疑的。

（原载《化石》2006 年第 4 期）

《舟山海底哺乳动物化石与古人类生存环境》序

舟山群岛，列布于钱塘江口外，东海之上，由 1339 个大小岛屿组成，舟山本岛面积达 502 平方千米，像一帆巨舟，停泊在万顷碧波之中，极目远眺，水天一线，帆影如云，林幽石奇，风光旖旎。舟山不仅景美，而且历史悠久，已发现了孙家山等多处接近河姆渡文化的新石器遗址。舟山博物馆馆长胡连荣等同志经 4 年的艰辛工作，征集到和亲自在舟山海域打捞到数百件化石。为研究这些化石，他们上京赴厦，虚心求教，孜孜不倦，撰写成书——《舟山海底哺乳动物化石与古人生存环境》，从而把当地古人生活的历史提前了数万年。索史探源，端倪初露，揭开古人类在舟山地区悠久历史的一角。

《舟山海底哺乳动物化石与古人生存环境》的出版值得庆贺，它在学术上是颇有意义的事。东海海底发现哺乳动物化石不少，南至福建的东山，北至浙江舟山，台湾海峡两侧尤为丰富，虽有零星报道，但无对一地区发现材料加以整理、研究、全面地公布成果的，因此，这本书是鸿蒙之作，开海底第四纪化石研究之先河。

在这本书中记述了长鼻目化石 1 种、奇蹄目 2 种和偶蹄目 5 或 6 种（含 2 个未定种）。若把大多数种看作是一个时代的动物群，则使晚更新世动物群扩大了分布区，是至今所知的中国最东界。在研究的化石中，有的是水牛，过去只发现于周口店北京猿人遗址等少数几个地点，还有河套大角鹿，只见于北纬 32°附近，目前在北纬 30°附近发现。这些新发现为研究第四纪哺乳动物地理分布提出新课题，其重要意义显而易见。

若从旧石器时代考古学角度看，这本书最令人欣喜的是，在若干碎骨上观察到人工痕迹，这在对海底化石研究中还是第一次，特别重要的是发现那件木棒，对其上人工痕迹观察较详，结合模拟研究，其性质基本上可以肯定，成为舟山在 40000 多年前有古人活动的可靠的物证，也是中国境内首次被记录的旧石器时代的木质工具。

木质工具，因其易腐，难以保存，因此疏于寻找。其实旧石器时代木质工具虽难保存下来，能找到的乃凤毛麟角，但不是没有，早在 1911 年，在英国克拉克当—昂西就发现过 1 件木矛头，尖刃部用火炙过，以防腐加坚。1948 年和 1992 年在德国几个旧石器遗址里发现了木矛，后者的时代为 40 万年前。舟山木棒的发现，不仅使我国成为拥有旧石器时代木质工具的第三个国家，而且还有另一层意义，提醒中国旧石器考古工作者应重视木质工具的研究。回想起来，在重庆铜梁张二塘地点及在四川资阳人地点和 B 地点都曾发现过第四纪木化石（当地叫乌木），数量不少，但疏于观察，甚是可惜。

该书的显著特点是观察入微，从化石上附着的沙和砾石推测其埋藏环境，言之有物，立论有据；海底化石与陆上化石对比，分析环境的变化；对若干标本的痕迹的分析，与模拟研究结合起来，定其性质，可信度较强。治学之严谨，从中可见一斑。在书中，对所鉴定的每种动物的研究现状、种的特征、分布和习性用简洁、生动的文字加以叙述，对相关的专业人员有一定的参考价值。在普及第四纪哺乳动物和环境变迁等方面的知识，也做了有益的尝试。

这本有意义的学术著作，主要是由胡连荣等文博工作者做的，有这等良好的成果，实属不易。需要何等分量努力用功，才能达此程度。

舟山博物馆的同志很快入行，成绩颇硕，一方面与祁国琴教授、何传坤教授、蔡保全教授的悉心指导分不开，另一方面是他们献身精神和虚心学习的结果。

这本书写得好，他们实地工作经验能亲切地体验到。他们不分春夏秋冬，下小岛，进渔村，向渔民进行相关知识的宣传，使渔民懂得海底化石的意义，形成耳目众多，在第一时间准确地掌握相关信息。闻有发现，雷厉风行，前往征集；他们还不畏艰险，迎惊涛骇浪，亲自出海，组织和参与现场打捞，并用 GPS 记录下打捞出水的化石的地理坐标。这也是前所未做的有意义的工作。他们努力学习，善于学习，在本书前言中有很好的表述，笔秃难再。

现如今商品经济大潮汹涌澎湃，利欲像台风巨浪，吞噬着不少人的灵魂，像舟山博物馆同志那样，无私奉献，安于清贫，筚路蓝缕，敬业勤业，不耻下问，善于创新精神，实在是难能可贵，值得学习和大力提倡。

舟山素以海天佛国和著名渔场闻名遐迩，海底化石的发现、研究与展陈能成为特有的第三品牌。海底发现的化石有重要科学价值，已被认同。根据《中华人民共和国文物保护法》第二条之规定："具有科学价值的古脊椎动物化石和古人类化石同文物一样受国家保护"，因此，保护海底化石人人有责。舟山有自己悠久的历史与辉煌，有引以为骄傲的文物古迹。它既是城市的文脉，也是历史的印记。历史文化的积淀和传承是特定的人文和地理条件下形成的，它所蕴藏的信息十分丰富，是我们不断提升城市文化品位的基点。有鉴于此，保护好海底化石与提升城市文化品位成为密不可分的组成部分。

舟山博物馆的同志们已经迈出可喜的一步，但任重而道远，希望继续努力，迎着困难上，持之以恒，焚膏继晷，埋头苦干，勤宣传，广搜寻，求新知，不耻下问，出人才，工作绵延。吁请各级政府和领导给予有力的支持，把舟山海域水下第四纪哺乳动物化石，特别是人类化石和史前文化遗物的搜寻和研究推向更广更新的层面，做出重大贡献，以展示舟山独特的绚丽光彩。

张森水

2005 年 6 月 20 日于北京

（原载胡连荣主编：《舟山海底哺乳动物化石与古人类生存环境》，中国文史出版社，2005 年）

福建旧石器考古之探讨

本文简要地记述福建旧石器考古研究史，对已有的材料做初步的对比研究，认为可能存在文化多类型，着重对今后工作表述了拙见。

一、研究简史

福建省地处祖国东南，地形多样，多中低山，亦有丘陵和沿海平原，风景秀丽，气候宜人，采集、狩猎资源丰富。从更新世早期起，已基本形成目前地形地貌格局，因此，福建省一直被考古学家们看作史前考古的宝地，寄予厚望。由于种种原因，虽有新石器时代考古丰硕成果问世，但在旧石器考古方面，起步较晚，相对滞后，最近三明市万寿岩旧石器文化遗址的发现，有望后来者居上。

福建省旧石器考古研究起步较晚，只有 10 多年的历史。所发现的材料不多也不全。发现人化石的地点未找到文化遗物和遗迹；出土石制品和其他遗迹、遗物的遗址中却未见人化石。在本省最早发现的是人化石。1987 年从东山海域捞出 1 件人的肱骨①，继之于 1988 年夏，范雪春等在文物普查中在清流县狐狸洞的地层中发现 1 枚人牙化石，确认是晚期智人化石。同出的有巨貘等 6 种哺乳动物化石。次年对该地址进行全面而系统的发掘，又获人牙化石 5 枚和大量的哺乳动物化石②。

从旧石器考古角度看，漳州北郊的工作是很有意义的，揭开福建旧石器文化研究的序幕。1989 年底，曾五岳先生在漳州北郊台地上做史前考古调查，发现了一大批打击的、小型的石制品，送北京由笔者和尤玉柱鉴定，确认其人工性质，引起各方面关注。后扩大调查，发现更丰。1990 年初，尤玉柱、曾五岳和蔡保全在扩大调查中发现了莲花池山和竹林山旧石器文化遗址，并于是年 5 ~ 6 月，对莲花池山遗址做了发掘，从红土层的夹层——砂砾层中发现了几十件石制品，从而结束了福建省无旧石器文化遗址的局面③。漳州北郊的发现，经尤玉柱等研究于 1991 年出版了题为《漳州史前文化》④ 的综合性研究专著。1994 年笔者在莲花池山地点做考察，又采集到十多件标本，并对 1990 年发现的石制品进行了再研究，表述了拙见⑤。

1999 年 9 月至 2000 年，为配合三明钢铁厂开采石灰石工程，发现了灵峰洞和船帆洞两处旧石器时代文化遗址，分属旧石器时代早期和晚期；出土石制品数百件，在船帆洞还发现了石铺地面遗存，为

---

① 尤玉柱：《东山海域人类遗骨和哺乳动物化石的发现及其学术价值》，《福建文博》1988 年第 1 期，第 4 ~ 7 页。
② 尤玉柱、董兴仁、陈存洗等：《福建清流发现的人类牙齿化石》，《人类学学报》1989 年第 8 卷第 3 期，第 197 ~ 202 页。董兴仁、范雪春：《清流狐狸洞人类牙齿化石记述》，《人类学学报》1996 年第 15 卷第 4 期，第 315 ~ 319 页。
③ 曾五岳、尤玉柱：《福建首次发现旧石器》，《人类学学报》1990 年第 9 卷第 3 期，第 383 ~ 384 页。
④ 尤玉柱（主编）：《漳州史前文化》，福建人民出版社，1991 年。
⑤ 张森水：《漳州莲花池山旧石器时代文化地点的新材料及再研究》，《人类学学报》1996 年第 15 卷第 4 期，第 277 ~ 293 页。

国内首次发现，其上层文化层还发现了磨制的骨、角制品，从而揭开福建旧石器时代考古新的一页[①]。

二、研究成果

福建旧石器考古研究成果目前还不多，集中见于《漳州史前文化》一书中，还见于《人类学学报》等学刊上。从材料上看，包括人类化石和文化遗物及遗迹，还有相伴出土的哺乳动物化石。这些研究成果，为福建旧石器考古学发展奠定了初步基础。现按材料性质，分别予以综述。

（一）人化石

东山和漳州发现的肢骨，因缺乏地层，记述从略。这里只对清流狐狸洞的人化石及哺乳动物化石做综述及探讨。该地点 1988 年夏发现，从中出土 1 枚人牙化石和巨貘等 6 种哺乳动物化石；次年 11 月进行"全部和系统的发掘"，发现 5 枚人牙化石和 17 种哺乳动物化石，包括东方剑齿象和巨貘等在内的大熊猫–剑齿象动物群的常见成员，但未找到大熊猫化石。

所发现的 6 枚人牙，依董兴仁等[②]的研究，计有：左 M_1（1988 年发现），未成年个体；右 I^1，严重磨耗；左 I_1，一定磨耗，齿质稍露；右 C^-，严重磨耗；左 M_1，磨耗较重；右 M_1，磨耗相当严重。从牙齿的磨耗程度看，包括未成年者和青年各 1 枚，成年者和老年者各 2 枚，这些牙齿代表 5 或 6 个个体（右 I^1 和右 C^- 不排除是一个个体的可能性）。这 6 枚人牙化石，无论从测量结果还是形态特征看，董兴仁等认为，从狐狸洞出土的全部人类牙齿化石均属晚期智人。洞穴堆积的性质"属冲积洞穴堆积"。

（二）文化遗物

发现旧石器时代文化遗物的有 3 处遗址：漳州的莲花池山（包括竹林山）、三明市万寿岩的灵峰洞和船帆洞，分属旧石器时代早期和晚期，此外，还有武夷山市的零星采集。漳州北郊等地发现大量的小石制品，虽不属旧石器时代制品，但笔者于 1994 年曾做过观察和测量，原拟另行撰文，因标本已归还漳州博物馆，故难完成原议。我想在此论证下它的人工性质、特点和存在问题，给今后研究这些石制品者提供参考，也算是对这项工作的一个交代。为免使三明市两遗址（若按时代）分开记述，故先介绍莲花池山的石制品。

1. 漳州莲花池山的石制品组合

该遗址位于漳州市北郊，属北郊台地，前缘海拔 25 米，后缘 40 余米，石制品出自其上部红土层中所夹的砂砾条带内。依 1994 年的研究，莲花池山的 39 件；竹林山的 2 件，均为断块（另有 1 件花岗岩石片，我认为是现代混入的，未计在内）。这 41 件标本可分为断块 16 件、石核 1 件、锤击石片 8 件、砸击石片 3 件、单边凸刃刮削器 1 件、单端刮削器 2 件、双边刃和端边刃刮削器各 3 件、雕刻器（？）1 件、单端砍砸器 2 件和复刃砍砸器 1 件。从这些石制品上，可看到如下一般性质：

在这个石制品组合中，大、中、小型均有，但以后者居多，占 63%；打片主要用锤击法，偶尔也用砸击法，锤击石片形态较规整；石器主要是用石片做的，占 66.7%，块状毛坯者占 33.3%；石器基

---

① 李建军、陈子文：《福建旧石器考古新突破》，《中国文物报》2000 年 12 月 3 日第 2 版。

② 董兴仁、范雪春：《清流狐狸洞人类牙齿化石记述》，《人类学学报》1996 年第 15 卷第 4 期，第 315~319 页。

本上属宽刃类，以刮削器为主，次为砍砸器，还有 1 件不典型的雕刻器；就宽刃类石器而言，刮削器占 3/4，砍砸器占 1/4；在石器中边刃为 9，端刃为 8，与南方各同时代组合相比，其端刃占比例之高为其他诸组合之冠；石器修理主要用复向加工，多比较粗糙，刃缘显得曲折，但刃口较锐者多，占77.8%，钝者占 22.2%（刃口钝锐的分界为刃角 70°）。

莲花池山的石器值得注意的一点是其砍砸器在石器组合中所占的比例远低于中国南方旧石器主工业诸石制品组合；若从以小石制品为主这点考虑，按比例计算，则大大地高于北方主工业同时代的各石制品组合①。

2. 灵峰洞出土的石制品

灵峰洞旧石器时代早期文化遗址位于三明市西 30 千米岩前镇西孤峰兀立的万寿岩西南的一洞穴内，洞口向西南，高出当地河水面 37 米。洞内的更新世堆积物（第 3 层）具薄层状浅黄色细中砂，中偶夹小砾石，胶结得非常坚硬，从中出土了 75 件石制品和一些哺乳动物化石。石制品包括断块 27 件、断片 6 件、石核 8 件、锤击石片 21 件、锐棱砸击石片 2 件、锤击石锤 2 件、刮削器 6 件、砍砸器 2 件和雕刻器（？）1 件。从这些石制品上可看到这个石制品组合以下的一般性质：

石制品以大、中型为主，小型者很少。总的特点是初级产品多而石器很少，严格意义上说，只有8 件，占 10.67%，风格显得古朴，加工粗糙，器形不整；石制品的原料主要是砂岩和石英砂岩，原材是磨圆度较好的砾石；打片基本上用锤击法，不预制石核体，多自然台面，沿砾石横轴打片是其"个性"，所产生石片形态亦多不规则，偶尔也用锐棱砸击法，2 件锐棱砸击石片是其存在的物证；用于加工生活资料为主的石器，主要是用片状毛坯做的，块状毛坯做的不多（7∶2）。石器，暂不计存疑的雕刻器，则类型简单，只有刮削器和砍砸器，且以刮削器为主要类型；修理石器用锤击法，修理方式单调，向背面加工略多于向破裂面（5∶3）；修理工作简单、粗糙，多单层修疤，器形无定，刃缘曲折，刃口钝者多，等等。

与石制品共存的哺乳动物化石有蝙蝠、鼯鼠、社鼠、竹鼠、鼬、中国犀、巨貘、牛等 8 种，其中中国犀和巨貘为绝灭种，其生存地史为中、晚更新世，故灵峰洞旧石器文化遗址的相对年代应属那个时期；用第 3 层"钙板"做铀系年龄测定，为距今 $18.5^{+1.3}_{-1.1}$ 万年。依此数据，可进一步判定该遗址地质时代为中更新世晚期，考古时代为旧石器时代早期的后段。从灵峰洞石制品总性质看接近中国南方旧石器时代主工业或中国南方的砾石石器文化，因此它也是这类工业发现最东边的一个遗址，扩大了其分布区。灵峰洞旧石器时代早期文化遗址的发现，延长了古人类在福建境内劳动生息的时间，将其历史提前了十几万年；两件锐棱砸击石片的发现，为台湾史前文化之源的研究拉近了空间距离，因为在台湾"长滨文化"及其他无陶史前文化中有丰富的这类石片；它还是有测年记录的中国这类石片最早的标本。

3. 船帆洞旧石器文化遗址

该遗址与灵峰洞同在万寿岩上，在其西坡脚下，距当地地面仅 3 米。已分地层达 10 层，其中第 5、第 6 和第 7 层底部发现遗物，故将第 5 层称为上文化层，第 6、7 层（底部）为下文化层。以下扼要介

---

① 张森水：《管窥新中国旧石器时代考古重大发展》，《人类学学报》1999 年第 18 卷第 3 期，第 193～214 页。

绍已取得的初步研究成果。

A. 下文化层：重要发现有两项，在第 7 层底部发现石铺的地面和在其面上及石缝中发现大量的石制品，在第 6 层亦有少量发现。

石铺地面已揭露的约 120 平方米，呈不规则的"凸"字形，石块摆放零乱，无定向性，大小均有，但以砾径 10~25 厘米的居多，均为单层，地面微有起伏，局部地段铺石与原地面（钙板或基岩）基本取平，在铺石间无细粒填充，故可排除因水流作用形成的可能性，应是人工之所为。至于石铺地面的功能是什么，尚待进一步研究。

从下文化层出土的石制品已研究的为 303 件，其中出自第 6 层的 8 件，第 7 层底部的 295 件，可见尚存石铺地面的至少有 80 件，估计总数可达 400 件。在已研究的石制品中包括断块 146 件、断片 23 件、打击砾石 2 件、石核 24 件、锤击石片 35 件、锐棱砸击石片 1 件、石锤 6 件、刮削器 49 件、砍砸器 9 件、尖刃器 6 件和手镐 2 件。从这些标本可以看到以下的特点：石制品以大、中型的为主，小型的亦占有一定比例（断块、断片和石锤不计在内），分别占 29.4%、46.8% 和 23.8%；石制品的主要原料仍然是砂岩和石英砂岩；打片基本上用锤击法，原料消耗大，产片率低，断块多（占 48.2%）；在断块、石核和石片中有一定数量的被使用过；石器主要用石片类做的，占 84.85%；块状毛坯仅占 15.15%，不同类型的石器对毛坯的选择有一定的倾向性，刮削器和尖刃器基本上用石片制成，仅 1 件例外，重型石器（砍砸器和手镐）均用块状毛坯；石器类型多样，但以刮削器为主，存在尖刃类石器是其重要特色；石器刃口组合具多样性，达 16 种之多；石器修理以复向加工为主，约占半数，兼有他种修理方式；修理工作粗糙，形态无相对近似的，单层修疤，多深宽型，刃缘曲折，刃口钝者多，刃角常超过 70°。其石制品最主要的特点是四个为主：以大中型、刮削器、石片石器和复向加工为主。

从船帆洞下文化层石制品组合中可以看到受灵峰洞的技术影响，两者相同点有：打片都基本上用锤击法，偶用锐棱砸击法；两者对石核的处置亦相同，其结果都是原材料消耗大，产片率不高以及沿原材横轴打片和不同石器类型选用不同毛坯等。但也有所发展，主要表现在尖刃类石器为下文化层所特有，类型亦略多和修理也稍好等。该文化层出土的哺乳动物化石已有 12 种，其中有巨貘、中国犀和鬣狗等绝灭种，其时代不会超出更新世。从各方面看，它应晚于灵峰洞，故暂定其考古时代为旧石器时代晚期。

B. 上文化层：已发现的哺乳动物化石 11 种，均为现生种，其中除单个牙齿外，还有 200 多件肢骨碎片，其中有约 1/5 被火烧过。出土石制品 79 件，分类情况与下文化层者相近，但无尖刃类石器，却有似磨盘石砧 1 件（残）。从石器上看有明显退化现象，十分粗糙；与其共存的有磨制的骨、角器：骨铲、骨锥和角饰品各 1 件，前两者加工多序和磨制较好。由此可以推测，石制品技术的退化可能与工业重心转移有关。上述遗物使我们想到它的时代可能接近旧石器时代结束或稍晚。它的发现在福建乃至整个华东地区填补了旧石器时代向更高阶段发展的一个缺环，也为寻找这方面遗物提供了宝贵的经验。

4. 武夷山市的零星采集

武夷山市发现石制品是 1994 年。笔者从漳州返回福州时，陈存洗先生告诉我范雪春在那里发现砾石石器，但当时没有看到标本。2000 年 1 月下旬，我与黄景略和王幼平一起，去三明论证万寿岩遗址。论证会结束后，前往武夷山考察范雪春的发现。1月28日中午在闽越王城工作站看到所采的标本，其中确有人工痕迹清楚的石制品。下午去牛栏后山看汉墓，在第二阶地坍下来的砂砾堆中，笔者找到一件相当大的石片，背面几无自然面，多疤，破裂面诸人工痕迹清楚，属人工制品无疑。旋即与王幼平和范雪春在已裸露的T2砂砾层中寻找，因时间关系，无所收获。1月29日晨，笔者在武夷山市风景区华彩宾馆旁新开的公路红土层中发现一件砾石石核，发现时，工作面的一部分和背面仍埋在红土中。石核发现于距地表1.5米，距其下夹的砾石层0.5米。王幼平和我在其附近砾石堆中还找到几件有打击痕迹的砾石。因脱层，人工痕迹难定，未收集。那件有几个片疤的单台面石核属旧石器时代遗物应无疑问。上午去考察范雪春发现的黄泥山地点（砖厂取土场），参加者除以上提到的外，还有省博物馆林恭务、王振镛以及市文化局领导多人，从红土地表或散乱在其上的砾石堆间找到石核、石片和刮削器10多件，"其中有一件大石片和一件刮削器最为典型"（见笔者日记），更详细的研究以后看福建同行的报告。由其地貌位置及附近未发现晚的史前期遗物，似可认为，它们属于旧石器时代人类的制品。武夷山市的零星发现，预示这个地区，不仅山川秀美，为世人所瞩目，而且将为早期人类历史研究做出难以估计的贡献。这些石制品的性质可暂归砾石石器文化传统中。

到目前为止，福建境内发现的旧石器时代文化地点屈指可数，主要文化遗物——石制品尚不过600件，但从中可看到北部的（三明市和武夷山市），可归于中国南方旧石器时代主工业中，因此有源可寻；南部的，尚是孤例，材料不多，与北部的肯定不是同一个工业传统，显示出福建境内工业类型的多样性；从时代上考虑，也有如此情况，莲花池山与船帆洞下文化层石制品组合也存在明显的不同，后者4个为主的特点也是已知中国南方旧石器时代主工业任何一个石制品组合所没有的。福建旧石器时代石制品虽有地区或时代的若干不同，但也有一些相同处，可分广布型的（如用锤击法打片和修理石器）和地区型的。即石片石器比较多，刮削器在组合中占有重要地位。尤其是端刃砍砸器多、端刃占比例高为中国南、北方旧石器时代主工业中所不见，这方面还包括归属未定的莲花池山的在内。

5. 漳州北郊台地及其他地方发现的小石制品

在《漳州史前文化》中记述了这类石制品地点113处，石制品1447件，至1994年，地区扩大不少，标本亦有所增加，但笔者观察和测量的标本主要还是已发表的资料。现将所得结果记述于后，或可部分地增补"漳州文化"内容。从标本表面痕迹看，大多数没有冲磨痕迹，少数可见轻度磨蚀痕迹，在后者中有少许可见新、旧修疤。基本上可以肯定属原地埋藏的。对所研究的标本有以下初步认识：

（1）石制品基本上是小型的，仅有个别的长度超过50毫米。

（2）石制品的原料基本上是燧石，还有少量的水晶、石英和其他岩石。在以燧石为原料的石制品中，部分保留围岩接触面，而不见保留砾石面，表明原料采自从岩层中风化出来的岩块。

（3）打片主用锤击法，多数石核不预制石核体和修理台面，少数石核修理过台面，甚至预制过石核体，呈半柱形或似船底形，多面剥片，常遗有长三角形片疤和少量长方形片疤；锤击石片多打击台面，形以梯形和三角形的居多，偶用砸击法；石核和石片形状多不规则。

（4）做石器的毛坯基本上是锤击石片，包括一定数量的断片，块状毛坯极少，未见用砸击品做石器的毛坯。

（5）石器以刮削器为主要类型，多刃的远多于单刃的，还有少量的尖刃器（常常是复型的，即应定为尖刃——刮削器，图一，4）、石锥和雕刻器。在刮削器中单刃者不多，端刃尤为罕见，多刃石器占绝对优势，其刃口形态组合繁多，初步统计可达46种。其中多凹刃刮削器（并非都是凹缺刃）应成为文化标志性器物（图一，2）。

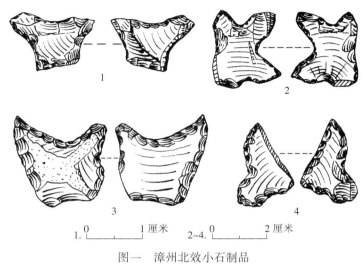

　　　　　　　　　　　1. 0 ⎽⎽⎽⎽ 1 厘米　　2~4. 0 ⎽⎽⎽⎽ 2 厘米
图一　漳州北效小石制品
1. 三凹刃　2. 四凹刃　3. 双凹一凸刃　4. 双凹尖刃器

（6）石器的修理基本是两面加工的，刃口的局部或大部有钝化现象。此外，极个别是错向加工的，几乎没有纯粹单面加工的，若放宽一点，主修理边或其他边和面不计几个零散的打击痕迹，则向破裂面或向背面加工的为数也很少。

关于"漳州文化"的特点，1991年命名时归纳其特点为五点。似显不够集中和突出。依笔者观察，简言之，为"四个基本一大量"即：石制品基本上是小型的，石器基本上是石片做的，基本类型刮削器和石器基本上是石片做的，基本类型是两面加工的；大量存在凹刃刮削器，多凹刃是其文化的标志。

关于存在问题："漳州文化"的石制品分布相当广，如上述颇具特色，依笔者观察和思考，尚有许多问题需要深入工作。现提几点拙见，如下：

A. 寻源问题：上述"四基本"在已知中国旧石器或稍晚的考古资料中是没有的，以小石制品为代表的工业可以前三个为主，表明存在量上的差别，第四个基本除它外，则是绝对没有的，尤其大量多凹刃刮削器几乎世界上都未见报道过，它是如何发生发展的无疑是需要探索的。

B. 关于两面加工的问题：从许多标本上看，修疤是两面可见，刃缘曲折，类似砸击的。用同样原料做砸击试验，刃缘既曲折，但相当锐，砸不出钝刃效果，看来还须做更多的、用多种方法做石器的试验研究，方能对标本的加工有较切合实际的认识。

C. 半圆形凹缺刮器和"镞形器"的用途问题：贾兰坡认为：前者"似为刮磨箭杆之用"[1]，这推测似有道理，但细看一下刃口上的痕迹，又使人产生疑问，半圆形凹缺刃宽，测量了10多例，最宽为10毫米，最窄为4毫米，多半宽4~5毫米，那么小能刮箭杆吗？再则，如是刮箭杆，凹缺内，尤其是

────────────────
① 见《漳州史前文化》序言。

其底部应有明显的变钝痕迹，不少标本未见钝化现象至少说明这些标本不是用于刮圆形的物体。另外，有箭头才需箭杆，尤玉柱等定的"镞形器"，依笔者观察这类石器，它们既不是箭头（图一，1、3）也不是"投掷器"的头，如图一示，其形态是上端宽而分叉，向下稍变窄，下端是一个平的小面（看起来像折断的），但大多数这一小面的一面或两面可见修理痕迹，显然不能视为折断面。就我在漳州市博物馆及一些同志家里看到的这类标本有几十件之多，无一是有尖的，上端叉的深度和角度则不甚相同，是定型了的石器。这类具有文化标志性石器应有特殊用途，有待后来者研究。诚然，"凹缺器作刮箭杆说"被诸事实倾向否定。

D. 关于其时代问题：在《漳州史前文化》中将其时代推测性地定为距今 13000～9000 年，主要依据漳州北郊产石制品地貌位置和假设它是旧石器向新石器过渡时期制品，显示断代证据不足。现在广东发现这类石制品与陶片共存，定其时代为新石器时代。这一发现给人以启发，地表采得的有它的意义，今后应花更大力气寻找这类遗物的遗址，弄清地层关系，器物组合内涵（除小石制品外，是否有其他遗物），弄清其可靠时代，甚至进一步探索不同地区的"漳州文化"石制品组合更细的年代序列。

三、今后工作之思考

旧石器时代考古学的主要任务是复原古人类时间总长度的 99.99% 以上的历史。为此，我国几代旧石器考古学家，在华夏辽阔的土地上，付出了辛劳和智慧。察沟探洞，掘土觅知，在探源揭秘和索史求真方面，做出了令世人瞩目的成果。福建的同行们发现和发掘了灵峰洞旧石器文化遗址，把古人类在福建境内劳动、生息的历史提前了十几万年，但已有知识告诉我们，在福建境内还应有更早的文化。

姑且保守地说，人类（会制造工具者）起源于更新世早期，一直子孙繁衍至今。福建境内是否能有更早的人类及更早的文化，不妨先看看人类赖以生存的自然历史背景。依《华东地区区域地层表：福建省分册》①，本省有发育良好的更新统地层（表 1），从已经获得哺乳动物化石和孢粉分析的结果，至少在中、晚更新世处于热带、亚热带的环境，有着丰富的采集和狩猎资源，更早新统地层多砾石层，表明当时雨量充沛，也宜人生活。中国南方与福建更新世自然环境相仿的许多省都有旧石器时代早期较早阶段的文化发现。这一切都说明以上推论决非妄议，不断实践，定会突破再突破。

表 1   **福建更新世堆积简表**[1]

	建瓯小区	邵武小区	长汀小区	龙岩小区	漳州小区[3]	东山小区
龙海组 QⅢ 晚更新世	第二级阶地，高 15～20 米。沉积物为黄色沙质黏土砾石	第二级阶地，高 12～15 米。上部黄色砂质黏土砾石；下部棕红色或灰白色黏土	第二级阶地，高 15 米左右。沉积物为灰黄色砂质土和砂砾	第二级阶地，高 16～30 米。黄色砂质黏土砾石，洞穴堆积黄色或黄褐色砂质土，局部胶结	第二级阶地，高 6～16 米。沉积物为灰黄色砂砾	第二级阶地，高 6～20 米。沉积物为灰白色沙土（埋于海积平原下）

---

① 福建省区域地层表编写组：《华东地区区域地层表：福建省分册》，地质出版社，1979 年，第 1～103 页。

	建瓯小区	邵武小区	长汀小区	龙岩小区	漳州小区[3]	东山小区
同安组 QⅡ 中更新世	第三级阶地，高 25～35 米。第四级阶地，高 40～50 米。沉积物为红黏土和砂砾层	第三级阶地，高 25～45 米。上部红色黏土砂砾；下部灰黄或棕红色砂层	第三级阶地，高 30～40 多米。沉积物为红色黏土和砂砾	第三级阶地，高 30～40 米。上部红黄黏土砾石；下部棕红色黏土砾石。洞穴堆积浅黄或棕黄砂质土角砾	第三级阶地高 15～30 米。上部黄红色砂质黏土；下部砖红色黏土砾石	20～80 米高阶地，红色网纹状砂质黏土
天宝组 QⅠ 早更新世	位于丘顶，高 80～100 米，沉积物为砂砾，以砾石为主	无	无	位于丘顶，高 60 米以上。砂砾层[2]	高 20～200 米丘台，砂砾石层以砾石为主	无

注：1）本表依华东地区区域地层表福建分册编成，删去浙江部分，龙岩小区依新发现加入洞穴堆积。

2）原报告在该层发现东方剑齿象，该化石不可能那么老，故删去。

3）原称青田－漳州小区。

福建省旧石器考古是大有希望的。若从课题带发展来做，不妨先抓闽台史前文化关系这个课题，万寿岩两旧石器文化遗址的石制品的发现，已不需要去遥远的贵州找关系，拉近了溯源的空间，但目前材料很有限，难以使问题较好地解决。

解决台湾史前文化之源，关键在海峡西边，主要在福建，因此福建的同行们责无旁贷地应抓这项有意义的工作。

前途是光明的，任务是艰巨的。需要有更多热心于这方面工作的同志，像曾五岳先生和范雪春同志那样热爱此项工作的人越多越好。诚然，从实论之，目前福建旧石器考古专业干部需要培养和提高。为使情况明朗，开展专项广泛的调查是十分必要的。为达此目的，对全省现有文物干部分期分批进行专业培训，是较有效的办法之一。未来几年，福建省若有一支精干的专业队伍，再加上派出去，请进来，加以有效的组织，尊重人才，有效地利用人才，有计划地开展调查，进而有重点的发掘，情况将大为改观。不久的将来，福建省旧石器考古跻身全国的前列则是无可怀疑的事。

（原载《福建文博》2001 年第 2 期）

漳州莲花池山旧石器时代文化
地点的新材料及再研究

一、前言

漳州莲花池山旧石器时代文化地点是福建省首次发现的、已见报道的最古人类活动的遗存。1989年底，漳州市文化局曾五岳先生在该市北郊阶地上采到一批石制品，经初步研究，向学术界公布了这一重大发现。由于这些石制品的形制和加工颇具特色，引起学术界的重视。

为了进一步探讨漳州市北郊发现的学术价值，于1990年初，由尤玉柱、曾五岳和蔡保全等组成考察组，对漳州市北郊发现的石制品地点进行复查，并扩大了调查区和研究内容，对附近地区的第四纪地层、地貌和史前遗存进行多方位的研究。在这次野外工作中，在莲花池山第二阶地有铁锰斑膜和稀疏网纹红土的侵蚀面上的黄色砂质黏土角砾层中发现了石制品。依其地貌位置和上下的地层关系，初步判断含石制品的地层属旧石器时代，将该地点称为莲花池山旧石器时代文化地点，野外编号为FZP001地点。另外，在其附近的竹林山又发现了一处含石制品的地点，野外编号为FZP002地点。因两地点相隔甚近，层位相当，故被看作是同时代的文化地点。

为获得更多的科学资料，由福建省博物馆、中国科学院古脊椎动物与古人类研究所和漳州市文化局组成发掘队[1]，于1990年5～6月对FZP001地点进行首次发掘，共挖了3个面积不等的发掘方（8米×5米，15米×10米，5米×5米）。此次发掘和以前的采集，据报道，共得石制品23件，经研究，其结果载于《漳州史前文化》[2]一书中。这是福建境内首次发现的旧石器时代遗物，一经发表，引起学术界，特别是闽台考古学界的关注，从此揭开了福建省旧石器时代考古的序幕。

为便于与重新研究的对照，兹将1991年发表的有关旧石器的研究成果，择要摘录于后。

在《漳州史前文化》第三章中FZP001地点记述23件石制品，包括石核、石片、刮削器和砍砸器，但不包括若干顶端有砸痕的水晶标本。对以上石制品的研究，得到了一些有意义的认识。"石片多不规则，短而宽，具有第二步加工的石器少，加工简单，器物类型单调，加工部位主要在尖端和两侧，以从腹面向背面单向修理为主"等。对该地点含文化遗物地层的时代提出了较明确的意见："产石制品的地层应属晚更新世中期……暂定为距今40000～80000年前，而这一时期正是旧石器时代中期至晚期的过渡阶段。"[3]

---

① 发掘队成员是陈存洗、范雪春、陈兆善、简水清、曾五岳、林兆熊、杨丽华、尤玉柱、张振标和董兴仁。
② 尤玉柱（主编）：《漳州史前文化》，福建人民出版社，1991年。
③ 尤玉柱（主编）：《漳州史前文化》，福建人民出版社，1991年。

笔者作为"闽台史前人类及其环境的综合研究"课题组的成员，受命研究这一地区的史前文化（不包括新石器时代文化），于1994年11～12月赴福建漳州地区考察，除观察、分类、测量数以千计的小石制品外（这部分另行撰文），还实地考察了漳州北郊、东山和华安等地出小石制品地点，并于11月末，与曾五岳先生一起，考察了莲花池山旧石器地点新出露的剖面，采到了一些石制品，有了一点新认识。现将此次考察的收获以及对FZP001和FZP002地点1990年发现的石器的再研究所得的一孔之见作一报道。

笔者注意到以往这个地点石制品研究在分类方面的一些问题，在记述标本以前似有必要谈一下石制品分类原则及分级分类的一些初步的设想。

石制品的分类应以其上的最后人工痕迹作为分类依据。这是针对以往一些研究把非最后人工痕迹（起始或中间痕迹）作为分类依据而引起分类中的一些混乱而提出的。具体地说，一块石块上有片疤、打击点和半锥体阴痕等，这些痕迹上无再加工者（台面缘修整和修理台面例外），应归石核类；一个薄片的破裂面上有打击点、半锥体和平坦的裂面，尽管其背面有反映石核的多个人工特征，但从该片破裂次序，破裂面上的诸人工痕迹是最后的人工痕迹，故在分类时，只能归石片类，而不能因先前反映石核的人工特征而归于石核类；同理，当毛坯（不管是片状的或块状的）一经加工，其上加工疤是最后人工痕迹，不管标本能见到或多或少反映石片或石核的人工特征，只能将它分入石器类中，毛坯先前诸人工特征即失去分类上的意义。

石器的分类，笔者曾提出依生产对象和目的的不同，分成两大类：其一是生产石制品的石器，另一类是以取得和加工生活资料为主要目的的石器[①]。通过其后的实践，对第二类石器次级分类加以梳理，提出五级分类的想法，试用于本文中。对此，似有必要略作说明。

五级分类是：第一级依刃型分类，分为宽刃类、尖刃类和无刃类。第二级以使用分工命名：宽刃类包括刮削器、砍砸器、手锛、刀形器和石锯等；尖刃类计有尖刃器、石锥、雕刻器、镞、矛头、手斧、原手斧、手镐、原手镐等；无刃类仅含石球和准石球两个次级分类，无以下3个次一级分类。第三级依刃口在毛坯上的位置分类，可分为边刃、端刃、边端复合刃。第四级依每件标本上刃口的数量，分为单刃（尖刃类无单刃）、两刃和多刃。最后一级依刃口形态分为直刃、凸刃、凹刃和复型刃。五级分类比较适用于宽刃类石器，对于尖刃类则不能完全适用，需要加入其他要素，宜采用多要素分类法，因与本文关系不大，从略。

二、新材料的记述

新采到石制品的地点在原发掘地附近，在凤梧村东约100米处，应属原FZP001地点的一部分。故不另编野外地点号。

新发现地点的地层剖面，东西长度不详，南北宽约10米，已出露的厚度6～7米，其地层可分为3层（图一），记述如下：

第1层：棕红色砂质黏土，从顶往下，沉积物由疏松渐变致密，含细砂量较大，但有渐减趋势，

① 张森水：《中国旧石器文化》，天津科学技术出版社，1987年。

偶夹次磨圆的砾石，厚约 2.5~3.0 米。

第 2 层：砂砾夹红色黏土，堆积在下层不平的侵蚀面上。沉积物主要由砂、砾石和红色黏土组成，砾石的分选和定向排列规律性不强，中含石制品，沉积物粒度粗，微胶结，由北向南有渐增厚的现象，一般厚度为 25~30 厘米，最厚可达 50 厘米。

第 3 层：含铁锰膜和有稀疏网纹的红土，黏土质，粒度细，结构致密，层面凹凸不平，可见厚度 4~5 米。

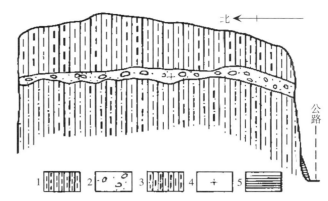

图一　莲花池山旧石器时代文化地点的地层剖面
1. 棕红色砂质黏土　2. 角砾砂土　3. 紫红色黏土
4. 旧石器　5. 现代沉积

以上地层堆积与《漳州史前文化》中所描述的莲花池山旧石器时代文化地点的地层剖面完全吻合，故此次采到的石制品应与 1990 年发现者属同时同一文化的遗物。

此次从第 2 层中采到的石制品 12 件，还有不少砾石或断块上可见单个的或不连贯的几处打击痕迹，因考虑其埋藏环境，未包括在石制品中。新采到的石制品，经观察、分类、测量统计，列于表 1 的前列。如上述，新发现石制品视为出自 FZP001 地点，故标本号依 1991 年发表资料接续后编。依《漳州史前文化》，该地点最大标本量为 23 件，故新发现的标本序号从 24 号开始，即 FZP001 - 024，在记述时，只简写序号，如 024 号。如表 1 示。此次找到的石制品分属断块、石核、石片和宽刃类的刮削器，现予以分类记述。

1. 断块

5 件，均未编号。它们的共同点是其上可见打击痕迹，遗有几个碎屑疤，但块体绝大部分保留自然面。其平均长、宽、厚分别为 42.0、33.2、23.4 毫米，长宽指数为 79，宽厚指数为 70。从其上人工痕迹看，它们很可能是欲生产石片而未达目的的标本。

2. 石核

1 件（图二，1），标本 025 号，素材为水晶晶体，先将晶体的一端截掉一部分，而后从两个方向打出一个平面，其上遗有多块小片疤。以这个打击面作台面，垂直打击剥片，在两个晶面上遗有 3 块似石叶疤，最大者为 15 毫米×5 毫米。

3. 石片

3 件（028~030 号），宽型者 2 件，长型者 1 件，大小变异不大，均属小型石片[①]。原料均为石英，台面有自然的、打击的和打击多疤的各 1 件，石片角最大者为 127°，最小的 94°，打击点清楚，均可见崩裂痕，半锥体不显，其背面保留全部自然面、多疤浅平和多疤高脊各 1 件。在它们之中 030 号标本（图二，2）值得进一步描述。它是最小的 1 件石片，长略大于宽，其台面上有 3 块疤，右侧的一块呈长方形，系从右侧缘向台面打击，颇像平面雕刻器的打法。石片上打击点清楚，半锥体小而较

---

① 石片分级见张森水：《丁村 54：100 地点石制品研究》（《人类学学报》1993 年第 12 卷第 3 期，第 195~213 页）。大型者长宽厚相加超过 140 毫米，中型者 110~140 毫米，小型者小于 110 毫米。

表1　　　　　　　　莲花池山旧石器时代文化地点出土的石制品分娄、测量与统计 *

项目与测量		1994年发现					1990年发现										分项统计	百分比
	分类	断块	石核	锤击石片	单端刃刮削器	双边刃刮削器	断块	锤击石片	砸击石片	单端刃刮削器	单凸刃刮削器	双边刃刮削器	端边刃刮削器	雕刻器（?）	单端刃砍砸器	复刃砍砸器		
原料	水晶	3	1		1	2	3	2	2	1	1		3	1	1	1	22	56.4
	石英	2		3			6	3	1			1				1	17	43.6
毛坯	断块														1	1	2	15.4
	晶体				1										1		2	15.4
	石片									1		2				1	4	30.8
	残片					2					1	1	1				5	38.4
加工方式	向背面				1										2		3	23.1
	向破裂面											1					1	7.7
	错向											1				1	2	15.4
	复向					1				1	1		3		1		7	53.8
长度		42.0	48.0	32.7	85.0	50.5	56.9	52.6	40.3	31.0	56.0	51.0	24.7	35.0	134.0	165.0		
宽度		33.2	31.0	42.0	47.0	39.5	42.8	47.4	26.3	21.0	30.0	21.0	23.3	28.0	100.0	115.0		
厚度		23.4	37.0	18.0	42.0	18.0	21.9	17.5	15.3	15.0	15.0	11.0	8.7	19.0	58.0	62.0		
石片角或台面角			83.0	109.7				106.3										
边刃角						71.8					54.0	60.0	52.3			53.0		
端刃或尖刃角					71.0					72.0					56.0	73.0		
分类小计		5	1	3	1	2	9	5	3	1	1	1	3	1	2	1	39/13 **	100

＊ 测量单位：毫米和度。

＊＊ 分母为石器总数，分子为石制品总数。

凸，放射状线痕稀疏，石片角108°。其背面为双高脊多疤型。

从石片台面、破裂面诸人工特征以及背面片疤形态、打击点特征和打片方向等方面分析，可以肯定它们是用锤击法生产的，石片背面诸人工特征与石核上者互为印证，也给以上推论以支持。

4. 石器

由于这个地点至今未发现可靠的第一类石器，故这里所称的石器实指第二类石器，以下亦同此。石器3件，均属宽刃类的刮削器，用残片制成者2件，块状毛坯者1件。其加工比较粗糙，器形不规整，刃口相当钝，刃缘曲折。再次级分类见后述。

（1）单端直刃刮削器：1件。标本027号（图二，4），毛坯为水晶断块，右侧两面经多次打击，

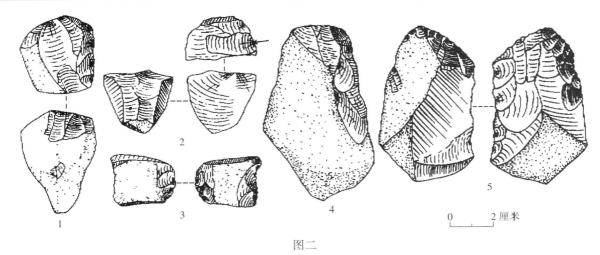

图二

1. 单台面石核（025）　2. 石片（030）　3. 双边刃刮削器（026）　4. 单端直刃刮削器（027）　5. 双边刃刮削器（024）

使晶面遭到破坏，其余各晶面呈次磨圆状，失去原有的光洁。其刃口见于较窄的一端，系由较平的面向凸面加工。刃口较直，比较钝，刃角71°，刃宽18毫米，刃口上可见双层修疤，最长的达24毫米。

（2）两边刃刮削器：2件。均用残片做成，标本编号是024号和026号，后者加工粗糙，为凹凸刃型（图二，3）。024号为双边直刃型（图二，5），均系向破裂面加工而成。左侧整个长边均见修理痕迹，修疤宽，呈扇形，刃缘因较重的打击而变得曲折，刃口钝，刃角为82°；右侧刃上可见双层修疤，近缘短宽，远缘窄长，刃口锐，刃角为62°，刃缘亦较匀称。此外，其上端亦遗有多块片疤，且两面可见。

从上述3件石器上可以看到两点：其一，修理石器用锤击法，采用硬锤加工，加工方式多样；另一是加工简单粗糙，恐非代表时代的制品。

三、旧材料的再研究

如上述，FZP001地点1990年发现的石制品23件，依原分类包括石核3件，石片14件，"砍砸器"1件，刮削器5件，见于图版或插图的标本为11件（石核001、002和010号，石片013、017号，刮削器015、011、007、003和014号，"砍砸器"018号）。这些正型标本，在重新研究时，两件（001和017号）存于福建省博物馆，4件或5件（003、007、013和015号以及一面写有010号、另一面写着009号）存于漳州博物馆，另外的4或5件（002、011、014和018号以及难定的多号码标本）则未见到。笔者从存于上述两博物馆的FZP001地点出土的石标本中整理出27件标本，进行重新分类。1990年出土的石制品最大编号为018号。但其中005和006号则未见到。从现有的各种资料来看，FZP001地点至少曾出土石制品33件，现在研究的标本约占实际出土标本的82%，不失研究的有效性和代表性。对这些标本，重新进行观察、分类、测量和统计，其结果见表1的后列。竹林池山旧石器文化地点发现的4件石制品，此次仅见到3件，也进行了观察，所得认识，作为附录，记于文末，未纳入统计中。以下扼要地分类介绍研究的一些结果。

1. 断块

9件。原料为水晶的3件，其余皆为石英。它们都是长宽比差小、宽厚比差大的块体，其形态呈不规则的多面体，一个面或几个面上可见碎屑疤，打击点或显或不显。它们原可能是打片不成功的石核或石核崩块。

2. 石片

8 件。依其上的人工痕迹，系用两种方法生产的，即锤击法和砸击法：

（1）锤击石片

5 件，长型者 2 件，宽型者 3 件，其个体变异较大，最大者的长、宽、厚分别为 120、57、18 毫米，最小的为 28、29、11 毫米。石片的长宽指数为 90，宽厚指数为 39。由此可见，它们的长宽比差不大，但较薄。可能被鉴定为使用石片的有 2 件，细疤均见于一侧的背面，其一呈浅凹弧，弦长 22 毫米，另一呈凸弧，弦长 19 毫米。

石片的台面，打击的和自然的各 2 件，打击—自然者 1 件，台面都比较小，台面指数[①]最小的为 0.8，最大的为 5.3，故均属小台面，台面形态比较规则，呈似凸镜体状或似菱形。石片角最大的为 124°，最小的为 84°。打击点比较清楚，半锥体小而微凸，放射状线痕稀疏。有疤痕者仅 1 例，破裂面平坦或微凹。石片背面，大部保留自然面和约保留一半的各 2 件，无自然面者 1 件。台面后缘可见细疤者 1 件。由背面石片疤看，除 1 件外，均可见到转向打片痕迹，其中 3 件逆时针转动，另 1 件有多向打击痕迹，转向规律不清楚。背面片疤较大，呈三角形或梯形，但有一例外，为细碎多疤型。

石片的形态受较规则的背脊控制，多比较规则，呈三角形、梯形或长方形。以下举两例对其性质作进一步说明：

标本 017 号，是形态较规则的长而薄的石片，长 102、宽 56[②]、厚 17 毫米，长宽指数为 55，长宽比差接近一倍。它的台面最小，为自然—打击台面。打击点较散漫，半锥体大而较凸，放射状线痕稀疏，破裂面呈波纹状起伏。背面约保留一半自然面，上部遗有几块片疤，可见从不同方向的打击痕迹。由其背面观，右侧中部有连续细疤，使这部分边缘变得不平，其长度达 37 毫米，可能是使用的结果。

标本 004 号，略呈长方形，打击台面呈菱形，小而倾斜，石片角为 124°。打击点集中，半锥体小而凸，放射状线痕稀疏，破裂面平坦。其背面右半为自然面，左半有 4 块片疤，可窥视到逆时针转向打击（图三，1）。

另外还有 3 件宽型石片，标本 013 号可作为其代表，其背面可见与破裂面同向打击痕迹。

（2）砸击石片

3 件，它们都是长型石片，但无一长宽比差超过一倍的，长宽指数为 65，宽厚指数为 58。若与周口店第一地点出土的同类石片相比，个体相对较大，也比较厚，后者宽厚指数为 54~46（第一地点第 11 层仅 3 件标本略去不计）[③]。砸击石片或多或少保留石英与围岩的接触面或水晶的晶面。它们的破裂面均较平，背面遗有数块片疤，显得凹凸不平。从两端遗留的痕迹看，一端有砸痕者 2 件，标本 016 号是其中之一；另 1 件两端可见砸痕（图三，2），即标本 004T1 号，其上端两面可见砸痕，下端仅见

---

① 台面指数计算：（台面长度×宽度）÷（石片长度×宽度）×100。台面指数小于 10 者称小台面，11~20 者为中等台面，大于 20 的属大台面。

② 系实测结果，与原报道的长度和宽度稍有差异。

③ 裴文中、张森水：《中国猿人石器研究》，科学出版社，1985 年。

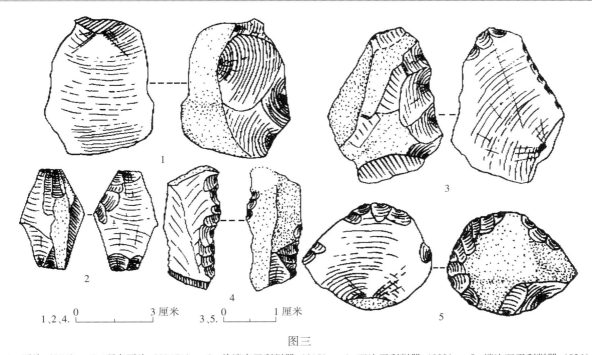

图三

1. 石片（004）　2. 砸击石片（004T1）　3. 单端直刃刮削器（015）　4. 双边刃刮削器（032）　5. 端边双刃刮削器（034）

于破裂面。砸击石片系这个地点首次被记录的标本。

3. 石器

这次重新研究的石器 10 件，有些是过去发表过现重新鉴定再分类的，有些是首次记录的。另外，对原发表的两件标本（002 和 018 号）虽未见到标本，但其插图绘制得清楚或比较清楚，也进行了讨论，但未纳入统计中。

新的研究，记录了一些前未报道的石器，增加了若干石器三级以下的次级类型，对石器的毛坯、类型和加工方式有进一步的了解，概括出若干共性，为探讨其文化关系提供了一点新资料。重新研究的全部石器（包括依图讨论的两件标本），除两件可能属尖刃类外，其余均属宽刃类的刮削器和砍砸器，它们更细的分类见下述。

（1）单端直刃刮削器

1 件。标本 015 号（图三，3），系用水晶石片制成，其背面大部保留晶面，刃口在台面相对一端，系复向加工而成，刃口宽而较直，可见双层修疤，远缘长而浅平，近缘者短宽，刃口较钝，刃角为 74°。

（2）单边凸刃刮削器

1 件。标本 031 号①（图四，4），其上部系两面加工，中下部向破裂面加工，但其背面也可见不甚连贯的修理痕迹，修疤短宽，刃缘相当曲折，刃口上部钝、中下部较锐，刃角为 60°。

（3）双边凹刃刮削器

1 件。标本 032 号（图三，4），毛坯为石英残片。依右图，左侧中上部两面有加工痕迹，背面的

---

① 标本 031～035 号原无号，系新编的标本号。

局部有后期破损（右图虚线标出者），中下部的加工痕迹在破裂面上，修疤浅宽，刃缘呈波纹形，刃口微内凹，刃口较锐，刃角为54°；右侧刃亦为浅凹刃。修疤见于右侧边的下半部，打击点集中，刃缘呈波纹形，修疤长而浅凹，刃口较锐，刃角为56°。

（4）端边双刃刮削器

3件。标本003、033和034号，都是小型的石器，其长度分别为24、29、20毫米，宽度为21、27、24毫米，厚度为7、11、8毫米。它们的共同点都是一边加一端被加工成刃，且都是复向加工成的。从其上人工痕迹分析，很可能都是在使用石片基础上再加工成器的，以下举例进一步说明其特点。

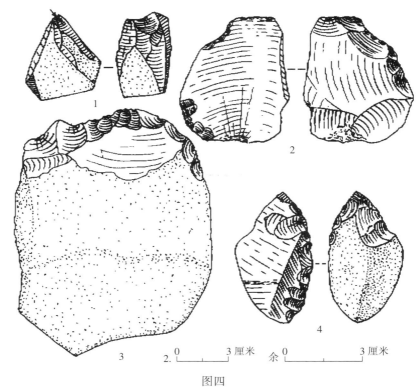

图四

1. 雕刻器（?）（012）　　2. 端边双刃刮削器（003）　　3. 单端凸刃砍砸器（035）　　4. 单边凸刃刮削器（031）

标本003号（图四，2），将右侧边（背面观，右图）加工成凹凸复型刃，上部两面有加工痕迹，刃缘内凹，中间一段是向背面修理的，单层修疤，短宽型，下部一段加工方向与中部相反，但两者相连成凸刃，刃口较锐，刃角为44°；其前端被加工成刃，系向背面加工，刃口平直，刃角为64°，其近缘两面均可见细疤，可能被使用过。

标本034号（图三，5），毛坯是石英石片，是最小的一件石器，其左侧基本上是向背面加工的，修理成比较匀称的凸刃，与端刃相连部可见微弱的转折，端刃的最凸出的部分是两面加工成的，与右侧上部呈缓弧形相连，制成一个凸度较大的刃口。端刃刃口比侧刃略锐，刃口分别为54°和65°，但右上部接近垂直加工，故这部分刃口很钝，刃角为84°。033号可归此类中，其上修理痕迹远比使用痕迹少得多。

（5）雕刻器（?）

1件。标本012号（图四，1），毛坯为断块，呈多面体，左、右和底面为打击面，上、下两面为自然面，左侧面有对向打击痕迹，遗有大小不等的小疤；右侧面有多块片疤，系由左二向下打击，使左右侧相交处形成弧形锐脊，状若雕刻器的凿形刃，但因相邻侧未见类似痕迹，故分类存疑。

（6）单端凸刃砍砸器

2件。标本035号和未编号者，毛坯一为断块，另一为水晶晶体。加工都很简单，将毛坯前端略加打击，使成可用刃口。它们均为凸刃，刃缘很不匀称，如035号，端刃大部平直，中间有尖突，右上角亦曾作过修理，使相连成不规则的凸刃，刃口较钝，刃角为66°（图四，3）。

（7）边端复刃砍砸器

1件。标本001号（图五，1），毛坯为半边石片（缺右半），是这个地点发现的最大的石片石器，长165、宽115、厚62毫米。从侧裂面在打击点附近这一点看，大概破损部分略小于现存部分，原石片宽度可能达到200毫米左右。生产这样大的石片，石核的长度或宽度至少要大于200毫米，如此大的水晶块在这个地点是没有的，因此，很难排除它是异地加工被当时人带到这里的。

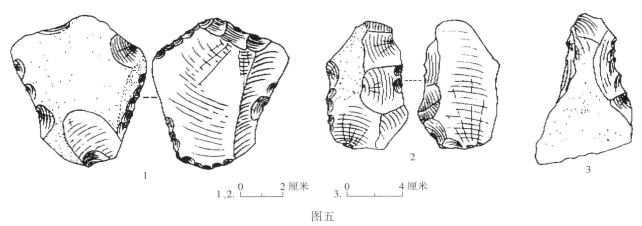

图五
1. 端边复刃砍砸器（001）　2. 双边刃砍砸器（002）　3. 手镐（？）（018）

它是一件端、侧加工成刃的砍砸器，其上有3个刃口。端刃有别于常见者，不在石片远端加工，而是将台面修理成刃，其上有3块梯形修疤，它破坏了台面的平整和台面前缘的完整，使变成多曲状，这说明它是石片打下来后再加工的痕迹，而不是修理台面的痕迹；端刃较平直，刃口锐，刃角为39°；左侧刃是复向加工的，刃口微凹，刃角为58°；右侧刃系向背面加工的，刃口直，刃角为62°，刃缘匀称，修疤单层。

（8）讨论的石器

2件，标本编号为002号和018号。如上述，它们都是在《漳州史前文化》中发表过的，但再研究时未见到的标本，因有较清楚的插图，故对其分类加以重新厘定。

标本002号（图五，2），原定为石核，依所绘的插图看，从其上既可看到石片破裂面上诸人工特征，也可看到其背面反映石核的一些特征。更值得注意的是，腹、背两面不同侧边上均可见到修疤，代表这件标本上的最后人工痕迹，故其两面修理石器前留下的人工痕迹均失去分类意义，故既不能归于石片，也不能纳入石核类。这件标本下端见不到台面，台面缘呈波纹状，表明石器的毛坯是线状台面的锤击石片。它的左侧系向背面加工，单层修疤，刃口较直，刃缘呈波纹形；右侧是向破裂面加工的，刃口微凸。它应是一件错向加工成的双边直凸刃砍砸器。

标本 018 号（图五，3），原研究者对这件标本记述颇详，"由一扁平的石英砾石经加工而成的，两个扁平的面，属脉石英的节理面。加工的刃口在右侧，先打两片，使成凹状刃口，再在凹痕上敲掉 3 个小片，形成一件单边砍斫器"[①]。依图，其左侧也曾打过，而且有偏左的侧棱，侧棱上至少有一个打击痕迹，两侧相交于顶端，生成一个钝尖刃。若图无误，与其将其归于单边凹刃砍砸器，毋宁将它定为手镐或原手镐，可能更合适一些。若拙见符实，则为该地点增加一个新类型。

四、结论与讨论

福建漳州市北郊莲花池山旧石器时代文化地点已研究的石制品超过 40 件，本文研究的、作了分类统计的标本 39 件，并讨论了 2 件未见的标本，从而使我们对该地点的石制品有进一步的认识，有可能对相关的几个问题进行初步的讨论。

（一）石制品的一般性质

就目前有限的材料而言，大体可以看到石制品的一些特点，如下：

（1）石制品大、中、小型均有，以小型的居多，在石核和石片中，大型的 1 件、中型的 3 件、小型的 8 件；第二类石器 15 件（包括 2 件讨论标本，下同），大型的 6 件、小型的 9 件；若依石制品统算，大、中、小型者分别占 25.9%、11.1% 和 63.0%。这表明，在这个石制品组（Component）中以小型石制品为主，大、中型石制品占比例较低。

（2）打片主要用锤击法，偶尔用砸击法。用锤击法生产的有石核 1 件、石片 8 件，若将做石器毛坯中的锤击石片和可能是锤击石片的断片计算在内，则锤击产品约占本次研究标本的半数，而砸击产品现仅有 3 件。石核和石片上的打击点多集中，且常见崩裂痕迹，可推测是用硬锤打片。

（3）锤击石片形态多较规则，呈三角形、梯形、似长方形和铲形，台面有疤者和可能是使用石片者各 2 件；石核台面上遗有多疤。

（4）断块 14 件，是原料消耗大和次品率高的证迹，这与原料多节理和质差有关。

（5）石器主要用石片制成，计 9 件，其中残片用量超过整片，这一点颇值得注意，块状毛坯者 4 件。若将讨论标本加入，则石片石器占 66.7%，块状者占 33.3%。依此，初步可以认为，它属以石片石器为主的工业。

（6）石器基本属宽刃类，只有 2 件标本可能属尖刃类。宽刃类石器以刮削器为主，砍砸器居次；第三级分类差距不大，边刃 5 件，端刃和边端刃各 4 件；第四级分类，单刃 5 件、双刃 7 件、复刃 1 件，似乎是双刃在石器中显得重要；第五级分类，统计了 22 个刃口，凸刃 11 例、直刃 9 例、凹刃仅 2 例，凸刃应是其主要刃形。

（7）石器的加工无一定的程序，修理工作粗糙的石器比修理精致的石器要多，故其形态多不规整，"个性"强，存在一些过渡类型的标本。

（8）加工用硬锤打击，致使刃缘不平齐。修理石器的方式多样，复向加工出现率高，8 件，向背

---

① 尤玉柱（主编）：《漳州史前文化》，福建人民出版社，1991 年。

面和错向各 3 件（包括 002 号），向破裂面者仅 1 件。包括讨论标本，刃口钝锐均有，最锐者刃角为 39°，最钝者刃角为 82°，测量了 20 个刃口，刃角在 40° 以下和 80° 以上者各 1 例，41°～50° 者 3 例，51°～60° 的 5 例，61°～70° 者 6 例，71° 以上者 4 例。测量结果表明，刃角在 61° 以上者占半数，刃口显得偏钝。

（二）地点性质

该地点已发掘面积约为 220 平方米，已采到的石制品 40 多件（包括 1990 年发现的"缺号"的标本）。若依面积计算，大约每 5 平方米出 1 件石制品；若依含石制品地层厚度（1990 年者厚 5～20 厘米，1994 年者厚 25～30 厘米），以估计厚度 20 厘米计算，大概 1 立方米堆积出 1 件石制品。另外，大多数石制品没有明显的水流冲磨的痕迹，故可以认为石制品是原地埋藏的，即便被搬运过，也是短距离的。从地层中石制品含量甚稀和基本原地埋藏这两方面分析，似可推测，该地点应是一处古人类临时性的活动场所，采其中的石料，生产一些石制品。表 1 所列的石制品组分也反映了这样的性质，只有个别石器可能是异地带此使用的。

（三）文化关系

依漳州莲花池山出土的有限的材料，讨论与福建省内或周边地区旧石器时代文化关系是相当困难的。时至今日，福建境内，除莲花池山和竹林山者外，还未见报道可靠的旧石器时代文化遗物，与其相邻的各省在这方面的研究亦相当薄弱。在旧石器时代考古资料不多的情况下，远距离地讨论文化关系有很大的局限，以下所做的泛泛的定性比较，完全是探索性的。

福建省北界浙江省，那里至今仍是旧石器时代考古空白区。西和西北与江西省毗邻，那里已报道了 8 个地点，采到了 100 多件石制品，提供了一点可供对比的资料。

江西省发现旧石器时代文化遗物始于 1962 年，在乐平县（今乐平市）涌山洞穴堆积中，与大熊猫 - 剑齿象动物群的化石一起发现了"几件石片"[①]，此后 20 多年这方面工作中断。直至 1989 年及其后几年，李超荣等在江西安义和新余等地发现了 7 个地点。采到了 100 多件石制品，经研究的为 89 件，兹列一表，以备考（表 2）。对这些石制品的时代，原研究者认为，这些地点的石制品均出自"二级阶地上部红色黏土层中"，其地质时代定为晚更新世，考古时代为旧石器时代中、晚期[②]或晚期[③]。

表 2 江西安义和新余发现的石制品的分类

数量　分类 地区	单台面 石核	双台面 石核	多台面 石核	断块	石片	石锤	石砧	刮削器	砍砸器	尖状器	手斧	石球
安义	5	3	1	2	10	1	1	6	4	3	2	2
新余	13	1	1	9	16			7	1			1*

　　* 原研究者认为，其上加工痕迹较少，估计是加工石球的半成品，故称球形器。

---

① 黄万波、计宏祥：《江西乐平"大熊猫 - 剑齿象"化石及其洞穴堆积》，《古脊椎动物与古人类》1963 年第 7 卷第 2 期，第 182～189 页。
② 李超荣、徐长青：《江西安义潦河发现的旧石器及其意义》，《人类学学报》1991 年第 10 卷第 1 期，第 34～41 页。
③ 李超荣、侯远志、高学鑫：《江西新余发现的旧石器》，《人类学学报》1994 年第 13 卷第 4 期，第 309～313 页。

来自江西省两个地区的石制品本身有很大差别，与莲花池山的石制品对比，既有相同点，又有差别，差别程度也不甚相同。安义5个地点出土的石制品均甚粗大，长度超过100毫米者占57.1%（依樟灵岗、凤凰山和上徐村3个地点的石制品统计，下同）。茅店等两地点石制品仅作过简单报道，无详细统计分类，重量在200克以上者占75%。如表2示。既有第一类石器，又有第二类石器，后者中大多数是用砾石和石块做的，占81.3%，石片石器只占18.7%①，重型石器占有相当高的比例，约占62.5%，轻型石器只有宽刃类的刮削器，仅占37.5%，它与莲花池山者虽均有较多的刮削器，但后者无重型石器中的手斧、手镐（原分类的大尖状器）和石球，加之毛坯上的差别，可以认为莲花池山者与安义诸地点的石制品在文化关系上是极疏远的，肯定不属于一个文化传统。

与新余两个地点石制品对比，研究标本基本上来自打鼓岭地点。该地点石制品，其平均尺寸比较小，第二类石器的毛坯以石片为主，类型简单，刮削器占绝对多数，重型石器仅有1件砍砸器和1件球形器，无手斧和手镐。若从石制品大小、第二类石器毛坯和类型关系方面考虑，新余打鼓岭石制品与安义各地点者差距比较大，而与福建漳州莲花池山者在文化上可能有较密切的关系。

福建省南接广东省。严格地说，广东境内至今仍未发现确切无疑的旧石器时代文化遗物，但有一些零星报道，如1984年在清理1958年当地农民将含马坝人头盖骨和哺乳动物化石的堆积挖出放在洞外的"虚土"中找到两件打击石器（编号KP. 8001和002），同时从中筛选出一些哺乳动物化石。KP. 8001号被定为"砾石打击的砍砸器"，另1件则未定性，作了"打制工作只限于砾石一侧的小部分边缘"的描述，依图看，颇像锐棱砸击石核；原研究者认为"它们是马坝人时代文化的代表"。此外，黄志高1983年曾在观察狮子岩洞穴时，"在狮头7号洞中采得一件石锤"②。上述3件标本，在中国南方，具有时空广布的特点，起自工具产生的时代，终至于全新世较晚时期，故其本身无断代意义。退一步说，即它们可能是马坝人时代的制品，与莲花池山者也难以进行对比，因为它们均是粗大的砾石石器。除此以外，曾祥旺先生曾在《羊城晚报》上刊出消息，他在广州市南岗镇和增城市新塘镇等地的建筑工地采到一些粗大的砾石石器。这一消息可靠性如何，无法评议，有待详细报告。张镇洪等曾报道广东封开罗沙岩从地层中找到石器，出自第2～3层。"依同层位动物牙齿的铀系法年代为距今2.24±0.16万年"，该地点的"石制品"，依笔者所看到的标本，或为自然碎石，或为软岩石被啮齿类动物啃咬的结果，有关后者，原研究者辩释说：它们"是先人工打的，后被大型啮齿类（豪猪或竹鼠）再'加工'咬啃的痕迹"③。众所周知，质软的泥岩是不能用作制石器的原料的，故原研究者的看法无须评释。依上述，目前还无法从广东省找到与莲花池山石制品对比的资料。

福建省的东面是台湾省，可谓一水之隔的近邻。台湾省至今也无可靠的旧石器时代文化遗物发现。但宋文薰先生曾宣布在海拔约100米的乾元洞内先陶文化层中找到极少量的炭屑，^{14}C测年结果是可能大于距今15000年，并作以下的论述："但不知要超出多少，据当时参与碳十四测验的专家们私下告诉

---

① 刮削器中，有一件毛坯不详，故按16件统计，因此，与原研究者论文中记录的百分比有所不同。
② 宋方义、邱立诚、黄志高：《马坝人化石地点新发现的打击石器》，见广东省博物馆、曲江县博物馆编《纪念马坝人化石发现三十周年文集》，文物出版社，1988年，第20～22页。
③ 张镇洪、张锋、徐青松：《广东封开县罗沙岩洞穴遗址第一期试掘报告》，《人类学学报》1994年第13卷第4期，第300～308页。

我们，如果木炭量足够，其年代应该超过 3 万年，因此推测长滨文化可能早到二三万年以前是没有问题。"① 对于上述年代推论，台湾学者持有不同认识："乾元洞一件不足量的木炭标本做出的年代为 15000B.P.，其与潮音洞年代有一段差距，我们似乎不宜过分强调这个数据，除非找到其他证据。"②在探讨"长滨文化"早、晚时，把洞的海拔高程看作一个断代依据，海拔高者时代早、低者为晚。笔者曾对此作过讨论，提出洞穴高程与洞的形成有关，而与洞内堆积无有机联系，山顶洞与猿人洞关系即是最好例子，详见拙作《河南省旧石器时代考古》③。不赘述。

关于长滨文化，依宋文薰先生所发表的简报以及现有研究成果，笔者以为乾元、海雷和潮音 3 个洞穴的出土文化遗物，前两个洞的石制品可能较接近，后一洞的材料则与前两者有明显的不同，且时代也可能有前后，故归于同一文化内值得慎酌。故笔者在讨论文化关系时，将它们分开来讨论。

依宋文薰先生④的简报的图版，乾元洞的石制品与广西山洞中发现的打击砾石相似，海雷洞除此外，还有锐棱砸击石片。它们与莲花池山的石制品无论从类型上或加工技术都泾渭分明，几乎无可比之处。与潮音洞后旧石器时代文化遗物相比，有明显的不同，但也有可比之处。在潮音洞器物组合（Assemblage）里包括打击砾石、锐棱砸击石核、石片，还有相当数量的小型石制品以及 112 件磨制骨器，其中小石制品主要是用锤击法生产的，第二类石器包含有宽刃类的刮削器和尖刃类的尖刃器，这些是与莲花池山者有可对比之处，小型石制品占一定比例和刮削器多这两点尤为桕近，因此，似可揣测，莲花池山地点的旧石器文化对潮音洞的后旧石器文化可能曾产生过影响。诚然，也难排除上述相似点是文化趋同现象。台湾台东县小马洞和屏东县鹅銮鼻第二地点的石制品⑤与潮音洞者相仿，时代亦相近，故不另细加对比。

在中国南方，暂不包括西南地区，在安徽、湖北、湖南、广西和陕西南部，发现了数以百计的旧石器时代文化地点，已采集数千件石制品，其有以下共同点：石制品多粗大，常常长度超过 100 毫米，第二类石器多用砾石或石核制成，砍砸器是其主要类型，兼有手斧、手镐等重型石器，石球也是常见类型，唯广西百色地区未见，轻型石器如刮削器、尖刃器极少，石锥、雕刻器基本不见。它们和上述的安义地区的器物组合构成了中国南方旧石器时代的主工业，可能贯穿旧石器时代始终。已如上述，莲花池山的石制品不属于中国南方旧石器时代主工业，故与那些地区旧石器主体文化关系也是疏远的。

在中国南方的旧石器时代晚期，在安徽、湖南、湖北以及河南的南部，已找到十余处以小石制品为主的器物组合。它们打片主要用锤击法，偶用砸击法，石制品多数是小型的，长度小于 40 毫米，第二类石器主要是用石片做的，其中刮削器是主要类型。上述特点也见于莲花池山石制品组中，显示出两者有较密切的文化关系，但似稍有不同。莲花池山者砍砸器较多，而尖刃类的轻型石器，如尖刃器则未见。

---

① 宋文薰：《台湾旧石器文化探索的回顾与展望》，《田野考古》1991 年第 2 卷第 2 期，第 17～28 页。
② 黄士强：《从小马洞穴谈台湾地区先陶时代文化》，《田野考古》1991 年第 2 卷第 2 期，第 37～54 页。
③ 张森水：《河南省旧石器时代考古》，见叶万松主编《洛阳考古四十年——1992 年洛阳考古学术研讨会论文集》，科学出版社，1996 年，第 51～75 页。
④ 宋文薰：《长滨文化——台湾首次发现的先陶文化（简报）》，《中国民族学通讯》1969 年第 9 期，第 1～27 页。
⑤ 黄士强：《从小马洞穴谈台湾地区先陶时代文化》，《田野考古》1991 年第 2 卷第 2 期，第 37～5￼ 页。李光周：《垦丁国家公园的先陶文化及其相关问题》，《台湾大学考古人类学刊》1984 年第 44 卷，第 79～147 页。

依以上对比，似可认为莲花池山石制品组不属于中国南方旧石器时代主工业传统，与江西新余打鼓岭地点的石制品组有较多的相似点，与湖南、湖北、安徽以及河南南部旧石器时代晚期以小石制品为主的组或组合文化关系比较密切，似也存在一点差异，能否把莲花池山者归于它们之中，属同一工业传统，或这一传统中的一个文化变体，甚至是一个新的区域文化类型，由于研究的标本量太少，目前难以得出比较肯定的结论，有待今后工作来解决。

（四）时代问题

莲花池山旧石器时代文化地点，先后几次工作，均未从含石制品的地层中找到共生的哺乳动物化石，给比较准确地判断年代带来困难。尤玉柱等曾对其年代作如下的判断：“我们按照大多数人意见，把漳州北郊台地上的红土定为更新世晚期。但在莲花池山剖面上，可以明显地看到第 3 层砾石条带和第 2 层红土间存在沉积间断，这个间断面波浪起伏，代表了当时的古地面。第 4 层上部还有一层水流作用形成的红黄色砂质土，其间也有剥蚀面分隔，这样我们拟将上述的三个层位的地质年代分别定为：第 2 层晚更新世早期，第 3、4 层为晚更新世中期……因此，旧石器时代石制品的年代可暂定为距今40000 ~ 80000 年间，而这正是旧石器时代中期至晚期过渡阶段。”[①]

1994 年采石器地点的地层剖面与 1991 年发表的剖面基本相同。笔者注意到本文的第 3 层堆积在湖南、安徽的诸多旧石器时代文化地点中见到，江西旧石器时代文化地点也有类似地层：如樟灵岗地点的第 2 层，“红色黏土层：具铁锰质斑点或条痕，石制品出自此层中、下部……我们初步确定石器地点的地质时代为晚更新世，即考古年代为旧石器时代中晚期”，其余地点 “石制品的出土层位、地层剖面和埋藏情况都相同，故把它看作同一时代”[②]，湖南、安徽等地也把此层的时代归于晚更新世，对类似本文记述的第 2 层的时代，各位学者意见基本一致。从地层对比看，莲花池山地点石器是埋藏在上述含铁锰膜、有稀网纹的红色黏土剥蚀面之上的黏土砾石层中，因此，在时代上要晚于江西等省 T2 含石制品的地层，即便把第 3 层定为晚更新世早期，第 2 层要晚于它。在莲花池山石制品组中，含有较多的小石制品，且以石片做的刮削器为主要类型，具类似特征，如上述，在安徽、湖北和湖南等省所见者均属旧石器时代晚期的文化遗物。从这两方对比分析，似乎把莲花池山含石制品的地层时代归于晚更新世后期，或旧石器时代晚期更为合适，原估计距今 80000 ~ 40000 年可能偏早些。

在 1994 年野外工作和室内研究中，笔者得到国家自然科学基金会研究经费的支持，课题组组长董兴仁教授、课题组成员尤玉柱和张振标教授、福建省博物馆陈存洗教授和范雪春先生、福州市博物馆游天星先生、漳州市博物馆郑炳炎先生、林兆熊先生和杨丽华女士的大力支持和帮助，以及漳州市文化局，特别是文化局的曾五岳先生，与笔者一起，在漳州地区做野外工作，出力最多。图版摄影者是崔贵海先生，图一、二是陈琯女士清绘。本研究能获得初步结果得力于他（她）们，对以上学术机构和个人笔者表示衷心的感谢。

附　录

据《漳州史前文化》一书，在竹林山曾采到 4 件石器，此次见到的有明确编号的标本 3 件，另 1

---

① 尤玉柱（主编）：《漳州史前文化》，福建人民出版社，1991 年。
② 李超荣、徐长青：《江西安义潦河发现的旧石器及其意义》，《人类学学报》1991 年第 10 卷第 1 期，第 34 ~ 41 页。

件去向不明。001 号长 47、宽 32、厚 19 毫米，原是一个不完整的晶体，现保存部分晶面，上端尖，下端圆弧状，在其一面，由顶端垂直打击，遗有一块类石叶疤（25 毫米×9 毫米），另一面有大的疤，打击方向不清楚。这一面的右侧面，也有两块扇形疤，打击点集中。因其上未见打下可用的石片，故归断块类。002 号也是一个水晶残块，两个侧面可见同向打击痕迹，遗有小片疤或碎屑疤，可归石核类。003 号是一件石片，诸人工痕迹清楚，自然台面，背面全部为砾石片，破裂面显得很新鲜，无磨蚀痕迹，恐非旧石器时代遗物，极可能是工程中混入的石片。

（原载《人类学学报》1996 年第 15 卷第 4 期）

繁昌人字洞旧石器遗址 1998 年发现的人工制品[*]

一、前言

人字洞旧石器文化遗址（下简称人字洞）发现的人工制品，通过标本展示和消息报道，由于其年代的古老和主要原料是铁矿石，这种原料生产的石制品的人工痕迹的特点前无记录，已引起各方面的关注，是与非、与疑之论见诸报端。我们重视这些意见。由此使我们想起 1931 年在周口店第一地点鸽子堂石英 I 和 II 层中发现了大量的石英制品，对其人工痕迹的特征，一般教科书无载，国内又无这方面资料，也曾在内部引起过是与非的争论。对此，裴文中曾回忆说："到 1931 年，裴文中宣布发现了石器的时候，曾有许多人反对，到 1932 年后，才用大量的实物说服了反对者。"[①] 这是很好的历史经验。我们将通过对人字洞历年发现标本的观察，所得结果，原原本本地在学术刊物上公布。依此想法，首先将 1998 年人字洞发现的材料加以初步研究，本文所记述的就是对这些材料观察的主要结果，重点放在对非灰岩石质标本的分析；同时也记述几件骨制品，以利于窥其文化概貌。

安徽省繁昌县人字洞的地理位置、发现经过及地层划分等，参照金昌柱等[②]撰写的发掘报告，此处从略。该遗址的发掘工作，严格按照考古操作规程进行。打格分方，每方为 1 米 × 2 米，每一水平层为 0.5 米，再以 10 厘米厚的堆积为次一级水平层。挖完次级水平层堆积，绘制遗物分布平面图，接着继续往下发掘。1998 年发掘的最大面积约为 20 平方米。共发掘了 9 个水平层，相当于地质分层的第 3～4 层。不同层位发现的非灰岩石质标本，目前看不出差别，故未作分层研究。发掘出土的非灰岩石质标本共 575 件，并从碎骨中挑出若干件骨制品。

在发掘过程中把灰岩块排除在外，是基于以下两点考虑：其一，从堆积中发现灰岩角砾未见清楚的打击痕迹；其二，灰岩块是本洞所产的，颇难说清楚其性质，其余岩石大多系外部来源，故应特别予以关注。从堆积中发现的非灰岩石质标本，经初步鉴定，包括铁矿石、硅质泥岩、硅质灰岩、燧石、石英砂岩、片麻岩、石英和玛瑙（仅有 1 件，磨圆度良好）等。经多次调查，除硅质泥岩和硅质灰岩在遗址所在的癫痫山上大约在海拔 120 米以下的山坡上可见到，在人字洞东面略高于发掘堆积的山坡上偶尔可找到小块的铁矿石外，其余的岩块目前未在本山发现，尚需深入调查。在所发现的非灰岩石

* 与韩立刚、金昌柱、魏光飚、郑龙亭、徐钦琦共同执笔。
① 裴文中：《中国旧石器时代的文化》，见中国科学院古脊椎动物室编《中国人类化石的发现与研究》，科学出版社，1955 年，第 53～90 页。
② 金昌柱、郑龙亭、董为等：《安徽繁昌早更新世人字洞古人类活动遗址及其哺乳动物群》，《人类学学报》2000 年第 19 卷第 3 期，第 184～198 页。

质标本中最多的是大小不等的铁矿石块，在人工石制品中占 52.5% ，占性质待定者的 90.5% 。从宏观上看，铁矿石质地至少有 3 种：其一是质较疏松的鲕状铁矿石；其二是质较细的、颜色略深的铁矿石；其三是质细呈棕色的、类似燧石质的铁矿石。经初步调查，在距遗址约 5 千米的长垄山上有铁矿，海拔 310 米。铁矿石产地海拔虽高于遗址，但中间隔有几道山梁和沟，因此可排除被水搬运入洞的可能性，已发现的这类标本的表面痕迹（见后）也支持上述看法。

从该遗址地层里出土的非灰岩石质标本，约有三分之一表面没有磨蚀痕迹，岩面保存原貌，边棱锐利；约有 60% 有轻度磨蚀的痕迹，在鲕状铁矿石的凸出部略变光，其他铁矿石和岩石边棱稍变钝；只有少数几件标本磨蚀程度较重或严重，如 P.006 号原料为质较细的铁矿石，边棱变得圆钝，呈烧熔状，发油脂光泽，它们是物理、化学风化还是水流冲磨的结果目前难以肯定，尚待研究。就不同种类的岩石表面的磨蚀程度而言，硅质泥岩多无磨蚀痕迹，其他岩石，特别是硅质岩类，磨蚀程度则有轻有重，无磨蚀者少。总之，从大多数标本表面痕迹看，没有经水流长期搬运留下的痕迹，更无因急流发生碰撞的标本，故可排除因这种动力搬运入洞的可能性。

这些标本从堆积物顶面向下 220 厘米处开始出土，在发掘区内的分布是不均衡的，主要分布于西偏南的地区，即发掘方 A 列向西偏南各方，B 列向东偏北各方发现数量不多，前者亦以两端靠岩壁的发掘方比较密集（图一）。

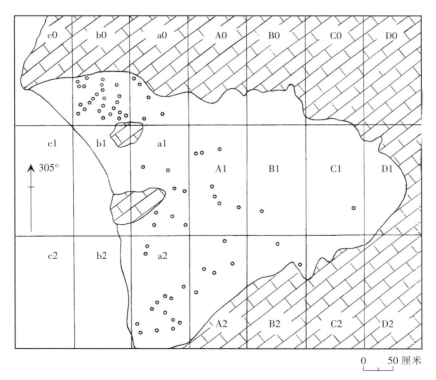

图一　人字洞遗址 350~400 厘米水平层非灰岩石质标本的平面分布
（韩立刚、魏光飚、汪发志绘图，魏光飚微机处理）

对这批材料的处理存在一定难度，即作为主要原料的铁矿石，它的人工打击痕迹是否不同于其他岩石无现行资料可作比较，但我们考虑，既是以石击石的生产，应有其共性，用人工石制品最基本的要素①来鉴定它们，不会离实际太远。另外，我们已做了一点打击铁矿石的试验，对它的打击痕迹有些了解，但自感不充分，因此，将那些虽有一个或多个裂面、打击点不明显的标本暂不列入人工制品，仅将那些打击点清楚、具有人工初级产品特点和有连续修疤或细疤的列为人工制品，计59件，对未列入的约90%的非灰岩石质标本也予以扼要的记述，以备考。此外，在大量出土的碎骨中，找到若干件骨制品，将择要予以报道，以便窥其文化概貌。

二、性质待定的非灰岩质标本

这类标本共516件，对其石料做了初步鉴定，可能多达8种，主要是各种品质的铁矿石，其他石料依次是硅质泥岩、硅质灰岩、石英砂岩、片麻岩、燧石、石英和玛瑙。从其表面痕迹看，看不到磨蚀者占28.7%，轻度者占66.3%，中度者占2.2%，重度者占2.0%，在一件标本上可见局部轻度磨蚀的而一部分无磨蚀者占0.8%。本类标本可见的现状各不相同，大体上可分为四大类，如下：

第一类：基本保存岩块的原貌，无清楚的裂面，如磨圆度良好的玛瑙、次磨圆的石英和燧石等都属这一类，铁矿石中以鲕状铁矿石最多，有些铁矿石块岩面和裂面分不清者亦归此类中，共有标本244件，占47.3%。

第二类：多见于厚约10毫米的板状岩块的一个侧边上，少数在一端上，有一个相当齐的裂面，看不到任何的打击点，其上有轻度磨痕或无磨痕。

第三类：也是多见于板状岩块上，常常是两侧长边可见无打击点的平齐裂面，表面特征与前一类相仿；少数标本裂面见于一端和一侧，个别标本是两侧的全部或一部斜向破裂，在前端相交成尖。这些标本也见不到打击点，表面多有轻磨痕迹。鲕状铁矿石见于此类者极少。

第四类：是多裂面的标本，其破裂情况多样。有三裂面的，见于双侧边加一端的，端侧或加腹或背的一部或全部的；四裂面的，有双端双边可见裂面的，有一端两侧加腹或背面的一部或全部的，也有两侧加腹背的；还有更多的裂面的，这样的标本其上仅保留小块的自然面，周边可见多个裂面，基本上看不到打击点的，但也有个别例外，如 P.0272 号，其上有一个小片疤，顶端可见集中的打击点，因片疤太小，未归石核类；又如 P.0070 号，其上有多个片疤，前端有一个梯形疤（34 毫米 × 40 毫米），后者未见磨蚀痕迹，其余各疤则有轻度磨蚀。本类标本还有因多裂面而形态多不规则的；三裂面者有少数呈三棱形尖的；四裂面有相当数量平面略呈梯形；更多裂面者基本上是不规则的多面体，个别的呈三棱尖形，有一件呈双三棱尖状。

其他岩石的人工痕迹已有资料可查，唯铁矿石的人工特征此前无记录，因此我们做了一点打击铁矿石的试验。试验工作大体依存在的三种铁矿石而进行。鲕状铁矿石，打击时常崩裂，看不到任何打击点，有时沿鲕状构造破裂，可见正、倒三棱锥形构造，其内有汇于锥尖的多条沟和棱。第二种是质较细的深色的铁矿石，打击时，可剥下小片，无论从石核上或石片上都看不到打击点等人工痕迹，个别的可在石核上留下宽的弧凹，与 P.0070 号所见者相仿，因实验时打下的片很小，未做修理试验。质细的棕黄色的铁矿石，仅做两例，其一是一块小型的板块，打击时，多次发生断裂，裂面平齐见不到

---

① 张森水：《管窥新中国旧石器考古重大成就》，《人类学学报》1999 年第 18 卷第 3 期，第 193～214 页。

打击点；其二也是一块厚不到 10 毫米的岩块，边缘较薄，用马路上捡来的火成岩砾石作锤（以上亦是用同一类石锤），用力敲击，边缘上可见小疤，打击点有可见的，有散漫的，与其他岩石加工痕迹差别不大。这件标本当时想修成尖状器，将一边修理成刃后，在另一边仅打了几下，就发生横向断裂，结果把原侧刃也给破坏掉。

从初步实验结果看，除上述第一类无人工痕迹者外，其余各类的裂面是自然破碎的还是人工之所为，有待进一步研究。对铁矿石的打击的试验才开始做，对其人工痕迹特点的认识尚待深化。此外，尚需对已知的、非灰岩的其他各种岩石产地及其自然力破碎的特征和形态做进一步的调查研究，以便对这些性质待定的石质标本有更接近客观实际的认识。

三、石制品

人字洞具有人工基本要素的石制品暂时为 59 件，是从 1998 年地层中发现的 575 件非灰岩标本中挑选出来的。石制品的原料主要是铁矿石，占全部石制品的 52.5%。另外还有 4 种石料，分别是：硅质泥岩，占 22.0%；硅质灰岩，占 17.0%；片麻岩，占 6.8%；石英砂岩，占 1.7%。石制品可分为三大类：石核、石片和石器，还可再分若干小类。现予以分类记述。其详细分类、测量和统计见表 1。

（一）石核

1. 单台面石核

5 件，其表面可见轻度的或中度的磨蚀痕迹，但有 1 件无此痕迹。石核体长型者略多于宽型的，其长度指数为 79。其原材多是不规则的岩块，很少、大部或基本保留自然面的各 1 件，另有 2 件一个面保留自然面。石核的台面，3 件是打击的平面，未见清楚的台面脊，另 2 件为自然台面，它们的形态有呈梯形的和不规则多边形的。由此可知，本类多数石核曾使用过转向打法。石核上的打击点散漫，呈宽口型或不显。半锥体阴痕清楚和较清楚者各 1 件，其余与破裂面无明显的界线。有放射状线痕的 2 例。工作面上片疤不多，1 至 4 个不等，多为单工作面，但 P.0455 号则有 3 个工作面。为进一步说明本类石核的一些特征，兹举例于后。

P.0117 号，原料为质细的铁矿石，原材为板块，表面有中度磨蚀痕迹。台面打击，平而微凹，且略向背面倾斜，由台面右侧角处垂直打了一下，剥下一块梯形石片（长 26 毫米，上宽 11、下宽 30 毫米）。在片疤顶端可见散漫的打击点、较凹的半锥体阴痕、稀疏的放射状线痕，其台面角为 77°。它的远端左侧遗有两个小片疤，系由工作面向背面打击，打击点集中，半锥体阴痕深凹，放射状线痕清楚。此外，它的右下还有两个片疤，其一与上述小疤同向。依它的台面、片疤和小疤的打击方向变化看，这件标本曾经历过两次转向打片。

P.0062 号（图二，1），原料为硅质灰岩，台面打击，明显向后倾斜，台面角为 70°。其工作面略呈梯形，除左侧尚存一块节理面外，在工作面上遗有 3 块长形的片疤，左侧一块打击点清楚，半锥体阴痕微凹，中间一块，从顶端裂到远端，其近端有一块三角形小崩疤。右侧片疤上的诸人工痕迹，被右上角的加工所破坏，这部分遗有 3 块浅宽疤。从石核上主要的 3 块片疤的相互关系看，右侧一块是最先被打下来的，打片的次序是从右向左。

表1　　　　　　　　　　　　　　　　　　石制品分类、测量和统计

分类 / 项目	石核 单台面	石核 多台面	石片 完整	石片 残片	刮削器 单边直刃	刮削器 单边凸刃	刮削器 单边凹刃	刮削器 单端刃（?）	刮削器 两刃	雕刻器	分类未定	合计	百分比
原料 铁矿石	1		9	1	5	3	4	2	2	3	1	31	52.5
原料 片麻岩			2	2								4	6.8
原料 硅质灰岩	1		1		3	2	1		2			10	17.0
原料 硅质泥岩	3	5	3		1				1			13	22.0
原料 石英砂岩						1						1	1.7
毛坯 岩块					4	1	2	1	3	2	1	14	45.1
毛坯 石核					3		1		1	1		6	19.3
毛坯 石片						3						3	9.7
毛坯 断片					2	2	3		1			8	25.8
加工方式 向背面					7	3	3		1			14	45.1
加工方式 向破裂面					1		1	2				4	12.9
加工方式 复向					1	3	1		1	3	1	10	32.2
加工方式 错向									3			3	9.7
长度/毫米	48.2	42.2	36.4		33.4	32.8	38.4	28.0	30.6	22.7	71.0		
宽度/毫米	47.6	40.0	31.8	41.3	25.6	21.3	26.6	27.0	23.4	14.3	46.0		
厚度/毫米	22.4	28.5	14.2	13.0	15.2	14.8	14.6	13.5	12.2	8.0	27.0		
重量/克					15.4	13.7	24.2	18.0	13.4	4.7	85.0		
台面角、石片角/°	81.6	105.4	109.9										
侧刃角/°					72.7	64.7	68.6		71.3		75.0		
端刃角、尖刃角/°								73.0	67.0	64.3	67.0		
分类小计	5	5	15	3	9	6	5	2	5	3	1	59	
百分比	8.5	8.5	25.4	5.1	15.1	10.2	8.5	3.4	8.5	5.1	1.7	100	

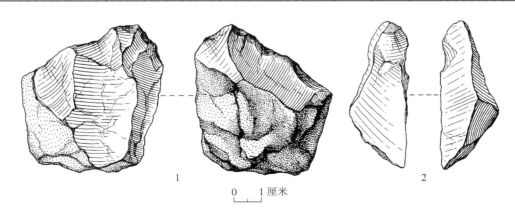

0　　1厘米

图二　石核与石片
1. 石核（P. 0062）　2. 石片（PDPL980566）

2. 多台面石核

本类石核双台面者 4 件，多面体的仅 1 件。其表面无或有轻度磨蚀痕迹，或多或少保留着自然面。

双台面石核多相对剥片，双台面呈 90°的 1 件。仅有一件多面体石核（P.0219），原料为硅质泥岩，遗有多块片疤。石核的台面多是打击的，其形态常呈似四边形。石核台面角较钝，小于 90°的 4 例，大于 90°的 6 例。此类石核上的打击点以集中和较集中者居多，亦有不清楚的。半锥体阴痕清楚的仅 1 件，放射状线痕亦是。以下举例做进一步说明。

P.0119 - 1 号，原料是硅质泥岩，主台面是打击的，打击点较清楚，工作面较平，遗留着一块长疤和一块叶疤，从两疤关系看，后者打破前者，石核的左上角也有打击痕迹，使长疤左上部受到一定的破坏。其另一个台面是在前一工作面的右侧面，台面平，可能是节理面，它以主工作面的背面做工作面，打击方向与前者呈 90°，遗留着一块略呈梯形的片疤（长 19 毫米，上宽 25、下宽 40 毫米），其上诸人工特征清楚，片疤远端有折坎。

P.0252 号，原料是硅质泥岩，可能是相对打片的石核，依右图，先在顶面由右向左打，打击点被呈 90°的打击所破坏，放射状线痕清晰可见，生成一个微凹的面，把它看作是打击台面的工作面，而后在台面中部向下打片，遗下一块打击点集中、半锥体阴痕清楚的片疤。其相对端，由放射状线痕看，也曾对向打击过。与这个工作面相对的面也遗有长型疤，但打击痕迹不清楚。在这个面的上端左侧，遗有两块小疤。

（二）石片

18 件，表面有严重磨蚀痕迹的 2 件，轻度磨蚀的 6 件，基本没有磨蚀的 10 件。磨蚀程度与原料有关，只有铁矿石石片有重度磨蚀痕迹，轻度磨蚀者见于铁矿石和硅质灰岩及硅质泥岩上，片麻岩则不见磨蚀痕迹。

PDPL980602 号是最大的一件片麻岩石片，且是一件残片，残长 64、宽 99、厚 15 毫米，系 1998 年 5 月发现，两端均残，破裂面平坦，背面有两块长疤。若不把最大的残片计算在内，石片变异范围是最长 57、最短 10 毫米，最宽 45、最窄 17 毫米，最厚 26、最薄 8 毫米。依 15 件石片计算，其长宽指数为 87，宽厚指数为 44。其中长型石片 11 件，宽型石片 3 件，另 1 件长宽相等。此外，还有 3 件残片和半边石片。在前一类 15 件石片中，有 4 件下端稍有残缺。

石片的台面自然者和自然—打击者各 2 件，打击者 11 件，其中有两条纵脊的和一条横脊者各 1 件。它们的形态多呈三角形，有 4 件略呈梯形，如 P.0098。依其台面指数[①]，属大型的 1 件，指数为 38，中型的 6 件，小型的 8 件，最小台面指数为 2。从破裂面看，打击点集中的 1 件，较集中的 8 件，不清楚的 6 件；石片角最大 133°，最小 89°，平均为 109.9°。半锥体很凸的没有，较凸的 5 件，另有 2 件半锥体部位有崩疤，其余则不清楚，1 件标本可能存在双锥体。未见疤痕。放射状线痕少数是稀疏的，多数不显。整个破裂面多比较平坦，也有几件不甚平整，其中的 P.0225 号的破裂面上有类似盆盖裂的痕迹，但其盆底不是光滑的，而是相当的粗糙，可能与岩石结构有关。它是一件以铁矿石为原料的石片。

---

①　张森水：《丁村 54∶100 地点石制品研究》，《人类学学报》1993 年第 12 卷第 3 期，第 195～213 页。

从背面观，约一半石片背面不保留自然面，约遗留 1/2 和 1/4 的各 3 件，大部保存的 2 件，全部保存的 1 件。台面后缘可见打击点的仅 1 件，为片麻岩石片。脊背形态具有多样性，多数是一条曲折的纵脊，分背面为二，个别的为一条横脊，还有多脊多疤的或呈阶状疤的。背面无疤者 1 件，单疤者 7 件，双疤的 3 件，3 疤的 4 件，4 和 5 疤的各 1 件。由片疤的打击方向看，少数是与石片剥离方向同向的，但更多的是不同向的。这表明，在生产石片时曾用过转向打法。由于石质和磨蚀等因素的影响，未见可靠的使用石片。为说明石片的各种有代表性的特征，兹举数例如下：

P. 0484，是一件形态不规则的铁矿石石片，台面为自然—打击，在打击点处崩下一块梯形小片，尚存着残半锥体，放射状线痕稀疏，破裂面平坦，其下部则另有一块片疤，是石片打下来后再打的痕迹。其背面保留约 1/4 自然面，并遗有 3 块长片疤，由其中两块上的放射状线痕看，与石片剥离方向是相对的。

P. 0034 号，系片麻岩三角形石片，打击点之下也有一块略呈梯形的崩疤。

P. 0468 号，原料为硅质泥岩，不保留自然面，台面呈三角形，其上有两条纵脊，把台面分成三部分。打击点散漫，半锥体不显，破裂面中部有一横向凸起的弧状脊，由左向右变弱，把破裂面分成两部分。其背面不平，遗有几块长疤。值得注意的是在破裂面右侧的中下部有几个小疤，使这部分边缘变得不平整，很可能与修理工作有关。

P. 0001 号，是具燧石质铁矿石石片，台面打击，台面与破裂面相交处可见一个由左向右打的小疤，破坏了一部分半锥体。打击点散漫，半锥体微凸，破裂面平坦。这件标本像有两度加工痕迹，背面一块小疤和右下角一块小疤可见轻度磨蚀痕迹，而台面、破裂面和远端中部的一块疤未见磨蚀痕迹，后者系由背面向破裂面打击，在这件标本上留下了两次转向打击的痕迹。

PDPL980566（图二，2），是以片麻岩为原料的长宽比差最大的一块石片，为 58：22，其左侧残缺了一块，留下了不平的裂面，台面残缺了一部分，其余人工痕迹依稀可辨，石片角为 117°。其背面有一条弧形的脊，脊右的中下部有一块疤，其剥离方向可能与剥片方向呈 90°。

（三）石器

1. 单边直刃刮削器

9 件，毛坯主要是板状石块、1 件石核、2 件石片（?）[①]。表面无磨蚀痕迹的 4 件，轻者 5 件。刃口在左侧、右侧和右侧一部的各 3 件，直刃的稍少于斜刃的。除一件（P. 0363）左侧背面有连续细疤可能是使用成型者外，其余标本均可见修理痕迹，其加工方式向背面的 7 件，向破裂面的和复向的各 1 件。修理工作简单，修疤见于近缘，多为单层，个别标本局部可见双层的，修疤形态以深宽型为主，兼有浅宽疤，局部可见叶疤。

本类石器有一定的变异范围，最长 52、最短 21 毫米，最宽 33、最窄 17 毫米，最厚 25、最薄 6 毫米。除一件外，均是长大于宽的，其长宽指数为 76，宽厚指数为 60，可知毛坯是比较厚的。最重达 34 克，最轻的为 6 克。石器的刃角最锐的 40°，最钝的 86°，多数超过 70°，显示刃口较钝。单边直刃刮

---

① 因受石质和随后打击的影响，反映石片的诸人工特点受到一定的破坏，不甚清楚。

削器有 8 件属小型的，1 件（P. 0182）属中型的①。现举例对本类特点做进一步说明。

P. 0424，毛坯是一块厚硅质泥岩的石片，自然台面，打击点清楚，半锥体残留，背面遗有多块片疤，剥离方向与破裂面同。它系向破裂面加工而成，左侧遗有浅宽的修疤。它被修理成较平直的刃，刃角为 85°。其右侧下也有小疤，破坏了破裂面的平整。

P. 0158 – 1 号，原料为铁矿石，腹面为平面，修理痕迹见于右侧上部，系向背面加工，修疤为深宽型，刃口上的大部分可见双层修疤，被修理成斜刃，刃口较钝，刃角为 85°。

P. 0182 号（图三，1），毛坯是质较细、深色的铁矿石石核，呈四棱形，各面均遗有多块片疤，仅在一面上遗有一小块自然面。这样多边遗有剥片痕迹的石核在 1998 年发现的石核中不多见。其修理痕迹见于右侧面的上部，将长约 23 毫米的一段斜边加工成刃。修疤浅宽，单层。刃口钝，刃角为 81°。

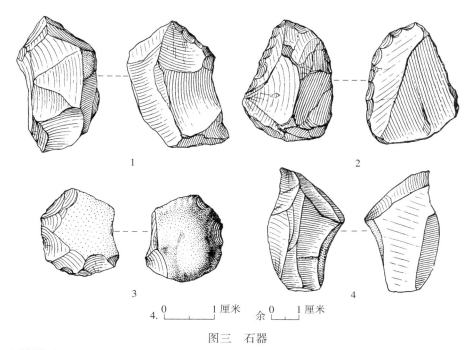

图三　石器

1. 单边直刃刮削器（P. 0182）　2. 双边刃刮削器（P. 0349）　3. 端侧两刃刮削器（P. 0313 – 3）　4. 雕刻器（P. 0189）

2. 单边凸刃刮削器

6 件，主要是用石片做的，块状毛坯做的仅 1 件。本类石器多有轻度磨蚀痕迹，但有 2 件刃口上无磨蚀痕迹，修疤上有钙衣裹着。单边凸刃刮削器，除一件只在侧边中部做加工外，其余的几乎是整个长边被修理成刃，有两件还将端的一部加以修理，制成深波形凸刃。其修理工作用锤击法，都相当粗糙，仅有单层修疤，修疤型多样，有深宽的、浅宽的，个别的刃口上可见浅长疤。这类石器的变异比上一类小些，最长 42、最短 28 毫米，最宽 24、最窄 18 毫米，最厚 19、最薄 12 毫米，最重 22、最轻 8 克。全部属小型石器，刃口比单直刃者要锐，刃角在 70° 以上或以下者各半，其平均刃角为 64.7°。本类石器依其刃口的凸度大体可分缓弧形和深波形。

① 依张森水 1993 年提出的分级原则。见张森水：《丁村 54∶100 地点石制品研究》，《人类学学报》1993 年第 12 卷第 3 期，第 195～213 页。

P. 0287 号，毛坯是硅质泥岩石片，其破裂面和另外的裂面有磨蚀痕迹，修疤上则不显，可能是两度打击的标本。其刃口主要是向背面加工的，将左侧与前端左半部加以修理，相连成刃，因刃口弧度较大故称深波形凸刃。单层修疤，深宽型，其中部曾向破裂面打了一下，使其刃缘显得相当曲折。值得一提的是其前端右侧也曾向背面打了一下，使中间生成一个尖突，很像短尖石锥的刃口。此外，在前端右侧缘的两面可见细疤。与其同型的还有 P. 0003 号，它的原料是石英砂岩，是复向加工成的，刃缘显得曲折。

P. 0126 号，为缓弧形凸刃，这件标本有较重的磨蚀痕迹。它的毛坯是铁矿石石片，台面打击，打击点集中，半锥体小而凸，双半锥体，破裂面平坦，其左上和前端向背面各打了一下，并相交成尖角。其修理痕迹见于左侧边的背面，前部为浅宽修疤，后部受原料被风化的影响，修疤变得模糊不清。可归这类刃口的标本还有 3 件：P. 0042 毛坯为铁矿石石片，复向加工，刃口较锐；P. 0131 是本类最大的，原料为铁矿石，刃口在左侧，向背面加工而成；P. 0054 是用铁矿石块状毛坯做的，加工最简单，修疤仅见于中部。有意思的是，它是在裂面上再打击生成的两个小疤的面上向背面修理成刃。由此可见它的刃口是经两道工序修理而成的。

3. 单凹刃刮削器

5 件，块状毛坯 3 件，片状毛坯 2 件。有轻度磨蚀者 2 件，其余的无。刃口均在右侧边上，3 件侧边遗满修疤，占右上部或中部者各一件。由于加工粗糙，刃口形态不甚规整，均可归浅凹刃型。加工方式以向背面的居多，向破裂面和复向的各 1 例，修疤单层，主要是深宽型的，也可见个别的浅宽或浅长疤。本类石器个体较以上两类大，其中有两件属中型，余者为小型，其大小变化是：最长 53、最短 30 毫米，最宽 35、最窄 15 毫米，最厚 28、最薄 8 毫米，最重 47、最轻 7 克。刃口比较钝，刃角最锐者 56°，最钝的 78°，多数超过 70°。P. 0186 号和 P. 0195 号可作为本类的代表。

P. 0186 号，原料和毛坯是质较粗的铁矿石块，其右侧原为较锐的边，修理工作由一面向另一面打击，制成一个中部凹入的刃，刃口钝，刃角为 78°，修疤基本上是宽型的，近缘有阶疤，成因可能与原料结构有关。

P. 0195 – 1 号，是用铁矿石板状岩块做的，表面（指破裂部分）有轻度的磨蚀痕迹。加工程序是先将一侧打出一个斜面，而后再在这个斜面上进行修理，遗有多个深宽型修疤，制成微内凹的刃口，最凹处靠刃口的上部。它的刃口比较钝，刃角为 70°。

4. 单端刃刮削器（?）

2 件。其共同的特点是在毛坯的一端有连续的细疤，很可能是使用的结果，是否做过局部加工也难定，故在分类上颇难，或许叫它端部使用过的标本更确切。对它们的痕迹记述如下：

P. 0031 号（图四，1），是一件器身大部遗有多块片疤的高硬度铁矿石标本，从腹面的放射状线痕看，是由后左侧向下打的，背面的放射状线痕所示打击方向与腹面者相反。背、腹两裂面在前端相交，生成一个薄缘，在腹面的缘上可见连续的细疤，应是使用的结果。

P. 0208 号（图四，2），毛坯是一件磨蚀较深的铁矿石块，左侧有一个裂面，打击方向难定，前端也是裂面，可能是由较凸的面向较平的面打击的，在凸面前端上有连续的细疤，左半部三个细疤上的打击点清楚。依以往打击石器试验，在夹角超过 80°（它为 84°）的面上修理成刃是很困难的，这件也

图四　单端刃刮削器（？）
1. P. 0031　2. P. 0208

可能是未修理成器而被使用的标本。

5. 两刃刮削器

5 件。毛坯主要是板状岩块，还有少数断片。有水磨痕迹的 1 件，其余的则不显。它们主要是端侧成刃的，其中两件的端刃可能是使用的结果，另一件端侧相连类似以往分类中的准盘状器，仅有一件端刃有粗糙的加工，两侧边成刃的仅一件。这类石器有一件可归于中型，余为小型。其大小有一定变化，最长 45、最短 18 毫米，最宽 34、最窄 11 毫米，最厚 18、最薄 9 毫米，最重 25、最轻 3 克。

本类石器的修理方式以错向居多，复向和向背面者各有 1 件，基本上是单层修疤，且以深宽型为主，在 P. 0035 – 2 号上可见浅长修疤。所修理成的刃口，侧刃较锐者和较钝者[①]各半，端刃锐者多，前者最钝的刃角为 83°，最锐的 59°；后者钝者 75°，锐者 61°。以下举例做进一步说明：

P. 0349 号（图三，2），以硅质灰岩板块为毛坯，将两侧长边加工成刃，其左侧和相接的顶面的一部被向一面加工成凸刃，主要是深宽型修疤和单层的，局部可见双层修疤，另一面与前者作反向加工，被制成斜直刃，修疤特征如前。两刃均比较钝，刃角分别为 75° 和 83°。这是本类最大的标本，虽有清楚的水磨痕迹，但加工痕迹清楚，且是修理较好的错向加工而成的石器。规则的错向加工只能是人工之所为。

P. 0313 – 3 号（图三，3），原料为铁矿石，从背面观（见右图），左侧有裂面，依放射状线痕，系从较凸的面向较平的面打击的。其左下角还曾反方向打去一个小片。其腹面微凹，裹有"锈"层，难窥原貌。它的加工见于右侧和下端。右侧中上部有两块修疤，相反的一面有三块修疤，同一面的下端也有多块修疤。它的刃口比较锐利，侧刃角为 59°，端刃角 61°。

6. 雕刻器（？）

3 件。毛坯均为断块，其共同点是右侧小面打击痕迹不清，由右上斜向左打的人工痕迹清楚，前端生成一个凿子形的刃口。类似特征的雕刻器在中国旧石器考古资料中不乏实例，现举 P. 0189（图三，4）做具体说明。这件标本很小（长 24、宽 15、厚 8 毫米，重 4 克），以质细的铁矿石为原料，器身遗有多块疤。从背面看至少有四块浅长疤和似叶疤，腹面有两块浅长疤。从这些片疤的相互关系可窥知曾进行过对向打击并遗有多次剥片的痕迹。其刃口在上端，右上侧有一个看不到打击点的小面，以这个小面为台面，从顶斜向左打，打击痕迹清楚，遗有多阶状小面，并使顶端生成凿子状刃口，夹

---

① 以刃角 70° 作为分界线。

角为 56°。

7. 分类未定的标本

1 件（PDPL980599 号）。毛坯为铁矿石块，质相当粗。其较平的一面基本上保留自然面，另一面的中后部可见原铁矿石豆粒状结构，中前部则因加工而变得较平整。左侧上部有清楚的向凸面打击痕迹，打击点集中，修疤深宽；前端有阶疤，但因岩石结构使打击点难辨；右侧长边两面有打击痕迹，尤其是下部有向凸面重击的痕迹，遗有阶状疤和层裂痕迹。从整个形态看，可归尖刃器，但因前部痕迹难辨，故归分类待定中。这是 1998 年发现的已分类的石制品中最大的，长 71、宽 46、厚 27 毫米，重 85 克；其两侧刃较钝，刃角为 78°和 72°，尖刃角为 67°。

（四）石制品小结

对人字洞 1998 年发现的石制品的观察与分析，可以看到其一般性质，大体上可归纳为以下几点：

（1）石制品的大多数是小型的，石片归中型的 2 件，大型的石器 1 件，中型的石器 4 件，大、中型石器占石器总数的 16.2%。

（2）石制品的原料以铁矿石为主，兼有硅质泥岩、硅质灰岩、片麻岩和石英砂岩，具有石制品原料的多样性，均非原产于灰岩洞中者，可能采自洞附近或稍远山上风化出来的岩块。

（3）打片用锤击法，在石核或石片上都可看到打击台面。这表明古人类打片时曾用过转向打法。若将石片背面石片疤所示的剥片方向考虑进去，则有些石核曾被几次使用转向打法。无论是石核或石片都缺乏相对稳定的形状。

（4）石器的毛坯有石块、石核、石片和断片，其中以前两者占多数（64.7%），后两者只占 35.3%。

（5）石器的基本类型是刮削器，此外还有雕刻器（？）和一件性质未定的石器。刮削器中主要是边刃，严格的端刃不多。单刃石器多于双刃的。刃口形态以直刃居多（17 例），次为凸刃（9 例），再次为凹刃（6 例）。

（6）修理石器均用锤击法，以向背面加工为主要方式，次为复向加工，再次是向破裂面和错向加工。其修理工作相当粗糙，多为单层修疤，且以深宽型为主，刃缘很不平齐。在几件块状毛坯上可见有序加工，即先打出一个面，再在这个面上加以粗糙的修理。

（7）从石制品的表面痕迹看，未见长距离搬运或急流碰撞的痕迹，个别标本有较重的磨蚀痕迹，较多的是轻度的，也有一定数量的标本无磨蚀痕迹；依表面磨蚀情况，有几件石制品可能曾经两度加工。

四、骨制品

1998 年在人字洞遗址发现了大量的碎骨，从中捡出十多件非单裂面的碎骨，即碎骨破裂面上再有一个或多个片疤的标本，被看作是骨制品。由于对碎骨没有做详细的研究，究竟有多少含量目前尚难确知；同样原因，本文也不对碎骨的表面特征、成因以及与人类活动有关的信息作论述。在这里只对两件加工痕迹清楚的打击骨器进行记述，以说明那个时代的人类制作工具所使用的原料的多样性，以骨器作石器的补充。为描述标本的方便，不采用哺乳动物骨骼的解剖定位，而用加工主体定位。如是尖刃，则以尖的位置在前分左右；如是端刃，以主刃向前（骨表面观）定左右。

PB.0001 号，无任何磨蚀痕迹，毛坯是一块哺乳动物肢骨片，长 65、宽 22、厚 8 毫米，其上、下两端都被加工成刃，侧边的局部也有打击痕迹。其上端的一面（骨表面）可见双层修疤，边缘的修疤为宽型和长型的，近缘为深宽和浅宽疤，打击方向是由近端向远端打，其另一面有同向打击的浅宽疤，制成较锐利的刃口，其相邻的左侧长 22 毫米一段，在原裂面上遗有三层叠压的浅宽修疤，其右侧腔面也有单层宽疤，两侧构成错向加工；其下端可见双层修疤，远缘的是长型的，近缘的是浅宽疤，其另一面也可见由下端裂面向上打击痕迹，使成较锐的刃口。

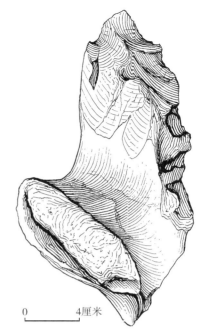

PB.0002 号（图五），毛坯是犀牛残下颌骨，右侧从犬齿窝后部断残，下颌联合部亦稍残，左侧保存水平支的一段（从犬齿窝后延长 143 毫米），加工痕迹见于下颌体的唇面。

0　　　4厘米

图五　犀牛下颌骨做的打击骨器

其左侧加工简单，主要是一块大的裂疤，近尖端处可见琢薄的痕迹；右侧从顶下延 65 毫米的一段被多次打击过，遗有多层深宽疤和阶疤，使原本钝厚的下颌体变成薄锐的刃口。在此段的后部有一高 16 毫米的折坎，在坎上的后方，尚可见双层修疤，最长的疤（残）长 32、宽 15 毫米，比疤的前部被再次的打击所破坏。这些痕迹为将下颌骨如何打击成器提供了有意义的信息。它的左、右两侧刃在前端相交，形成一个相当锐的铲状尖刃，尖刃角为 56°。

五、结束语

对 1998 年人字洞遗址出土的非灰岩石质标本和碎骨的初步观察，其中存在石制品和骨制品。石制品用锤击法生产，以小型的居多。石器以刮削器为主，单刃、边刃多于复刃和端刃，刃口形态以直刃居多，其出现率依次是直、凸、凹刃。修理方式以向背面加工为主，常见单层修疤和以深宽型为主等。这些性质与中国北方的旧石器时代工业相近。全部石制品缺乏相对稳定的形态，显得"个性"强；无论从类型上或技术上，都比中国境内已发现的早更新世的石制品要显得粗糙、简单而原始。由于所记述的材料不多，与已知那个时代的石制品组合做更详细的对比，留待今后适当的时候去完成。打击骨器的发现，表明人类早期工具原料组分的多样性。人字洞的时代，依共存的哺乳动物化石，应归早更新世的早期，可能在距今 200 多万年。

通过这项工作，加深了对该遗址意义的认识，也向我们提出新的问题，要掌握铁矿石的人工痕迹各方面特征，必须加强这种"不同品质"材料的打击试验研究，用各种手段探求不同表面痕迹的成因及时间长度，以及开展对石制品、骨制品功能的研究。为适应微痕分析的需要，今后对标本的采集和保管应有更严格的要求。

后记：在标本采集方面，国家"九五"攀登专项安徽课题组全体同志付出了辛勤的劳动。繁昌县政府和文化局，特别是县文物管理所所长徐繁先生为保证发掘工作顺利进行和遗址保护投入了大量人力和物力，做了许多工作；图版照片是崔贵海先生拍摄的；插图是沈文龙先生绘的。对以上各单位和各位先生的贡献和友好帮助，笔者表示衷心的感谢。

（原载《人类学学报》2000 年第 19 卷第 3 期）

贵州旧石器文化概论*

贵州省地处云贵高原东部，隆起在四川盆地和广西盆地之间，故称贵州高原。境内平均海拔约 1000 米，地势以西部高，东部低，自中部向北、东、南三面颇为陡峻的坡度下降，形成岩石嶙峋、山峰陡峭的奇丽的地理景观。这与境内广泛分布碳酸盐类岩石，特别是石灰岩密切相关。

在贵州境内碳酸盐类岩石的分布约为 13 万平方千米，占全省面积的 76.5%。在这广大地区内，由于碳酸盐类岩石（如石灰岩）的可溶性，在岩溶的过程中，形成了奇峰异洞的岩溶地貌，其中的一些溶洞就成为旧石器时代人类的天然居所，在洞穴的堆积物中有时可以找到远古人类劳动、生息于此的遗物和遗迹。因之，考察山洞就成为旧石器考古学的对象之一。在贵州，已在近 10 个洞穴内找到了旧石器时代的遗物，在 4 个洞里找到了人类化石。

新中国成立前，贵州几乎是考古学的空白区，至于旧石器时代考古学就自不待言了，被认为是无古可考。新中国成立后，考古学和其他科学一样得到了发展[1]，旧石器考古学在贵州比之其他断代考古学要年轻，只有 15 年历史，实际工作时间还只占 10 年左右。

1964 年冬，贵州省博物馆和中国科学院古脊椎动物与古人类研究所共同努力，在黔西县观音洞发现了第一个旧石器时代遗址，揭开了贵州旧石器文化研究的序幕[2]。1971 年冬，两单位协作，发现了桐梓县岩灰洞旧石器时代中期的地点[3]。1973 年夏天，贵州省博物馆在水城县境内发现了旧石器时代中、晚期的旧石器文化地点——硝灰洞[4]。1974 年，在兴义县境内发现了重要的旧石器时代晚期的文化遗址。自此以后，发现有多处旧石器时代晚期文化地点或可能是这个时代的文化地点，其中最重要的是 1979 年春在普定县发现的穿洞。

经过近 10 年坚持不懈的努力，在贵州已发现了旧石器时代早、中、晚期有代表性的文化遗址，现按时代序列，将各期有代表性文化简单地介绍如下：

一、旧石器时代早期

属于旧石器时代早期的文化遗址，在贵州境内只发现一处，即黔西县观音洞。观音洞高出洼地底

---

* 与曹泽田共同执笔。

① 邱中郎、李炎贤：《二十六年来的中国旧石器时代考古》，《古人类论文集》，科学出版社，1978 年，第 42~66 页。

② 裴文中、袁振新、林一朴等：《贵州黔西县观音洞试掘报告》，《古脊椎动物与古人类》1965 年第 9 卷第 3 期，第 270~279 页。

③ 吴茂霖、王令红、张银运等：《贵州桐梓发现的古人类化石及其文化遗物》，《古脊椎动物与古人类》1975 年第 13 卷第 1 期，第 14~23 页。

④ 曹泽田：《贵州水城硝灰洞旧石器文化遗址》，《古脊椎动物与古人类》1978 年第 14 卷第 1 期，第 67~72 页。

部 15 米，海拔 1400 米；主洞长约 90 米，宽 2 ~ 4 米，含石器堆积主要在"洞外"（因为这部分堆积已无洞顶，洞顶在堆积过程中坍塌）。

观音洞发现后，当即进行了试掘，获得了一些石器和 10 多种哺乳动物化石。首批材料由裴文中教授等进行了研究和报道。1965 年冬由裴文中教授主持观音洞首次系统发掘，进一步确定了石器和化石出土的层位，明确了遗址的性质和意义，并发现了含角砾的文化层之上的红土层。1972 年冬，中国科学院古脊椎动物与古人类研究所组成发掘队，对观音洞遗址进行大规模的发掘，在红土层中发现了大量石器。1973 年冬，贵州省博物馆为培训干部，在曹泽田同志主持下，再次发掘观音洞，获得了几百件石制品和较丰富的哺乳动物化石，其中猩猩的上臼齿（M^3）属首次发现的化石，也是目前贵州未曾报道过的最古老的猩猩化石。在观音洞遗址进行多次的、大规模的发掘，获得了近 4000 件石制品和东方剑齿象等 23 种哺乳动物化石。经初步研究表明，它是我国最重要的旧石器时代早期文化遗址之一，也是至今所知华南材料最丰富的旧石器时代早期的文化遗址[①]，其文化面貌别具一格，概述如下。

（一）打片技术

观音洞远古居民打片主要用锤击法，无论是石片或石核，台面多不加修理，仅有少数台面上可见修理痕迹。石片和石核形制多不规整，大小相差相当大，小者长仅 2 ~ 3 厘米，大者长超过 10 厘米。在石核中有相当数量的多面体石核，在石片中，除大量形制不规则者外，有一定数量的呈梯形和三角形的石片，还有几件长石片。石片和石核上的这些人工特点：打击点、半锥体、放射线等均与锤击法产生的特点相似，不再细述。此外，还有少数石片比较粗大，台面大而倾斜，台面角在 120° 以上，打击点散漫，半锥体大而微凸，可能是用碰砧法产生的石片。

（二）石器类型

1. 刮削器

是数量最多的一类，类型也相当复杂，是一类体型较小的石器。据已发表的资料，长 30 ~ 80 毫米，也有更小的石器，长、宽在 20 毫米左右的。刮削器占全部石器的 80% 以上，大体可以分三大类：单刃刮削器、多刃刮削器和端刃刮削器。多刃刮削器比单刃刮削器多，端刃刮削器有 100 多件。

2. 尖状器

只有 70 多件标本，器形有大有小，缺乏相对一致性。尖刃有钝有锐，常因毛坯而异，毛坯厚者尖刃钝厚者多，毛坯薄者尖刃多薄锐。这类石器常常用复向加工而成，修理成的尖刃都比较短，在毛坯纵轴一端的中间者居多，这类石器也叫正尖尖状器。

3. 砍砸器

有 86 件，是一类粗大的石器，一般长在 80 毫米以上。常常是多刃的，即毛坯多边有修理痕迹，若是石片做的，除台面一边外，多有修理痕迹，修理工作多比较细致。由于是用石锤直接打击成的，用力轻重不均，刃缘呈波纹状。

4. 雕刻器

只有几件。也是一类小型的石器，遗有凿子状的刃口。

---

① 李炎贤、文本亨：《贵州黔西观音洞旧石器时代文化的发现及其意义》，《古人类论文集》，科学出版社，1978 年，第 77 ~ 90 页。

（三）加工技术

石器的修理都采用石锤直接打击法，常常有深凹的打击点，小石片疤短而宽，刃缘多不平齐，或呈多缺口状，或呈波纹状，但有少数标本修理痕迹呈窄长条状，显得比较规整。

石器的修理方式是多种多样的，有许多标本是单向修理的，其中以向背面加工的为主，部分是向破裂面加工的；还有一些石器是采用错向加工、交互打击和对向打击的；相当数量的石器两面有加工痕迹，打击方向不十分固定，但修理痕迹主要集中在背面。这类标本叫复向加工修理的石器。无论哪一类石器，多采用垂直的或接近垂直的加工，因之，刃口多钝厚，刃角在80°以上者习见。

（四）观音洞石器的特征

将观音洞发现的石制品和其加工技术加以归纳，其特征如下：

（1）以石片石器为主，兼有少量的石块和石核做的石器；

（2）大部分石器形状不规整；

（3）石器大小相差明显，且以小型者居多，长宽在30～50毫米者占一半以上，长宽在20毫米以下的微型石器占13％，长宽在60～80毫米者约占25％，长宽在80毫米以上者不到10％；

（4）大、中、小型石器均经过细致的加工；

（5）石器形制多样，各类石器间界线不十分严格，有较多的过渡类型的标本；

（6）石器成品率比较高，达60％以上[①]；

（7）几乎无使用石片；

（8）主要采用陡向加工，石器刃角接近直角，刃口多钝厚；

（9）复刃石器多；

（10）复向加工在加工方式中占显著地位。

由于观音洞石制品具有上述特点，特别是第6～10点是至今所知国内同时代文化所不具有的，故已被命名为"观音洞文化"。

（五）观音洞文化和时代的对比

在华南，属于旧石器时代早期、有文化遗物的地点有三处：其一是云南元谋上那蚌地点[②]出土刮削器3件，时代比观音洞早，依古地磁测定其年代为距今170万年；另一是郧县白龙洞，与郧县猿人一起曾发现过一块单台面石核；再一是湖北大冶石龙头[③]，曾发现了88件石制品，其中有石核34件（以单台面为主），锤击石片27件，砍砸器17件（其中石核做的13件），刮削器10件（单刃者6件），除一件外，余均为石片做成。由现有材料看，石龙头石制品与观音洞有相似点，打片都以锤击法为主，修理石器都是石锤直接加工的，刮削器均以石片作主要毛坯等。但差异看来还是相当明显：观音洞石核多几个方向打片，石龙头则以单台面为主；从工具组合上，前者以刮削器为主，占80％，后者以砍砸器为主，占63％，且未发现尖状器和雕刻器；从加工方式上看，观音洞石器多陡向和复向加

---

① 以上统计数字均采自李炎贤等报告。李炎贤等：《贵州黔西观音洞旧石器时代文化的发现及其意义》，《古人类论文集》，1978年，第77～90页。

② 文本亨：《元谋盆地发现的旧石器》，《古人类论文集》，1978年，第126～135页。

③ 李炎贤、袁振新、董兴仁等：《湖北大冶石龙头旧石器时代遗址发掘报告》，《古脊椎动物与古人类》1974年第12卷第2期，第139～157页。

工，石龙头石器以单向修理为主等，刃口多比较锐，在60°～70°者居多。

在时代上，观音洞和石龙头均应属于广义的大熊猫－剑齿象动物群，但后者已无第三纪古老的残余存在，其时代应稍晚于观音洞。

观音洞文化与华北同时期文化相比差异尤为明显，可能属于不同的文化类型。

华北旧石器早期文化发现地点很多，从北纬34°10′～41°45′、东经109°～124°广大地区有零星的旧石器的地点，这些材料无论从类型上和加工技术上都可包括在材料十分丰富的北京猿人石制品[①]中，因之，不一一加以对比，只与北京猿人石制品进行对比。

在打片方面，虽然两者都存在相当数量的锤击石片、石核和少量的碰砧石片，但观音洞打片以锤击法为主，北京猿人打片则以砸击法为主，存在大量的两端石片是后者的文化表征之一，在观音洞至今未发现用砸击法产生的标本。

在石器方面有相同的地方，工具组合以刮削器为主，兼有砍砸器和尖状器等。但细分析起来，其间差异是比较大的。刮削器，北京猿人者以单刃为主，观音洞者以复刃为主，端刃刮削器所占的比例比较大，约占7％，而前者只占5％；尖状器（包括石锥），前者占15％，后者约占5％；砍砸器所占的比例大体相仿，前者占5.4％，后者占5.7％；前者雕刻器在数量上也比较多等。

从加工方式上看，观音洞基本上用锤击法，北京猿人修理石器则以锤击法为主，兼用砸击法，砸击加工的石器数量不多，约占3％，下部地层还偶尔用碰砧法修理石器，后两种方法不见于观音洞。就锤击加工言，在观音洞陡向加工是其主要方式，复向加工居重要的地位；在北京猿人石器中多取斜向打击，刃口比较锐，刃角在60°～70°者居多，有复向加工的标本，居次要地位，往往是不成功的作品。

观音洞石器多刃少于单刃，北京猿人石器主要是单刃的，占56％。

观音洞与北京猿人遗址的时代直接对比颇为困难，因为南、北方哺乳动物群差异比较大，石制品也有明显的不同，但总的说来，无论从类型和制作水平都具有明显的原始性，应处于同一发展阶段上。观音洞动物群属华南广义的大熊猫－剑齿象动物群，其绝灭种占54％弱，北京猿人遗址动物群绝灭种占63％强，两者均超过半数。由遗物和哺乳动物化石群对比来看，大体可以确定，它们同属于一个发展阶段，地质时代为更新世中期，在考古学上应属旧石器时代早期。远古人类在这两个洞穴内都居住过相当长的时期，两种不同的文化类型都有一个发展过程。两者分别居住的时间长短和文化发展速度和总趋势等问题，因两遗址石器综合研究正在进行，留待将来进行讨论。

二、旧石器时代中期

（一）桐梓县岩灰洞

贵州旧石器时代中期较典型的地点只有桐梓县岩灰洞。它位于桐梓县西北约25千米的九坝公社云峰大队境内，地理坐标是北纬28°15′、东经106°45′附近。洞口向西南，高出当地河水面32米。由洞

---

① 邱中郎、顾玉珉、张银运等：《周口店新发现的北京猿人化石及文化遗物》，《古脊椎动物与古人类》1973年第11卷第2期，第109～124页。

口向里，洞呈"之"字形向东北延伸，洞长约25米，发掘区距洞口直线距离约22米。洞内堆积物上下共分7层（已发掘部分），人化石、石器和大量哺乳动物化石发现于第4层半胶结的、富含钙质的黄灰色亚黏土中。这是贵州省首次发现的有古人类化石的地点，也是本省发现的第二个旧石器时代文化地点。

1. 古人类化石

古人类化石共2件，其一为右上内侧门齿，另一件为右上第一前臼齿。前者为老年个体，后者为青年个体。

桐梓人门齿相当粗壮，呈铲形，唇舌径为8.3毫米，近中远中径为9.2毫米（现存测量值），齿根高17.9毫米，其粗壮程度可与北京猿人相比。该门齿有发育的底结节，齿冠两侧缘向舌面增厚，唇面远中部分在横向上较为隆起，齿冠的纵轴和齿根纵轴几乎在同一方向上等，显示出与北京猿人上内侧门齿十分相似。

桐梓人的门齿也有尼安德特人的特征：根尖呈圆钝形，在到达根尖之前并不迅速缩小；齿根高也与尼安德特人接近等。

桐梓人前臼齿的齿冠尺寸接近于北京猿人而比长阳人要大，齿冠的颊舌径和近中远中径较大，显得粗壮。颊舌两尖各向纵沟方向延伸出两条小嵴——横嵴，直达纵沟，两条横嵴之间以短而浅的凹陷隔开。无论从形态上或齿冠大小上都与北京猿人相似，而与现代人的前臼齿明显的不同。

2. 文化遗物

与人化石同层出土的石制品共12件，还有1件刮削器来自桐梓人洞左侧大洞的黄色堆积中。做石器的原料主要是燧石，还有硅质岩、火成岩和石英岩，均来自附近的山坡和河滩。在石制品中，人工打击痕迹清楚或有修整的标本有6件，其中一件是小石核，曾从三个方向进行打片，是一件小型的多面体石核。石核台面是自然面和石片阴面，台面角为75°～85°，其上所遗留的石片疤较小，但打击点清楚，半锥体阴痕深凹，放射线清晰，表明是用锤击法打片的。除此以外，均为刮削器，多数是用石块做的，且都是向背面加工，只有一件例外。它是一件带尖刃的刮削器，是用石片做的，这件标本除台面一边外，其余各边都有修理痕迹，由破裂面观，左侧是向破裂面加工的，修理痕迹见于石片近缘，刃缘不规整，呈多缺口状，但刃口薄锐，刃角约为50°，其他各边加工得较粗糙，顶端是向背面加工的，另一边加工方向不稳定，在右上角生成一个短尖，类似角尖尖状器。

在桐梓人地点1972年的发掘中发现了几块烧骨，为无法鉴定的哺乳动物之碎骨，经燃烧后表里呈黑色、灰白色，其一作含碳量分析，含碳量约为10%。这些烧骨发现在洞穴的特殊环境，考虑到它所处的时代，在没有发现有自然火遗烬以前，我们倾向于认为，它可能是远古人类用火的产物。如果这样，虽然材料不多，但意义较大，它是迄今所知华南古人类用火的最早证据。

3. 桐梓人年代的讨论

与桐梓人共生的哺乳动物共24种，属广义的大熊猫－剑齿象动物群，其中已绝灭的动物有6种，占25%，其时代比观音洞晚是显而易见的；人化石从形态和尺寸上看有许多特点与北京猿人相近，也具有一些尼安德特人的特征；堆积物胶结较松以及其上未发现上覆的红土层也说明时代要晚于观音洞；所发现的石制品均可与观音洞石器进行比较，但均未见观音洞典型的标本。综合上述各方面情况来考虑，桐梓人及其文化遗物可能属于旧石器时代中期，地质时代是更新世晚期的早期。

（二）水城县硝灰洞

该洞在贵阳西约 300 千米，位于水城县城西北约 25 千米三岔河右岸，地理坐标是北纬 26°40′、东经 105°50′附近。洞口向南，高出当地河水面约 40 米，海拔 1700 米。现存堆积物长 10 米、宽 0.3～1、厚 0.1～0.7 米，除第一层"盖板"未发现遗物外，其下两层发现用火遗迹、人化石、石器以及少量的哺乳动物化石。

1. 人类化石

水城人牙齿是一枚左上犬齿，呈黄白色，石化程度深。整个牙齿显得相当粗壮，近中远中径为 9.3 毫米，唇舌径为 9.8 毫米，齿根高 19 毫米，相当于北京猿人女性同类牙齿的最高值，而比北京猿人男性者要稍小，但比柳江人和山顶洞人[1]都要大一些。水城人犬齿的舌结节不如北京猿人犬齿的舌结节的强烈发育，而比柳江人和山顶洞人犬齿的舌结节都发育，但也有与后者相似之处，齿冠底部的前后缘没有三角形隆起。

水城人犬齿的咬合面已严重磨耗，现存齿冠高 9 毫米，齿质暴露，可能属于老年男性个体。

2. 石制品

从硝灰洞地层出土的石制品共 56 件，其中难以分类的标本 16 件、锐棱砸击石片 28 件、锤击石片 5 件、石锤 2 件（砸击石锤和锐棱砸击石锤各一件）和刮削器 5 件。

在这里要特别提一下锐棱砸击石片占全部石制品的 53%，其中有长大于宽的 12 件，宽大于长的 16 件。其形态特征是没有台面，有粗大的打击点，常呈指甲形凹坑，多数没有半锥体，但基本上有清晰的放射线，在放射线末端一部分标本有弧形凹，其背面几乎没有石片疤，多保留自然面。这样的石片大量的出现以往没有过，它是如何产生的，引起了我们注意。

经初步试验表明，它的产生方法和过程如下：将试验的作为打片用的扁平砂岩砾石，一端稍斜地与石砧接触，并用一手握牢被打的砾石，另一手执石锤，用石锤扁锐的边猛砸石核的一端，只要打几下就可产生类似石片。因这种方法以往文献中未曾记录过，代表一种新的打片方法，故命名为锐棱砸击法。用此法产生的石片叫锐棱砸击石片。就现有材料言，硝灰洞远古居民把锐棱砸击作为主要的打片方法。

3. 水城人年代的讨论

与水城人化石同层发现的哺乳动物化石不多，只有 5 种，其中有绝灭种剑齿象；水城人牙化石本身显示出比北京猿人进步，而比我国发现的智人化石具有更多的原始性；石器材料太少，在加工技术似不同于观音洞文化和桐梓的石制品，但无助于年代的讨论。总的看来，水城人的地质时代为更新世晚期，考古时代暂归旧石器时代中、晚期。

在硝灰洞遗址中曾发现灰烬层，其中含有各色灰烬、炭屑、烧骨和烧石，这是至今所知华南古人类用火遗迹最丰富、最可靠和时代可能最早的地点。更值得注意的是以锐棱砸击法作为主要打片方法的出现，可能是某种区域性文化的表征，后来发现的猫猫洞文化已证实了这一推测。

---

① 裴文中：《周口店山顶洞之文化》，中国古生物志新丁种等九号，1939 年。（英文）

三、旧石器时代晚期

贵州旧石器时代晚期的遗址和地点可能有 7 处，已做过发掘和试掘的地点有 3 处，其中有代表性的、出土材料丰富的地点是兴义猫猫洞和普定穿洞。

（一）兴义猫猫洞

兴义猫猫洞文化出自兴义县境内顶效公社猫猫山一岩厦内，地理坐标为北纬 N25°31′、东经 E150°01′，海拔 1240 米。岩厦高出当地河水面 70 米，崖檐大部倒坍，堆积物大部裸露。该遗址 1974 年发现，1975 年进行首次发掘，获得丰硕的成果。发现人化石 7 件，骨、角器 10 件，石制品 4000 余件，较丰富的用火遗迹和 9 种哺乳动物化石。在一个遗址内发现如此多的人类化石是不多见的，发现那么多骨和角制的工具更是国内无先例的。由于这两类标本的详细研究正在进行，这里只概略地提一下。

兴义人化石有下颌骨 4 件和股骨 3 段，石化程度中等，骨骼表面有钙质胶结物包裹或粘附。下颌骨粗壮而低矮，齿弓短而宽，有两件标本具双颏孔。依初步观察，其形态与山顶洞 101 号的下颌骨比较接近。股骨特点是：骨壁厚，髓腔小和股骨相当粗壮等。其粗壮程度比河套人股骨大，而与江苏泗洪县下草湾采到的股骨化石相近。总的看来，兴义人化石属于化石智人似无疑的。

猫猫洞发现的骨、角制工具，有不少类型是国内首次发现的，其磨制的精工程度，更是我国旧石器文化中所没有的。骨器中的骨刀（残），长 74、宽 22、厚 9 毫米，造型精美，与今日餐刀相仿，通体磨制光滑，两面微微凸起，刃部经细致磨制，光洁锋利，这一工序意味着制造骨刀达到了相当高的水平。此外，骨锥的制造也精工，如有一件骨锥是三棱形骨片做的，先经粗琢，再行刮削，最后磋制成尖刃，刃部光洁而扁锐，至今国内旧石器时代发现的骨锥都无法与其相比。在骨器中还可能存在残破的鱼叉等。

角器是用鹿角干和枝杈做的，先将其从鹿角上剁下一段，而后将一端稍加琢削，使成一个斜面，进而在磨石上磨平、磨锐，使成接近 45°角的铲刃。猫猫洞发现的角器是角铲，也是国内首次发现的。

猫猫洞石制品，剔去难以分类的标本，经过测量、详细研究的标本共 1211 件[①]。原料主要是变质粉砂岩和砂岩，其次是燧石和泥质岩，还有微变质的页岩等。石料可能来自马别河古河床的砾石层中，距离遗址约 3 千米。

全部研究过的石制品可分为石核、石片、打击砾石、石锤、石砧和石器等大类。除石器外，其他各类因加工方法的不同可分别再分若干类；石器则分为刮削器、尖状器、砍砸器和雕刻器（仅一件），前三类可再分几型。

通过对猫猫洞石制品的详细研究和其他方面材料的初步观察，得出以下几点结论：

1. 猫猫洞石制品特点鲜明，代表一种新的区域性文化，故命名为猫猫洞文化。

---

① 曹泽田：《猫猫洞旧石器之研究》（在"纪念北京猿人第一个头盖骨发现 50 周年"报告会上的报告）。后发表在《古脊椎动物与古人类》1982 年第 2 期，第 155～164 页。——编者注

其特征如下：

打片以锐棱砸击法为主，锐棱砸击法产生的石片占全部石制品[①]的 20%，占石片的 77.6%；以锤击法为辅，锤击石片占全部石制品的 5.4%，占石片的 20.5%（还有 4 件特殊的石片）。制造石器的毛坯具有多样性，但大多数是用石片做的，占 82.7%，其中用锐棱砸击石片做成者占 79.5%，表明它是以石片石器为主体的工业。

在猫猫洞石制品中存在一些盆形坑疤，特别是其中两面坑疤对称的标本在我国旧石器中未见记述。

猫猫洞的刮削器和尖状器尺寸较大，未发现长 30 毫米以下的石器，长 50 毫米以下的石器占石器的 1.6%，大量存在类型稳定的、制作精美的尖状器和单凸刃刮削器。

修理石器主要是向破裂面加工的，占全部石器的 85.2%。

在单直刃刮削器中，斜刃多于直刃等。

2. 猫猫洞石制品虽然具有上述特点，或为国内所不见的，或为华南孤例，个别特点是同时代所不具的，这是它文化上的创造性。但另一方面，这种文化不是完全孤立的，与我国旧石器，特别是与华南旧石器文化存在一定的联系。

它以石片石器为主，工具组合以刮削器为主体，尖状器是其重要成员，兼有砍砸器和雕刻器，以及主要用石锤直接修理石器等都是我国旧石器共有的特征。

在猫猫洞石器中存在一定数量的复向加工和陡向加工的石器，可在贵州黔西观音洞和属于旧石器时代晚期的四川铜梁[②]的石器中找到对比的标本；相当数量的打击砾石，也是黔、桂山洞中打击石器的常见类型[③]；尖状器中的一些类型和单凸刃刮削器在形态上与内蒙古清水河等地[④]和河北阳原虎头梁[⑤]的同类石器相像，但做法不同。猫猫洞文化与水城的石制品关系密切，都是以锐棱砸击法作为打片的主要方面，可能属于同一区域性的文化类型。

3. 据已有的、猫猫洞的地层、古生物和人类遗物的综合判断，其地质时代应属更新世晚期的后一阶段，考古时代为旧石器时代晚期之末期，其理由如次：

依 1975 年发掘，在坡脚下文化层上的杂色土层中发现过新石器时代遗物，因之，从地层上看，猫猫洞文化层的时代早于新石器时代。

在文化层中曾发现中国犀和窄齿熊的牙齿化石，都是华南中、晚更新世常见的种类，因之，其地层时代不会越出更新世。

猫猫洞石器类型稳定，造型精美，已形成相当固定的加工方式，其加工技术之进步，绝不是旧石器时代早、中期石器和加工技术能与其相比，即使我国旧石器时代晚期早一阶段的作品也逊为一等；兼有精美的、磨制的骨、角器存在，更反映了这一时代特征。

综上所述，我们初步认为，猫猫洞文化的时代应属于旧石器时代之后期，其地质时代是临近更新

① 指测量研究过的标本，下同。
② 张森水等：《铜梁文化之研究》（在"纪念北京猿人第一个头盖骨发现 50 周年"报告会上的报告）。
③ 贾兰坡、邱中郎：《广西洞穴中打击石器的时代》，《古脊椎动物与古人类》1960 年第 2 卷第 1 期，第 64～68 页。李炎贤、尤玉柱：《广西百色发现的旧石器》，《古脊椎动物与古人类》1975 年第 13 卷第 4 期，第 225～228 页。
④ 张森水：《内蒙中南部和山西西北部新发现的旧石器》，《古脊椎动物与古人类》1959 年第 1 卷第 1 期，第 31～40 页。
⑤ 盖培、卫奇：《虎头梁旧石器时代晚期遗址的发现》，《古脊椎动物与古人类》1977 年第 15 卷第 4 期，第 287～330 页。

世结束。

（二）普定穿洞

普定穿洞是 1979 年春末发现的。它位于贵阳西 150 千米普定县境内，地理坐标为北纬 N28°18′、东经 105°45′，洞高出当地河水面 26 米。该遗址发现后即进行了试掘，获得了良好的结果。

这所遗址的文化层距现地表仅 40 厘米，文化层厚度可能达到 1.5～1.7 米，在其中发现了大量的石器和骨器，用火遗迹，少量的人化石和动物化石。试掘材料目前正在整理和研究中，所得的初步认识如下：

穿洞遗址出土的石片大多数是锐棱砸击石片，少量是锤击石片，已找到了一件肯定是砸击的两端石片，由此可以看出，穿洞远古居民是以锐棱砸击法为其打片的主要方法；在贵州境内首次发现了肯定的与北京猿人两端石片一样的砸击石片。

做石器的毛坯主要是石片，且大多数是锐棱砸击石片。

石器的类型比较简单，这次试掘所发现的绝大多数是刮削器，其中形制规整的单凸刃刮削器居多；尖状器数量不多，尖刃多短而钝，缺少形制规整的、矛头形的、棱形的尖状器；砍砸器数量不多，类型较少。

无论是石器或石片均是小型者占多数，初步估计，其平均尺寸要比猫猫洞小一些；打击砾石和有坑疤砾石也不多。

石器修理技术多显得粗糙，其加工水平比猫猫洞稍有逊色。

在穿洞出土的遗物中比较有特色的是出土大量骨器。在我国旧石器时代遗物中磨制骨器是很少的，作为可能用于生产的骨器则更少，在辽宁出土过 1 件骨锥[1]，在宁夏也出土过 1 件骨锥，在周口店山顶洞发现过 1 枚骨针；在华南，在湖南桂阳[2]和四川资阳[3]分别各找到 1 件骨锥，已如前述在兴义猫猫洞找到 5 件骨器，这次在穿洞的试掘中已发现了近百件的磨制骨器，为研究我国旧石器时代骨器的类型、用途和加工工艺等问题提供了丰富的资料，其意义显然是不可忽视的。

穿洞发现的骨器，依初步观察，大体上有三个主要类型：

第一类是骨铲，都是用较大型的管状骨弄破而成的骨片做的，长多在 70～100 毫米，将一端先行刮削，开出刃口，而后在刃部再加磨制使成比较薄锐的刃口。刃口以外部分没有磨制的痕迹，但部分标本有打琢的痕迹。目前所见的这类标本磨光面较大，部分是使用时摩擦的结果。

第二类是扁钝尖骨锥，这一类是目前发现的三个主要类型中数量最多的，大部分是下部断残的标本，部分标本有火烧的痕迹或火灼的痕迹。这类骨器现存长度多在 40～60 毫米，宽度在 10 毫米以下，磨制精工，器身大部被磨制得甚为光洁，近刃部处断面呈双凸镜体状，厚 1 毫米左右，尖刃部不是呈芒状，而是近小圆状的，形制十分美观。

第三类是秀长尖锥类，也是与第二类相仿的骨器，体型比较小。它的尾端常常侭留骨片的自然面，器体若圆锥状，尖刃秀长而呈针尖状，十分锐利而光洁。

①　金牛山联合发掘队：《辽宁营口金牛山旧石器文化的研究》，《古脊椎动物与古人类》1979 年第 16 卷第 2 期，第 129～136 页。
②　张森水：《湖南桂阳发现有刻纹的骨锥》，《古脊椎动物与古人类》1965 年第 9 卷第 3 期，第 309 页。
③　裴文中、吴汝康：《资阳人》，中国科学院古脊椎动物研究所甲种专刊第一号，科学出版社，1957 年。

就试掘出土物初步观察的结果可以看出，穿洞在文化上无疑是与猫猫洞文化属于同一文化类型，两遗址出土的石器和骨器都有许多相似点，当然两者也有一定的差异。这些差异究竟说明了什么？随着将来进一步工作，或许可以做出比较确切的解决。关于普定穿洞遗址的性质及其与猫猫洞遗址的时代关系，亦有待将来工作，大体说来，两个遗址属于相同的发展阶段。

四、结束语

贵州旧石器文化研究，实际工作了 10 年，有了旧石器时代早、中、晚期的代表遗址，发现了一些尼人阶段和智人阶段的化石，初步建立了本省的旧石器文化序列。就全国范围来说，贵州在这方面工作处于前列，是目前全国有旧石器时代早、中、晚代表遗址的四省市之一。

贵州旧石器文化的特点是：有代表性遗址出土的石器和骨器数量很多，材料很丰富，不仅是国内近年来的重要发现，而且也是亚洲近年来的重要发现；由于其在类型上和加工方式方法都具有特殊性，对我国旧石器文化研究，乃至对世界旧石器文化研究都有一定的意义。

由于贵州旧石器文化有鲜明的特点，有可能成为我国华南旧石器文化类型的代表，似乎能建立起独立发展的体系。

贵州旧石器材料丰富，为研究区域性文化起源、发展和相互关系提供了有意义的资料。目前有迹象表明，黔西南（自水城、兴义至普定）在旧石器时代晚期（也可能上溯至中期某一阶段）成为具有一定地方特色的文化区。某些遗址出土的细小石器与四川汉源富林文化[1]中的石制品很相似，而四川铜梁发现的石器中的一些成分很像观音洞，猫猫洞打击砾石也常见于广西山洞中。这一切说明，在今后的研究工作中要注意与邻省旧石器文化的关系[2]，以及旧石器文化发展的不平衡问题。

贵州旧石器文化研究取得了喜人的收获，但工作发展仍然是不平衡的。从地区上说，目前发现的旧石器遗址都在贵阳以西，贵阳以东广大地区工作薄弱；从时间上看，旧石器时代中期资料比较少，从而使贵州旧石器文化发展序列中，中间环节显得松弛。这些不足，有待我们和全国有关科学工作者的共同努力与协作来解决。

（本文及我院学报一九八〇年第一期刊登的裴文中的《大熊猫－剑齿象动物群》，系我院历史、地理、生物三系一九七九年十一月邀请裴文中、张森水同志来院做学术报告时的特约稿——编者）

［原载《贵阳师范学报（社会科学版）》1980 年第 2 期］

---

① 张森水：《富林文化》，《古脊椎动物与古人类》1977 年第 15 卷第 1 期，第 14～27 页。
② 裴文中、周明镇：《云南宜良发现之旧石器》，《古脊椎动物与古人类》1961 年第 3 卷第 2 期，第 139～142 页。李炎贤、黄慰文：《云南宜良旧石器调查简报》，《古脊椎动物与古人类》1962 年第 6 卷第 2 期，第 182～192 页。

贵州的新发现及其对我国旧石器考古学的意义

当我们在贵州省做旧石器考古研究及取得新的进展时，总是深切地怀念贵州旧石器考古学的拓荒者、实践者和指导者裴文中教授。他把毕生的精力贡献给这门科学，是当之无愧的我国旧石器考古学的奠基人。

一、历史的回顾

新中国成立前，贵州境内没有发现过新、旧石器时代文化遗物、人类化石和第四纪哺乳动物化石，也没有专人从事这方面的研究工作。新中国成立初，才有这方面的专门人才，从事这方面的研究工作，但因客观条件，史前研究进展甚微，仅在毕节、兴义、安顺和水城等地区从群众中和从 11 个地点汇集到一些石器和印纹陶片，"但未发现有关遗址"。1964 年底和次年初，贵州省博物馆和中国科学院古脊椎动物与古人类研究所的同志发现了黔西观音洞旧石器时代文化遗址，当即进行了试掘，获得了丰富的第四纪哺乳动物化石和数以百计的石器，从而改变了人类在贵州高原上劳动、生息只有几千年历史的看法，把人类在此间生活的历史提前到 10 万年前。这一发现对云、贵、川的旧石器研究起到了推动作用。

观音洞首批发现的石器，经裴文中教授研究，明确指出："我们现在面临着旧石器研究的新课题。很可能，在中国南部的洞穴中，以现在这个贵州的观音洞为例，我们将要遇到与欧洲大陆旧石器文化不同的一种新的文化系统，与我国北方已知的旧石器文化在一定程度上可能有些相似。"[①] 他的华南旧石器文化特殊性的论点，不仅为之后的工作所证实，而且富有指导意义。

为进一步论证这一观点，他亲自主持了 1965 年冬季的观音洞旧石器时代文化遗址的首次系统发掘，确定了出石器的具体层位，并在角砾岩层上的红土层中发现了石器，也就是说发现了新的文化层。

20 世纪 70 年代，贵州旧石器考古和古人类研究，得到了蓬勃的发展，跻身于全国的前列。1971 年冬，在桐梓县的岩灰洞首次发现人化石和少量的石器，1972 年继续工作，又有新的人类化石和文化遗物的发现。1972～1973 年，再次发掘观音洞，获得了数以千计的石器和许多哺乳动物化石。1973 年夏，在水城的硝灰洞发现了水城人化石地点。是年冬，作了清理和发掘，找到一枚人的左上犬齿化石、53 件石器和少量的哺乳动物化石。1974、1975 年发现和发掘兴义猫猫洞岩厦遗址，获得了丰富的文化遗物，从而对贵州旧石器文化的特殊性有了进一步的认识。1978 年发现普定穿洞和白岩脚洞旧石器文化地点，此后对这两处遗址进行了许多工作，获得丰富的而很有意义的资料。1979 年发现红土洞地

① 裴文中、袁振新、林一朴等：《贵州黔西县观音洞试掘报告》，《古脊椎动物与古人类》1965 年第 9 卷第 3 期，第 270～279 页。

点。1980 年和 1981 年发现和试掘了桐梓县马鞍山岩厦遗址。1982 年春和秋，两次考察了威宁草海旧石器地点，采到了别具一格的石器和少量的动物化石。到目前为止，贵州境内已发现十多处旧石器文化遗址或地点，并有了旧石器时代早、中、晚期的代表，但人化石只有古人和新人阶段的代表。新人阶段的材料相当丰富，除头骨外，人的其他解剖部位的材料比全国发现的总和还要多。另外，我国南方绝大多数的、重要的旧石器时代文化遗址亦发现于贵州。

二、近年来贵州旧石器的新发现

近 4 年来，贵州旧石器文化研究的新成果，只限于旧石器时代晚期，以下几个地点[①]的材料值得重点地将以介绍。

（一）穿洞文化综合体

穿洞位于普定县城西 6 千米的地方，地属后寨公社新寨大队穿洞生产队（北纬 28°18′、东经 105°45′）。在穿洞村西有一孤山，山中部有一两端开口的洞，故名穿洞。洞呈喇叭形，前部大而高，状若岩厦（下即用此名以代之），中、后部稍窄，呈椭圆厅形（下称洞内）。洞内和岩厦内都发现有遗物，洞内屡经挖掘，地层扰乱，无法确定含石器的层位。岩厦区未经扰乱，层序清楚，主要发掘区在岩厦西部，已发掘的部分约等于岩厦有堆积区的五分之一。已挖部分的地层分为 12 层，厚约 5 米。除表层外，可分三组：A 组第 2~4 层，称穿洞文化综合体的晚期；B 组第 5~11 层，称穿洞文化综合体的早期；C 组是第 12 层，上部含化石，下部不含化石，是以黄色黏土为主中夹小砾石的堆积，胶结坚硬，以往文献中称"黄色堆积"，属中更新世，也有可能稍晚。

穿洞文化综合体包括第 2 层至第 11 层（其中第 9 层只发现用火遗迹，没有发现石器）的文化遗物和遗迹。从中发现用火遗迹相当丰富，除发现大量的灰烬和一些炭屑外，仅烧骨就有 20000 多件，还在第 5 层和第 9 层的顶面发现火堆的遗迹。工具也相当丰富，石器已超过 10000 件，骨器（不包括大量的打击骨器）至少有 600 件。因之，可以说穿洞遗址在我国旧石器研究中具有很重要的地位，其出土遗物丰富的程度，是国内同时代遗址所没有的，在国际上也是罕见的。

穿洞文化综合体早、晚两期文化有明显的不同，现将各期的特点撮要如下：

1. 早期

特点是石器小而少，骨器极少。具体地说，有以下几点：

（1）石器基本上是小型的，长度多小于 40 毫米，长度超过 60 毫米者寥寥无几；原料以燧石和水晶居多。

（2）打片用锤击法和砸击法，前者是打片的基本方法，后者则是偶被应用的方法。用锤击法生产的石片，小而长薄，有梯形的、三角形的，少数类似石叶；石核也是小型的，多数形态不规则，少数呈半锥形，其上遗有长而浅的石片疤。

（3）以石片工具为主，兼有用小石块做的工具。使用石片习见。

---

① 这里只限于作者参与工作的几个重要地点的研究成果。另外，贵州省博物馆蔡回阳等同志对普定白岩脚洞做了多次发掘，获得了丰富的材料，也是贵州旧石器研究中较重要的成果。

（4）工具类型简单，主要是刮削器，尖状器很少，未见砍砸器和雕刻器等工具。

（5）工具的修理主要是向背面加工的，修理工作较好，刃缘匀称，刃口锐利，其中单刃工具多于复刃工具。

（6）目前只发现几件骨器，且只有骨锥和骨铲两类，但制作得均较好。清楚的打击骨器各层都有，但数量均很少。

2. 晚期

特点是石器数量多，虽然其中包括一些小石器，但大石器占有显著地位。此外，还有丰富的骨、角工具，代表着另一文化类型。其主要特点如下：

（1）做石器的原料由以燧石为主，转而大量采用火成岩砾石，燧石则居次要地位。

（2）打片以锐棱砸击法为主，兼用锤击法，偶用砸击法。用锐棱砸击法生产的石片多比较粗大，长度多在 60 毫米以上。其石核的利用率相当低，每件标本仅一或几个石片疤。锤击石片与石核既有小型的，也有大型的，前者居多。砸击石片与前期相仿，均为小型的。

（3）做工具的毛坯仍以石片为主，但有相当数量是用锐棱砸击石片做的；石核工具的比例比早期者高。

（4）较大的、大型的工具占重要地位，但小工具数量也多。在工具组合中，仍以刮削器为主，尖状器次之，砍砸器占有一定的比例，还有不甚典型的雕刻器。

（5）工具的修理，常常是较大的或大型的（多是用火成岩砾石或大石片做的），且以向破裂面加工为主，小工具（多以燧石为原料，以石片为毛坯）则主要是向背面加工的。

（6）工具的修理多比较精致。类型相对稳定。向破裂面加工的工具虽形制规整，与猫猫洞同样方式加工的工具相比，则略逊一筹。小工具的修理工作较好，刃缘匀称，小石片疤浅平，刃口亦较锐。

（7）有丰富的骨器和一些角器，95% 以上的骨器都出自这一期。

（8）骨器类型多样，有骨锥、骨铲、骨针、尾部带叉骨器和无刃扁骨棒等。前两类尚可再分若干型，如骨铲至少可分三型。

（9）角器只发现一类角铲。其加工程序是先截鹿角之一段，而后在其一端单面刮削，使成一斜刃，刃角约 45°，是有效的挖掘工具。

（10）存在大量的打击骨器以及其雏形，从中可窥知其生产过程，大体经过选材、劈裂、打琢粗坯、刮削成型，最后磨制定型。相对稳定的工艺程序表明，当时人制作骨器达到相当高的水平。

穿洞文化综合体早、晚两期文化面貌代表不同的文化类型，早期与四川的富林文化、将要提到的马鞍山和织金大岩洞的石器比较相近，晚期除保留早期文化因素外，出现了猫猫洞文化常见的文化因素，如以锐棱砸击法为主要打片方法、石器粗大者多、以向破裂面加工为主和有丰富的骨、角器等。如果把其早期文化归于以小石器为主的文化传统，则晚期文化应属猫猫洞文化类型，因之，就难以用"穿洞文化"一词来概括全部文化内涵，故用"穿洞文化综合体"一词。

穿洞文化的年代，因其表层曾发现过新石器时代遗物，表明其时代要早于新石器时代。从文化层中曾发现过犀牛化石，依初步鉴定，可能是中国犀。依以往的资料，它是绝灭种，生活于整个更新世，因之，其时代不会越出更新世。依相关文化对比资料看，穿洞文化综合体的时代大概在 1 万年前。

（二）马鞍山岩厦地点出土的石器

马鞍山位于桐梓县城东南，相距约 1.5 千米，其中部有一座岩厦，高出当地河水面约 40 米。1981 年 4 月进行试掘，发现了近 200 件石器、一些共生的哺乳动物、1 件残骨器和用火遗迹。这所旧石器时代岩厦遗址有一定的意义，可望获得更多的材料，拟在适当的时间再进行发掘。

这次试掘工作只挖了两条探坑，分别为 2 米 × 2 米，已挖深度为 1.4 米，共分 7 层。表层没有遗物。第 2 层为黄灰色角砾岩亚黏土层，出少量的化石和石器，化石石化程度浅。第 3 ~ 5 层为黄灰色黏土角砾岩层，可视为一组，因含黏土量之不同和灰岩角砾有粗细之别，故细分为三层，各层均发现石器，但大量的石器（约占所发现石器总数的 80% 以上）和许多重要的哺乳动物化石均出自第 3 层。第 6 层为紫红色黏土层，中夹小砾石，只发现少量碎骨，未找到石器。第 7 层为浅黄色黏土角砾岩层，只挖了厚约 20 厘米，未见底，发现了石化相当深的化石和几件石器，可能代表稍早的文化。

在与石器共存的动物化石中，有中国犀、巨貘、鹿、牛、羊、板齿鼠、箭猪和猕猴等。其中的中国犀和巨貘为绝灭种，说明其时代不会越出晚更新世，依第 3 层出土的鹿牙做铀子系法年代测定为距今 18000 ± 1000 年。由这些年代资料可以判断，这所岩厦遗址应归旧石器时代晚期，这与石器性质也是吻合的。

石器基本上是小型的，长度在 40 毫米以下者占多数，但也存在少量的粗大的石核和工具。做石器的原料主要是燧石，还有砂岩和火成岩等。

从石核和石片的诸人工特点看，当时人打片曾用锤击法和砸击法，且以前者为主要打片方法。

锤击石片形态多样，较规整的有三角形、梯形，也有个别长石片。其台面较小，打击者居多，次为自然台面，修理台面的标本亦有所见。锤击石片多长度大于宽度，少数是宽度大于长度。锤击石核变异大，一般长为 30 ~ 50 毫米，其中多数是多面体石核，形制很不规则。

砸击石片数量不多，都是小型的，形态相对规则，均长度大于宽度，略呈长方形。这些石片的一端或两端可见砸痕，以一端石片居多。典型的砸击石片，在贵州只发现于穿洞和这个地点。

工具数量不多，除个别者外，都是小工具。大多数工具是用石片做的，也有少数工具是用小石块或大的砾石做的。工具类型除石锤外，只有刮削器和尖状器两类。其修理工作精粗均有，以粗糙者占多数。有一点是很有意思的，即大工具与小工具寓于一体。这种情况在我国北方旧石器时代早、中期较为常见，在贵州只见于织金的大岩洞。观音洞也有此情况，但加工方式不同，猫猫洞和穿洞的石器也有这种现象，但加工的方式、毛坯以及打片主要方法均不相同。

在第 5 层曾找到过 1 件磨制的骨器，系骨铲的刃部（?），刃口薄锐，稍有弧度。此外，在一些碎骨片上，可见连续打击的痕迹，也可能存在打击骨器。

（三）威宁王家院子地点的石器

该地点在威宁县西南，距县城 17 千米的草海湖岔南缘，东山公社王家院子村北（北纬 26°49′、东经 104°13′），海拔约 2200 米，是至今所知贵州境内唯一的旷野类型的地点。由于草海受地壳运动的影响，目前发现石器地点已处在草海的淹没区。含石器的上覆地层的厚度不等，一般在 1 ~ 2 米。石器和化石发现在菱铁矿结核层中，此层厚约 20 ~ 30 厘米，其下地层中发现化石，但无石器，基座为二叠纪灰岩。

与石器同层出土的哺乳动物化石比较破碎，石化程度中等，计有剑齿象、马、牛、鹿、水鹿和威宁轴鹿等，后者为新种。从旧石器地点的地貌位置和哺乳动物化石等方面看，其时代不会太早，但因发现剑齿象化石，表明其时代不会越出更新世，可能属于更新世晚期的后一阶段，相当于旧石器时代晚期。

经1982年两次工作，共采集到石器90多件，其主要原料是燧石，其中基本上是经修理过的工具，石片和石核数量不多，严格来说，还没有发现纯粹的石片。

石片和石核都比较粗大，最长者达99毫米。石核有单台面和多台面之别，后者居多，利用率也较高。石核的台面有打击的、自然的和预先修理过的。在石核工作面上遗有浅平的石片疤、散漫的打击点和清晰的放射线，台面角为55°（最锐者），最钝者为96°。显而易见，是用锤击法打片后留下来的石核。石片上诸人工特点与石核上互为呼应，表明当时人打片只用这一种方法。石片形态规整，呈三角形和梯形，其背面的石片疤多浅平，表示当时人掌握较高的打片技术。

石片工具稍多于石核工具。其石核工具在工具中占比例之高，在我国南方仅次于富林文化[①]，这是其文化的重要特点。

工具类型简单，刮削器最多，尖状器次之，还有一件较小型的砍砸器，至今未发现如石锥和雕刻器等小工具。

刮削器种类较繁，可分8类，但无例外地做了认真的加工，其上有层叠的小石片疤，刃亦比较匀称。在本类工具中，大、中型的工具多于小型的工具，复刃工具多于单刃工具，其中以端刃刮削器尤为突出。它形制规整，修理精工，数量也多，约占工具总数的20%。

尖状器是另一类重要工具，约占工具的10%，修理工作细致，可分3型：1）正尖尖状器，即尖刃在工具中轴的一端者；2）角尖尖状器，凡尖刃在侧角上者均属之；3）复尖尖状器，每件标本有两个尖刃者归这一型，其中有双正尖型和正、角型的标本。

在工具中，小工具数量少，但多于大型工具，中型工具占有重要地位。长度在40毫米以下的二具占20%，长度为41~60毫米的工具占65%，长度超过60毫米的大型工具则只占15%[②]。

全部工具都是用锤击法加工的，加工方式多样，有单向和基本单向加工的，后者指主要加工其一面，另一面则有个别打击痕迹。错向加工、对向加工和复向加工，且以后者为主要加工方式。对向加工虽然材料不多，在我国南方，除观音洞文化外，尚未再见过此种加工方式，因之，不失为其特点之一。

工具的修理虽有精、粗之别，但均认真地加工过，总的来说，加工精致的标本居多，反映其技术达到了较高的水平。

在修理工具时，常用垂直加工，因之刃口钝，刃角在80°以上的超过半数，亦是有代表性的特点。

如上所述，这批石器的特点主要有：复刃工具多于单刃工具，以复向加工和陡向修理处于主寻地位等。这些都是观音洞文化的重要特点。因之，似可认为草海发现的石器与观音洞文化属同一文化传

---

① 不包括广西百色盆地右江两岸的地表采集品，后者的石器组群需要作进一步的研究。
② 以上数据依第一批材料统计。

统，可能是观音洞早期文化的继承和发展，是观音洞晚期文化的一个变体。由于草海的新发现，使人想到，有必要重新估计观音洞文化的年代问题，目前至少可以说，对观音洞晚期文化的估计是偏早的。此外，上述特点也见于铜梁文化中，后者的工具约有三分之一是砍砸器，有较多的碰砧石片，均为草海石器所缺的。所以，两者在文化上有较密切的关系，但并非同一文化传统。

三、关于贵州旧石器时代晚期文化的特殊性和区域性问题

贵州近年来一系列旧石器时代晚期遗址的发现和发掘，积累了相当丰富的材料，从中可看到其特殊性，文化上的区域性也渐露出来，并使文化发展不平衡性的讨论有了可能。

（一）贵州旧石器时代晚期文化的特殊性

贵州旧石器时代晚期的文化，与我国南方和北方其他地区相比，存在着一定的差异，其主要表现在工具类型和加工技术等方面。它具有工具类型简单，而制作石器技术的多样性的特点。

（1）打片曾用四种方法：锤击法、锐棱砸击法、砸击法和碰砧法，都是直接打法，至今未见使用旧石器时代晚期发展起来的新的打片技术——击棒法（Punched technique）和压制技术（Pressured technique），而这些新的打片技术在世界各地和在华北的一些地区被旧石器时代晚期人类所应用。

由于使用这些打片方法，给石片和石核带来明显的影响。石片多数长大于宽，宽大于长的石片占相当大的比例，长宽比差超过一倍的标本很少。锐棱砸击石片形态规整，是自然形态；锤击石片多数不定型，少数呈三角形、梯形，乃至类似长石片。石核形制与石片相仿，但利用率均相当低，锐棱砸击石核尤其如此。

（2）从总体上看，石片工具占多数，但石核工具占较高的比例，其中用石块做的工具比较多。

（3）与其原始技术相适应，发现了一些加工石器的工具，锐棱砸击石锤只见于贵州，砸击石锤和石砧也有其特色。

（4）工具类型简单，主要是两大类：刮削器和尖状器，其制作之精美，类型之稳定为我国南方同期同类工具之冠。此外，还有少量的砍砸器和个别的雕刻器。我国北方旧石器时代晚期中有的石锥、石球和石镞（？）等类工具则未见到。

（5）在工具组合中，砍砸器颇有特色，无论是以小石器为主的文化或以大石器为主的文化中都保留了一些砍砸器，后者要比前者稍多一些。从全国范围来看，在数量上和地位上比我国南方各省（自治区）同期者要少，而比北方者其作用又不可忽视。在贵州旧石器时代晚期的工具组合中，砍砸器占比例最高的是猫猫洞文化，占 8.1%，其余则在 5% 以下。在云南元谋地点群的石器中，砍砸器占 17%，四川铜梁文化则占 33%，广西新州的采集品则占 54%①。在我国北方的旧石器时代晚期，砍砸器的作用微乎其微。

（6）工具都用锤击法加工而成，但其修理方式是多样的：有向背面的、向破裂面的、复向的、错向的和对向加工，小工具以向背面加工为主，大、中型工具以向破裂面加工居多。工具的刃口钝者少于锐者，但不同文化类型工具刃口的钝锐的比例有所不同。与我国至今所知的同期工具的水平相比，

---

① 依原报告提供数据统计，依笔者所见，其砍砸器所占比例要比这个百分比大。

贵州的水平略优于南方各省（自治区）。

（7）在材料比较丰富的地点都出土有骨、角工具或骨器，均系刮制或磨制而成。佢至今发现装饰品很少，未找到任何的艺术品。

从以上特点可以看出，贵州旧石器时代晚期文化有明显的进步，可能与其所处的时间有关，从已做过年代测定的地点资料看，均晚于距今2万年。

（二）关于区域性文化及其成因的探讨

考古文化本来就包含时空两个方面，这里用"区域性文化"一词，是针对目前旧石器考古文化只注意空间点，而忽视分布面的现实情况而提出，以引起对后者的重视。

从贵州已有的旧石器时代晚期文化资料来看，存在三个区域文化：猫猫洞文化和穿洞文化综合体的晚期文化，代表一个区域性文化，下称猫猫洞文化类型；观音洞晚期文化和草海的石器代表另一个区域性文化，下称草海文化类型；穿洞文化综合体的早期文化和马鞍山的石器代表第三个区域性文化，下称马鞍山文化类型。

1. 猫猫洞文化类型

这种区域性文化分布于黔西南，北起普定，南至兴义。其特点有：

（1）打片以锐棱砸击法为主，辅以锤击法。其所生产的石片和石核都比较粗大，多数长度超过60毫米。

（2）石片工具占比例很高，其中大部分是用锐棱砸击石片做的。据猫猫洞的统计资料，石片工具占82.7%，其中有79.5%是用锐棱砸击石片做的。其石片工具所占比例之高在全国旧石器重要遗址出土的工具组合中是首屈一指的。

（3）其工具都比较粗大，长度多在60毫米以上。加之上述的石片和石核体积亦较大，故这一区域性文化可称以大石器为主的文化类型。

（4）在工具中单刃工具多于复刃工具，锐刃工具多于钝刃工具，刃角多在60°左右，刃角超过80°的钝刃工具在猫猫洞工具中只占3.2%。

（5）其修理工具的方式与国内习见者不同，主要是向破裂面加工的。在猫猫洞工具中约有85%是用此方式修理成的。

（6）其工具修理得均较好，刃缘匀称，刃口锐利，类型稳定，尖状器和单凸刃刮削器尤为精致。其修理水平之高，工具造型之美，是我国南方所未见的，在华北，可与其相比的资料也不多，只有山西蒲县、内蒙古清水河县和准格尔旗的材料可与它媲美。

（7）存在磨制的或刮制的骨器和角器也是其文化的特点。

2. 草海文化类型

草海文化类型大概分布于黔西北地区。有以下特点：

（1）打片只用锤击法，打下的石片和打片后剩下的石核形制较规整，呈三角形或三棱形，体积均较大，长度都超过60毫米。

（2）在石器中工具的比率相当高，至少超过半数。没有纯粹的使用石片。工具较大，多数标本的长度为41~60毫米，中型工具是其主体。

（3）在工具组合中，主要是刮削器，次为尖状器，砍砸器作用可能是三种区域性文化中最弱的，有个别的雕刻器。

（4）其最重要的特点是常采用陡向和复向加工，前者则使刃口钝化，刃角多数超过 80°；后者使刃缘变得曲折，器形变得不规则，呈不等边的多边形，其中的复刃工具多于单刃工具。

（5）至今未发现任何的骨、角器、装饰品和艺术品，也未找到用火遗迹，文化内涵显得相当单调。

草海石器的主要特征与观音洞晚期文化相近，但两者也存在重要的差别，前者以中型石器居多，后者以小工具占优势。这种差异，可能是发展过程的产物。若如此，则草海的石器在时代上应晚于观音洞晚期文化。

3. 马鞍山文化类型

马鞍山文化类型主要分布区在贵阳以北、以西地区，已知有三个地点：普定穿洞、织金大岩洞和桐梓马鞍山。其文化的主要特征如下：

（1）打片主要用锤击法，偶用砸击法。

（2）工具毛坯以石片居多，但用小石块做的占有较高的比例，比猫猫洞文化类型要高得多。

（3）工具类型以刮削器为主，保留少量的砍砸器、尖状器和个别的雕刻器。单刃工具多于复刃工具。

（4）绝大多数的工具是小型的，长度小于 40 毫米，但也有一些大的工具。以小工具为主、兼有大的砾石石器为其特色。

（5）修理工具以向背面加工为主，制成的工具锐刃（刀角在 60°左右）多于钝刃。

（6）保留少量的磨制的骨器。

贵州境内存在多种区域性文化，究其成因，既可能与地理环境有关，更可能与氏族形成有关，一些民族学资料有助于对这个问题的探讨。居住在澳洲的塔斯马尼亚人的部落，具有与旧石器时代晚期文化可比较的文化面貌，其发展的水平亦相当于旧石器时代晚期者。据记载："塔斯马尼亚人的部落有固定的迁移区和狩猎区，常以山岗、河沟为界，不得逾越，如住在斯托姆湾（Storm Bay）之南或现在的哈巴特城（Hobart Town）附近的部落，便不能向巴斯海峡以北移动。"另外，塔斯马尼亚人和澳大利亚人氏族内部有较明确的分工，制造工具和狩猎则由男子来承担。活动区域的限制，工具制造有专人负责，久而久之，势必会出现分布于有限区域内独特的文化——"区域性文化"。

四、贵州旧石器研究的新进展，为台湾省远古文化之源提供可靠的证据

1968 年底及次年初，台湾省的地质学家林朝棨和考古学家宋文薰在台东县长滨乡樟原村附近的八仙姑洞穴群中找到了远古文化遗址。这个洞穴群共 12 个洞，在其中的 3 个洞内发现远古文化遗物，即乾元洞，海拔约 100 米，发现 20 余件石器；海雷洞，海拔为 70 米，找到 100 多件石器；潮音洞，海拔为 15～20 米，出土石器 3000 件左右和骨器 100 多件。这批材料，定名为"长滨文化"或"先陶文化"。

据报道，在石片之中，"出现频率很高、具富有特色的是，一宽面保留全砾石的原来石皮，另一宽面是一次剥落下来的片解面（作者注：即破裂面）……其外形，多呈很整齐的长条椭圆形"。依原作者的描述，这类石片既有纵向打下来的，也有横向打下来的，具有粗大的打击点，清晰的放射线，但半锥体不显。原研究者未确定其用何种方法打下来的，只说"用相当大的力气，打下所欲的石片来"。从所提供的图版看，也发现了打下这类石片的石核。

在工具方面，有刮削器、尖状器和砍砸器。刮削器和尖状器主要是用石片做的，大、小均有，依图版测量，多数长度超过 60 毫米，少数长度小于 40 毫米，主要是向背面修理成的。砍砸器是用石核和砾石做的，主要是向破裂面加工的，其中的端刃砍砸器颇有代表性。此类工具的修理工作显得粗糙。

骨器共 100 多件，有各式骨锥，其中有一型是一端扁宽、另一端尖锐的。此外，还有尾端带叉的骨锥、两端尖骨锥和骨针等。骨器均为磨制而成，表面光洁，造型精美。

宋文薰在研究这批材料后，对台湾远古文化之源作了探讨，他指出："两地者（作者注：指八仙姑洞和菲律宾的巴拉望洞）最为可能的祖籍是中国大陆"。在当时仅是一个推测，但在今天，"追根溯源海峡西"，已有了较丰富的可靠资料。

上面提到的、最常见的石片和石核，不难知道它是锐棱砸击石片和石核。最早的定名材料发现于水城的硝灰洞，只有石片，没有找到石核。后来在猫猫洞和穿洞上部文化层发现大量的锐棱砸击石片和石核。最近获悉，在广西、广东、云南、四川乃至西藏均发现有锐棱砸击石片，只有四川有属于旧石器时代者，其余均出自新石器时代遗址。以向破裂面加工为主的砍砸器也是猫猫洞文化类型的特点之一，其中的端刃砍砸器在四川铜梁、资阳以及稍早的湖北大冶石龙头地点均出过较多的这类工具。

潮音洞发现的骨器有一些类别的骨制工具如骨锥，特别是一端扁宽另一端尖的骨锥和有叉骨锥等均可与猫猫洞文化类型中找到对比的标本。显而易见，"长滨文化"与猫猫洞文化类型有着密切的关系。从时代上看，猫猫洞文化的年代（依铀子系法）为距今 14600±1200 年。"长滨文化"包括 3 个地点的出土物，它们之间海拔高度略有不同，从石器上看不出明显的差别，可视为同一时代的产品。即便有时间的差别，也不会相差很远。依潮音洞 ^{14}C 年代测定资料，共有 3 个数据，其中最大的年龄为距今 5340±260 年[1]。依此，又为文化发展的不平衡提供例证。由年代序列关系，虽然我们还不能说猫猫洞文化类型是"长滨文化"的直系祖先，至少可以说，猫猫洞文化类型为寻找台湾省远古文化之源提供了有意义的资料。

[原载《贵阳师范学报（社会科学版）》1933 年第 3 期]

---

① 原报告载：NTU－70 长滨乡潮音洞，T3P1S 坑，第 13 层，地表下 10.3 米，先陶文化层所采木炭年代为 3540±260B. C. 或 3370 ±260B. C. 。

贵州旧石器时代晚期文化研究的新认识

贵州境内旧石器时代晚期文化（下简称晚期文化）的研究始于 1974 年冬。经 10 多年努力，找到了十多处遗址或地点，获得了相当丰富的文化遗物、遗迹、人化石和共生哺乳动物化石（表 1）。众多的、特点鲜明的遗物陆续出土，不断地深化对晚期文化的认识。为便于讨论问题，似有必要回顾一下以往的工作。

一、研究史略

晚期文化的研究，从猫猫洞遗址发现开始。当最初接触到猫猫洞出土的遗物时，就有耳目一新之感。在一次报告中，我指出："猫猫洞石制品的特点鲜明，代表一种新的区域性文化，故命名为猫猫洞文化。"在指出该文化特点的同时，对其时代作了推测，"初步地认为猫猫洞文化的时代应属于旧石器时代之后期、其地质时代是临近更新世结束"①。这一推论为后来用铀系法年代测定所证实。在该文中，首次把"区域性文化"一词用于我国旧石器文化研究中。在猫猫洞石器研究报告中，再次重申这种文化不具有时空上的普遍意义，而是一种有鲜明特点的"区域性文化"②。此外，也曾探讨过该文化的特殊贡献，若干文化因素为其后文化所继承③。

穿洞遗址的研究表明，它"与猫猫洞文化属于同一文化类型"④，从而扩大了这一文化类型的分布区，有了由点到面的认识。依 1981 年首次发掘所得的材料，曹泽田提出："穿洞文化性质，既有猫猫洞文化中的相似类型，但亦有更多的与猫猫洞文化中不同的类型。这是穿洞出土物的一个非常明显的特征，应属有与猫猫洞文化同一区域性类型的异相文化，故将它命名为穿洞文化。"⑤ 笔者则依两次发掘（1981 年和 1983 年）的结果，认为"难以用'穿洞文化'一词来概括全部文化内涵，建议改用'穿洞文化综合体'一词"⑥。

1982 年对威宁王家院子地点的两次考察，采到一批旧石器，从区域和时间上考虑，它也有自身的特点，因此而提出"草海的石器与观音洞文化同属一个文化传统，它既可能是观音洞早期文化的继承者，也可能是观音洞晚期文化的一个变体"⑦。

① 张森水、曹泽田：《贵州旧石器文化概论》，《贵阳师院学报（社会科学版）》1980 年第 2 期，第 1～10 页。
② 曹泽田：《猫猫洞旧石器之研究》，《古脊椎动物与古人类》1982 年第 20 卷第 2 期，第 155～164 页。
③ 张森水：《贵州的新发现及其对我国旧石器考古学的意义》，《贵阳师院学报》1983 年第 3 期，第 15～24 页。
④ 张森水、曹泽田：《贵州旧石器文化概论》，《贵阳师院学报》1980 年第 2 期，第 1～10 页。
⑤ 曹泽田：《贵州省新发现的穿洞旧石器文化遗址》，《贵州社会科学》1982 年第 4 期，第 61～65 页。
⑥ 张森水：《贵州的新发现及其对我国旧石器考古学的意义》，《贵阳师院学报》1983 年第 3 期，第 15～24 页。
⑦ 吴茂霖、张森水、林树基：《贵州省旧石器新发现》，《人类学学报》1983 年第 2 卷第 4 期，第 320～330 页。

1981 年对桐梓马鞍山遗址的试掘，取得了可喜的成果。从石器上看，其主要特点不同于猫猫洞文化类型和草海的石器，曾把它看作是"代表第三个区域性文化"①，并推测过三个区域性文化的分布区：猫猫洞文化类型分布于黔西南，草海文化类型生衍于黔西北，马鞍山文化类型则存在于黔北②。

与此同时，对区域性文化的成因也曾作过揣测，"究其成因，既可能与地理因素有关，更可能与氏族形成有关"，"氏族的形成在这方面可能是起着主导作用"③。

在晚期文化研究中，普定白岩脚洞材料的研究有十分重要的意义。记述了 1000 多件石制品，总结了它的特点，简述了其文化地位④。这项研究为探讨各文化类型的关系提供了有意义的资料。

应该着重提到的是，李炎贤等对白岩脚洞出土的石器进行了详细的分类，在石器的加工方面提出了一系列分类原则⑤。它的意义远超过对一个地点石器的研究，而适用于整个旧石器时代石器的研究，对我国旧石器类型学和技术学的研究将起到继往开来的作用。

诚然，以往的晚期文化研究是不平衡的，在区域上，只限于贵阳以西地区，贵阳以东地区尚未开展工作；已发现的遗址不少，做过详细研究者不多。这无疑会给问题的讨论带来困难。因之，笔者拙见难免有失偏颇，请指正。

二、主要成果

在探索有关问题之前，总述一下已取得的研究成果似乎是有益的。晚期文化研究成果丰硕。已发表了 20 多篇论文、简报和消息报道。出土遗物颇难作准确的统计，但粗略的统计尚能做出，有 4 个遗址发现人化石，约有 100 件标本，其中包括头骨 1 具、下颌骨（整的或较完整的）5 件、股骨 5 件；至少有 8 个遗址发现用火遗迹；灰烬层、火堆遗存、烧土块、烧石和大量的烧骨；已发现石制品 3 万多件，但各遗址发现数量不等，最少的 12 件，最多的超过 2 万件；除三个地点外，其余各遗址都发现过磨制的骨器，少则数件，多则数百件，一些遗址出土有打击骨器，个别遗址还发现有装饰品（穿孔蚌器）；共生的哺乳动物化石有 20 多种，大体有两种情况，其一仍属大熊猫 – 剑齿象动物群，如马鞍山等遗址，另一是不见大熊猫、剑齿象和巨貘等绝灭种化石，但仍有犀牛（*Rhinoceros* sp.）化石和多种现生于我国南方的种属，如水牛和水鹿等，如穿洞上部文化层出土者。由以上所举的两例看，两类动物组合在时间上有先后之别，相差近万年，若考虑其他遗址，也要相差几千年。

晚期文化的重要表征是石制品，依已知多种类型的资料，大体可归纳为以下七点：

1. 当时人打片用过三种方法：锤击法、锐棱砸击法和砸击法，前者是普遍使用的方法，中者在某一区域是主要打片方法，后者的使用也限于一定范围，但不是主要方法。在猫猫洞曾发现过两件类似碰砧石片的标本，它既可能用锤击法打成，也不排除偶尔用碰砧法生产的。

2. 无论用何种方法打片，原料的消耗量都很大，石核的产片率都相当低；锤击石核多不定型，常

①　张森水：《贵州的新发现及其对我国旧石器考古学的意义》，《贵阳师院学报》1983 年第 3 期，第 15～24 页。
②　张森水：《我国南方旧时代石器晚期文化的若干问题》，《人类学学报》1983 年第 2 卷第 3 期，第 118～130 页。
③　张森水：《我国南方旧时代石器晚期文化的若干问题》，《人类学学报》1983 年第 2 卷第 3 期，第 118～130 页。
④　李炎贤、蔡回阳：《贵州普定白岩脚旧石器时代遗址》，《人类学学报》1986 年第 5 卷第 2 期，第 162～171 页。
⑤　李炎贤、蔡回阳：《贵州白岩脚洞石器的第二步加工》，《江汉考古》1986 年第 2 期，第 56～63 页。李炎贤、蔡回阳：《白岩脚洞石器类型研究》，《人类学学报》1986 年第 5 卷第 4 期，第 317～324 页。

用转向打法，基本上不修理台面；石片亦多不定型，少数呈梯形、三角形和长方形；锤击石片以打击台面居多，自然者占较高比例，极少数石片有台面脊，它可能与转向打法有关，其中少数石片也许是修理过台面的。锐棱砸击石片基本上是自然台面。

3. 石器的毛坯有片状的，包括锤击石片、锐棱砸击石片和断片，也有块状的，其中有石核、石块和砾石。石片石器居主要地位，但块状毛坯做的石器也占相当比例，若与华北同期各重要遗址的石器组合相比，块状毛坯做的石器的比例要高于北方者。

4. 各遗址的石器组合比较简单，主要是三大类：刮削器、砍砸器和尖刃器，个别遗址出土有少量的雕刻器，石锥、石镞和石球等则未见到；石器组合无例外地以刮削器为主要类型，砍砸器虽非主要类型，但各遗址均保留有一定数量，按比例计算，比华北同期者要高，尖刃器的地位则因文化类型的不同而差别显著。

5. 修理石器基本上用锤击法，但其加工方式是多样的：向背面、向破裂面、复向、错向、交互打击等，后两种居次要地位，前三种因文化类型不同，其地位则迥然相异。此外，在两个遗址曾发现三件石器是用砸击法加工成的。

6. 修理成的石器，总的说来，单刃和锐刃者居多，复刃和钝刃者居次，但这不是绝对的，个别文化类型则以后者为主要特点。

7. 存在多种类型的、加工石制品的工具。计有锤击石锤、砸击石锤、锐棱砸击石锤和石钻，还有难以分类的、又颇具特色的打击砾石。

晚期文化重大成就之一是出现了磨制的骨器。磨制骨器和角器的大量发现是晚期文化的重要研究成果，是对旧石器考古的可喜的贡献，一改我国旧石器时代晚期磨制骨器和角器贫乏的局面。在猫猫洞文化被研究以前，我国只有5件磨制骨器和2件角制品。没有报道过角器。

已发现的磨制骨器近1000件，已知有八个类型：骨锥（可分扁尖和圆锥两类）、骨铲（有单端刃和两端刃之别）、骨针、鱼叉、骨镞、骨刀、无刃扁骨棒和有刻纹的骨棒等。其制作工艺大体经碎骨选材、打制雏形、刮削修整和磨制定型四道工序；特殊类型，再作必要的加工，如鱼叉则刻刮出倒刺，镞要经刮制出翼这道工序，骨刀还要特加开刃工序。制作骨器的技术达到相当高的水平，造型精美，磨制光洁，与世界其他地区同时代器物制作技术相比，毫不逊色。

角器仅有角铲一类，依毛坯可分为角柱铲和角片铲；依加工，可分两面加工铲和单面加工铲，以单面刃者居多。角器的制作工序大体是首先从鹿角上剁下一段（也有剁一圈掰断的），若做角片铲，则将鹿角段劈开，接着用刮削器将剁下的鹿角段或片刮出一个刃口，刃角基本上在45°左右。经此两道工序，角铲就制成了，个别标本局部可见磨制痕迹，可能是使刃口更加平整而作的修整。

从以上总的情况的介绍可以看到，晚期文化既有共同点，而不同文化类型又各有特点，似有必要对已知的三个文化类型的特点作扼要的介绍。

三、各文化类型的特点

已如上述，晚期文化已知有三个类型，各具有自身的特点。现述要如后：

（一）猫猫洞文化类型

锐棱砸击法是重要的打片方法，锤击法居同等或次要地位。依猫猫洞出土的石制品（下简称猫猫洞者）统计，锐棱砸击石片占66％，锤击石片占12.9％。锤击石片和石核多不定型，基本上不修理台面。用上述两种方法打片，石核产片率低，石片较大，原料的利用率低。

以石片石器为主，猫猫洞者高达82.7％，其中有79.5％的石器是用锐棱砸击石片做的。

发现各类石锤和石砧。石砧的坑疤比较规则，常呈圆形，并且是两面对称的，猫猫洞者占石砧总数的2/3。存在数量相当多的打击砾石，其中以单端者居多，两端者少见。

石器类型简单，可分三大类：刮削器、尖刃器和砍砸器。类型稳定，前两类可见形制精美者。各类石器在石器组合中的地位如上述排列。

石器基本上用锤击法修理，大多数是向破裂面加工的，猫猫洞者占石器的85.2％。修理工作具较高水平，器形周正，刃缘匀称者多，刃口亦多锐利，常见刃角为60°左右。

石片和石器都比较长薄，一般长度为40～70毫米。

存在一定数量的骨、角器，达到了较高的水平，制造出多种类型、造型精美的骨、角器。

普遍懂得用火，属于这一文化类型的遗址基本上发现用火遗迹，仅红土洞例外。

（二）马鞍山文化类型

在已发表的文献中，把马鞍山遗址出土的遗物看作是一个文化组合，经1986年首次系统发掘，该遗址第6层和第7层之间有一个清楚的侵蚀面，第6层以上与其下出土物（石器和化石）有明显的不同，磨制骨器及用火遗迹只见于第6层以上文化堆积中，因之，这里所讨论的马鞍山文化类型，主要依据第6层以上各层的出土物。穿洞下部文化层的石制品、骨器和用火遗迹以及织金大岩洞的石制品可归这一文化类型。其文化的一般性质如次：

大多数石制品是小型的。长度多小于40毫米。

打片用锤击法和砸击法，以前者为主，后者为辅。锤击石片形态多样，不规整者居多，规则者少数，呈三角形、梯形和似长石片；石片台面以打击者居多，自然者居次，偶见似修理台面的标本；石核形状不规则，多面体石核居多。砸击石片基本上是小型的，略呈长方形。

石器主要是用石片做的，少数是用块状毛坯做的，但比前一文化类型要多一些。基本上用于制作大型石器。

类型优势更为集中，刮削器占绝对多数，有少量的砍砸器，尖刃器数量很少，加工粗糙，还有个别的类似短尖石锥。

修理石器基本上用锤击法，以向背面加工为主，也用向破裂面、复向、错向等方式。

发现多种类的骨器，有骨锥、鱼叉、骨镞、骨铲（？）和有刻纹的骨棒等，制作工艺水平亦高，有用小骨片直接磨制成体小尖利的骨锥。有相当数量的打击骨器，边刃类多于尖刃类。

懂得用火，发现丰富的用火遗迹，多处发现火堆遗存。

（三）草海文化类型

草海文化类型所知尚少，基本依据是威宁王家院子地点的材料。文化遗物仅石制品一类，共生的哺乳动物属大熊猫－剑齿象动物群。其石制品有以下的一些特点：

石制品较大，多数长度在 40 毫米以上。

打片用锤击法。石核有单台面的和多台面的，以后者居多，个别石核可看到修理台面的痕迹；石片形态多规整，常见有梯形、三角形和似长石片，后者数量较多。

以石片石器为主，块状毛坯做成者占较高的比例；很少有使用石片。

石器用锤击法修理，加工方式多样。以复向加工为主，致使刃缘曲折；在石器组[①]中，复刃石器多于单刃石器；在修理石器时，采用垂直或接近垂直加工，致使石器的刃口相当钝，刃角多在 80°以上；石器修理多较细致。

四、广布型文化和区域性文化

对以上三个文化类型特点的概述，可以看出，其中有不同点也有相同点，因此，必然会提出一个如何确定区域性文化的问题。换言之，划分区域性文化的原则是什么？笔者曾提出六项条件[②]，现在简化为石制品、骨制品及角制品的主要类型和主要加工技术或其他主要文化因素只分布于有限地区者，可看作是一个区域性文化。

笔者曾把石制品的大小作为划分区域性文化的标志之一，依发现的资料，此条原则似欠妥。石制品大小，在很大程度上与原料有关：质劣而成小块者，无法生产大的石制品，如马鞍山者，其燧石呈板状且多节理；质佳呈大块者，可生产大的石制品，如草海者。故石制品大小，在研究同时代文化关系时，以作为一般文化因素考虑为宜。

从三个文化类型的内涵看，每个类型包含着我国旧石器时代工业普遍存在的成分或广布型文化成分、常见于我国南方的一些文化因素和贵州某一地区特有的文化现象。广布型的文化成分有用锤击法打片，石核很少预先修理，石核多台面者多于单台面的；石片以打击台面居多，形态多不规整，使用石片较多（个别文化类型例外）；以石片石器为主，兼有相当数量的块状毛坯做的石器，石器组合以刮削器为主，兼有尖状器和砍砸器；用锤击法修理工具等。我国南方旧石器时代晚期常见的文化因素有：在石器组合中，块状毛坯占比例较高，有打击砾石和圆形坑疤砾石；石器类型简单，基本上是三大类：刮削器、尖状器和砍砸器，后者在石器组合中所占的比重，较之我国北方同时代者要大一些。

限于小区域的文化因素如以锐棱砸击法为主要打片方法，修理石器以向破裂面加工为主等，只见于北纬 25°10′～26°20′、东经 105°02′～105°47′的狭长地区；以多刃石器为主体，主要采用复向和陡向加工者，分布区更为窄小，已知者见于北纬 26°55′～27°20′、东经 104°13′～105°55′的区域内。

磨制骨器见于我国旧石器时代晚期者达 8 类之多，但大多数类型代表器物很少，难以判断其性质，可判断其区域分布者有两类：骨锥和骨铲，前者是广布型的，分布于北纬 25°10′～40°40′、东经 105°02′～122°10′的广大地区；后者属区域性的，大体分布于上面提到过的狭长地带。此外，骨针也可能是广布型的，南、北方均有发现。

---

① 石器组（Component）指单一层位出土的全部石制品；其上还提到石器组合（Assemblage），指同一遗迹几个层位出土的文化性质基本一致的石制品的全部；文化综合体（Complex）指多层遗址出土的文化性质或时代不同的文化的总和。

② 张森水：《我国南方旧时代石器晚期文化的若干问题》，《人类学学报》1983 年第 2 卷第 3 期，第 118～130 页。

依以上对石器组合的分析，可以认为猫猫洞文化类型是区域性文化，它的代表特点是以锐棱砸击法为主要打片方法，存在一定数量的打击砾石、圆形的两面对称的有坑疤砾石，大量用锐棱砸击石片制作石器和以向破裂面加工为其修理石器的主要方式等。草海文化类型可代表另一区域性文化，其特征是多刃石器多于单刃石器，修理石器主要用复向和陡向加工，致使刃缘曲折、刃口钝，刃角多在80°以上等。马鞍山文化类型，依石器特点，不具备区域性文化的特点，故不宜称区域性文化，应属广布型文化；至于其特点之一向背面加工也是我国南方和北方，尤其是北方，常见的主要加工石器的方式，由此，更进一步地说明其属性。

五、年代序列和文化的承启

从地层关系和年代测定的结果来看，马鞍山文化类型要早于猫猫洞文化类型，前者的第3层年代为距今1.8±0.1万年（铀系法）或^{14}C年代为距今1.51±0.15万年，其下的年代应超过距今2万年，与其属同一文化类型的穿洞下部文化的年代约为距今16000年（铀系法）。猫猫洞文化类型，已有的年代测定数据，没有超过距今15000年的。由穿洞文化综合体来看，下部属马鞍山文化类型，上部则包含有猫猫洞文化类型的主要成分，其时代已不到1万年。白岩脚洞出石器的主要层位——第3层，也是猫猫洞文化因素清晰可见的层位，^{14}C年代为距今12080±200年。草海文化类型的时代目前尚不清楚，初步估计为距今3万~2万年。

猫猫洞文化类型的祖型尚待深入研究，若以锐棱砸击法为主要打片方法这一点而言，硝灰洞的文化可能是其源。硝灰洞（北纬28°15′、东经106°45′）遗址因筑路造到严重的破坏，经清理和发据，得石制品53件：石锤2件、锤击石片5件、锐棱砸击石片28、石器5件，其余为难以分类的标本。依现有资料，可以确定锐棱砸击法是其主要打片方法。硝灰洞的时代，依铀系法测定，为距今5.2±0.3万年。从时代上看，上述看法得到了支持。从硝灰洞到猫猫洞文化在时空上有明显的空缺，这之间文化演进尚无资料，但以猫猫洞文化为代表的这一文化类型延续时间可能近万年之久，穿洞最上层的年代，依^{14}C测定，为距今8500年左右。台湾省的长滨文化有与猫猫洞文化类型中的锐棱砸击石片一样的石片并大量地出现于潮音洞的出土物中，年代仅距今5000年左右。

猫猫洞文化类型的某些文化因素为其后文化所继承，磨制骨器自不待言，仅就石制品言，锐棱砸击石片在云、贵、川、藏、桂、粤诸省、自治区的新石器时代遗址中常有发现；两面对称的有坑疤砾石是两广地区旧石器时代晚期或新石器时代遗址出土的圈石的祖型似无疑问；打击砾石，常见于广西山洞的含丰富螺蛳壳的堆积中，彼此有一定关系是不难理解的。

草海文化类型源流是观音洞文化，它的特点基本上是观音洞文化特点。观音洞文化[①]的晚期，依铀系法测定，年代为距今5.3±0.3万年，可以估计，草海石器的时代要晚于观音洞晚期的文化。

草海的石器与观音洞晚期者在主要方面是一致的，但也有一些小的差别，端刃刮削器比观音洞晚期者占比例高，而尖刃器的作用恰好相反，雕刻器未见于草海石器组合中；石制品的尺寸，草海者平均值要大一些。这些差异，可视为发展中的产物，使其更具区域性文化色彩。

---

① 李炎贤、文本亨：《观音洞——贵州黔西旧石器时代初期文化遗址》，文物出版社，1986年。

关于马鞍山文化类型的渊源问题，将在文化交流的问题中进行讨论。

六、文化交流问题

草海文化类型由于工作做得少，与另两个文化类型的交流关系有待今后的研究。马鞍山文化类型与猫猫洞文化类型的交流关系，由于穿洞、白岩脚洞和桃花洞遗址的发掘和大量遗物的出土，使我们对这个问题有了一定的认识。

在白岩脚洞石制品中，存在大量小型的石片和小型的石器，也存在一定数量的锐棱砸击石片和用它做的、以向破裂面加工为主的各类石器，但没有猫猫洞者比例高，骨器也仅有 2 件。这表明白岩脚洞的石器组合主体是马鞍山文化类型，但也包含了猫猫洞文化类型的若干重要因素，因文化交流而产生有些混合色彩的文化。

穿洞上部文化层的石器组合混合色彩更为明显，锐棱砸击石核、石片、打击砾石、各类石锤、用锐棱砸击石片做的各类石器是常见的器物，而锐棱砸击石片及用它做的、向破裂面加工的石器虽绝对量没有小型的锤击石片和石器多，但占有较高的比例。特别突出的是存在大量的骨器，骨锥之多超过猫猫洞者，骨铲虽不见于猫猫洞遗址，但同类型文化屡有发现，而其发现数量之多，还没有可与其匹敌的。由此可见，穿洞上部文化落入了更多的猫猫洞文化类型的文化因素。桃花洞的情况也大体相仿。

由以上两地点石器组合中所含猫猫洞文化类型的成分多寡，可看到一些迹象，时间早者，如白岩脚洞，主要出石制品的第 3 层 ^{14}C 年代为距今 11740±200 年或距今 12800±200 年，含猫猫洞文化类型的成分少一些；而时代晚的，如穿洞上部文化，最早的约距今 1 万年，晚的约距今 8500 年，已属于旧石器时代后期猫猫洞，文化类型的文化影响更为明显，显示出不断加深的趋势，并沿着大力发展磨制骨器方向发展，在石器方面，量有所增加，而质方面无甚改善，却有退化的趋势。

马鞍山文化类型，已知者在今贵昆铁路（贵州境内）两侧的东段，在稍晚时期吸收了与猫猫洞文化类型的若干主要成分，形成特殊的文化；在黔北，则可能仍保留自身的特点，有别于本省的其他两个文化类型，但其主要特点与邻近省乃至我国北方许多旧石器时代遗址出土的石器组合很相近，如四川的富林文化、云南的龙潭山石制品[1]和湖北房县的石制品（房县的石制品均采自地表，不论来自何级阶地，性质一致，故都归旧石器时代晚期）等，我国北方具有类似特点的工具组合的遗址不下几十处，重要的如大荔人地点、许家窑、峙峪、仙人洞、楼房子等。这就向我们提出一个问题，马鞍山文化类型的渊源问题，估计有两个可能：承袭南方有较早的文化而形成这种广布型文化，另一种是由北方传入的。究属何种可能性大一些，不妨对已发现材料做点分析。

我国南方最早的石器是元谋人的石器，出自地层者 3 件，均为刮削器，多用复向加工，其一"很像砸击修理的"[2]；稍晚为桐梓人的石制品，打片用锤击法，修理石器用复向加工。两地点石制品少，比较困难，就修理方式言，关系较疏。材料丰富的观音洞文化，已如前述，难以认为是马鞍山文化类型之源；湖北大冶石龙头的石器粗大，且主要是复向加工成的，似不可能是马鞍山文化类型的祖型。

---

① 邱中郎、张银运、胡绍锦：《昆明呈贡龙潭山第 2 地点的人化石和旧石器》，《人类学学报》1985 年第 4 卷第 3 期，第 233 ~ 241 页。

② 张森水：《中国旧石器文化》，天津科学技术出版社，1987 年。

已经列举过的邻近省份的、属同一阶段的遗址，多无年代测定，仅龙潭山二号地点做过年代测定，^{14}C 年代为距今 3.05 ±0.08 万年，可能与马鞍山第 6 层相当，故也不能认为从云南呈贡龙潭山遗址的文化发展而成。就目前资料，若假说源于南方旧石器文化，则其祖型至今仍未发现，因为目前尚难有渊源关系的对比资料。

若与北方旧石器时代早、中期文化相比，可对比的材料是丰富的。早期的如北京人文化，稍晚的如周口店第 15 地点文化和许家窑文化等。因之，不能排除，北方的小石器文化传统在旧石器时代中期扩散到南方各地的可能性。

假定马鞍山文化类型是北方旧石器文化南迁的产物，这就提出一个迁入路线问题。可否假设越秦岭而入？高山阻隔，困难重重。更何况秦岭南坡汉中地区的石器也与小石器传统的工具组合很难对比，似可排除由秦岭南传的可能。从地理上考虑，在秦岭的东侧、伏牛山的西侧有一地势相对平缓的地带，是有利于远古人类文化的传播的。在历史上，就曾发生过中原高度发达的文化，通过所谓的"南阳通道"，与江汉平原和两湖地区的土著文化融合而成高度发展的楚文化。目前，在房县已找到这种广布型的文化遗物。或许是经这条通道南传的证迹。但目前旧石器文化在这一地区分布情况所知甚少，以上推测，是否正确，有待今后工作来验证。

晚期文化研究新成果表明，区域性文化某些成分形成是比较早的，具鲜明特点的、成熟的区域性文化的形成是与氏族形成有关，但不是在氏族发展的最初时期，而是氏族发展的某一阶段；从考古时代上，可能属于旧石器时代晚期的中、后期。

（原载《考古与文物》1989 年第 2 期）

表1　　贵州旧石器时代晚期文化遗址一览

地点名称	地理位置	地理坐标	发现时间	发现者与研究者	发现物和遗迹摘要	相对或绝对年代	遗迹或地点类型
猫猫洞	兴义县东北25千米顶效乡	E. 105°02' N. 25°11'	1974年冬	曹泽田 狄欣佥	石制品4000余件，骨器4件、角器10件，较丰富的用火遗迹，人化石7件和哺乳类化石9种	14600±1200年（铀系法）	岩厦
大岩洞	织金城南约1千米	E. 105°44' N. 26°41'	1977年4月	曹泽田 张森水	石制品12件：锤击石核和石片，砍砸器、刮削器和尖状器	旧石器时代晚期	洞穴（部分脱层）
神仙洞	长顺县北21千米广顺朱远寨	E. 106°21' N. 26°21'	1978年1月	谭用中 张福定	石制品200余件，骨器10余件，较丰富的用火遗迹和哺乳类化石9种	同上	同上
白岩脚洞	普定西南约9千米白岩脚寨	E. 105°41' N. 26°15'	1978年8月	秦启万 蔡回阳 李炎贤	石制品1000多件，骨器2件，用火遗迹和哺乳类化石10种（指3~7层者）	L. 3 12080±200年 L. 5 14630±260年（^{14}C）	同上
穿洞	普定西约5千米穿洞村	E. 105°45' N. 26°17'	1978年8月	曹泽田 李雄 张森水	石制品2万多件，骨器800多件，人化石数十件，丰富的用火遗迹和哺乳类化石约15种	16600~8500年（^{14}C）	岩厦—洞穴
飞虎山	平坝县南白云乡平庄飞虎山	E. 106°14' N. 26°14'	1978年	李衍垣 万光云	石制品532件、骨、角器79件，哺乳类化石10余种	12920±330年 13340±500（^{14}C）	洞穴
红土洞	普定西北约17千米双山	E. 105°36' N. 26°21'	1979年5月	余锦标 蔡回阳 曹泽田 张森水	石制品100余件、角器10余件、石鹿麂等数种	旧石器时代晚期或稍晚	同上（全部脱层）
马鞍山	桐梓城南偏东约3千米	E. 106°19' N. 28°07'	1980年4月	曹泽田 蔡回阳 张森水	石制品700多件，人化石1件，骨器10件，丰富的用火遗迹和哺乳类化石15种	1.8±0.1万年（铀系法） 1.51±0.15万年（^{14}C）	岩厦

续表

地点 名称	地理 位置	地理 坐标	发现 时间	发现者与 研究者	发现物和 遗迹摘要	相对或 绝对年代	遗迹或 地点类型
王家院子	威宁县城东南约 17 千米	E. 104°13′ N. 26°49′	1982 年春	吴茂霖 张连学 张森水 曹泽田	石制品 70 多件和哺乳类化石 6 种	旧石器时代晚期	洪滨阶地 （部分脱层）
菩萨洞	安龙县城南 3 千米铜鼓山	E. 105°08′ N. 25°05′	1983 年 5 月	蔡回阳 董光荣	石制品 2000 多件和鹿等哺乳类化石	同上	洞穴
桃花洞	六枝特区镇西北 1 千米桃花山	E. 105°27′ N. 26°12′	1983 年 10 月	曹泽田 曹波	石制品 240 余件，骨锥和穿孔蚌器各 2 件，用火遗迹，人股骨化石 1 件和哺乳类化石 10 余种	同上	同上
老鸦洞	毕节青场区公所附近	E. 105°10′ N. 27°20′	1983 年 11 月	蔡回阳 许春华	石制品 100 余件和哺乳类化石 8 种	约 18000 年（^{14}C）	同上
观音洞	安龙城西约 28 千米龙广场	E. 105°12′ N. 25°05′	1985 年 3 月	蔡回阳	石制品数百件，骨、角器几件，用火遗迹（包括两个灰烬层），哺乳类化石 10 多种	旧石器时代晚期或稍晚	同上 （全部脱层）
张口洞	兴义县西南丰都大坝	E. 104°56′ N. 25°03′	1985 年 3 月	蔡回阳	石制品数百件，骨、角器几件，用火遗迹（包含一个灰烬层），哺乳动物化石 10 多种	同上	同上 （全部脱层）

马鞍山旧石器遗址试掘报告

一、遗址的地理位置、地层和化石

马鞍山旧石器时代文化遗址位于桐梓县东南约 2 千米处，在良种场区内，地理坐标约为北纬 106°49′37″、东经 28°07′8″。该遗址埋于岩厦内，岩厦敞口向北，略偏东。岩厦现地面高出天门河水面约 40 米，海拔 960 米。天门河由东向西从马鞍山脚下流过。

1980 年，曹泽田等曾对该遗址作过调查，笔者等①继于 1981 年 10 月对该遗址作深入的踏勘，并进行了为期一周的试掘，弄清了遗址的性质，确认它是一处内涵较丰富的旧石器文化遗址，野外编号为 810001 地点。试掘挖了两条探沟，其中的探沟 1（T1）掘进深度约 1.2 米，从上到下分为 7 层（图一）。各层岩性述要如下：

1. 表土层：浅灰色松土，含陶片和现代人牙等，厚 5 ~ 10 厘米。

2. 棕黄色亚黏土：堆积致密，中夹少量的灰岩角砾，发现鹿颊齿和石片，厚约 20 厘米。

3. 灰、黑、褐、黄、红等杂色土：不分带，混杂在一起，中夹较多的、小块的角砾，富含石器和化石，厚约 40 厘米。

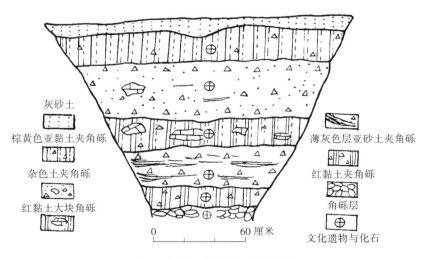

灰砂土

棕黄色亚黏土夹角砾

杂色土夹角砾

红黏土大块角砾

薄灰色层亚砂土夹角砾

红黏土夹角砾

角砾层

文化遗物与化石

0　　　　60 厘米

图一　马鞍山遗址 T1 西壁剖面

① 参加这次工作的，除笔者外，有重庆自然博物馆李宣民和吉林大学历史系陈全家同志；曹泽田同志提供线索，山西省考古研究所李建生同志拍摄图版照片，笔者向他们谨致谢意。

4. 棕红色黏土：黏性和含水分都大，富含板块状角砾，一般长 5～10 厘米，最长者达 60 厘米，发现少量碎骨和石器，厚约 25 厘米。

5. 深褐色土：中夹薄层灰烬和小角砾，出土巨貘等多种化石和 23 件石器，厚约 25 厘米。

6. 浅紫色黏土：质细而稍黏，中夹小砾石，砾径多为 1 厘米左右，呈星点状分布，从中发现少量的碎骨。

7. 角砾层中夹黄色亚砂土，堆积致密，角砾多，砾径一般为 5～10 厘米。已挖堆积约 20 厘米尚见底，发现犀牛等化石和 5 件石器。

已发现的哺乳动物化石，均甚破碎，或为碎骨，或为单个牙齿及两件残下颌骨；第 2～6 层者，石化程度中等，呈黄褐色；第 7 层者石化程度高，呈杏黄色。经初步鉴定，哺乳动物化石名录如下：

啮齿目（Rodentia）、竹鼠（*Rhyzomys* sp.）、豪猪（*Hystrix* sp.）、巨貘（*Megatapirus augustus*）、犀（*Rhinoceros* sp.）、可能为中国犀（*R. sinensis*）、鹿（*Cervus* sp.）、麂（*Muntiacus* sp.）、水牛（*Bubalus* sp.）、山羊（Caprinae gen. et sp. indet.）、猕猴（*Macaca* sp.）。依以上化石名录，尽管未发现大熊猫和剑齿象化石，但有巨貘和可能是中国犀等化石的出土，仍可把它归为华南大熊猫 – 剑齿象动物群，已知的绝灭种仅巨貘一种，故其时代可能偏晚，暂定为晚更新世的后期。

二、文化遗迹和遗物

试掘结果，获得较丰富的用火遗迹：薄灰烬层、烧石、红烧土块和烧骨，出自第 3 层的烧骨作含碳量分析，含碳量为 20.18%；发现了数十件碎骨，多数无明显的打击痕迹，但亦有 5 件标本的一侧或一端可见连续的打击痕迹，类似石器之修理，故这些标本应是打击骨器。此外，还有一件磨制骨器，出自第 5 层，长 32、现宽 27（左侧稍残）、厚 6 毫米，右侧尚可见向骨内壁连续打击痕迹，刃口平直，前端经磨制加工，修出一个短斜刃，侧面观呈缓弧形，刃角为 61°。

石器 175 件。出自第 2～5 层和第 7 层，第 6 层暂未发现，80% 的石器出自第 3 层，第 5 层也较多，详见表 1。做石器的原料，主要是燧石，占 87.4%，砂岩占 6.3%，石英岩、火山岩、灰岩和石英砂岩各占 1.1%，火成岩、砾岩和硅化灰岩各占 0.57%。石器分类亦见表 1。以下分类记述其特征。

1. 锤击石核

锤击石核 15 件，其中有单台面者 10 件，多台面者 5 件。无论哪一类石核，或多或少都保留自然面，常见者是较小型的和不定型的，石核体基本上不做修理。

（1）单台面石核，大小有一定的变异，长度为 27～50、宽度为 28～88、厚度为 12～59 毫米，其中有 4 件是宽体石核①，其余为窄体石核，其长宽指数为 136。自然台面者 7 件，打击者 3 件，其一可能被修理过。本类石核单工作面者 7 件，双工作面者 3 件。工作面上只有一层石片疤的 3 件，两层的 7 件，后者既有都是浅平的，也有近缘细碎远缘浅平的。其上石片疤多规则，常呈梯形或三角形。P. 6330 号是形制较规整的石核，略呈长方形，左右侧曾做过粗略的加工。台面为节理面，稍向后倾斜，台面前缘可见多个打击点，工作面上遗有一块梯形的石片疤。

---

① 宽度大于长度者为宽体，反之为窄体。

各层石器分类及测量统计

表1

层位与项目＼类型	锤击石核单台面	锤击石核多台面	砸击石核	锤击石片残片	锤击石片半边	锤击石片整片	砸击石片	锤击石锤	锐棱砸击石锤	砸击石锤	刮削器单直刃	刮削器单凸刃	刮削器单凹刃	刮削器两刃	刮削器多刃	刮削器端刃	尖刃器	石锥(?)	砍砸器两刃	砍砸器复刃	砍砸器端刃	次品	分层统计
第2层						1																	1
第3层	8	4	8	7	9	39	9	4	1		4	3	4	4	2	3	1	1	3	1	1	24	140
第4层		1				1						1		1								2	6
第5层	2		1	5		7	2			1		3			1	1							23
第6层																							
第7层				1										1	1		1					1	5
分类小计	10	5	9	13	9	48	11	4	1	1	4	7	4	6	4	4	2	1	3	1	1	27	175
百分比	5.7	2.9	5.1	7.4	5.1	27.4	6.3	2.3	0.6	0.6	2.3	4.0	2.3	3.4	2.3	2.3	1.1	0.6	1.7	0.6	0.6	15.4	100
长度	34.9	54.2	34.5		35.0	32.1	28.7	102.0	131.0	108.0	33.3	37.8	40.3	44.5	49.5	53.5	40.0	20.0	94.0	66.0	115.0		
宽度	47.3	46.0	24.1			35.3	22.8	69.3	105.0	68.0	26.3	25.4	33.5	31.3	41.3	30.5	33.5	19.0	77.7	48.0	94.0		
厚度	29.9	27.6	13.4	7.7	10.3	11.5	6.6	37.8	72.0	4.10	10.5	12.9	11.3	14.8	16.8	16.0	13.0	10.0	37.0	38.0	63.0		
重量								434.0	947.0	405.0	12.5	14.1	14.3	26.8	50.3	39.5	15.5	4.0	338.7	127.0	769.0		
角度	77.7	80.5			99.2	106.4					55.0	62.7	60.8	67.8	76.2	60.3/68.4	52.5/57.5	79.0/75.5	65.5	79.7	67.0		

注：1）斜线上代表端刃和尖刃角，线下代表侧刃角。

　　2）尺寸单位为毫米，重量单位为克。

（2）多台面石核　5件，均为双台面。体积变异稍小于前一类，最短为36、最长为66毫米，最窄为37、最宽为52毫米，最厚为34、最薄为24毫米。其中宽体者2件，窄体者3件，长宽指数为83。有一件石核有两度打击的痕迹。石核上诸人工特点清楚，台面性质多样，自然和自然打击者各2件，一台面为自然面、另一台面修理成者1件。台面角最钝的为90°，最锐的为63°。4件标本打片方向相对，另一呈90°。本类石核上所遗留的石片疤形态亦较规则，有单层的、双层的和三层的，后者仅1件，近缘者极细碎，乃打片不成功之证迹。

2. 锤击石片

70件。依现存情况，有三类：残片、半边石片和整片。残片13件，作为锤击石片的诸人工特点均已不存，但由背面石片疤的特征，仍可窥知原是锤击石片；半边石片均为从打击点处纵向裂开、现仅存一半的石片，计9件，其中有两件可见使用痕迹；整片48件，仅指反映锤击石片诸人工特点完好保存的石片，其中也有一些远端有不同程度残缺的标本，约占这类石片总数的25%。

本类标本（指整片）大小差异较大，最短11、最长69毫米，最窄16、最宽83毫米，最薄4、最厚36毫米，长宽指数为110，其中长型石片[①]14件，宽型石片31件，长宽相等的石片3件。台面性质多样，自然者18件、打击者14件、半自然半打击者5件、有台面脊者10件和线状台面1件。打击点等诸人工特点清楚，在一些石片上可见疤痕和同心波，石片角变异较大，最锐者为75°，最钝者137°。

本类标本的背面，多不见自然面，遗有一块以上浅平的石片疤，少数石片不同程度保留自然面。台面后缘常见一个或几个打击点，也有不见打击点的。石片背面的石片疤多浅平，少数的是不平的。石片形态不规则的约占半数，梯形者比较常见，如P. 6332和P. 6352号，似矩形亦颇习见，三角形和似长石片者不多。

在锤击石片中，使用石片较多，细疤见于两面者多于一面的，见于一端的不多，遗留在尖角上的极少。

3. 砸击石核

9件，除一件长60毫米外，其余均小于40毫米。其中属窄体者8件，宽体者1件，但无例外地都比较扁，宽厚指数仅29。一端可见砸痕的2件，两端可见砸痕的7件。本类标本两面均遗有石片疤，但常常是一面较平，相背面较凸。

4. 砸击石片

11件，一端石片多于两端石片，形制不甚规则，多数是长型的。P. 3637号（图二）是两端石片，形制不规整，其左侧可见使用和局部修整的痕迹，使边缘变得凹凸不平。

5. 石锤

石锤是加工石器的，也称甲类工具，其上的破损痕迹是使用过程造成的，非事先加工的。依破损痕迹的不同，可再分为：锤击石锤，它们又有单端和两端之别；锐棱砸击石锤，因使用，使一个侧边呈马鞍形，并变得粗糙不平；砸击石锤，在卵圆形的砾石上留下散漫的坑疤。

---

①　长型石片指不拘形态、长度大于宽度的石片，有别于有特定含义的长石片（Blade）。

0　　1 厘米

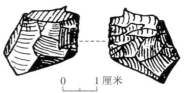

0　　1 厘米

图二　两端石片　　　　　　　　　图三　砸击加工的单直刃刮削器

6. 刮削器

刮削器与下述三类工具一起也称乙类工具，主要用于加工生活用品。本类工具共 29 件，以小型的居多，复刃者要大于单刃的。做刮削器的毛坯多样，片状者与块状者所差较微。除一例砸击成者外，其余均为锤击加工的。刮削器形态多样，可分 7 类。

（1）单直刃刮削器

4 件。以右刃和整长边修理成者居多，修理工作有较好的和差的，既有向背面加工的，也有向破裂面加工的，还有一件是砸击加工成的，即 P. 3642 号（图三）。它原是锤击石片，刃口在左侧，系用砸击法加工而成。其侧脊较曲，两面遗有浅平的小石片疤，并可见放射线。用砸击法修理工具，在我国南方还是首次发现，最先则见于周口店第 1 地点①。

（2）单凸刃刮削器

7 件。均有一个缓弧形凸刃，以整个长边修理成者居多，大多数刃口在右侧，加工方式多样，以复向加工为主，刃口较锐，刃缘则多不平齐，P. 6353 和 P. 6357 号是有代表性的标本。

（3）单凹刃刮削器

4 件。刃口在左或右侧者各半，修理方式多样，加工粗糙，刃缘曲折，刃口有钝有锐，刃角最锐者为 42°，最钝者为 78°，刃口均呈稍不规则的缓凹刃。

（4）两刃刮削器

6 件。用片状或块状毛坯做成者各半，端侧成刃者多于两长边成刃的，加工方式多样，刃口组合繁复，有双凸刃、直凸刃和直凹刃之别。修理工作优劣均兼，P. 6347 号是修理得好的。它端侧成刃，修理痕迹仅见于近缘，端刃锐，刃角为 50°，系向背面加工而成；左侧刃为斜刃，刃角为 51°，刃缘呈波纹形，可见使用痕迹。

（5）多刃刮削器

4 件。每件标本均有三个刃口，刃口组合为三凸刃和直凸凸刃各 2 件，都是复向加工的，修理工作粗糙者多，刃缘不平齐，刃口相当钝。其中的 P. 6419 号是唯一用石核做的，左侧和上、下端都有粗糙的加工或局部修理的痕迹。

① 裴文中、张森水：《中国猿人石器研究》，科学出版社，1985 年。Pei，W. C.，1931，Note of the Discovery of Quartz and Other Stone Artifacts in the Lower Pleistocene Hominid – bearing Sediments of the Choukoutien Cave Deposit，*Bull. Geol. Soc. China*，11：109 – 146.

（6）端刃刮削器

4件。用石片或石块做成的各2件，形态略异，可再分为圆端刃、平端刃和角端刀三型。有两件标本两侧做过修理，分别为凹凸刃和直凸刃。端刃的修理多较粗糙，圆端刃和平端刃为常见的类型，角端刃不多见，予以记述。P. 6358号，修理工作细致，将前端右侧和右上角修理成缓弧形凸刃，其上可见多块草叶状的小石片疤。其右侧也做了修理，为凹缺刃。

7. 尖刃器（Pointed tool）

以往称尖状器，其所以更名，基于以下两点考虑：1）狭义的旧石器分类（指乙类工具）第一级标准统一以功能为分类依据；2）放弃以形分类，可免一些误解：将单边加工的有尖工具或将三角形石片的远端尖归于尖状器[1]。综合1928年以来对这类石器所下的定义，加之笔者的拙见，给尖刃器以如下的定义：它是一类小型的工具，毛坯相邻的两边或更多边做过修理，两修理边相交而成一可用的尖刃，其功能类似今日之尖刀。在英文译法上，建议不用1928年以来我国旧石器文献中习用的译法"Point"，而采用德日进和裴文中1932年曾用过的名词"Pointed implement"[2] 或 "Pointed tool"。

尖刃器2件，加工均较细致。P. 6359号，左侧是以向背面加工的为主，至尖端近处作反方向加工，使左侧明显向中倾斜，右侧基本上是向背面加工的，但在尖端处反方向打了一下，使尖刃部变得更加薄锐。两侧刃在中轴一端相交成较钝的尖刃，属正尖尖刃器。另一件为侧尖尖刃器，尖刃偏向左侧。

8. 石锥（？）

1件，系用小石块做成，长20、宽19、厚10毫米，前端两侧作错向粗琢，被修理端的中部生成龟头状尖突，状若短尖石锥。

9. 砍砸器

（1）两刃砍砸器

3件。均用石块制成，有两长边成刃的，也有端侧成刃的，刃口组合分别为直凸、直凹和凹凸刃。修理工作较粗糙，均用复向加工，刃缘曲折。P. 6351号（图四）左侧为直刃，系向较平的一面打击，小石片疤短宽；另一刃口为深波形凸刃，系右侧和顶边之一部相连而成。在这个刃口上，两面可见鳞状的小石片疤；从侧面看，有曲折的侧脊，小石片疤沿侧脊向两面排列，类似痕迹很像是砸击成的。用砸击法修理砍砸器，在国内属首次发现。

（2）端刃砍砸器

1件。系用燧石块做成，加工痕迹只见于端刃部。端刃平直，其上有两层小石片疤，系由较平的面向较凸的面打击。近缘的两面有细疤，可能是使用的结果。

（3）复刃砍砸器

1件。系用石块做成，将左、右侧和前端加工成刃，均用交互打击法修理，刃口组合为直凸刃，加工粗糙，刃缘曲折，刃口钝厚，形似小型的斧形砍砸器。

---

① Bordes，F.，1979，*Typologic du Paléolithique Ancient et Moyen*. Institut du Quaternaire Université de Pordeaux I.

② Teilhard de chardin，P. and Pei W. C.，1932，The Lithic Industrg of the Sinanthropus Deposits in Choukoutien. *Bull Geol Soc China*，11：317－358.

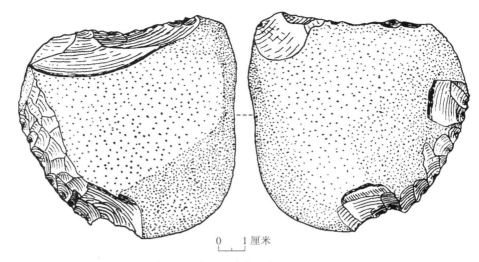

0　　1 厘米

图四　锤击和砸击加工的两刃砍砸器

三、节略与讨论

（一）文化的一般性质

综上所述，马鞍山石器的一般性质，可归纳如下：

1. 打片以锤击法为主，砸击法为辅，锤击产品（石核与石片）占石器总数的 38.8%，砸击者占 11.4%。

2. 无论是石片或石核，形制规整者极少。在一定程度上，受燧石质劣的影响，很少修理台面和石核体。

3. 使用石片比较多。

4. 工具组合：甲类有砸击、锐棱砸击和锤击石锤，乙类有刮削器、尖刃器、石锥（？）和砍砸器。

5. 乙类工具片状毛坯与块状毛坯数量相仿。因试掘材料有限，目前尚难定工业性质。

6. 乙类工具主要是刮削器，占 78.3%，砍砸器居第二位，占 13.5%，尖刃器占 5.4%，石锥（？）占 2.7%。砍砸器占比例较高是我国南方旧石器时代晚期工具组合的一个特点。

7. 乙类工具以小型者[①]居多，但大、中型者占较高的比例。依长度计，小型工具占 51.3%，中型者占 22.2%，大型者占 27.5%；依重量计，微型者占 18.9%，小型者占 37.8%，中型者占 16.2%，大型者占 27.5%。从以上统计数字可以看出，当时人对工具的毛坯有一定的选择，选较薄者做乙类工具。就刮削器言，大、中型者常见于复刃工具，单刃者罕见。

8. 修理乙类工具曾用两种方法：锤击法和砸击法。锤击加工的方式是多样的，复向加工居首位，占 45.9%，向破裂面加工者占 21.6%，向背面加工者占 18.9%，错向加工者占 8.1%，交互打击者占 2.7%；一件刮削器和一件两刃砍砸器的一个刃口是用砸击法加工成的。

9. 单刃工具和复刃工具[②]在数量上恰好相当。乙类工具共计有 69 个刃口，刃角在 50°以下者占

---

① 分级标准依《中国猿人石器研究》一书中所提出者。

② 分级标准依《中国猿人石器研究》一书中所提出者。

8.7%，51°~60°者占 27.9%，61°~70°者占 20.3%，71°~80°者占 30.4%，80°以上者占 13.9%。总的来看，刃口钝锐缺乏相对稳定，最锐者 34°，最钝者 86°，钝刃多见于复刃工具，锐刃多见于单刃组；若以刃角 70°作为刃口钝锐的分界线，则锐者略占优势。

（二）关于遗址的分期和时代

从石器上看，目前尚难看出马鞍山遗址能否分成若干期的问题；从动物种属也难看出不同，但从化石的石化程度上，第 7 层者与其上各层（第 6~2 层）则有明显的不同；从沉积物岩性上，第 7 层的角砾灰黄色黏土层颇似我国南方的"黄色堆积"，至少与其上各层在岩性上不同，因之，将来进一步工作，或许可以分出早、晚期或不同时期的文化，目前暂看作同一时期的文化，且有早、晚之别。

马鞍山遗址的时代，除表层有不同时期遗物混杂外，从第 2 层向下不见新石器时代或更晚的遗物和石器及化石共存，从第 3 层起即发现巨貘化石，表明其地质时代不会越出更新世。考虑到出土的哺乳动物化石绝灭种可靠者仅一种，从华南大熊猫 – 剑齿象动物群的演化来看，其时代可能偏晚，属于晚更新世的后期，这与年代测定的结果相符。用第 3 层出土的鹿牙做铀系法年代测定为距今 1.8 ± 0.1 万年（BKY 82037），用同层发现的碎骨做 ^{14}C 年代测定，其结果为距今 15100 ± 1500 年（BK 82062）[1]，加之在遗物中有磨光骨器，其文化时代可定为旧石器时代晚期。第 7 层遗物是否属于这个时代，如上所述，有待进一步工作而定，第 3 层以下各层的年代估计超过距今 2 万年。

（三）文化关系和文化命名

在探讨同时代不同遗址的文化关系时，应排除若干偶然因素，更不宜加以扩大。故在研究马鞍山旧石器文化在这一地区的地位时，在区域上，重点放在贵州本省，必要时将涉及邻省同时代的旧石器文化；在材料对比上，着眼已研究较深的几个工业组合和其中的主要文化成分。分清主次，探索彼此在文化上的亲疏。

贵州旧石器时代晚期的文化遗址可能有 22 处[2]，已经比较看得清楚的有两个文化类型，以猫猫洞文化为代表的黔西南类型和以草海和毕节地区发现的石器为代表的黔西北类型。马鞍山石器与两者文化关系是不甚相同的。马鞍山与猫猫洞石器可以对比点均有锤击石片和向破裂面加工，前者是旧石器时代文化共有的，后者主次是不同的。在马鞍山并非主要加工方式，而在猫猫洞者则占绝对的优势，占乙类工具总加工量的 85.2%。在马鞍山曾发现一件锐棱砸击石锤和一件已做成工具的锐棱砸击石片，这在猫猫洞是富有特点的文化因素，锐棱砸击石片占石片总数的 79.5%。至于猫猫洞加工规则的单凸刃刮削器和尖刃器，在马鞍山试掘品中则未见到。在马鞍山遗址，用砸击法打片基本不见于猫猫洞。由此观之，它们在文化上的关系是很疏淡的。

与黔西北类型对比，打片方法和工具组合的主次比较相近；多刃工具、复向加工和刃口陡等，可以找到对比的资料稍多一些，但它们在各自文化中的地位是不一样的。在黔西北类型中，多刃和陡刃工具都居主要地位，草海等各地点多刃工具占 75% 以上，多数乙类工具刃口超过 70°。

马鞍山的砸击技术未见被黔西北文化类型的创造者所应用，骨器也未见于后者。看来马鞍山石器

①　原思训、陈铁梅、高世君：《华南若干旧石器地点的铀系年代》，《人类学学报》1986 年第 5 期，第 179~190 页。
②　依蔡回阳和王新金的文章，笔者舍去垄脚地点，旧石器时代晚期的下限，从我国生物地层学和年代学实际出发，暂定为距今 5 万年。见蔡回阳、王新金：《贵州旧石器地点简录》，《贵州省博物馆馆刊》1985 年第 1 期，第 7~11、15 页。

与黔西北类型较之黔西南者在文化关系上要密切一些。

马鞍山的石器与四川的富林文化、云南呈贡龙潭山二号洞的石器和湖北房县采集的石器都有相当多的相似点。

就贵州旧石器时代晚期文化言，马鞍山石器中较多地应用砸击技术和用相当多的块状毛坯做乙类工具是上述两大文化类型所不具有的，以单刃工具和锐刃工具为主，不见于相邻的黔西北类型，磨制骨器情况大体也是如此。这些可看作马鞍山石器的特点。

马鞍山石器有一定的特点，是否可定为一个新文化？在考虑这个问题时，笔者接受李炎贤同志等的建议："命名一个旧石器时代文化至少需要两条：一是要有较多的能够充分说明其特征的典型标本；二是通过分析对比，有足够的特征区别于已发现的文化。"① 就马鞍山试掘所得的遗物言，还是不够为命名一个新文化提供充分的证据，故暂不命名，以待将来的工作。

（原载《人类学学报》1988 年第 7 卷第 1 期）

---

① 李炎贤、文本亨：《观音洞——贵州黔西旧石器时代初期文化遗址》，文物出版社，1986 年。

穿洞史前遗址（1981 年发掘）初步研究

一、遗址的地理位置

穿洞因洞南北对穿而得名，位于贵州省普定县城西约 4 千米的穿洞村一孤山上，发育于三叠纪关岭组三段含石膏的白云岩岩体内，地理坐标为北纬 26°17′、东经 105°43′，海拔为 1260 米。

穿洞所在的孤峰与谷地相对高度为 87 米，洞口距谷地地面约 26 米，洞长约 30 米，最宽处为 13 米，高 9 米；洞内堆积已被村民多次挖岩泥和熬硝所破坏，随处可见文化遗物；"洞外"（相当岩厦）部分，经探明，含文化遗物的堆积未曾扰乱，长 8 ~ 10 米，宽约 21 米，已知厚度约 4 米。

二、穿洞研究简史

穿洞发现的时间各说不一，均录以备考。曹泽田认为系"1978 年发现"[1]，是年夏天，他与李荣在普定境内研究岩溶时发现的；俞锦标则认为："1976 年在贵州普定穿洞地区进行野外岩溶调查时，在洞内发现骨化石、烧骨、灰烬物以及染色物的红土矿，引起对该洞的注意。"[2] 1979 年，曹、俞相继对穿洞进行了小规模的试掘，均获得了一批珍贵的资料。当年冬，裴文中教授和笔者应邀访问了穿洞。裴文中教授肯定了这一发现的重要意义，同时建议在他领导下对穿洞进行发掘[3]。曹试掘的材料笔者与发现者共同进行了初步观察，所得结果于次年发表[4]；俞试掘所得标本，稍后经初步研究，也已撰文发表[5]。以上研究结果所依据的材料均限于本文分层的第 4 层以上各层出土者。

1983 年，仍在曹泽田和笔者主持下，对穿洞进行了第二次发掘，取得更丰硕的成果。笔者依野外所得的初步知识，曾在多篇论文中讨论其意义。基于穿洞在史前学中有特殊地位和重要意义，已于 1988 年由国务院公布其为第三批全国重点文物保护单位。由于某种原因，时至今日，该遗址尚未发表过一个较完整的剖面，以及较全面的、经初步研究的发掘报告。

1981 年首次发掘穿洞史前文化遗址所出土的材料，笔者于 1983 年在贵州省博物馆曾做了一次整理

① 曹泽田：《贵州新发现的穿洞旧石器文化遗址》，《贵州社会科学》1982 年第 4 期，第 61 ~ 65 页。
② 俞锦标：《贵州普定县环洞古人类化石及其文化遗物的初步研究》，《南京大学学报（自然科学版）》1984 年第 1 期，第 145 ~ 168 页。
③ 1981 年首次系统发掘，裴文中先生原拟亲临现场指导，但因病住院，未能遂愿，但在病中仍十分关心该项工作。发掘工作结束后，笔者曾向先生作汇报；1982 年 4 月，先生书写遗址名称："穿洞旧石器时代文化遗址"。他的最后墨宝由笔者于 1983 年交贵州省博物馆存。
④ 张森水、曹泽田：《贵州旧石器文化概论》，《贵阳师院学报（社会科学版）》1980 年第 2 期，第 1 ~ 11 页。
⑤ 俞锦标：《贵州普定县环洞古人类化石及其文化遗物的初步研究》，《南京大学学报（自然科学版）》1984 年第 1 期，第 145 ~ 168 页。

和初步研究，并于 1984 年完成了发掘简报稿，后来情况发生较大变化，该稿搁置未刊。近年来，对穿洞研究有了一些新的成果，我自己也对穿洞的意义在不断的探索中，更兼不少朋友和学术单位关心穿洞的研究，希望看到原始报告，为此，笔者以 1984 年完成的《穿洞 1981 年发掘简报》为基础，结合新的研究成果，特别是年代学的研究成果，以及笔者的管见，撰成此稿以答关心穿洞研究的朋友、学术机构和省、地、县行政领导，也表达对穿洞史前文化遗址的研究寄予厚望的裴文中先生的深切怀念。本文的发表，若能推动穿洞史前文化遗址的研究，则是笔者最大的愿望。1981 年发掘，得到贵州省、地、县领导的关怀和支持，特别是普定县岩溶办公室鼎力相助，更有以下许多同志参加工作，方能取得如此良好成绩。图版照片是王哲夫先生拍摄的，插图是沈文龙先生清绘的。对以上和以下将要提到的单位和个人，笔者表示衷心感谢。

三、遗址的发掘与地层

1981 年穿洞的发掘，由贵州省博物馆和中国科学院古脊椎动物与古人类研究所联合组队，由曹泽田和笔者负责，参加工作的有贵州省博物馆蔡回阳、王新金，普定县文化馆郑剑琴，吉林大学历史系考古专业陈全家；重庆博物馆李宣民和安顺地区各县的文物干部参加短期工作。

发掘区选在堆积保存基本完好的"洞外"部分。发掘工作从 5 月 9 日开始，到 6 月 14 日结束，历时 37 天。发掘采用打格分方法进行，每方为 2 米×2 米（图一），共挖掉近 10 立方米的堆积，发现了丰富的文化遗物和遗迹。依初步统计，有石制品 3000 多件、骨器 500 余件、大量的灰烬、几个火堆余烬和 7000 多件烧骨以及与生活有关的碎骨 10000 多件和 13 种哺乳动物化石。通过对这些发现物的初步研究，对穿洞文化性质及类型有了比较清晰的认识。

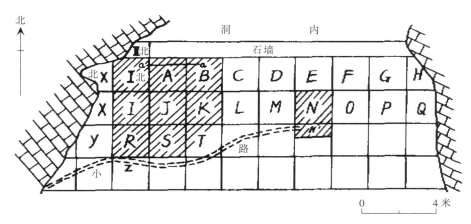

图一　穿洞史前文化遗址发掘探方的分布
（斜线区域为 1981 年发掘区域）

在本年发掘区内，各部分的地层变化较大，靠东南部主要是角砾岩，遗物极少，北部和西部堆积物松散，含角砾少，遗物发现量大，堆积层序最全，自上而下可分为 10 层（图二），如下：

第 1 层：被扰乱过的灰色松土，含不同时代的遗物，其中有磨光石斧等，厚 20～40 厘米。

第 2 层：棕黄色土夹小块白云岩角砾，在 B 方的东部有大块角砾。此层富含石制品和骨器，厚 40～65 厘米。

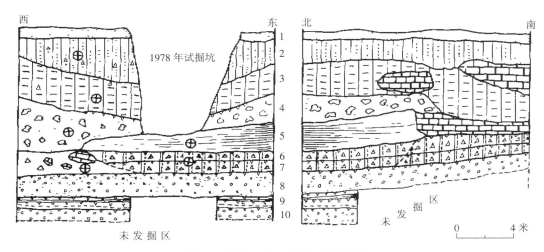

图二　穿洞史前文化遗址地层剖面

第3层：棕褐色土，质细而堆积致密，含少量的小块角砾和炭屑，从中发现相当丰富的遗物，其中 I 北方出土多件骨器，厚50～70厘米。

第4层：深棕褐色土，中夹较多的角砾，在 I 北方和 B 方密集度大于其他各方，A 方则较稀，出土大量的石制品和较多的骨器，厚40～60厘米。

第5层：灰烬和砂质土，底部有薄层钙板，在其面上可见灰堆遗存。灰烬层中虽发现大量的烧骨，但石制品和骨器则不多见，厚40～60厘米。

第6层和第7层：红黄色砂质土，中夹大块灰岩角砾，两层之间有薄钙板层相隔，但其上下的沉积物成分、粒度和颜色都一样，故合而为一层。此层出土的化石和人工制品均极少，厚40～50厘米。

第8层：亚砂土和豆状基岩块，堆积物粗而疏松，亚砂土呈棕褐色，角砾严重风化呈豆状。在其底部薄层钙板面上发现火堆遗存，从此层找到少量的小石制品，厚约25～35厘米。

第9层：钙板夹红土灰土层。钙板层一般厚为1～2厘米，最厚者可达4厘米，在两层钙板之间夹质细而微黏的红土或致密的灰土，厚度一般为2～3厘米。钙板可数者（不计顶层）达6层之多，此层厚度约40厘米。未发现任何遗物。

第10层：亚砂土和豆状基岩块，其岩性、沉积物致密度以及颜色均与第8层者相同。此层仅挖了两个探坑，已挖深度为30厘米，未见底，发现少量的动物化石和几件小石制品。

从遗址沉积物岩性看，似可以第5层为界，由第6层向下，钙板发育，角砾风化明显，尤以第8层向下或无角砾，或角砾严重风化后变成无棱角的豆状石，反映当时气候是相当湿热的，可能由于湿热度过大，使人颇难在此岩厦内生活，出现第9层人类活动间断现象。从第5层往上，虽古气候仍比较温暖，但相对于其下部则渐变干凉，第2层堆积时气候较干凉，可能发生过一次相当强的顶坍，B 方东部可见大块的基岩角砾可作例证。从文化遗物发现情况看，第8层以下者与第5层以上者有明显的不同，详情见后文。

四、哺乳动物化石

各层出土的哺乳动物化石均甚破碎，基本上出自第5层以上，其下仅有几枚鹿类颊齿和一枚食肉目的门齿。除碎骨（包括烧骨）约 18000 件外，尚有单个牙齿 500 多枚，几件下颌骨以及鹿和鹿的角。这些标本，总的说来，石化程度较轻，但因埋藏的位置不同而显得有一定的差异，靠近洞壁者石化程度显得略深，且常裹钙质膜，有时还与小结核胶结在一起。化石表面呈棕黄色或灰白色。经初步鉴定，计有 13 个属或种。

晚期智人（Late Homo *sapiens*）

黑鼠（*Ruttus* sp.）

猕猴（*Macaca* sp.）

箭猪（*Hystrix* sp.）

板齿鼠（*Bandicota indica*）

鼬（*Mustela* sp.）

猪（*Sus* sp.）

熊（*Ursus thibetanus*）

鹿（*Cervus* sp.）

猪獾（*Arctonyx collaris*）

赤麂（*Muntiacus muntjak*）

犀牛（*Rhinoceros* cf. *sinensis*）

麝（*Moschus* sp.）

上述化石基本上是现生种，除犀牛外，都是近代生活在当地的哺乳动物。犀牛仅有几件颊齿，从形态上看，有些接近中国犀（R. *sinensis*）。或许可以说在这所遗址里的上部地层中尚存在个别绝灭种或更新世残存种，但整个动物组合所反映的时代是比较晚的。犀牛的存在至少可以说明，当时的气候和自然景观与现时者有一定的差别。

五、文化遗迹和遗物

（一）文化遗迹

这里仅指用火遗迹，发现是相当丰富的。第 5 层是灰烬层，且有灰堆遗存。灰堆遗存最清楚者见于第 8 层底部的钙板上，实系人类生活面，已揭露的长达 44 米，最宽达 1.8 米，由东向西可见 4 个灰堆遗存，东一呈长方形，长约 80、宽 25 厘米；东二略偏北，近似椭圆形，长宽约为 25 厘米×35 厘米；由此向西约 60 厘米处还有 2 个小灰堆，分别为 30 厘米×25 厘米和 25 厘米×15 厘米，在灰堆集中区之间有薄灰烬层相连。在东一、东二灰堆之间的南西还有一小堆灰烬。这些灰堆遗存都有明显的分布区，显示出有控制火的能力。除发现灰烬外，还有烧骨、炭屑等，被烧的地面（钙板）仅略变质，表明使用时间不长。在整个生活面上，尤其是西侧可见呈薄层状淡紫色亚黏土，仿如新石器时代文化遗址中的路土，在其间散布着少许碎屑。

灰烬主要发现在第 5 层、第 8 层底的灰堆遗存中，呈灰黑色，质较纯而堆积疏松，与马鞍山等遗址中常见的灰烬层相仿。烧骨除第 9 层外，各层或多或少都有发现，色泽、大小、形态亦与马鞍山旧石器时代遗址等以往所记述者无异，不赘述。

（二）文化遗物

文化遗物包括石制品和骨器，是此次发掘的最主要收获。这些遗物的制造者的骨骼将另行专文研究。石制品和骨器的初步研究结果简要地记述如下：

A. 石制品

人工痕迹清楚的石制品 3027 件，其中多数是石片和石核，石器所占的比例约为 20%。石制品的原料主要为玄武岩，燧石、砂岩、石英和水晶等居次，在第 8 层和第 10 层中偶见小的完整的水晶晶体。

1. 石核

石核包括锐棱砸击石核和锤击石核，前者一般较大，出片率低；后者较前者体积略小，使用率比较高，原材的形态多不可辨，其上遗有片疤或鳞状疤。

（1）锐棱砸击石核

原材是以玄武岩为主的砾石，长度绝大多数大于 60 毫米。其一侧或一端可见一个或几个多呈铲形或蚌形的片疤。石核的大部仍保留砾石面，基本可见原材的形态。这类石核没有平的台面，以砾石的突出部为台面，在工作面上可见粗大的打击点，台面角小于 90°，有清晰的放射状线痕，无明显的半锥体阴痕。此类石核基本上出自第 2～4 层。

（2）锤击石核

出自大多数层位，是用多种岩石生产的，此类石核一般长度为 40～60 毫米，但个体变异则比前一类大。石核的台面有自然的，但多数是打击的，个别有似修理痕迹；打击点、半锥体阴痕和放射状线痕均较清楚，台面角以 70°～80°者居多。锤击石核依台面多寡，可分为两型。

Ⅰ型——单台面石核，多宽型者，工作面亦常是短宽的。石核厚度较大，有些与其长度相仿，其台面以自然者居多，打击点集中，半锥体阴痕浅凹或不显，放射状线痕稀疏。此类石核基本上是单工作面，有呈立壁状者，也有略呈半柱形的；另外，还找到几件多工作面同向打片者。工作面上的片疤有些是不规则的，少数是规则的，呈梯形或三角形。

Ⅱ型——多台面石核，每件标本至少有两个台面，最多可达五个台面，无论有几个台面，在最后打片的工作面上留有形态规整的片疤。由于多向打片，致使石核呈不规则的多边形，器身极少保留自然面，各面遗有大小不等的多块片疤，其中多细碎，亦有较规整的呈长方形、梯形或三角形的。本型石核利用率高，形体普遍比Ⅰ型者要小一些。

2. 石片

（1）锐棱砸击石片

出自第 5 层以上各层，大多数长度超过 60 毫米，有长大于宽的，也有相反情况的。它没有平的台面，有学者称之为零台面石片[①]。零台面容易被人理解为没有台面，实际上没有台面就无法打片，故它是有台面的，只是因打片方法的不同，不像锤击石片那样原石核上有一个平的、自然的、打击的或加工成的台面（水平的或斜台面），它是以砾石凸出部为台面，打击时，力倾向一侧，剥下的石片具有锐角的自然斜台面。这类石片的石片角都小于 90°，常见的为 70°～80°，个别的可至 60°

---

① 李炎贤：《关于石片台面的分类》，《人类学学报》1984 年第 3 卷第 3 期，第 253～258 页。

左右。石片的破裂面常可见粗大的打击点，清楚的放射状线痕，基本上没有半锥体，一些石片可见弧形凹。此类的多数石片背面完全保留自然面，少数保留一或两块小的片疤，未发现背面无自然面的石片。

（2）锤击石片

一般长为 30～50 毫米，多长大于宽，长宽比差超过一倍的很少，且比较薄。其台面常小而平，打击者居多，自然者次之，可肯定是修理台面的极少。打击点较散漫，半锥体小而凸，石片角常见者为 100°～110°，放射状线痕稀疏，疤痕不多见（燧石者出现率较高）。石片背面多不见自然面，或多或少保存者占有一定比例，完全是自然面者不多；台面后缘常可见打击点，使之呈波纹形；背面有片疤者，片疤虽不甚规则，但凹度较浅；石片形态有不规则的，也有规则的，如三角形的、梯形的、似长石片和似石叶。锤击石片除第 9 层外，其余各层均有发现，燧石多用于生产此类石片。

（3）砸击石片

为数不多，长度均小于 40 毫米，原料只有燧石和水晶，多数地层偶有发现。本类石片小而长薄，破裂而平坦，背面遗有一或两块平远的片疤。其砸痕清楚，见于一端或两端，后者常呈长方形，两端可见剥落碎屑的痕迹。

（4）使用石片

依宏观观察，无论是锐棱砸击石片或锤击石片，使用石片都是比较多的。连续有细疤者多见于一个侧边，且以在背面者常见，小部分见于一端、多边或端边的，后几类亦是多见于一面的，两面有使用痕迹者比较少。

3. 石器

这次发掘所得到的石器包括笔者分类的第一类和第二类石器[1]，其中以第二类石器占绝对多数，占总数的 90% 以上。现将两类石器的分类及各类的形态特点扼要地加以介绍。

第一类石器　粗大而厚重，原材主要是玄武岩砾石。依其用途，可分为四型：石砧、砸击石锤、锐棱砸击石锤和锤击石锤。

（1）石砧

凡砾石上有一处集中的坑疤者均属之，出自第 4 层以上各层。坑疤呈不规则盆形，坑深超过 3 毫米，坑壁略斜，坑底宽而显得凹凸不平，与猫猫洞出土的同类石器有明显的不同，后者系经精心琢制，盆形多规则，"周边浅，盆底深"，两面有坑疤的 12 件，其中 10 件的两面坑疤几乎是对称的[2]，与马鞍山出土的同类石器的坑疤颇相似[3]。本类石器常兼作砸击石锤用。

（2）砸击石锤

砾石上有浅而散漫的坑疤者归于此类中，也只见于上部地层。此类石器的坑疤散布面大，最大者可达砾石宽面的 1/4，常常是多面可见。值得注意的是第 8 层和第 10 层有砸击产品，但未找到砸击的工具——石砧和石锤。

---

①　张森水：《中国旧石器文化》，天津科学技术出版社，1987 年。
②　曹泽田：《猫猫洞旧石器之研究》，《古脊椎动物与古人类》1982 年第 20 卷第 2 期，第 155～164 页。
③　张森水：《马鞍山旧石器遗址试掘报告》，《人类学学报》1988 年第 7 卷第 1 期，第 64～74 页。

（3）锐棱砸击石锤

原材是扁卵圆形的，以玄武岩砾石为主，个别的系石英砂岩砾石。以其侧边砸击石核，自身受反作用力而破损，两面有剥落碎屑痕迹，侧缘变得曲折，整个侧面因原中部较两端凸，打片时，这部分受反作用力大，向两端渐减弱，故使侧面呈马鞍形。此类石器多是单侧的，少数为两侧的。

（4）锤击石锤

原材为长型砾石，在加工石制品和骨器过程中，受被加工物体的反作用力而破损，常见于端部，既有一端的（多数），也有两端的（少数），使用时间依破损面上的片疤和夹角判断，多为中等。

第二类石器 主要是用石片做的和向破裂面加工的（上部地层出土者），加工均相当细致，类型相对稳定，可分为三类：刮削器、尖刃器和砍砸器。

（1）刮削器

数量多，个体变异较大，一般长度为 30~50 毫米，修理工作虽有粗细之别，但以细致者居多。修理方式有向背面的，各层均有，向破裂面的，常见于第 4 层以上各层，且多是大型的或中型的①。此外，还有一些刮削器是用错向和复向加工成的。本类石器形态多样，依其加工部位和每件标本刃口的数量，可分为以下四组。

第一组——单边刃刮削器。可再分为单边直刃刮削器，有几十件标本，修理工作较好，刃口多较锐；单边凸刃刮削器，数以百计，加工精致，多向破裂面修理，刃口锐，刃缘匀称，形制规整，以呈缓弧形凸刃者居多；单边凹刃刮削器，数量不多，加工粗糙，其刃口形态有缓凹刃和凸凹刃之别，后者的加工比前者更显粗糙。

第二组——两边刃刮削器。将毛坯的两长边加工成刃，刃口组合以双凸刃为主，凸弧较小，修理方式多样，以向破裂面加工居多，修理工作细致，刃口锐，刃缘匀称，修疤浅平，只见于近缘。基本上出自上部地层。

第三组——端刃刮削器。数量不多，用石片做毛坯，加工精细，除端刃外，侧边也有被加工成刃的，因主刃是端刃，故自成一类。其端刃与已知中国旧石器时代绝大多数地点出土的同类石器不同，它的刃口是锐的，常见刃角在 60°左右。端刃刮削器可再分两型：A 型——圆端刃，刃口位于石片的远端，呈缓弧形凸刃，以向背面加工为主，刃口较锐；B 型——平端刃，修理工作状况和刃口位置与 A 型相仿，但刃口是平齐的或稍有点斜，常是向破裂面加工成的，刃口亦多锐利，形制规整，少数呈锛形。它的存在，从类型学角度考虑，应是时代较晚的产物，很可能是石斧或石锛的祖型。

第四组——多刃刮削器。有数十件标本，出自上部地层，就中有三刃、四刃和盘状之别。本类石器个体较大，以向破裂面加工为主，修理工作较好，刃口以锐者居多，刃缘多平整。还有少数标本刃缘稍曲折。刃口亦较钝，刃角超过 80°。刃口形态以凸刃居多，直刃次之，凹刃极少。

（2）尖刃器

有数十件标本，基本上是用石片做的。多数系向破裂面加工成刃，修理工作细致，刃口（包括尖刃和侧刃）较锐，修疤宽而平，刃缘匀称。器形规整，常呈三角形或棱形。本类石器依尖刃之多寡，

---

① 分级标准依张森水：《丁村 54：100 地点石制品研究》，《人类学学报》1993 年第 12 卷第 3 期，第 195~213 页。下同。

可分为两组。

第一组——单正尖尖刃器。顾名思义，每件标本只有一个尖刃，尖刃在毛坯纵轴的一端（常是石片的远端）。它们之间尚可分锐尖和钝尖，前者是主体，数量多，加工精致，尖刃锐，尖刃角常在60°以下；后者尖刃短而钝，状若宝剑头，尖刃角大于70°，修理亦较精工。它们主要来自上部地层，个别的出自下部地层。

第二组——双正尖尖刃器。只有几件标本，出自第4~2层。多用长而薄的石片制成，其周边都可见修理痕迹。它们的尖刃有一定差别，有双锐尖型的，也有一端锐另一端钝的。

（3）砍砸器

数量不多，出自第4~2层。多用石核或砾石制成，个体较大，长度均在60毫米以上。它们的加工粗糙，刃口较钝，刃缘曲折，形制不规整，多数向破裂面加工，可分为单边刃、两刃和多刃等组。

B. 骨器和骨角制品

1. 磨制骨器

磨制骨器均用兽类长骨片制成，经过加工，难窥原貌，故无法鉴定其原来所属哺乳类的种属以及其解剖部位。这次发现的磨制骨器，完整者不多，大部分是残器，往往是横向折断，以骨锥最多，少数是纵向劈残的，基本上见于骨铲类。残骨锥最残的仅留尖刃部，约长10毫米，常见残器长为30~50毫米。完整的磨制骨器，以骨铲最多，长度超过60毫米，部分磨制骨器曾被火烧或火燎过，通体呈亮黑色或黑灰色或局部变色。这些被火烧（或燎）的骨器，是否是如一些土著民族在制造木器中所采用的硬化工序，有待进一步研究。

磨制骨器的制作似已形成一定的加工程序，大体经历了制材工序（打碎或劈裂动物的肢骨，选其中的适用者，截取所需的长度，也可能存在少许骨器原材由槽割而得，如骨针的原材）、制坯（对原材进行打击加工，做成某一类骨器的雏形）、刮削成型（用刮削器将毛坯上因打制所产生的不平的面刮平，并刮出刃口，使基本成型）和磨制定型（成型骨器或作粗磨，或在此基础进一步精磨，做成形制精美的表面光洁的骨器）。磨制骨器依其形态和可能的用途，大体有以下6类：

（1）骨铲

有近百件标本，出自第4~2层。有一部分为残器，有纵裂的、横断的、纵横均见残缺的；另一部分是完整的，长多在70~100毫米，其刃口呈缓弧形，其内壁被刮磨成微向中凹，也有被加工成斜刃的，其内壁磨平，形似今日之割皮刀。本类骨器有通体磨光的，有精磨刃部粗磨器身的，少数标本仅磨刃部，内壁可见打击和刮制的痕迹。骨铲有单刃的，本年发现的绝大多数属这一类；也有两端刃的，仅有几件标本。

（2）骨锥

数量最多，有几百件标本，大多数为残器，完整者很少，火烧或火燎者常见。由目前保存的情况看，大多数骨锥磨制精工，表面光洁，尖刃锐利；少数加工稍逊色，仅尖刃磨光，器身粗磨，可见擦痕；还有几件标本磨痕仅见于尖刃部，但尖端亦甚锋利。骨锥多数呈圆柱锥形，最大径可达10毫米，最小径为3毫米，一般为5~7毫米。全器最大径在尖刃相对端，往下器身横径变化不显，但由尖刃上10~15毫米处起开始明显变小，最终形成锐利的尖刃。此外，还有扁尖锥、钝尖锥和三棱锥，这件标本曾被火烧过，表里皆黑，上部断残。骨锥基本上是单尖刃，但亦有几件是双尖刃的。骨锥除 1 件出自第 8 层外，其余均出自第 5～2 层。

（3）骨针

只有 2 件标本。其一已断成四段，但可以接起来，针眼下端直径约 2 毫米。该标本两端残缺，上端断于针眼下缘，尚可窥知针眼是用石器挖刮成的，针尖部亦残缺，现存长 72 毫米。这件标本仅经粗磨，针身不十分光洁，尚可见因刮削而产生的细棱。另一件仅留一段，直径约为 2 毫米，磨制较好，器身相当光洁，略呈圆柱形。依其大小推测，它应是残骨针。

（4）带叉的扁骨器

完整的只有 1 件，器身扁平，横断面呈磨角四边形。该标本虽可见磨刮痕迹，但大部分被"钙衣"裹着，较详细地了解其加工过程只有留待去"钙衣"后才能明了。其下端有叉，两叶不对称。

（5）无刃骨棒

仅 1 件，用相当厚（6 毫米）的骨片磨制而成。两端稍窄，中间略宽，通体磨光，两端面磨平，因侧角均被磨掉，故两侧和两面微凸，横断面呈磨角四边形。这件标本由其加工痕迹看，已是定型器物，不像是半成品，其用途有待研究，长约 130 毫米。

（6）扁体骨器

它形似骨笄，基本完整，长 119、最宽为 12.5、最厚为 5.5 毫米。在下端 22 毫米处，其腹面（图右）基本上被磨平，但可见刮痕，上端约 20 毫米一段精磨后不见刮痕，面微凸，尖端两面磨薄，厚约0.8 毫米，尖端微损；其背面、下端（稍残），呈半圆形，中部可见擦痕，断面为不等边三角形，上部长约 35 毫米一段精磨光洁，中间向侧呈缓弧形。这件标本很像新石器时代的骨笄。

2. 打击骨制品

至少有 100 件标本，有些是小骨片，其上可见打击点、半锥体和放射状线痕。这些骨片均很小，长度没有超过 20 毫米的，可能是加工骨铲时打下的修片。除此以外，大多数标本，在一侧或两侧、一端或两端（前者居多）可见多个骨片疤，而且相连成片，表明是连续打击的，可排除是敲骨取髓的结果。这些标本目前可能的揣测是：其一是磨制骨器成坯工序的半成品，或因加工不善而废弃；其二是与磨制骨器并存、自成一类的骨器，主要用于割切。磨制骨器与打击骨器并存始于旧石器时代晚期，在早期新石器时代也屡见不鲜。

3. 有加工痕迹的鹿角

在一些残破的鹿角上，有清楚的石器割剁的痕迹，但未发现制成的角器。有一件鹿角可作本类的代表。它上下两端都已被剁掉，上端被石器割剁后，留下参差不齐的面；其下端周边有割切痕迹，切痕较平，角心部则参差不齐。这表明，鹿角周边被切割，产生周凹痕，而后用力将其掰断，结果造成了角心部参差不齐的面。用类似方法折断鹿角曾在河南新蔡诸神庙地点发现过[①]。另外在一些鹿角上遗有刻道痕迹，是计数的标志还是有其他方面的意义，有待对穿洞材料全面研究后再行讨论。

---

① 表文中：《河南新蔡的第四纪哺乳类动物化石》，《古生物学报》1956 年第 4 卷第 1 期，第 77～100 页。

六、结论与讨论

（一）工业的主要特点

1. 打片用三种方法：锤击法、锐棱砸击法和砸击法，前两种是主要生产石片的方法，后一种仅是偶被使用。

2. 在石核上未见清楚的修理台面痕迹，少许石片具修理台面的特点。锤击石片以长型者为主，有部分石片形态不规则，另有部分石片形态规则；锐棱砸击石片既有长型的也有宽型的，常因纵横向打击而异，它们无例外地是自然台面，形态均相当规则；砸击石片均为长型的。

3. 使用石片比较多，且以单边背面可见细疤者最常见。

4. 石器的毛坯以石片居多，块状毛坯者较少。

5. 石器类型简单，只有刮削器、尖刃器和砍砸器，其中主要类型为刮削器；石器的个体有一定的变异，总的看来，以大、中型者居多，小型者较少；无论哪一类石器，形态相对稳定，相比之下，砍砸器稍逊，尖刃器尤优。

6. 石器的修理无例外地用锤击法，但加工方式多样，以向破裂面加工居多，次为向背面加工；修理水平较高，修疤浅平，刃缘匀称，刃口较锐，器形精美者多，尤其是尖刃器形制多甚规整。

7. 端刃刮削器多为锐刃，刃角往往在60°左右，这与绝大多数旧石器时代或后旧石器时代（Epi - palcolithic）地点出土的同类石器不同，后者常见者为钝刃。

8. 存在丰富的骨、角制品，前者尚可分为磨制骨器和打制骨器。在磨制骨器中，无刃骨棒和扁体骨器（骨笄？）都是国内首次记录的遗物，骨针为中国南方同时期未曾记录过的，双刃骨铲至今未见记录。

9. 磨制骨器形制精美，类型稳定，加工有序，大体经历选材、制坯、成型和定型等工序，表明当时人制作骨器达到了相当高的技术水平。

10. 发现若干个火堆遗存，在中国南方旧石器时代晚期系最早被发现者[①]。丰富的用火遗迹和火堆限于一个较小的范围，表明当时人有较高的管理火能力。有无人工取火能力，惜无直接证据，但不排除这种可能性。

（二）文化分期问题

已发掘的含文化遗物的堆积厚达3米以上，表明史前穿洞人在此生活了相当长的时期；从文化遗物看，上、下两部的遗物有明显的不同；从地层堆积看，可分三个单元：第2～5层（上部），第6～7层（中部）和第8层～第10层（下部），由于中部发现的遗物极少，暂略去不计，第8和10层虽发现遗物远不如第5层以上者丰富，但尚可看出一些特点，拟称其为穿洞早期文化，余者称为晚期，早、晚期文化的特点见表1。

---

① 穿洞火堆遗存发现于1981年，至今才予以报告。在本文发表前，已见这方面报道的有贵州桐梓马鞍山遗址，但它发现于1983年，时间比穿洞者为晚。

表1　　　　　　　　　　　　　穿洞早、晚期文化的特点

项目	早期	晚期
原料	以燧石为主，还有石英、水晶等	以玄武岩为主，燧石居次
打片方法	以锤击法为主，偶用砸击法	以锐棱砸击法为主，锤击法居次，偶用砸击法
石片和石核	基本上是小型的	大、中型的居多
工具毛坯	以石片工具占优势，块状毛坯很少	以石片工具为主，块状毛坯较多
第一类工具	未见	有
第二类工具	很少，有刮削器和尖刃器	相当多，有刮削器、尖刃器和砍砸器
工具大小	基本上是40毫米以下的小工具	以大、中型工具为主，小工具居次
工具密度	很稀少	相当稠密
修理方式	以向背面加工为主	以向破裂面加工为主
修理水平	加工较粗糙，"个性"强	加工细致的较多，类型稳定
打击骨器	很少	相当多
磨制骨器	极少	相当多
骨器类型	骨锥1种	骨铲、骨锥等6种
加工方法	磨制	磨制、刮制
角制品	未发现	少许

（三）穿洞史前遗址的时代

穿洞史前遗址的年代，其下部仅有一个^{14}C 年代数据，为距今 1.6 万年左右[①]；中部（样品来自第 6 层，为碎骨，不是原报告称的烧骨，以下提到的各层样品均为碎骨）为距今 9610 ± 100 年；上部第 3 层为距今 8080 ± 100 年，第 4 层为距今 8670 ± 100 年，第 5 层为距今 8540 ± 100 年。第 4、5 层的年代虽出现倒置现象，但差额不大，仅 130 年，故从较大时间段考虑，并无多大妨碍，可把晚期文化归于地质时代全新世的早期，考古时代的新石器时代早期或中石器时代，因其文化面貌不具新、中石器时代的特点，却有旧石器时代文化性质，故称它为后（类）旧石器时代文化，其所属的时代亦称后旧石器时代（Epi – paleolithic）。

这里值得提出的是与上述测年同时进行的还有用猫猫洞出土的碎骨做的^{14}C 测年，其结果是距今 8820 ± 130 年[②]，这就与铀系测年结果差别较大，用铀系法测得的猫猫洞文化层的年代为距今 14600 ± 1200 年[③]。如果后者可信，加以类比，穿洞晚期文化虽稍晚于猫猫洞文化，可能仍属旧石器时代晚期，但从穿洞上部堆积松散，基本上无绝灭的动物种属，某些遗物如锛形端刃刮削器和似骨笄等的存在，

① 张森水：《贵州旧石器时代晚期文化的若干问题》，见广东省博物馆、曲江县博物馆编《纪念马坝人化石发现三十周年文集》，文物出版社，1988 年，第 119 ~ 126 页。

② 黎兴国、刘光联、许国英等：《^{14}C 年代测定报告（VP）1》，见第四纪研究委员会碳十四年代学组编《第四纪冰川与第四纪地质论文集》第四集，地质出版社，1987 年，第 16 ~ 38 页。

③ 原思训、陈铁梅、高世君：《华南若干旧石器时代地点的铀系年代》，《人类学学报》1986 年第 5 卷第 2 期，第 179 ~ 190 页。

都表明其时代可能较晚。上述^{14}C测年结果应该是可信的，暂时把猫猫洞铀系测年搁置起来，则猫猫洞的时代大体与穿洞晚期文化相当或稍早（约早160年）。

（四）文化关系与命名问题

穿洞文化遗物若与我国西南地区的旧石器时代文化作一比较，其文化上的亲疏关系是比较清楚的。它与观音洞—草海文化类型以及四川的铜梁文化和资阳人B地点的组合的差别是明显的，与云南呈贡龙潭山出土的石制品也有相当的距离。在上述地点出土的石制品中没有或很少见到锐棱砸击石片和向破裂面加工的石器，丽江木家桥和路南几个地点零星采集的石制品与龙潭山者应属同一文化类型。

穿洞早期文化比较接近四川汉源的富林文化和桐梓马鞍山遗址上部的文化遗物[1]，与攀枝花市迴龙湾洞的下层器物组和汉源狮子山的石制品则存在大同小异，后者有少量的细石器工业产品；与时代比它稍晚、属后旧石器时代的云南昆明大板桥的石制品组合也基本相似，所不同者是后者"以砸击法为主要打片方法"[2]。

穿洞晚期文化与邻近的白岩脚洞和兴义的猫猫洞文化应属于同一文化，因其主要特点相同。按命名优先原则，均应归于猫猫洞文化。白岩脚洞石制品组合，李炎贤、蔡回阳曾做过定性对比，主要是与猫猫洞者比较，可补充一点是白岩脚洞磨制骨器少（2件）而猫猫洞和穿洞晚期文化者比较多，白岩脚洞和后两者在大同前提下也有小的差异，个别的可能是偶然因素促成的，更多的可能是发展过程的产物。依^{14}C测年对比，白岩脚洞年代为距今12800±200年（第3层）和距今14600±200年（第5层）[3]，后者的下面还有两层含石制品，若按沉积速率推算，至少还要加1000年，可能超过距今15000年。因之，有理由认为无论是穿洞晚期文化，还是猫猫洞，均可能与白岩脚洞器物组合有源流关系，这对穿洞晚期文化来说，不难理解，因两遗址相距还不到4千米。

依^{14}C年代对比，已如上述，猫猫洞稍早于穿洞晚期文化。两者石制品的主要特点，如用锐棱砸击法打片居主要地位，石器以大、中型为主，且以向破裂面加工为其主要方式，类型稳定，造型精美，以及骨器加工程序和技术水平都基本同等，无疑可归于同一文化。但它们之间也存在一些差别，如砾石两面对环琢形成规则的坑疤、尖刃器类型多样等，前者仅见于猫猫洞，后者穿洞则稍少，穿洞晚期文化层有典型的砸击产品（小的一端或两端石片），猫猫洞则缺如；在骨器数量和类型上，穿洞远比猫猫洞多，细加对比，猫猫洞的Ⅰ型骨锥见于穿洞，Ⅱ型、Ⅲ型[4]者以及骨刀和角铲则只在猫猫洞发现，而骨铲、骨针、骨棒、扁体骨器以及有刻纹的鹿角仅出自穿洞上部地层，而不见于猫猫洞，上述差别可能有工作上的原因，如角铲，时代与穿洞晚期文化相近，地点在其北相距约20千米的双山红土洞就曾发现过，还有地理上的因素，两地相距约150千米，但更多的应看作文化上的差别。两地点文化上虽存在一些差别，但文化主体相同，按考古文化命名的规范，自然不能给穿洞晚期文化以新的文化命名，故建议把它称之为猫猫洞文化的穿洞类型。

---

① 张森水：《贵州旧石器时代晚期文化的若干问题》，见广东省博物馆、曲江县博物馆编《纪念马坝人化石发现三十周年文集》，文物出版社，1988年，第119~126页。

② 杨正纯：《昆明大板桥史前洞穴遗址试掘报告》，《人类学学报》1993年第12卷第4期，第305~318页。

③ 李炎贤、蔡回阳：《贵州普定白岩脚旧石器时代遗址》，《人类学学报》1986年第5卷第2期，第162~171页。

④ 曾报道在猫猫洞发现过斜尖骨锥（见曹泽田：《猫猫洞的骨器和角器研究》，《人类学学报》1982年第1期，第36~41页）。依笔者所见，实非磨制骨器，而是自然磨蚀的骨片。

　　总之，穿洞史前文化遗址 1981 年发掘的结果，在中国首次提供了同一遗址存在两种不同的文化类型，地层中出土的丰富的文化遗物和遗迹表明，该遗址在史前考古研究中有重要意义，为该遗址在史前考古学中的科学地位建立起较牢固的基础。

（原载《人类学学报》1995 年第 14 卷第 2 期）

富林文化

　　汉源县富林镇旧石器时代晚期的文化遗址是四川省发现的第一个旧石器时代文化遗址。

　　四川省石器时代的文物早在 1886 年就为人所知。自 1913 年起，一些外籍传教士在该省境内寻找旧石器材料，采得了一些标本。有人把采到的个别标本，依形态将其与欧洲的阿舍利文化进行对比，并认为"有些标本比北京猿人文化还要早一些"[①]；还有人根据这些采集品提出所谓的"扬子江文化"。上述多年的采集品，或因记录不详，层位不清，地点不明，或捡自地表；也有不少标本是新石器时代的打击石器。就现有资料言，其中有无真正的旧石器，实难判明，因之，所谓"扬子江文化"，也因论据存疑，难以成立。有人曾于 1933 年报告"在四川巴县函谷乡吴家大洞……发现骨化石及相似石器之石片"[②]。后经发掘，予以否定。德日进和杨钟健也曾宣布在四川万县西约 10 千米长江第一阶地上拾到一件石器，并认为可能是新石器时代以前的遗物[③]。综上所述，迄至新中国成立，四川省仍未找到确有证据的旧石器文化遗物和遗址。

　　新中国成立后，在中国共产党的领导下，四川省考古事业飞速发展，新石器时代文化遗址遍布全省，旧石器时代文化的研究也有进展。1951 年在资阳县黄鳝溪发现了一具相当完整的新人类型的人头骨化石、1 件骨锥和 14 种共生的哺乳动物化石[④]。四川省雅安地区工业局地质队在汉源县境内进行地质矿产普查过程中，于 1960 年 4 月在富林镇发现了这个旧石器时代文化遗址[⑤]。为进一步了解这个旧石器时代遗址的文化性质和时代，组织了这次发掘。中国科学院古脊椎动物与古人类研究所邱中郎、李炎贤、文本亨、张森水和四川省博物馆魏达仪、刘磐石等同志参加了发掘工作；在工作中，得到中共汉源县委宣传组的热情支持和大力协助。

　　这次发掘，挖了两个探方，总面积约 30 平方米。探方 Ⅰ 形状不规则，长轴东西向，探方 Ⅱ 略呈长方形，长轴南北向。两发掘坑相距 3.5 米，其间堆积留作隔梁，没有发掘。

　　通过这次发掘，获得了 5000 多件石器材料、木炭、灰烬和烧骨等用火遗迹[⑥]、少量的哺乳动物化石、多种树叶印痕和三种斧足类化石，从而使我们对富林镇旧石器遗址的年代和文化性质有了较深的认识，它是我国重要的旧石器遗址之一，是华南第一个旧石器时代晚期的文化遗址。新发现的资料，

① Boule, M., etc., 1928, Le Paléolithique de la Chine, *Arch. L'inst. Paleont. Hum.*, 4：122 – 130.

② Bowles, G. T., 1934, A Prelimimary Report of Arohaeological Investigations on the Sichuan – Tibet Boundery, *Bull. Geol. Soc. China*, 13：119 – 141.

③ Teilhard de Chardin, P., etc., 1935, The Cenozoic Sequence in the Yangtze Valley, *Bull. Geol. Soc. China*, 14：161 – 178.

④ 对资阳人年代问题目前有不同看法，有待今后深入工作加以解决，现暂依表文中等原报告《资阳人》（科学出版社，1957 年）中的观点。

⑤ 杨玲：《四川汉源富林镇旧石器时代文化遗址》，《古脊椎动物与古人类》1961 年第 4 期，第 353 ~ 359 页。

⑥ 灰烬作含碳量分析，黑灰含碳量为 64％，考虑到在 800℃ 高温下各种有机质的挥发，数据稍偏高，烧骨含碳量为 4.5％。

对第四纪地层划分、气候变化的研究也有一定的意义。

一、遗址附近地貌、地层和古生物

富林镇位于成都市西南 30 余千米，地处康藏高原的东缘，北纬 29°20′、东经 102°42′附近，海拔 790 米。此间四面高山环抱，两河汇合，形成了狭长的小盆地，最宽处可达 2000 米。

富林镇附近，冲沟发育，狭谷深沟，中生代红色岩系出露甚广。在遗址东北约 1 千米的高坡上（高出遗址 150 米以上）出露薄层泥灰岩，可见厚度约 50 米，但出露面积不大，在其中也未找到化石，依岩性对比，可能属于下更新统。在海拔 870 米以上堆积着似红色土，最厚可达 30 米，其中夹一条或两条烟红色的古土壤，在似红色土层内含小结核，但不成层。在其中未发现化石，依地貌位置和岩性对比，其时代要晚于早更新世。在山坡和阶地面上，常覆盖着灰色沙黄土，最厚达 3 米，属于晚近的堆积物。

在河的两岸，除有较宽的河漫滩外，尚可见到三级阶地。T1 高出河面约 10 米，分布较广，富林镇及附近居民点多建于其上，也是主要农业区，时代为全新世。T2 高出河面 20 ~ 25 米，分布区较狭窄，旧石器时代文化遗址埋于其上部地层，时代应属晚更新世。在比 T2 约高 5 米处，发现过一些鹅卵石和碎石，难以确定是否是阶地的堆积物。T3 高出大渡河水面约 120 米，在鹞子崖村西北侵蚀严重，仅留残迹，在村西南砾石层厚约 20 米，砾径较大，一般为 10 ~ 20 厘米，最大者可达 60 厘米。T3 可与雅安砾石层作比较，时代可能属中更新世（图一）。

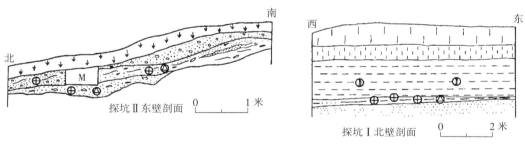

探坑 II 东壁剖面　　　　0　　　1 米

探坑 I 北壁剖面　　　　0　　　2 米

图一　探坑剖面图

富林镇旧石器时代晚期文化遗址，上下地层清楚，虽稍有倾斜，但大体接近水平，阶地上的沉积物由下而上有规律的由粗变细，反映出河湖相沉积的特征，遗址以上各层属湖相沉积。遗址地层由上而下如次（图二）：

1. 耕土层：厚约 50 ~ 80 厘米。

2. 紫色黏土层：层理清楚，偶尔夹有厚 0.1 厘米的杏黄色黏土薄层，未见化石，厚 40 ~ 70 厘米。

3. 黏土 - 粉砂层：厚约 1.5 米，质细而黏，浅紫色、紫红、蓝灰、米黄和棕黄色成薄层相间堆积，水平层理清楚，内含斧足类化石，其底部（与文化层接触处）发现少量的石器材料。

4. 杂色粉砂文化层：最厚达 37 厘米，沉积物主要是灰色粉砂，中夹小砾石、黏土凸镜体，偶见小的结核，其中富集旧石器、用火遗迹和各种动、植物化石。

5. 锈色粉砂层：沉积物胶结坚实，干燥后呈块状，微有层理，在层面上偶见旧石器材料，已挖部

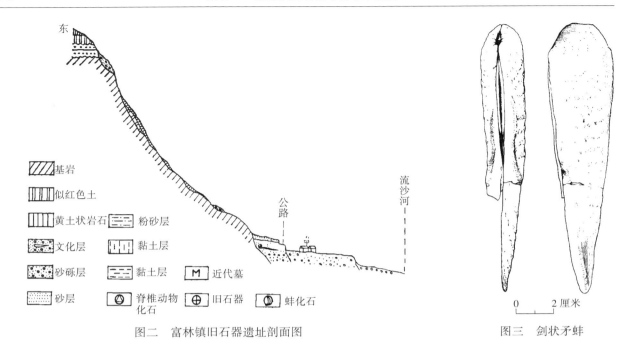

图二　富林镇旧石器遗址剖面图　　　　　图三　剑状矛蚌

分厚约50厘米，总厚度约3米。往下为细砂层、砂砾夹砾石凸镜体层及砾石层（砾径多在2～3厘米），可见厚度约为5米。

　　在文化层中，含动物化石很少，除过去已记述过的不能鉴定种属的小鹿前臼齿和可能属于小熊和柯氏熊的两枚臼齿外，这次新发现鸟类骨骼一件、一些难以鉴定的哺乳动物碎骨和三种偶蹄类动物的牙齿。所有化石石化程度均较深。新发现的三种偶蹄类动物是：野猪（*Sus* sp.），鹿〔*Cervus*（*Rusa*）sp.〕，麂（*Muntiacus* sp.）。斧足类化石三种：剑状矛蚌（*Lanceolaria gladiolus* Heude）（图三），三角帆蚌（*Hyriopsis* sp.），假色蚌（*Pseudobaphia* sp.）[1]。植物化石可鉴定者两种：板栗（*Castanea mollissima*），香叶树（*Lindera* cf. *communis*）[2]。

　　植物化石表明，晚更新世富林镇附近的气候与现代相仿，比较干燥，冬季温和，夏季炎热。

二、石器材料

　　这次发掘的主要收获是发现了大量的旧石器材料，整理过的标本达4586件，实际数字还要大一些[3]。各类石器材料统计见表1。

表1　　　　　　　　　　　　　　　各类石器材料统计表

名称	石核	锤击石片	砸击石片	使用石片	石锤（甲）	石锤（乙）	刮削器	尖状器	端刮器	雕刻器	砍砸器	次品	总计
数量	135	1672	54	117	3	4	82	17	12	7	1	2482	4586

---

① 标本请地质矿产研究所李云通同志鉴定。
② 树叶印痕请中国科学院北京植物研究所古植物室新生代组鉴定。
③ 在发掘过程中，清理掉部分次品未统计在内，留四川省博物馆等单位作展品的标本也未计算进去，估计总数超过5000件。

石器的原料主要是燧石，约占98%，其他石料石英、水晶、石英砂岩、花岗岩、片麻岩、角页岩、安山岩和硅质岩等，共占2%。燧石质差者居多，都是小块板状结核，节理发育，估计采自距遗址2~3千米的桃坪大队的后山，那里奥陶纪灰岩中含类似的燧石结核，其他石料可能采自T2或T3的砾石层中。

（一）石核

石核形制不甚规整，但仍能看出相对的一致性。单台面石核是其主要类型，双台面和多台面石核构成次要成分。

石核台面多稍倾斜，最大台面角为105°，最小者仅59°，平均为79°（图四，1）。由石核工作面上看到的打击点集中、半锥体阴痕深凹、放射线清晰等人工痕迹推测，是用锤击法打片的。

1. 单台面石核

共109件，每件石核只沿着一个方向打片。石核上的工作面或为一个平的面，或为一弧形面，但不管哪一类，总留一部分原来的面，没有打过石片，位置在石核后部，可能是执握或固定石核的部位。

单台面石核体积小，短而宽，但也存在个别大的石核。石核平均长度①为1.73、宽度②为2.56、厚度③为1.78厘米（图四，2），长宽指数为147④，宽厚指数⑤为69.6。石核宽厚指数高，表明石核利用率低。此类石核可分四型：

Ⅰ型：共70件。其特点是工作面宽而平，台面缘成一直线。如P3978（图五，1）是最大的一件石核（8.4厘米×20.9厘米×21.1厘米），自然台面；P3979是打击台面，工作面上遗有似石叶疤；P3980（图五，4）是高度被利用的石核，厚仅0.8厘米，它的台面和石核体均有修理痕迹，工作面中间留有一个似石叶疤，其上打击点集中，半锥体阴痕深凹，放射线清晰，表明是用锤击法打的。其他似石叶疤上人工痕迹亦如此。由其上石片疤排列情况分析，采用了先打两侧而后再打中间的打片程序。

Ⅱ型：共17件。工作面呈半圆形，台面缘呈一弧线，底面加工成半圆形的锐脊，台面多不做修理，但亦有修理的，如P3981台面上有纵脊，把台面分成几乎相等的两半。

Ⅲ型：共19件。呈方斗形，台面大，底面小，几个面有打片的痕迹，呈多棱角状。P3984是最小的标本，台面与底面均为节理面。

Ⅳ型：仅3件。如P3985的台面是先打出一个相当倾斜的面，而后在其上加以修理，台面上仍留有小石片疤，台面角为70°，在工作面上遗有规整而浅平的石片疤。

2. 双台面石核

每件标本有两个台面，沿两个不同方向进行打片，其中以打击方向相对者居多，如P3987（图五，2）两台面均向后倾斜，台面角分别为60°和70°，工作面上石片疤浅平；另有少数标本，如P3986是较大的标本，打击方向呈90°相交，且均是自然台面；又如P3988一台面有修理痕迹，右侧保留两个似石叶疤，另一端为自然台面，工作面上石片疤不规整。从这件标本上似能看出修理与否的差异。属此

---

① 长度：石核台面至底面垂直最大距离。
② 宽度：垂直于石核长轴的最大横径。
③ 厚度：台面缘向后垂直伸延至最远点。
④ 长宽指数：宽／长×100。
⑤ 宽厚指数：厚／宽×100。

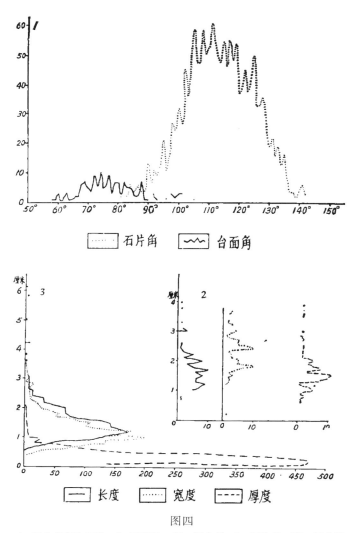

图四

1. 石片角和台面角　2. 石核长、宽、厚曲线　3. 石片长、宽、厚曲线

类的标本共9件。

3. 多台面石核

共17件。绝大多数是被废弃的多面体石核，台面角超过90°，石片疤呈鳞片状，但有少数标本尚可接续打片，如P3990（图五，3）系由四个方向进行打片，石核呈棱形；又如P3989是由三个方向进行打片，在其上遗下一些似石叶疤。

对石核的观察，有几点值得注意：

（1）从石核上打击痕迹看，锤击法起主导作用。凡遗有规整石片疤的石核，都是质料较好的燧石，部分石核是预先加以修理的。这表明，当时人选材和用材能力较强，珍惜好的石料；对预先修理石核的意义有相当的了解。

（2）石核形制不够规整，利用率不高，主要原因是原料质劣所造成，而与技术关系不大。

（3）石核上有似石叶疤的标本清楚反映出，是石锤直接打的，为区别间接打制的石叶，故加以"似"字。

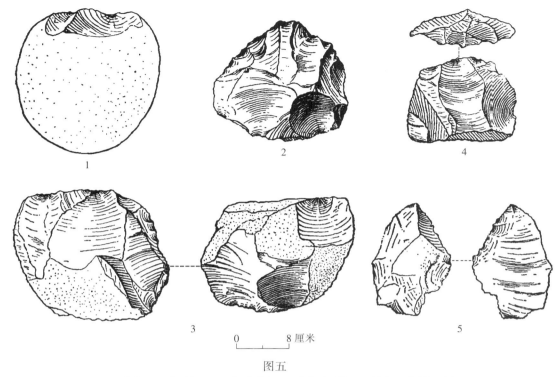

图五

1、4. 单台面Ⅰ型石核　2. 双台面石核　3. 多台面石核　5. 锥状一端砸击石片

（二）石片

石片包括锤击石片、砸击石片和使用石片；同时附述甲、乙两类石锤。

1. 锤击石片①

凡有台面和半锥体的标本均属之，基本特点是：小、短、宽而薄，平均长度1.49、宽度1.3、厚度0.36厘米（图四，3），长宽指数87.9，宽厚指数为27.7。在石片中有1.8%长3厘米以上的较大石片，原料多为喷出岩，形制不规整，但也有个别标本形制较好，如P4019是砂岩梯形石片；P4018是长石片，台面打制，石片角为127°。个别长石片存在也见于北京猿人等遗址②，因之，不能因为它的存在而将其归于长石片传统。这些较大石片，无论从质或量上都反映出，它是锤击石片的次要成分。

〔附〕甲型石锤　为较大的砾石，其一端近垂直剥落一些不规则的石片疤，如P4027，其形态与北京猿人的石锤相似。因其体积较大，只能用于打较大的石片和修理较大的刮削器。

锤击小石片大体可分为梯形、长三角形、三角形和不定形，后者受原料影响颇为明显。长三角形石片最规整，代表打片水平；梯形石片数量相当多，好像是周口店第15地点同类石片的小型化；还有165件似石叶，将另作研究。

台面的观察　台面小，形制不规整者居多。自然台面占24.8%，打击台面占50.7%，有台面脊者

---

① 锤击石片实际上包括可做石器毛坯的石片、碎片和修理过程产生的碎屑，若依石器平均长度计算，可做毛坯者约占10%弱。尽管计算不太精确，但在石器工场上丢弃大量的废品，不仅见于古代，在近代也较常见，例如，在北昆士兰，据说一个当地人想获得一把新的石刀时，他或许要打掉300块石片，最后得一合用的石叶器。因之，富林遗址存在大量锤击石片有助于说明遗址的性质。石片测量法与石核同。

② 邱中郎等：《周口店新发现的北京猿人及文化遗物》，《古脊椎动物与古人类》1973年第11卷第2期，第109～131页。

占 15.35% 。此外，前后两打击点紧挨着，台面被劈碎，仅留锐脊者占 7.99% ，从台面侧角劈裂者占 1.11% 。台面多稍倾斜，石片角偏大，最小者为 81°，最大者 142°，平均为 113.4°（图四，1）。

这里谈一下台面脊，大体有三类：1）层崩，占 2.54% ，用薄层燧石打片，受打击力的震动，沿节理面崩落，在台面上形成一级台阶状；2）打损，占 3.96% ，在打落该石片前，台面已遭打击，留下细疤，接着石片被打下，在台面上则表现出一部分平整，另一部分呈多细疤状；3）台面上有一条或数条纵脊，后者常常在台面缘中部相交，这样的标本占 8.85% （图六，1~5）。不难看出，前两类是打片过程中台面的破损，只有后者才可能是修理台面的痕迹。

破裂面观察　打击点多集中，半锥体小而凸，有双锥标本 104 件，多锥标本 13 件，放射线清楚，疤痕和同心波不多见。

背面的观察　无自然面者占 76.1% ，少部保留者占 19.1% ，大部保留者占 2.98% ，全部是自然面者占 1.25% 。在台面后缘常能见到集中而清楚的打击点，保留一个以上的深凹的半锥体阴痕。多数石片背面的石片疤不太规则，少数比较平远。背面由多块石片疤组成者占 50.09% ，棱脊呈"Y"形者占 8.3% ，断面呈梯形者占 13.98% ，长三角形石片多属这一类，背面石片疤平远，断面呈三角形者占 27.36% 。

石片正、反两面诸人工特点与石核工作面上的诸人工特点彼此吻合，更进一步表明，是用锤击法进行打片的。

关于似石叶问题　似石叶存在于石片之中，为了分类，确定以下三条标准：1）长宽指数小于 50；2）两侧几乎是平行的；3）宽度小于 1 厘米。依此共选出 165 件，占 10% 弱。似石叶均较薄，厚都在 3 毫米以下。

似石叶与一般石片稍不同。燧石质好，自然台面占 17.57% ，打击台面占 59.39% ，有台面脊者占 4.24% ，有前后两者稍减中间一类略增的趋向。背面石片疤多平远，断面呈三角形者增多，不定形者

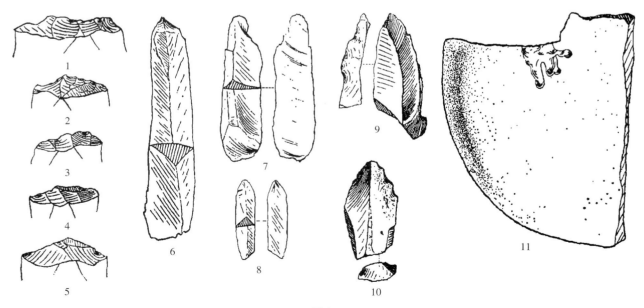

图六

1~5. 修理过的台面　6、7. 试验砸击成的似石叶　8. 无台面似石叶　9、10. 有雕刻器打法的标本　11. 有坑疤的砾石

减少。台面前后缘遗留的打击痕迹与石核上的似石叶疤上的人工痕迹一致，说明是石锤直接打成的。另外，似石叶与似石叶疤的大小相仿。

另一类似石叶是没有台面的，上端是一个尖，尖端四周放射线清晰，如 P4017（图六，8），据初步实验表明，是用砸击法产生的，这类石片占似石叶的 18.7%。

似石叶在形态上与细石器传统中的石叶相似，但做法不一样，似石叶是用锤击法和砸击法产生的。由其形制规整，仿佛暗示人们，当时人生产似石叶时，是有所考虑的，好像是为某种需要而生产的。由于没有发现用似石叶制作的石器，也未找到似石叶使用石片，因之，对其生产的目的，目前尚难作圆满的解释。据实验，砸击成的似石叶，其石核剥片后，外形上有点像细石器传统中的楔形石核，在富林旧石器时代晚期的标本中未曾找到，但在《山西峙峪旧石器时代遗址的发掘报告》[①] 中曾发表过 1件，称之为"扇形石核石器"或"扇形石核"。

2. 砸击石片

除两件原料为水晶者外，其余均为燧石，多呈长方形，平均长度 1.9、宽度 1.26、厚度 0.5 厘米；其中两端有砸痕者 16 件，一端有砸痕者 20 件，尖端有砸痕者 18 件。一端与两端砸击石片与北京猿人做的砸击石片相仿，不作细述；尖端受砸的石片，向几个方向作放射状剥落石片，往往在主破裂面上，可以看到部分半锥体，如 P4043（图五，5）。

砸击石片是北京猿人文化的特征之一，在华北一直延续到旧石器时代晚期；在华南，无论旧石器时代早期或晚期均未见报道，这是首次发现，是我国旧石器文化继承性的新证据。

〔附〕**乙型石锤**　其中有三件是安山岩的，砾石上有浅而散漫的坑疤；还有一块石英砂岩砾石上有较深的条状坑疤（图六，11）。将其与北京猿人的砸击工具比较，前者是石锤，后者是石砧。

3. 使用石片

对锤击石片进行了微观观察（放大 10～18 倍），觉察到宏观难以看到的一些现象。为了作比较，相应地做了一些实验。观察是初步的，实验是有限的，目的是录以备考。

在双筒放大镜下放大 10 倍以上观察石片边缘，大致有以下几种情况：

（1）边缘平直锋利，常呈半透明状，有些有斜向芒针状痕迹，少数标本边缘上有一或几个不连续的三角形缺口。这样石片占 83.4%。据实验，这类石片属于未使用过的石片。

（2）边缘变得钝厚，有些标本的边缘呈梳齿状曲线，共 180 件，占 10.1%。如此痕迹与薄石片割猪皮、刮皮下肌肉和脂肪（刮 20 分钟以上）所产生的痕迹相像。因其痕迹浅显，是否因化学或物理作用能造成类似现象尚不清楚，因之，这些石片也就难以最后确定它是使用石片。

（3）石片边缘上有微细的连续的石片疤，肉眼可见，在放大镜下，细石片疤宽而浅平，多呈指甲状，近缘处往往有月牙形凹迹，但无打击点和半锥体阴痕。它与用石片刮木头或骨骼上的肌腱所产生的痕迹相像，但时间至少需半个小时以上。这一类似可定为使用石片。被选为使用石片者，边缘上细石片疤需达 5 毫米以上。使用石片均较大，平均长度为 1.68、宽度 1.46、厚度 0.46 厘米，比锤击石片平均尺寸约大 1/4。依其使用痕迹的部位和形态，分类见表 2。

---

① 贾兰坡、盖培、尤玉柱：《山西峙峪旧石器时代遗址发掘报告》，《考古学报》1972 年第 1 期，第 39～58、135～136 页。

表2　　　　　　　　　　　　　　　　使用石片分类表

面	单　面							两　面				总计
名称	正面	反面	直边	凹边	凸边	尖端	端边	凹	凸	错向	多边	
数量	12	93	32	36	11	17	9	2	1	5	4	117
百分比	10.26	79.49	27.35	30.77	9.40	14.53	7.69	1.71	0.85	4.27	3.42	

使用石片分类表明，与石器分类和加工方式基本一致，以单面反向为主，类型上凹刃比例较大，直刃有向凹刃渐变的倾向，可能与刮有弧度的物体有关。总之，使用石片在功能上起着与石器同等的作用。

（4）有些标本，边缘有一个2毫米以上的小石片疤，将其放大观察，其内尚有若干细疤，像刮小物体的使用痕迹。据初步实验表明，石锤打击石片边缘，力的震动作用也能产生相仿的现象。因之，这些标本上的细疤归属也颇难肯定。

（三）石器

石器均较小，但与同出的石核、石片相比，则是较大的，具体情况见表3。

表3　　　　　　　　　　　三类石器平均尺寸、长宽指数、宽厚指数表

（单位：毫米）

刮削器					尖状器					端刮器				
长	宽	厚	长宽指数	宽厚指数	长	宽	厚	长宽指数	宽厚指数	长	宽	厚	长宽指数	宽厚指数
27.3	19.55	9.73	71.2	50.1	22.47	16.47	8.82	73.3	53.4	24.1	17.9	9.1	74	50.7

从表3可以看出，主要石器类型的长宽指数和宽厚指数相当接近，表明当时人对做石器的毛坯作了较严格的选择。毛坯是石核或石块者占56%，石片者占42%，少数标本毛坯性质难定。

1. 刮削器

数量最多，其中单刃刮削器64件（直刃14件、凸刃19件、凹刃15件和厚刃16件）和两刃刮削器18件。

（1）单直刃刮削器　以石核做成者为主，将一长边加工成平直的刃，平均刃角为68.9°，刃缘多不平齐，小石片疤深凹，修理工作以反向为主，多单面加工，如P4045，就中也有3件是交互打击的，如P4046刃缘呈锯齿状。这类石器使用痕迹清楚[①]。

（2）单凸刃刮削器　用石核做的比石片稍多，基本上是单面反向加工成的，将一长边加工成弧形刃，刃缘呈多缺口状，平均刃角为72.4°。它们大小差别较大，最大者长达7.6厘米，最小者长仅1.2厘米）。

（3）单凹刃刮削器　用石核和石片做的各半。都是单向反面打击成的，平均刃角为60.5°，是刮削器刃角最小的一类。依刃口形态可分两式：Ⅰ式如P4051，被修理出来的刃口匀称地内凹；Ⅱ式如

---

① 关于石器上的使用痕迹：原先常把石器近缘处的细石片疤看作使用痕迹，如前提及，打击时，在产生小石片疤的同时，也能因力的震动作用而产生细疤，因之，原想法的准确性就存在一些问题，为此，作了一些石器使用的实验和观察。起刮削作用的工具，较长时间使用后，边缘圆钝，近缘棱脊有平蚀现象，因之，可由这些现象的有无来判断石器是否被使用过。另外，两小石片疤交界上有无细疤是判断使用痕迹的重要条件，因为，两小石片疤相交点上，打击震动力微弱，多无力产生细疤，而使用时，此处是凸出部，首先与被加工物体发生摩擦，而易磨钝，进而产生细疤。

P4052，刃口作细的修理后，在刃中部重击一下，生成大缺口状凹刃。

（4）单厚刃刮削器　以石核做的居多，均系近垂直打击而成，刃角相当陡，平均为80.1°。标本经修理后，刃缘上小石片疤层叠，但较平远。由于刃陡，使背部明显隆起，呈半龟盖状。

（5）两刃刮削器　共18件，两长边成刃者5件，一长边和一端成刃者13件。修理工作以单面加工为主，向正或反面加工比例相仿，其中有错向加工者3件。P4059是两长边成刃者，石锤直接打击而成，刃缘呈多缺口状，刃口薄锐，刃角为58°和76°（此类平均刃角为68°），使用痕迹清楚。P4057系另一类两刃刮削器，用厚石片做成，向背面加工，左侧为凹刃，修理粗糙，刃角48°；下端为凸刃，修理细致，小石片疤浅平，刃缘匀称，刃角为73°；凸刃及与其相邻的侧刃使用痕迹清楚。

2. 端刮器

刃口在毛坯的一端，以石核和石片做毛坯，两者数量相当。其中可再分3型：

Ⅰ型：圆端刮器。水晶者1件，燧石者5件。近垂直修琢，刃口钝，有些刃角接近90°，平均为77.5°。此类标本修理工作较细，刃缘匀称。侧边多不做修理，个别例外，如P4062两侧均作加工，且有使用痕迹。

Ⅱ型：平端刮器。加工粗糙，多向背面打琢，刃口平直，刃缘呈多缺口状，平均刃角为75.2°，两侧无加工，偶见使用痕迹，如P4063。此型有标本5件。

Ⅲ型：两端刮器。仅1件。P4065的上端是圆弧形刃，先修琢的小石片疤浅平，而后再加修整，近缘处小石片疤短宽，打击点明显，刃缘呈梳齿状，刃角为78°，这样再修整或许是适应增加摩擦力的需要；下端刃平直，打击方向与前者相反，近垂直加工，刃角为88°，修理方式与上端刃类似；两端刃上有使用痕迹。

这件标本更有意义在于，它是两度加工的标本。前一度加工的表面呈棕灰色，尚能看出原是一厚石片，由上端残留的一块石片疤看，也曾修理过，小石片疤浅平，后一次加工见于两刃，呈深灰色。两度加工石器见于北京猿人遗址的上部地层。P4065的发现暗示此前还有人在这一带劳动过。这件标本左侧有冻裂的痕迹，表面颜色与刃口者同，但盆盖裂在修理时稍遭破坏，因之冻裂作用稍早于后一次修理或同时。

3. 尖状器

制作较好，类型稳定，以石核做成者为主，多作单面反向修理，错向加工者4件。尖刃锐利，平均尖角为74.1°。可分四型：

Ⅰ型：共6件。修理两长边，做成比较对称的尖刃，全部错向加工者均属之，如P4039，P4038是唯一向正面打击的尖状器。

Ⅱ型：共7件。都是向背面打琢，一长边均作修理，另一边只修尖端相邻部，而后对尖刃作细致的修琢，制成短尖刃，如P4036，其尖刃和侧刃均有使用痕迹。

Ⅲ型：有3件。向背面加工，两侧略加修理，在尖端处加重敲击，使成短而呈三棱形的尖刃，类似后期短尖锥，如P4041。

Ⅳ型：仅1件。P4042是一件制作精美的小三棱尖状器，系厚石片做成，其两侧均作修理，垂直向背面修琢，远缘小石片疤平远，近缘者短折，修至前部，两侧作重击加工，形成肩状内凹，修长的尖刃若颈状伸出，尖刃断面呈三棱形。这样的尖状器在同时代的遗址中未曾发现过，其形态颇像丁村大三棱尖状器。

4. 砍砸器

仅1件。P4035系片麻岩砾石制成，砾石面大部保存，背面和左侧有两个大的石片疤，而后作粗糙的加工，生成一个勉强可作砍砸用的刃口。

5. 雕刻器

共7件，全是石片做的。有雕刻器和雕刻器打法两种，如P4067（图六，9）先将左侧垂直加工成刃，而后由顶端向右斜向打击，使顶端生成凿子状刃口；P4066（图六，10）系由背面侧后向台面打击，使台面左侧成雕刻器刃状，这样打法在北京猿人、周口店第15地点[1]和辽宁喀左县鸽子洞[2]的旧石器中均曾见到过。

三、结论与讨论

（一）关于遗址性质

在这个遗址薄薄的文化层中，找到大量的石料、石核、石片、碎屑和次品；石器比率低，仅占2.6%等说明，它不是居住地，而是季节性的做石器的场所。在文化层中发现用火痕迹和大量树叶印痕，似乎使人看到古富林人曾于初冬在这湖滨，升篝火，驱寒意，造石器。

（二）富林镇旧石器时代晚期文化的特征与命名

从石器上看，它有我国旧石器时代石器的共性，如以单面反向为主的加工技术等。它也有个性，其重要特征可概括为几个"小"字：小石核、小石片和小石器占绝对优势，打片以锤击法为主导，偶尔也用砸击法，存在10%似石叶，石器组合以刮削器和尖状器为主体，有一定数量的短的端刮器，有少量的雕刻器，砍砸器实质上不起作用，石器是用石锤直接打击做成，刃缘曲折，常呈多缺口状；Ⅳ型尖状器和用石核或石块做毛坯超过半数未见同时代重要遗址。依上述特点，故命名为富林文化。富林文化的时代，依地貌、古生物和旧石器综合研究，归于旧石器时代晚期似无疑问。考虑到尺寸较小，出现Ⅲ型尖状器和似石叶等较新成分，或许可归于旧石器时代晚期的后一阶段，可能与华北的大沟湾文化、小南海文化在时代上大体相当。

（三）富林文化的地位

有比较才能鉴别。我们把比较重点放在我国主要的旧石器时代晚期的文化上[3]，同时顾及东南亚同时代有关资料。因为旧石器时代晚期文化有一定区域性，就近比较有实际意义，与欧非等遥远地区作比较作用不大。另外，事物发展总是曲折的、波浪式的，远古文化也不例外，因之，我们不赞成我

---

① Pei W. C. , 1939, A Preliminary Study on a New Palaeolithic Station Known as Locality 15 within the Choukoutien Region, *Bull. Geol. Soc. China*, 19：147－187.

② 鸽子洞发掘队：《辽宁鸽子洞旧石器遗址发掘报告》，《古脊椎动物与古人类》1975年第13卷第2期，第122~136页。

③ 这些遗址包括宁夏回族自治区灵武县水洞沟、内蒙古自治区乌审旗大沟湾（萨拉乌苏）、山西省朔县峙峪、河南安阳小南海等。水洞沟资料依1963年新发掘的资料，因为，在此以前发现的材料在地层方面存在一些问题。山顶洞无疑是我国旧石器时代晚期的重要遗址，因发现的石器太少，故未列入比较。在内蒙古中南部，后来在河套西部曾发现过大量的、打击精致的石器，就其性质言，与水洞沟文化关系密切，但因缺乏地层根据，为避免问题复杂化，故暂不列入比较。

国旧石器时代从早到晚存在两种平行发展的系统的观点；我国旧石器文化有特殊性和继承性，但在目前，旧石器时代中期资料嫌缺的情况下，要与早期比是有困难的。在作同时代文化比较时，着眼于技术主体和工具组合的比较，而不想作个别器形的对比。

根据我国现有的、重要的旧石器时代晚期的资料来看，粗略地可以分成两个技术传统：小石器传统和长石片综合传统（表4）。

表4 我国旧石器时代晚期技术传统表

文化传统 时代	长石片综合传统	小石器传统
全新世 10000 年	细石器传统	
更新世晚期的后期 （Q_{III}^2）		峙峪文化 大沟湾文化 小南海文化 富林文化
50000 年	水洞沟文化	

小石器传统的主要特点有：打片以锤击法为主，偶用砸击法；小石核、小石片和小石器是其重要文化内涵，采用短而宽的石片或石核做石器的毛坯，其长宽指数大体相当[①]（见表5）。长宽比差小，修理石器系用石锤直接打琢，刃缘呈多缺口状，刮削器和尖状器是工具组合的主体，还有一定数量端刮器，雕刻器量少，类型简单，砍砸器在功能上作用基本消失。富林文化和表5开列的其他三遗址的石器，在技术传统上均应属之。与邻国同时代资料相比，似可看到，它处于一种独特的地位，为邻国所罕见。

表5 我国旧石器时代晚期四遗址小石器平均尺寸及长宽指数表

（单位：毫米）

名称 地点	平均长	平均宽	平均厚	长宽指数
峙峪	28.3	19.6		69.1
小南海	35.8	25.5	1.03	71.2
大沟湾	21.0	13.5		72.9
富林	26.1	19.2	0.94	73.6

长石片综合传统：以水洞沟文化为代表，打片以锤击法为主，辅以砸击法和碰砧法，可能采用间接打法；常见石核类型有长方形的、半锥形的和柱形的，后者工作面上遗有石叶疤；大小石片并存，有较多的长石片和少量的石叶，约占40%石器是用长石片做成的；修理石器以锤击法为主，辅以指垫

---

① 峙峪和小南海依发表的图和图版测量，峙峪发表的石器材料少，所测数字可能距实际有一段距离。大沟湾材料依 1928 年《中国旧石器》一书中的图测量，个别位置有变动。

法，还可能使用压制技术；石器较大，大小并存，工具组合主要是刮削器、尖状器和长、短端刮器，少量的砍砸器和雕刻器。这里附带提一下我国细石器传统起源问题。目前讨论这个问题困难是较大的。由于缺乏地层资料，细石器传统的发展序列是模糊的。这里提到的细石器传统不是指历史上用过的"细石器"一词，如把周口店第 15 地点石器叫作"细石器"，而是从现实出发，指主要分布在我国北纬 35°以北，密集于沙漠草原区，打片以间接打法为主，常见的石核有柱形、锥形和楔形，有大量的石叶，无论石核或石片，长宽比差拉大，长宽指数常常在 40 以下，石叶比石核长宽指数差更大，用大量石叶做各种工具，制石器常用间接压制法，石器类型有"刀片"、箭头、尖状器、长短石锥和长短端刮器等。由上所述，无论从石器类型上或加工技术上看，细石器传统与长石片传统关系密切，可能存在渊源关系，而与小石器传统关系相当疏远，在技术上和类型上则表现出显著的差异。说细石器传统的起源与水洞沟文化有关，从世界其他地区旧石器时代晚期技术传统来看，如西欧，由奥瑞纳经马格特林而发展到阿齐利期，东欧则由奥瑞纳－梭鲁特经马格特林进至阿齐利期，这个发展过程明显特点之一是长石片细化成石叶—细石器，还有一些地区也有类似现象。这是一个大的发展趋势，也可适用于水洞沟文化与细石器传统的关系。当然，在我国前者如何发展到后者，目前仍是不清楚的，有待今后工作来解决。

　　（四）建议建立"富林组"

　　T2 河湖相沉积分布较广，早已引起地质学家的注意，早在 20 世纪 30 年代已有记述，并把它与"大相岭西坡之岩屑堆积"相比，时代与雅安砾石层相当（Q_{II}）。T2 上部地层沉积物与云南元谋的龙街粉砂层十分相像，后者时代为晚更新世；在文化层中发现过绝灭动物柯氏熊或小熊，表明地层时代的上限越不出更新世晚期，堆积中发现的大量的旧石器材料反映出明显的晚期性质，因之，我们建议把 T2 这组地层命名为"富林组"，代表更新世晚期的后一阶段（Q_{III}^2）。

参考文献：

郑德坤：《四川古代文化史》，《华西大学博物馆专刊》第一号，1946 年。

李春昱：《雅安期与江北期砾石层之生成》，《地质论评》1947 年第 12 卷（1～2 期），第 117～126 页。

顾知微：《四川巴县歌乐山之洞穴层与地文》，《地质论评》1947 年第 12 卷（1～2 期），第 251～256 页。

周明镇：《安徽五河县戚嘴第四纪淡水斧足类化石》，《古生物学报》1955 年第 3 卷第 1 期，第 73～82 页。

安志敏：《细石器文化》，《考古通讯》1957 年第 2 期，第 36～48 页。

谭锡畴等：《四川西康地质志》，地质出版社，1957 年，第 27～29 页。

郭沫若等：《中国人类化石发现与研究》，科学出版社，1955 年，第 78～79 页。

杨玲：《四川汉源富林镇旧石器时代文化遗址》，《古脊椎动物与古人类》1961 年第 4 期，第 353～359 页。

汪宇平：《内蒙古伊盟南部旧石器时代文化的新收获》，《考古》1961 年第 10 期，第 552～554 页。

林振涛等：《白洋淀的蚌类》，《动物学报》1963 年第 15 卷第 2 期，第 243～251 页。

戴尔俭等：《陕西蓝田发现之旧石器》，《古脊椎动物与古人类》1964 年第 8 卷第 2 期，第 152～161 页。

安志敏：《河南安阳小南海旧石器时代洞穴堆积的试掘》，《考古学报》1965 年第 1 期，第 1～28 页。

贾兰坡等：《山西峙峪旧石器时代遗址发掘报告》，《考古学报》1972 年第 1 期，第 39～58 页。

戴尔俭等：《蓝田旧石器的新材料和蓝田猿人文化》，《考古学报》1973 年第 2 期，第 1～12 页。

邱中郎等：《周口店新发现的北京猿人及文化遗物》，《古脊椎动物与古人类》1973 年第 11 卷第 2 期，第 109 ~ 131 页。

鸽子洞发掘队：《辽宁鸽子洞旧石器遗址发掘报告》，《古脊椎动物与古人类》1975 年第 13 卷第 2 期，第 122 ~ 136 页。

K. P. 奥克莱（周明镇译）：《石器时代文化》，科学出版社，1965 年。

Boule，M.，etc.，1928，Le Paléolithique de la Chine，*Arch. L'inst. Paleont. Hum.*，4：122 – 130.

Edgar，J. H.，1933 – 1934，Prehistoric Remains in Hsikang on Eastern Tibet，*Journal of the west China border research society*，6：56 – 61.

Bowles，G. T.，1934，A Prelimimary Report of Arohaeological Investigations on the Sichuan – Tibet Boundery，*Bull. Geol. Soc. China*，13：119 – 141.

Teilhard de Chardin，P.，etc.，1935，The Cenozoic Sequence in the Yangtze Valley，*Bull. Geol. Soc. China*，14：161 – 178.

Graham，D. C.，1935，Implements of Prehistorical Man in the West China Union University Museum of Archaeology，*Journal of the west China border research society*，7：47 – 56.

Pei W. C.，1939，A Preliminary Study on a New Palaeolithic Station Known as Locality 15 within the Choukoutien Region，*Bull. Geol. Soc. China*，19：147 – 187.

Pei W. C.，1939，The Upper Cave Industry of Choukoutien，*Pal. Sin.* New D，9：1 – 41.

Bien M. N.，1940，Geology of the Yuanmou Basin Yunnan，*Bull. Geol. Soc. China*，20：23 – 31.

Hellmut de Terra，1941，*Pleistocene Formations and Stone Age Man in China*，36 – 37.

Oakley，K. P.，1964，*Frameworks for Dating Fossil Man.*

Coles，J. M. and Higgs，E. S.，1969，*The Archaeology of Early Man.*

CeMeHoB，C. A.，1957，ПерВОбытНаЯ техника.

ЕфиMeko，П. П.，1953，ПерВОбытное обшестВО，287.

Борисковский，П. Н. 1953，Палеолит Украины，293 – 299.

（原载《古脊椎动物与古人类》1977 年第 15 卷第 1 期）

铜梁旧石器文化之研究[*]

在铜梁旧石器文化地点中发现石制品300多件，除难以分类标本外，可分类的石制品为306件。本文主要是通过铜梁旧石器的研究，探讨其文化性质和意义。遗址的地层和共生的古生物化石将另行研究发表[①]。

一、石制品

石制品的原料主要是石英岩，占74.8%，次为燧石，占12.4%，再次为闪长岩和硅质岩，分别占4.9%和4.5%，还有石髓、砂岩和角页岩等，用量甚少，合占3.2%。据我们调查，遗址附近不出产做石器用的大砾石（砾径在150毫米以上），这样的大砾石产自涪江的高阶地上（高出当地河水面60~70米），距遗址最近有20千米，如遗址北面安居附近的象山。现将石制品分类记述如下：

（一）石核

石核共49件，依台面多寡，可分三类：

1. 单台面石核

30件。原多系扁宽的砾石，大小相差悬殊，但均沿一个方向进行打片，在工作面上遗留的、比较完整的石片疤多短而宽，呈梯形者居多，少数比较长，呈三角形或长方形。石核的台面，自然者占2/3，打击者7件，还有3件标本的台面可能修理过，打击点集中，半锥体阴痕浅凹或深凹，放射线清晰，台面角最锐者60°，最钝者94°，平均为77.9°。

2. 双台面石核

9件。不定型，每件标本都有两个台面，沿两个不同方向进行打片。本类石核多粗大，体积差异比单台面小，但也基本上是宽大于长的；其工作面上石片疤不多，表明双台面石核的利用率不高。

本类石核仍以自然台面为主，其中双台面均自然者6件，自然和打击台面各一者2件，双台面打击者1件。石核台面角最锐者64°，最钝者115°。有些石核台面角超过直角，打击点集中是不宜再打片的石核；有些石核台面角在80°以下，打击点散漫者是尚可打片的石核。

3. 多面体石核

此外尚有10件多面体石核，每件标本至少有三个台面，其上有细碎而层叠的石片疤，台面角多超过85°，表明都是不能再打片的石核。

---

* 与李宣民共同执笔。

① 材料收集工作是李宣民负责的，研究工作主要是张森水负责并执笔，杨兴隆参加工作。部分插图是刘增同志绘的，图版照片是王哲夫同志拍摄的。

（二）石片

石片 32 件，其中有锤击石片 23 件，碰砧石片 9 件。这些石片虽无修理痕迹，但边缘上常见个别打击痕迹。从数量上看，打片主要方法是锤击法，辅以碰砧法。

1. 锤击石片

23 件。情况复杂，大小相差很大，但大多数是长 30～50 毫米的小型石片。石片的台面比较小，打击者居多，石片角最小者 95°，最大者 132°，打击点多散漫，半锥体小而微凸，放射线稀疏，有疤痕的标本只有 2 件。石片的背面多凹凸不平，石片疤不规整，不保留或少许保留砾石面者多于大部分保留或全部保留者。石片多长大于宽，形制不规整，如 CP. 0057 号标本呈长方形，自然台面，石片角 99°。在锤击石片中，包括 4 件粗大的石片，CP. 0056 号标本就是其一。它长 131、宽 126、厚 56 毫米，自然台面，打击点大而集中，半锥体凸，放射线清晰，破裂面平坦。据试验，要用石锤打下这样粗厚的石片是困难的，若用投砧法有可能产生类似石片。

2. 碰砧石片

9 件。大小差异比锤击石片小，多长大于宽，台面较大而倾斜，打击者 5 件，自然者 4 件，石片角最小的 111°，最大的 138°，平均为 122.2°。由上所述，这些石片具有若干碰砧石片的特征，也具有个别锤击石片的特征，因之，严格说来，作为碰砧石片不是十分典型的，典型的碰砧石片均已被加工成砍砸器。

（三）石锤

5 件。原系长条形砾石，在作过锤击的一端或两端，砾石因受力的反作用，造成了破损面。据试验，石锤破损面的大小和夹角的钝锐主要与使用时间长短有关。CP. 0054 号标本属单端石锤，且是初期使用者。此外还有两端石锤 4 件。

（四）石器

石器 220 件，类型简单，可再分三大类，刮削器为主，还有尖状器和砍砸器，均是重要类型。

1. 刮削器

刮削器体型小，数量多，共 114 件，超过石器的半数。刮削器形制多样，可再分 7 型。

（1）单直刃刮削器　14 件。其形制特点是将毛坯的一侧边修理成平直的刃口（少数是斜刃）。修理石器用锤击法，并以单向修理为主。加工粗糙，刃缘呈波纹形，刃口较钝，平均刃角 74.6°。修理痕迹只见于毛坯的近缘，不及器身；器形缺乏一致性，常因毛坯而异。在本类石器中，CP. 0001 和 CP. 0002 号标本是加工比较好的标本，前者系用燧石小石块做成，复向加工，刃口在左侧，平直较锐，刃角为 73°；后者是用残石片做的，是两度加工的标本，系垂直打击成刃，刃口在右侧，刃钝，刃角为 86°，其修理工作细致，刃缘匀称，小石片疤浅平。

（2）单凸刃刮削器　27 件。刃口形态有两种：其一是将一侧长边修理成缓弧形的刃口；另一是将一侧长边加端边之一部或全部加以修理使成深波形凸刃。本类石器加工多粗糙，且以复向加工为主，刃缘多不平齐，即使是单向加工者，其反面常见个别打击的痕迹。CP. 0006 和 CP. 0007 号标本属缓弧形单凸刃刮削器，前者是复向加工的，刃缘扭曲，刃口两端锐中间钝；后者是残石片做的，系向背面加工而成，修理细致，刃缘匀称，刃角为 76°。深波形单凸刃刮削器可用 CP. 0008 号标本为代表。

铜梁石器分类测量和统计表*

项目名称 \ 类型		石核			石片		石锤	刮削器						
		单台面	双台面	多台面	锤击	碰砧		单直刃	单凸刃	单凹刃	两刃	复刃	平端刃	圆端刃
原料	石英岩	23	9	9	19	9	3	9	22	9	16	10	2	10
	燧石	2			1			3	1	3	4	7	1	1
	闪长岩							2	1		1	1		1
	硅质岩	3		1	3	2			1	1	2			
	石髓	1							2			4		
	砂岩	1												
	角页岩													
毛坯	石核								1		1	3		
	砾石													1
	小石块							3	7	2		6	1	4
	锤击石片							5	10	8	13	6	2	3
	碰砧石片											2		
	断片							6	9	3	9	5		4
锤击加工	单面 向背面							7	8	6	5	3		6
	单面 向破裂面							3	5	7	4	1		3
	两面 错向										5		2	
	两面 复向							4	14		9	17	1	3
砸击加工												1		
碰砧加工														
分类小计		30	9	10	23	9	5	14	27	13	23	22	3	12
长度		65.8	85.3	68.2	62.2	62.2	135.0	53.5	54.0	50.3	53.3	49.5	42.0	53.7
宽度		90.3	102.5	77.4	54.8	51.4	62.8	38.5	41.7	36.6	42.4	41.9	34.3	19.3
厚度		63.5	68.2	65.5	23.0	21.5	52.4	19.5	20.1	16.6	18.0	16.9	17.6	19.3
刃角		77.9	79.5	81.9	110.4	122.2	74.6	76.1	76.5	76.1	73.5	77.1	89.6	77.8
尖刃角														

* 石片角和台面角填在刃角栏内；测量单位：毫米和度。

尖状器					砍砸器									总计
钝尖	宝剑头	锐尖	角尖	双尖	单边	两刃	复刃	盘状	锛形	尖刃	端刃Ⅰ	端刃Ⅱ	端刃Ⅲ	
4	6	5	3	1	7	2	13	3	5	9	6	8	7	229
	3	3	2				3			2	1		1	38
2		2	1	1		1	1						1	15
							1							14
														7
					1									2
										1				1
1					3	1	16	1	3	4				34
					3				2	3	3	2		14
1	2	4	2											32
2	4	6	2		1	2	2			5	3	3	4	81
	1				1			1			1	3	5	14
2	2		2	2					1					45
2	1	8	2		5		5		3	3	2	4	3	73
	2				1		2		2	2	3		1	36
1	2	1	1											12
3	4	1	3	2	1	3	11	3		6	2	4	5	96
														1
					1					1				2
6	9	10	6	2	8	3	18	3	5	12	7	8	9	306
75.5	47.2	52.9	52.1	52.5	113.9	114.3	82.9	117.0	114.4	104.3	100.6	103.2	111.0	
57.8	36.2	38.9	36.0	43.5	80.2	117.6	70.5	92.3	84.6	86.4	115.6	127.4	133.2	
21.3	15.3	18.7	17.5	17.5	49.2	47.3	32.6	32.6	61.6	42.6	52.4	49.0	45.2	
76.3	79.0	75.5	81.9	75.7	70.4	76.0	78.0	89.1	74.2	73.6	75.4	81.7	81.6	
89.0	89.8	59.1	59.3	81.5	0					72.3				

（3）单凹刃刮削器　13件。主要是石片做的，且以单面修理为主。其形态也可分两式。

Ⅰ式——缓凹刃，如 CP.0004 号标本，刃口在右侧，系向背面修理，将一侧长边修理成缓弧形凹刃，刃角为66°。

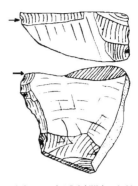

图一　有雕刻器打法的单凹刃刮削器

Ⅱ式——凸凹刃，如 CP.0005 号标本，刃口在左侧，系向破裂面加工，在凹刃中部重击了一下，生成一个明显的缺口。这件标本的顶面上有一条似石叶疤（18毫米×6毫米），系由左侧刃之顶端向顶面打击，使左上角生成凿子状刃口，类似平面雕刻器的刃（图一）。

（4）两刃刮削器　23件。基本上是石片做的，形制不规整，刃口形态各异，加工方式多样，可归纳为两式：Ⅰ式两长边成刃者，Ⅱ式一长边加一端成刃者，且以长边为主刃，有别于端刃刮削器。

Ⅰ式——两长边刃刮削器　9件。刃口形态以凸刃为主，次为直刃，凹刃仅是个别的。复向加工是其主要修理方式，致使刃缘不平齐而呈波纹状。刃口有锐有钝，后者居多，最小刃角为46°，最钝者91°，平均为73.5°。除复向加工者外，还有单向和错向加工，后两种方式加工的标本要比复向加工者好一些。如 CP.0016 号，是复向加工的，修理工作粗糙，左侧刃陡，右侧刃锐，刃角分别为77°和63°。

Ⅱ式——边、端刃刮削器　14件。常常是将一侧长边加以细致的修理，刃口较锐，刃缘匀称，使用痕迹清楚；端刃修理工作多粗糙，刃口呈多缺口状，刃缘凹凸不平。使用效果差。在这一式石器中，CP.0013 和 CP.0014 号标本是比较典型的，它们均系石片做成，且都是基本上向背面加工的，前者主刃在右侧，后者主刃在左侧，刃角分别为69°、88°和67°、84°。

（5）复刃刮削器　22件。是"个性"强、大小差异大的一类石器，最长75、最短24毫米，最重者135克、最轻者5克。形制不规整，形态各异，勉强可分为三刃和四刃（包括盘状刮削器）两式。

Ⅰ式——三刃刮削器　14件。除台面一边无加工痕迹外，其余三边都被加工成刃，加工方式多样，以复向为主，单向加工的标本不多。复向加工情况也复杂，有打击方向不定的"纯复向加工"，也有两侧错向或端侧错向再加一个单向加工的刃而构成特种复向加工。其结果是刃口形态多样，刃缘曲折，刃口因多用垂直加工而钝者居多，大部分超过75°。

Ⅱ式——四刃刮削器　8件。其主要方式是采用复向加工，刃口钝、锐均有，修理情况和刃口形态都与Ⅰ式相仿，这里只描述几件特殊标本。CP.0022 号标本（图二）的左侧两面有加工痕迹，被修理成薄锐的缓弧形凸刃，刃角为62°；其底面是向背面加工的，刃口平直，刃角为79°；顶端系向破裂面加工的，并与左侧刃相交，生成短尖；右侧是一个舟形小面，前部是两侧对打的，中部靠背面的一侧保留一个整锥体，中部以下是向破裂面加工的。这一侧均作打钝修理，可能是修理把手的工作。

（6）平端刃刮削器　3件。其中 CP.0056 号标本（图三）修理得最好。它的前端刃是向破裂面打击的，刃口平直，刃角为83°，刃缘上小石片疤浅平。它的两侧边也被修理成平直的刃口，系错向加工而成，左侧向破裂面加工，右侧加工方向相反，刃角分别为85°和88°。

（7）圆端刃刮削器　12件。形制规整，毛坯基本上是石片，均长大于宽。端刃的弧度和宽度虽有

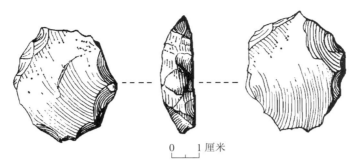

0 |___| 1 厘米

图二　保留有整锥体的复刃刮削器

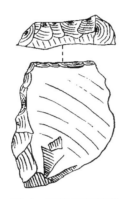

图三　平端刃刮削器　　　　图四　圆端刃刮削器

大小之别，但均呈圆弧形，端刃修理工作细致，向背面加工者多，刃缘匀称，刃口较陡，平均为77.8°，刃口上的小石片疤平远。除端刃外，侧边也多作修理，但比较粗糙，刃缘不平齐，其中有单侧边成刃者5件，两侧有刃者3件。

　　CP. 0009号标本是窄圆端刃刮削器，端刃的宽度约等于石片宽度的一半，刃陡，修理细致，小石片疤浅平，其左、右两侧都有清楚的使用痕迹。CP. 0010号标本属于宽端刃刮削器，端刃宽度稍小于毛坯的宽度，端刃呈缓弧形，刃陡，刃角为86°，刃缘匀称。这件标本的左侧也作了修理，呈浅凹刃，刃角为89°，右侧也有粗糙的打击，刃口平直而钝。CP. 0011号标本（图四）也是一件宽端刃刮削器，端刃呈半圆形，刃口陡，刃角为80°，修理精致，小石片疤平远。其两侧的修理很有意思，左侧是复向加工的，右侧系向背面加工，两侧各有一个宽的凹口，稍不对称，也见变钝现象。好像是为按把而修理的。

　　2. 尖状器

　　33件，主要是石片做的，修理工作多粗糙，以短尖刃为主，尖刃修理精致而细长者数量不多。尖状器的修理常常是不对称的，多数标本是一侧长边均有修理，另一侧只有局部加工痕迹，但尖端都曾作细致的加工。尖状器以复向加工为主，少数是错向或单向加工成的；修理方式多采用陡向打击，斜向加工比较少见，因此，侧刃钝者居多，尖刃角亦大体相仿，80°以上者超过半数。依尖状器形态、尖刃位置和数量可以分为5型：

　　（1）钝尖尖状器　6件。体型较大，居尖状器和刮削器之首位，最长者达97毫米。其尖刃呈小圆头形，位置在中轴的一端。CP.0028 号标本是最大的一件，呈多边形，系复向加工而成，尖刃相当钝，其左侧两面有加工痕迹，右侧系向背面打击，刃口钝，刃缘曲折。CP.0029 号标本略呈心形，也像小手斧。其一面遗满石片疤，多浅平；左侧刃修理简单。尖刃是两面加工的，薄而锐。

（2）宝剑头状尖状器　9 件。其中有个别较大的，但多数是小型的。它的形态特征是两侧多有修理痕迹，至中上部有明显的转折，两侧成大角度于中轴的一端相交，生成宝剑头状的尖刃。依转折处测量，不少标本的尖刃角超过 90°，平均达 89.8°，但尖刃本身并不钝，而是短锐的。本类尖状器修理方式是多样的，复向者稍多。如 CP.0025 号标本它系用石片制成，其左侧是向破裂面加工的，右侧两面都有加工痕迹，尖刃部是向背面加工的，尖刃短而锐，尖刃角为 91°。

（3）锐尖尖状器　10 件。器体中等，大小差异不显。毛坯较长，修理成器后，尖刃秀长锐利，尖刃角最锐者 30°，平均尖刃角为 59.1°。其修理情况与前两类相似，粗糙者多，精致者少，侧刃多较钝，但加工方式较一致，绝大多数是向背面加工的。CP.0023 号标本（图五）是制作较好的标本之一。它是用长三角形石片做成，左侧崩裂了一块，在崩裂的小面上有向破裂面粗琢的痕迹，近尖端处修理较细，右侧均有加工痕迹，也是近尖刃处修理细，往后修理稍粗，形成秀长的尖刃，尖刃角为 73°，其上使用痕迹清楚。CP.0024 号标本是用短石片做的，基本上是向背面加工的，修理部位集中于尖刃近处，尖刃形态与前者相仿，使用痕迹亦清楚。

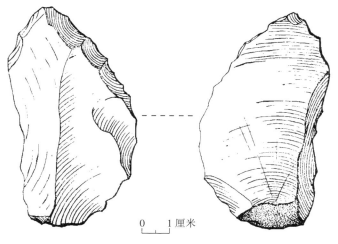

0　1 厘米

图五　锐尖尖状器

（4）角尖尖状器　6 件。是一类比较小型的锐尖尖状器，其尖刃在毛坯的一侧角。这类石器的加工也相当粗糙，刃缘呈多缺口状，形制不规整，但尖刃多锐利，平均尖刃角为 53.9°。

（5）双尖尖状器　2 件。CP.0032 号标本是其中之一，系残石片做的，上端尖刃不甚规则，系复向修理而成，加工粗糙，刃缘不平齐，尖刃扭曲，下端刃修理细致，系向背面加工而成，其形态类似宝剑头状，尖刃角为 97°。

3. 砍砸器

73 件，粗大而厚重。重在 400～700 克者居多。毛坯多宽大于长。

砍砸器的修理基本上用锤击法，偶用碰砧法。复刃多于单刃。即便是单刃或单向加工者，在其相邻或相对边往往有个别打击痕迹，因之，单刃不单、单面不净是其特点之一。砍砸器修理多粗糙，刃缘不平齐，刃口利钝均有，钝者居多，刃角最钝者超过直角，最锐者 53°，平均为 76.6°。本类石器可分为 7 型，如下：

（1）单边刃砍砸器　8 件。单直刃者 6 件，单凸刃者 2 件。主要是用锤击法向背面修理的，但也有个别标本是用碰砧法修理成的。如 CP.0043 号标本是砾石做的，其一面遗有浅平的石片疤，其上打击点散漫，呈宽口型，可能是用碰砧法修理成的。

（2）两刃砍砸器　3 件。加工相当粗糙，刃缘不平齐，刃口相当钝，均系复向加工而成，其中有两件主刃在长边上，但顶端也有修理痕迹。CP.0024 号标本是其中之一，也是最大的一件砍砸器，长 231、宽 128、厚 69 毫米。其右侧边是交互打击成刃，被加工成薄锐的、刃缘曲折的刃口，刃角 58°；前端刃修理简单，主要修理痕迹在破裂面，遗有宽而浅平的石片疤，刃口也相当薄锐，刃角为 62°。

（3）复刃砍砸器　18 件。形制不规整，除部分边缘未加修理、可能是便于手握者外，各边都有修理痕迹，而成多边刃砍砸器，其中多数是三刃砍砸器，凸、直、凹刃均有，凸刃多而凹刃甚少。这类石器主要是复向加工的，但亦有基本单向修理的。由于习用陡向打击，刃口相当钝。

（4）盘状砍砸器　3 件。均较粗大，周边都有修理痕迹，均系复向加工而成，修理工作粗糙，周边不平齐，刃口钝厚，平均刃角为 89.1°，器形也很不规整，勉强可分圆盘形和椭圆盘形。

（5）锛形砍砸器　5 件。均系用长条形石核和砾石制成，形制规整，大小相仿，是各类砍砸器中制作最好的一类。它前宽后稍窄，前薄向后渐增厚，通体呈锛形。锛刃都是单面加工的，修理细致，刃口平直而锐，刃角最锐者为 51°，平均为 74.2°。其侧边多有修理，加工较粗，如 CP.0050 号标本（图六）。它重 365 克，锛刃平直，刃角 75°。是唯一一件两侧都用交互打击修理成刃的，刃缘呈"S"形。

（6）尖刃砍砸器　12 件。可再分 4 式：

I 式：大三棱尖状砍砸器　2 件。如 CP.0037 号标本系用一块较长的砾石做成的，向一面加工，修理痕迹粗大，刃缘曲折，前端被修理成秀长的尖刃，尖刃角为 58°，横断面呈三棱形。从形制上看，

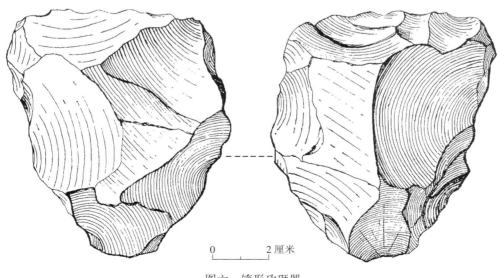

0　　2 厘米

图六　锛形砍砸器

与丁村大三棱尖状器相仿，CP. 0052 号标本亦属之。

Ⅱ式：厚钝尖刃砍砸器　2 件。它器身窄长而厚，断面呈四边形，尖刃厚而钝，形似石锥。如 CP. 0036 号标本，它是用一块厚石片做成的，基本上向背面加工，左侧刃比较平直，系垂直打击而成，右侧中部重击了一下，使成单肩状，由此向上及至尖端亦采用垂直加工，使得尖刃钝厚。它与贵州黔西观音洞出土的厚尖尖状器雷同。

Ⅲ式：正尖刃砍砸器　4 件。其尖刃在纵轴的一端，呈三角形，薄锐，应是既可砍劈又可挖掘的石器，如 CP. 0035 号标本。

Ⅳ式：钝尖刃砍砸器　4 件。形制与Ⅲ式相仿，所不同者是尖刃呈小圆头形，而不是像Ⅲ式那样略呈芒状，如 CP. 0038 号标本就是其中之一。它是两度加工的标本。

（7）端刃砍砸器　24 件。可再分为 3 式：

Ⅰ式：7 件。其形态特征是将毛坯的一端修理成刃，侧边则无加工痕迹。刃口多较钝，平均刃角达 75.4°。如 CP. 0045 号标本是用石片做的，系向破裂面加工，刃口平直、薄锐，刃角为 58°，刃缘呈波纹状，小石片疤浅平，使用痕迹清楚。

Ⅱ式：8 件。有 6 件是石片做的，除将台面相对一端修理成刃外，其相邻的一个侧边也有修理痕迹。端刃是凸刃者 7 件，直刃者 1 件；侧刃亦以凸刃为主，个别是直刃或凹刃。侧刃在左、右均有，数量相等。端刃和侧刃的加工方式有向背面的，也有复向的，数量上各占一半。这类石器多作陡向加工，刃甚钝，最小刃角为 72°，最大刃角达 89°。本类石器修理工作有好有差，例如 CP. 0047 号标本是修理工作稍差者，刃缘不平齐，系复向加工而成，其右侧部分边缘也作了加工并与端刃相连，使成深波型端刃。

Ⅲ式：9 件。除台面一边没有修理痕迹外，其余各边均做过修理，其中有些标本两侧边刃和端刃连成一体，如 CP. 0048 号标本，还有三刃分离的，但均以端刃为主。

二、结论与讨论

（一）关于铜梁石制品的年代问题

依地层和古生物的研究，铜梁旧石器文化层的地质时代应属更新世晚期，这与文化层顶部"乌木"做 ^{14}C 测定的年代为距今 21550±310 年是不矛盾的。"乌木"属文化层上部，十分粗糙的石器和化石在此层的下部，虽属同层，但应有早、晚的差别，因之石器的时代应早于距今 20000 年。

（二）关于铜梁文化的命名问题

就铜梁石制品言，从其所处的时代来考虑，其特点很明显，如次：

（1）石核和石片形制原始，台面大多数是自然的，石片形态多不规整，长宽比相差不大，锤击石片的长宽指数为 84；

（2）石片几乎没有完整锋利的边缘，常见个别打击痕迹，也差不多没有完全单面加工的石器，具石片边缘不净、石器单面加工不单的特点；

（3）石器类型简单，只有刮削器、尖状器和砍砸器三大类；

（4）砍砸器占比例大，占石的 33.2%，特别是端刃砍砸器数量之多，占砍砸器的三分之一，是我国旧石器工具组合中所没有的；

（5）小型石器数量少，长在 40 毫米以下者只占 11%，长 41～60 毫米的中型石器占 31.3%，长 61 毫米以上的大型石器占 57.1%，工具组合以大型石器为主体；

（6）单刃石器不多，只占 28.2%，复刃石器占 71.8%，占主导地位；

（7）加工方式以复向修理居首位，占 43.6%，向背面加工居次，占 33.2%，还有其他加工方式；石器加工粗糙，形态缺乏相对一致性，钝刃者多，即大多数石器采用陡向或垂直加工。

上述特点表明，铜梁石制品代表一新的区域性文化，因此，把它命名为"铜梁文化"。

（三）铜梁文化与国内旧石器文化的关系

上面谈到了铜梁文化的时代和特点，除此以外，在其中也包含我国旧石器文化共有因素，如打片和修理石器基本上用锤击法，偶尔用碰砧法；以石片石器为主（铜梁石器片状毛坯占 63.6%，块状毛坯占 36.3%）；刮削器是工具组合的主体，兼有砍砸器和尖状器构成基本类型等。

在进行文化对比时，着眼于和华南主要的旧石器文化的对比，但必要时也涉及华北个别旧石器文化。

与富林文化的关系：铜梁文化与富林文化均是四川境内旧石器时代晚期的文化，但两者在文化上有明显的不同。铜梁文化的七个特点无一见于富林文化，富林文化以小石器称著也是前者所缺，两者应属于不同的区域性文化。若从石器类型和加工技术来对比，铜梁者要比富林者原始，即便把铜梁文化的特殊性考虑进去，估计也要比富林文化早一些。我们从蓬溪县郪口镇采到几件旧石器（发现于涪江第一阶地底部的砂砾层，与东方剑齿象、中国犀化石同层出土）和资阳一些地点采到的可能属于旧石器时代的石制品与铜梁文化的石制品在做法上、类型上颇为相近，或许暗示，铜梁文化在涪江和沱江之间有相当的分布区域。

铜梁文化与贵州黔西观音洞旧石器时代早期文化关系密切，上述铜梁文化定性的各点，除第 4 点外，其余各点几乎也是观音洞文化的特征。如上述，两者明显不同之点在于观音洞砍砸器占比例没有铜梁文化大，端刃砍砸器则更少。此外，使用石片也是铜梁者多。

贵州旧石器时代中期材料不多，颇难比较。旧石器时代晚期重要的有猫猫洞文化，它最重要的特点是向破裂面加工者居多，清楚地属于不同的地域性文化。

铜梁文化中有几件大三棱尖状器，在形制上与丁村大三棱尖状器很相像，是偶然的巧合还是文化上有某些影响呢？材料太少，难以判明，留待今后解决。

（四）关于铜梁文化其他问题的探讨

从上面文化对比可以看到，铜梁文化和观音洞文化在很多方面达到如此相似程度，而时间上两者相差几十万年，确实是令人迷惑费解的。从石片形态、长宽指数、台面性质、砍砸器在工具组合中的比重和修理水平等方面与北京猿人早期文化也相像。这种旧石器文化的原始性与地层时代新的矛盾应如何解释呢？在目前有关资料还不多的情况下，要加以解答无疑是困难的。无论是铜梁的发现，抑或国内某些旧石器资料，都向我们提出应注意我国旧石器文化发展的不平衡性、曲折性和复杂性的问题，特别是近年来发现了一些重要的旧石器时代晚期的文化，其区域性的特点很显明，其间又有一些相似的因素，表明其相互之间的联系和影响，因之，那种直线发展的观点、一点中心向四外发射的文化发展学说，随着我国旧石器考古学的发展，越来越变得难以解释。

铜梁旧石器复刃多于单刃，已如上述，由于其刃缘的曲折，给计算刃口的数目带来一些困难，依不十分准确的统计约有 400 个刃口（尖状器依两刃计算），其中凸刃占 47.1%，直刃占 34.8%，凹刃占 17.7%，显然是以凸刃为主，可以推测割切和砍劈是其主要功能，刮的功能居于很次要的地位。

由于若干工具表面有轻度水磨痕迹，使用痕迹变得模糊难辨。在铜梁石器中，刃口多钝厚，刃角多超过 80°，这样厚刃是要影响使用的，而这些厚刃绝非偶然造成，清楚地看出是有意识加工成的，它的功能也有待进一步研究。

参考文献：

裴文中、吴汝康、贾兰坡：《山西襄汾丁村旧石器时代遗址发掘报告》，科学出版社，1958 年。

李炎贤、黄慰文：《云南宜良旧石器调查简报》，《古脊椎动物与古人类》1962 年第 6 卷第 2 期，第 182 ~ 192 页。

安志敏：《河南安阳小南海旧石器时代洞穴堆积的试掘》，《考古学报》1965 年第 1 期，第 1 ~ 27 页。

贾兰坡、盖培、尤玉柱：《山西峙峪旧石器时代遗址发掘报告》，《考古学报》1972 年第 1 期，第 39 ~ 58 页。

吴茂霖、王令红、张银运等：《贵州桐梓发现的古人类化石及其文化遗物》，《古脊椎动物与古人类》1975 年第 13 卷第 1 期，第 14 ~ 23 页。

张森水：《西藏定日新发现的旧石器》，《珠穆朗玛峰地区科学考察报告（1966 ~ 1968）》，《第四纪地质》，1976 年，第 105 ~ 109 页。

张森水：《富林文化》，《古脊椎动物与古人类》1977 年第 15 卷第 1 期，第 15 ~ 27 页。

曹泽田：《贵州水城硝灰洞旧石器文化遗址》，《古脊椎动物与古人类》1978 年第 16 卷第 1 期，第 67 ~ 72 页。

文本亨：《云南元谋盆地发现的旧石器》，《古人类论文集》，科学出版社，1978 年，第 126 ~ 133 页。

李炎贤、文本亨：《贵州黔西观音洞旧石器时代文化的发现及其意义》，《古人类论文集》，科学出版社，1978 年，第 77 ~ 90 页。

贾兰坡：《中国细石器的特征和它的传统、起源与分布》，《古脊椎动物与古人类》1978 年第 16 卷第 2 期，第 137 ~ 143 页。

（原载《古脊椎动物与古人类》1981 年第 19 卷第 4 期）

湖南桂阳发现有刻纹的骨锥

湖南省地质局区域地质测量队第四分队在该省桂阳县境内的一个山洞里发现了许多第四纪哺乳动物化石和一件骨锥。这件骨锥的两端破掉，现长 5.2 厘米，它原先可能是一件细长的骨制的尖器，在发掘时折断了。这件标本系磨制而成，磨光痕迹清楚，表面十分光滑，通体呈圆柱形，中部稍粗，最大直径为 6.9 毫米，现在器身长 3.6 厘米的一段刻有横道。横道多两两成对，排列成五行，个别者有三道在一起或只有一道的。两个横道的中间宽窄不一，最大间隔为 3 毫米，有一行中间较挤，其间几无间隔；横道刻纹的宽度约为 0.5 毫米。此外，还有少许不规则的刻线。

这件骨锥与江南山洞里习见的大熊猫－剑齿象动物群共生，地质时代为更新廿晚期，在文化上，应为旧石器时代晚期的文物。这种骨锥在欧洲同期的文化中是很常见的，且式样很多，刻纹也极复杂。在我国，有关旧石器时代晚期骨锥的资料，已发表者仅四川资阳一例，但资阳人使用的骨锥是刮削而成的，且短而粗糙，也无纹饰。像这样的磨制刻纹的长骨锥，在我国旧石器时代晚期的文化遗物中还未发现过，因此，这个发现已引起旧石器考古工作者的重视。由此可以想到，在我国江南的山洞中，将可找到包括丰富的骨器在内的旧石器时代晚期的文化遗物。

（原载《古脊椎动物与古人类》1965 乍第 9 卷第 3 期）

陕西省旧石器时代考古的几个问题

　　陕西省是中国旧石器时代考古学的发祥地和最早从地层中发现人化石和旧石器的省份之一，在中国旧石器时代考古学史上占有重要地位。从小桥畔发现"河套人"牙化石至今已有80年了。在这段时间里，陕西省旧石器时代考古学断断续续地开展着，有所发现，波浪形地前进。从20世纪80年代初开始持续地发展着，取得了较丰硕的成果，已找到旧石器或人化石地点可能有190处，拥有人类演化三个阶段的化石代表，石制品可能达到8万件，一些地点还伴出哺乳动物化石，试验考古学研究迈出了可喜的一步。此外，在古环境、古气候和年代学研究等方面也获得了一批成果。发表了数十篇旧石器考古研究的论文和报告，积累了较丰富的旧石器考古资料和工作经验，为陕西省新世纪旧石器时代考古学的发展奠定了比较坚实的基础，对全国旧石器时代考古学的发展，也将产生良好的影响。

　　陕西省旧石器时代考古学研究的成果、工作经验和不足之处已有魏京武和尹申平等先生做过简要的全面的论述[①]，对主要的或某方面有意义的地点的材料也曾做过相当详细的汇总和讨论[②]。这些总结性工作很重要，对陕西省旧石器时代考古的发展起到了继往开来的作用。鉴于20世纪最后10年陕西省旧石器时代考古学有大的进展，特别是陕西省南部的工作，促进了中国旧石器时代考古学认识的改变，为中国旧石器时代主工业二元结构[③]理论提供了广阔的分布空间和丰富的石制品。因此，笔者不揣浅陋，在新世纪之初，试图从全面观察陕西省旧石器考古研究入手，在简要地记述陕西省这方面研究成果的基础上，对陕西省旧石器考古学的研究史分期进行探讨，以史论事，对今后工作提出拙见，向同行们求教，希望共同促进陕西省旧石器时代考古学在面向新世纪、向更高层次发展中起到抛砖引玉的作用。

一、人化石述要与微议

　　严格地说人类化石研究不属于旧石器考古学范畴，应属古人类学。人是文化的创造者，从此角度观察，两者密不可分。从地方旧石器考古学历史上看，两者没有做详细的分工，人类化石研究成果包括在旧石器考古学之中，故在讨论陕西省旧石器时代考古学时，依以往惯例，把人化石研究成果也纳入其中。

---

① 魏京武、尹申平：《陕西省的旧石器时代考古》，《考古与文物》1998年第5、6期，第24~40页。

② 陈恩志：《中国化石古人类和旧石器时代文化考古发现与研究（1901~1990）：西北地区卷》，陕西科学技术出版社，1992年，第1~476页。

③ 张森水：《管窥新中国旧石器考古学的重大发展》，《人类学学报》1999年第18卷第3期，第193~214页。

陕西省拥有人类演化的三个阶段的化石代表，与北京市和湖北省并列全国第一。蓝田猿人化石是新中国成立后首次发现的直立人化石，也是这方面最重要的发现之一，在中国猿人化石研究的基础上，有新的发现，有所前进；早期智人化石，大荔人头骨的完整在全国至今仍是罕见的标本；晚期智人材料虽零星，但其形态特征在一定程度上能反映在我国广袤土地上古人类进化的连续性和晚期智人共有的特点。陕西省境内已发现人类化石地点 8 处[①]：猿人化石地点 3 处、早期智人化石地点 1 处和晚期智人化石地点 4 处。

（一）猿人化石

猿人化石发现于蓝田陈家窝、公王岭以及洛南东河村后坡一洞穴中[②]（实属花石浪龙牙洞地点）。后者仅发现一枚牙齿（右 M^1），牙根缺失，牙冠完好，从牙齿大小看，接近和县猿人，牙齿构造主要特征接近中国猿人，故大体可以判断，它可归直立人（*Homo erectus*），可能生存于直立人的较晚阶段。蓝田猿人化石发现较完整，也很有意义，以下分别予以介绍。

1. 蓝田猿人下颌骨

1963 年 7 月 19 日，黄万波、汤英俊和张宏等在陕西省蓝田县城西北约 10 千米的陈家窝村、在厚约 30 米的红色土层中发现一具相当完整的猿人下颌骨。这是新中国成立后的重要发现。这件标本除下颌枝后部缺损外，下颌体全部完好，牙齿原位保存，但左侧 $C-M_1$ 的齿冠在发掘中损坏，右侧的 P_1 生前脱落，左、右侧的 M_3 先天性缺失。

蓝田猿人下颌骨壮粗程度（高度和厚度）比较接近中国猿人女性，故可认为它是女性个体，但 M_1 的尺寸要比后者的大。它的齿冠已大部分被磨去，前臼齿齿冠也只有部分残留，臼齿的齿尖已全部磨去，因此可以确定是老年个体。

蓝田猿人下颌骨的形态，总的来说，与周口店发现的中国猿人（*Sinanthropus pekinensis*）的相一致，具有多颏孔，有明显的联合部突起和联合棘，二腹肌窝位于下颌骨的下缘，两者下颌骨的粗壮度相似，下颌骨的齿槽弧形状基本一致等。但两者亦有不同，陈家窝的前部倾角小，为 55°，周口店的大（58°~63°），联合部高度与颏孔部的高度差别极大，臼齿的列角陈家窝的（27.5°）大于周口店的（13°~24°），陈家窝的各种隆起，如下颌角外侧隆起、下颌圆枕、下颌枝外冠峭和三角圆枕等较周口店的不明显，牙齿的尺寸比周口店的女性大，而比男性小。由于存在这些差别，吴汝康"为蓝田标本定了一个暂时性的名称，叫作蓝田中国猿人（*Sinanthropus lantienensis*），简称蓝田猿人"[③]。

上面提到蓝田猿人下颌骨 M_3 先天性缺失，可从化石上提供有力证据：其一，从 X 光片上看到两侧的骨质内并无 M_3 的牙胚，因此排除了埋伏阻生的可能性；其二，M_2 后没有足够的齿槽位置来容纳 M_3。M_3 先天性缺失，蓝田猿人化石是最早的例证，也是猿人化石中首例发现。人类在其后的演化中，M_3 先天性缺失率有增加的趋势。此外，蓝田猿人右 P_1 的颊侧齿槽有显著的萎缩，边缘增厚。这是牙周病病理变化的遗迹。关于猿人患牙周病，有人曾依据中国猿人模型而提出过。蓝田猿人患牙周病的

① 依《中国文物地图集·陕西分册》（上）第 96 页，载蓝田涝子河人肱骨化石，因未找到原始报告及询问曾在涝子河地点工作过的同志均说未发现人化石，故未计入。

② 薛祥煦：《陕西洛南人牙化石及其地质年代》，《人类学学报》1987 年第 6 卷第 4 期，第 284~288 页。

③ 吴汝康：《陕西蓝田发现的猿人下颌骨化石》，《古脊椎动物与古人类》1964 年第 8 卷第 1 期，第 1~17 页。

病理变化遗迹的发现，为猿人已开始有牙周病提供了确凿的证据。总之，蓝田人下颌骨的发现与研究使人们获得了一些新知。

2. 蓝田猿人头骨

由于在蓝田县境内发现猿人化石，促使中国科学院古脊椎动物与古人类研究所在蓝田县及附近地区开展大规模的调查和有重点的发掘。公王岭地点是 1963 年张玉萍等发现的，野外编号为 63706 地点，从地层中采到过化石，因此，1964 年春以此为重点之一，派一小分队进行发掘。4 月下旬正式开始发掘，5 月 23 日武文杰在化石密集的红色土中发现一枚猿人牙齿，并估计此堆积会有重大发现，决定用套箱法，将大块堆积运回研究所仔细工作，10 月 9 日技工李功卓清出第 2 枚猿人牙，三天后清理出较完整的猿人头骨。

公王岭发现的猿人头骨包括完整的额骨，顶骨的大部分（仅缺少后缘和下后角），右侧颞骨的大部（缺乳突部），左鼻骨的大部和右鼻骨的根部，右上颌骨（附连 M^{2-3}），左上颌骨的体部，和额突部（5 月发现的左 M^2 可能原附连在左上颌骨上）。该标本因受挤压而稍变形，额骨和顶骨表面凹凸不平，系长期埋在红色土层中受溶蚀的结果。

蓝田猿人头盖骨冠状缝和矢状缝（前半保存）已经愈合，但仍清晰可见，M^2 磨耗已达 2°。从这两方面与现代人比较，为 40 岁左右的个体，另依魏敦瑞的意见，原始人骨缝愈合时间稍早，食物粗糙，牙齿磨耗较现代人要重。考虑到这些因素，"估计蓝田猿人的年龄大约是 30 多岁"[①]。公王岭蓝田猿人的性别，依发现的几枚臼齿，其尺寸清楚地与中国猿人女性较为接近。另外，这件标本的上颌骨较细致，颧骨锥体和颅中窝较小，也显示出女性特征。综合各方面资料，大体可判定公王岭蓝田猿人头盖骨属于 30 多岁的女性个体。该头骨脑量相当小，脑量估计为 780 毫升（计算方法：依复原的顶骨，其容量为 417 毫升，而后依猿人类型顶骨脑容量与脑量的比例，求出其脑量为 775 ~ 783 毫升），远比中国猿人脑量低，后者平均脑量为 1088 毫升（脑量范围是 1015 ~ 1225 毫升）。

蓝田猿人头骨与中国猿人有相近的形态特征，但有些性状显出比后者原始，头骨壁极厚，头骨高度很低，脑量也很小，额骨非常低平，眉脊粗硕，呈"一"字形，以及上颌牙齿大等。她的这些形态特征告诉人们，在猿人进化过程中头骨上的加固系统渐趋减弱，这是蓝田猿人头盖骨发现与研究的重要意义之一。它的发现，在当时，使人们认识到在中国境内有比中国猿人更原始的人类存在。蓝田猿人头骨形态的若干的原始性，结合哺乳动物群的对比，表明蓝田猿人（公王岭地点）的时代要早于中国猿人，从而延长了古人类在中国土地上生息的历史。

通过对公王岭标本的研究，吴汝康讨论了蓝田猿人的系统地位和命名问题。对于前者，他认为"可以肯定蓝田猿人是最早的一种猿人类型的人类"[②]；对于后者，依当时古人类学研究的新开展，在人类进化过程中，不应存在属一级的差别，也没有种一级的不同，他根据命名优先原则，又考虑到研究者的习惯，将蓝田猿人的学名改为 Homo［*Sinanthropus*］*erectus lantianensis*（直立人蓝田亚种）[③]。

---

① 吴汝康：《陕西蓝田发现的猿人头骨化石》，《古脊椎动物与古人类》1966 年第 10 卷第 1 期，第 1 ~ 22 页。

② 吴汝康：《陕西蓝田发现的猿人头骨化石》，《古脊椎动物与古人类》1966 年第 10 卷第 1 期，第 1 ~ 22 页。

③ ［*Sinanthropus*］用中括弧表示区别于作为亚属的小括号（），其中的拉丁属名的保留便于与过去资料对照。见董兴仁：《中国的直立人》，吴汝康等主编《中国远古人类》，科学出版社，1989 年，第 9 ~ 23 页。

（二）早期智人化石

早期智人化石仅发现一个地点，即大荔县段家公社解放村的甜水沟。1978 年 3 月发现人类头骨化石，当年 10、11 月及其后进行过几次发掘，发现了丰富的石制品和一些哺乳动物化石，但再无人化石发现。

刘顺堂等发现的大荔人头骨化石，由吴新智研究，他认为它是早期智人的古老类型。这具头骨基本完整，无下颌骨，脑颅左侧后上部和左侧颧弓大部缺损，而面骨下部受挤压，向上而变形，亦稍有缺损。

标本性别与年龄：头骨比较粗硕，眉脊厚重，额骨后倾，肌脊显著，可判断为属男性个体。从颅外观察、颅穹保存的部分，除左侧蝶骨大翼上缘与额骨邻接的小段骨缝已愈合外，其余骨缝都可以清楚地分辨，颅底的蝶枕缝已经愈合，颅穹的颅内骨缝均未愈合。按现代人标准判断，约相当于接近 30 岁的青年人，依上述鉴定猿人年龄提到的一些理由，"则大荔的化石人头骨可以估计为少于三十岁的青年"[1]。脑量为 1120 毫升。

若将大荔人头骨与国内早期智人、中国猿人和现代人头骨作形态比较，就可看到其大多数性状是与早期智人的相一致，或是介于直立人和现代人之间，如头骨最大长度、宽度和颅高，正中矢状弧长度，颅横弧长度，颅横曲度，顶结节颅底指数，额骨倾斜角，眉脊方位，眶后缩窄，头骨最宽处的位置，颅骨后面观的轮廓，角圆枕发达程度，鼓板的厚度和凹度，盂后突，脑膜中动脉分支形式，枕外隆突点和枕内隆突点间的距离，枕骨大脑窝与小脑窝的比例等。

大荔人头骨保留一些与中国猿人很接近的性状，如颅穹低矮，有矢状脊，颅骨壁厚，眉脊厚重，眶上裂小等。这件标本也有见于现代人的进步性状，如低颧骨，颧弓细，无眶结节，眶下孔接近眶缘等。尽管大荔人头骨主要性状与欧洲和西亚的尼安德特人彼此一致，但也有一些不同，如眉脊粗硕，颅穹低矮，颧骨额蝶突的位置，眉间隆凸的位置，面骨低，鼻骨侧面角大，眼眶不近圆形和有矢状脊等。吴新智考虑到大荔人头骨各方面的性状，认为把他归于欧洲的尼安德特人是不适宜的，故建议：大荔头骨可能代表一个新的亚种——智人大荔亚种（*Homo sapiens daliensis*）。由于头骨上保留较多的接近中国猿人的性状，或许能说明"大荔人头骨是接近于直立人的一种古老类型"[2]。

（三）晚期智人化石

陕西省已发现晚期智人化石，共同的特点是其原生层位难以确定，其所产的层位都是推测性的，因此，它们属晚期智人应无疑问，是否全部是晚期智人化石，笔者心存疑虑，虽把这些发现均列于此节，因为我没有摸过这些标本，虽主要遵循原研究者的意见，但对部分标本的性质作点微议，稍有变动，将在介绍材料中予以具体说明。以下记述，以发现时间为序。

1. 靖边小桥畔的"河套人"化石

1 枚人的左上外侧门齿，齿冠无磨蚀痕迹，齿根尚未完全长成，应属 8 或 9 岁的儿童。它属旧石器时代人类之门齿，由同出的哺乳动物化石和标本的化石程度能证明这一点。

---

① 吴新智：《陕西大荔县发现的早期智人古老类型的一个完好头骨》，《中国科学》1981 年第 2 期，第 200 ~ 206 页。
② 吴新智：《陕西大荔县发现的早期智人古老类型的一个完好头骨》，《中国科学》1981 年第 2 期，第 200 ~ 206 页。

此外，从地表捡到 2 件股骨和 1 件肱骨，由贾兰坡做了研究。股骨 I：右侧，两端已残，股骨头、大粗隆和小粗隆残缺，但股骨颈的下缘、大粗隆和小粗隆的下缘保存。这件标本相当粗壮，肌脊发育，估计属男性。股骨最弯曲点在股骨的中上部。股骨经过复原，长约 440 毫米，依此推算，身高为 1.67 米。股骨 II：为右侧，上端完全缺失，骨干及下端保存完好。它比股骨 I 要细，骨干最弯曲点比股骨 I 的更偏上。这件标本估计长 430 毫米，身高应为 1.63 米。依贾兰坡的看法："河套发现之股骨及'尼安德特人'之股骨的弯曲的位置在中上部。"① 但笔者依他所做的表，无论是比利时的斯比（Spy）人（属尼人）或欧洲尼人股骨干最弯曲点居中，而旧石器时代晚期的 Obercassel 人和甘肃青铜时代早期的最曲点居中上部。贾兰坡上述结论与事实有些出入，可能受当时"河套文化"的时属所影响。肱骨，除部分外表残损外，保存完好，为成年男性左肱骨，全长 278 毫米。"这件肱骨与现代人的完全一样。"② 上述地表采集的人的遗骨，从其形态特征（股骨弯曲度比尼人偏上，肱骨与现代人完全一样）分析，它们是否是晚期智人化石，尚需更多证据，更不宜将其归于"河套人"之中。

2. 横山石马圪残头骨

这件标本出自发现相当于萨拉乌苏动物群层上的砂层中。为残破头骨，眉弓和额骨缺失，颞窝上前方保留上、下颞线，特别是下颞线清晰可见，在其下端尚连有一小块顶骨，骨壁较厚，上端达 7.8 毫米，在眼眶部额骨、颧骨和蝶骨三者结合线不易分辨，而合成眼眶的一壁。额骨、顶骨和蝶骨相交在脑颅外壁上所成的交点尚清楚，在颅内可见脑脉中动脉和其数道分支压迹。骨缝愈合，头骨粗硕而厚重，"可能属于一个中年到老年的男性个体"③。他是否是萨拉乌苏组的人化石尚缺证据。

3. 黄龙县徐家坟山人头骨

这件标本据说是 1975 年修筑尧门河水库时中发现的。这件标本保存情况不佳，仅保存额骨和顶骨部分。额骨包括大部完整的额鳞和左眶外侧的一半，顶骨仅存 2/3 左右。从它的头骨壁厚、额部后倾和眶缘圆钝等特征判断应属男性；冠状缝和矢状缝在颅内壁完全愈合，颅外壁只有局部愈合，估计为 30 岁左右个体。

这件头骨骨壁较厚，额骨较低平，矢状脊发育和前囟点靠后等。这些在当时看来较原始的性状，使原研究者提出："对于研究亚洲早期智人向晚期智人的过渡提供了一方面的线索"④。在依"黄龙人"体质特征，既可能代表一种过渡型，也可能是混杂型，原研究者则倾向地认为，"黄龙人不像是混杂类型，而更可能是过渡类型"。后来，还对该头骨做多元分析比较研究，"研究结果支持黄龙头骨可能代表东亚解剖学上的现代智人—古老种群"⑤。从现在中国境内晚期智人化石研究来看，骨壁厚、前额低平、前颅点靠后、有较发育的矢状脊等见于中国南、北方晚期智人化石中，是少数原始性状的滞留，是共有特征，或许无演化上的意义。这些化石包括柳江人、资阳人、穿洞人和山顶洞人等，时间跨度从距今几万年至距今 8670±100 年⑥。

---

① 贾兰坡：《河套人》，北京龙门联合书局，1950 年。
② 贾兰坡：《河套人》，北京龙门联合书局，1950 年。
③ 李有恒：《"河套人"的新材料》，《古脊椎动物与古人类》1963 年第 7 卷第 4 期，第 376~377 页。
④ 王令红、李毅：《陕西黄龙出土的人头骨化石》，《人类学学报》1983 年第 2 卷第 4 期，第 315~319 页。
⑤ 王令红、冈特·布罗尔：《陕西黄龙人头骨的多元分析比较研究》，《人类学学报》1984 年第 4 卷第 4 期，第 313~321 页。
⑥ 张森水：《穿洞史前遗址（1981 年发掘）初步研究》，《人类学学报》1995 年第 14 卷第 2 期，第 132~146 页。

4. 长武人牙

标本来自当地群众出售的"龙骨"中。这件标本齿根缺失，齿冠的近中侧和舌侧釉质被损坏，但牙本质完整。此牙系刚萌出的左上第二臼齿（M^2），为少年个体。其形态特征与"古脊椎动物与古人类研究所收藏的现代中国人头骨 168 号上的相应牙齿一致"[1]。

陕西省已发现晚期智人的材料不多，但有一定的意义，一些标本上可见晚期智人化石的共性（包括若干"原始性"），扩大了空间的分布；铲形门齿和头骨上矢状脊的存在为我国化石人类连续化增加了化石证据。

二、石制品分类与断代问题

关于石制品分类问题，目前无统一标准，显得有点乱。笔者在近十年的工作中试用自定的石器五级分类法，现整理成文述要于后。第一级以石器刃口特征为分类依据：为宽刃类、尖刃类和无刃类。第二级分类以石器的基本功能为分类原则，宽刃类包括刮削器、砍砸器、手镐和锯状器；尖刃类计有尖刃器、钻器、雕刻器和镞（以上石器属轻型、小型工具）、手镐和手斧（大型、重型石器）；无刃类指球形器和石球。第三级分类依刃口在毛坯上的位置来确定，分为边刃、端刃和边端刃。第四级分类则依每件石器刃口多寡而定，分为单刃、两刃和多刃（指每件标本上有三个或更多的刃口者）。第五级分类依刃形而定，分直刃、凸刃、凹刃和复形刃（指同一个刃口上由两种或三种刃形组成者）。

在本文中，将给予一些特殊石器以传统的和包含笔者的界说。首先是手斧与手镐。手斧是一种大型、重型的、两面加工两侧成刃并在前端相交成尖刃的石器。从手斧中衍生出原手斧和石核斧等类型。对这两类石器，原定名者都有一定的界说，也言之成理，但笔者在实际工作中，感到原作者们对这两类石器的描述或多或少带有主观意识，可操作性较弱，故不主张对这类两面加工、形态相近的石器做详细分类，说具体一点是凡石器上的两面两侧有 3 个以上修疤并相交于一端成尖刃的均归于手斧类；把单面两侧有 3 个以上修疤的并于一端相交成尖的石器叫作手镐。

其次是关于手镐和凹缺刮削器。手镐是一种大型、重型石器，通体略呈长方形，常用石片为毛坯，两侧多经单面细致加工，近端保留石片的诸人工特征，远端以其薄缘而当作刃口用，如丁村报告中 P. 1983 和 P. 013 号（本文的图二，4、5）[2]。这是一种特殊形态的石器，笔者建议，尊重原定义，不应强调特殊性，而把这类石器扩大化。关于凹缺刮削器，在已发表的文献中，不少研究者把标本上有一个大的缺凹者归此类中，这样做不很妥当，理由之一是中国旧石器基本上（不包括旧石器时代晚期长石片——细石器工业）采用无控制的锤击加工，毛坯受力不均，易于出现刃口上的缺凹；其次，原料质劣影响技术发挥，也是产生缺凹的因素；其三，受"匠人"技术熟练程度的影响，即使技术熟练者，也难免失手，无意中打出大的缺凹。由此可见，单凭大缺凹定为凹缺刮削器误差较大。从文献上看，定凹缺刮削器应加其他要素，即缺内有无再加工痕迹，若有则可归此类，若无宜慎重处之。裴文

---

① 黄万波、郑绍华：《记陕西长武晚更新世人牙及共生的哺乳动物化石》，《人类学学报》1972 年第 1 期，第 14~17 页。

② 裴文中、吴汝康、贾兰坡等：《山西襄汾丁村旧石器时代遗址发掘报告》，科学出版社，1958 年，第 1~111 页。

中发表的周口店第 15 地点报告中图 8 左图应是这类石器的典型标本①。在阐述石制品研究成果时，则对原研究报告的分类做适当的变更，行文的原则依上述，不另说明。

关于断代问题，在记述陕西省旧石器研究成果时，首先遇到的关键问题之一是断代，这是一个难题。由于较过硬的断代资料十分缺乏，无论是蓝田地区的大量采集点或汉水上游，特别是梁山地点群，均依地貌作为断代依据，若干出自地层的石器，也因未做发掘多采集，依"地层"断代带有一定的推测性。故大量地点的石制品的断代依据，可以作为参考，但作为准确断代依据显得缺乏说服力。

秦岭以北蓝田和大荔地区几个主要地点做过系统发掘，层位清楚，研究工作相当深入，但年代学研究却相当薄弱，公王岭和陈家窝剖面的古地磁年代学研究，众家不同解释（见后），并有趋古倾向，对大荔人"文化层"及其上各层曾做过铀系测年，依可靠的测年数据，应属中更新世晚期；育红河地点黄土下的砂砾层碳十四测年结果为距今仅 1 万多年，由此想到陕西北部和西部诸地点黄土底砾层的时代能否是晚更新世早期应重新研究，如长武窑头沟地点人化石与现代人的一致。另依计宏祥研究，蓝田地区晚更新世地层分为焦家湾组（Q_3^1）、乾县组（Q_3^2）和马兰组（Q_3^3），依窑头沟地点沉积物岩性的描述和出土的哺乳动物化石，很可能相当于乾县组或稍晚。由此看来，以往看成是旧石器时代中期的地点成为时代难以定论者。

基于陕西省旧石器时代文化地点断代存在一定的困难，本文在基本尊重原研究者断代意见的基础上，试用两期记录法，即旧石器时代早期（再分为早、晚两段）和晚期，把旧石器时代中期空起来。依现有资料，早期约为距今 100 万 ~ 15 万年，晚期为距今 5 万 ~ 1 万年。

陕西省旧石器考古研究成果颇丰硕，拟对石制品的工业类型进行划分和讨论。在探讨研究史时，对试验考古、年代学、古气候和古环境等方面也将进行简要地论述。

三、工业类型的划分

工业类型的划分，主要依据是石制品的研究成果，同时也论及不同地区不同时期石制品的特点及其发展趋势。在陕西省境内已发现丰富的旧石器时代的石制品，附表开列的地点为 139 处（含 2 处仅有人化石无文化遗物的地点），估计实际发现地点超过 190 处②。未列入表中的缺失地点，若以秦岭为界，南坡的多于北坡的。多数地点的石制品是采集的，发掘出土者约占 10%；发现石制品的量也各不相同，少则几件，多则数万件，总数在 8 万件左右。由于陕西省地跨秦岭南北，其石制品能反映出中国南、北方主工业二元结构，故在记述这部分研究成果时，依地域和文化面貌的不同，分南部和北部来论述。

---

① Pei W. C., 1939, A Preliminary Study on a New Palaeolithic Station Known as Locality 15 within the Choukoutien Region, *Bull. Geol. Soc. China*, 19: 147 – 187.

② 附表开列地点 139 处（含人化石地点 8 处），实际数字应大于此数，依《中国文物地图集·陕西分册》。有关资料洛南地区发现 50 多处，此处仅列入 6 处，少了 40 多处，另据陕西省旧石器遗存图，未列入附表的地点包括蓝田 3 处（桐花沟、黄龙梁、屈梁），西乡县 3 个地点中的 2 处（石泉水库和杨家山 1 地点）；洋县的芦家坡，勉县的 4 处（雍东村、元山北、武侯墓村和岳家营），子洲县鹰卧山等共 10 处，可能达到 190 处。因上述旧石器地点材料出处不明，故未列入附表中。这里所说的地点是泛指有人类或其遗物的发现地，既包括位移的，也把未位移（严格意义上的遗址）列入其中，后者在陕西境内已发现的为数很少。参考资料见国家文物局主编：《中国文物地图集·陕西分册》，西安地图出版社，1998 年。王社江、黄培华：《洛南盆地旧石器遗址地层划分及年代研究》，《人类学学报》2001 年第 20 卷第 3 期，第 229 ~ 237 页。

（一）陕西南部旧石器

这一地区包括汉中、安康和商州所辖的县（市），已发现的地点（见附表）为 35 处，实际或许超过 80 处，已发现区的地理坐标为北纬 31°42′~34°07′、东经 106°33′~110°08′。这些含石制品的地点主要发现于汉水及其支流和洛河的第三级阶地上（下简称 T3），目前已记述的来自第二级阶地（下简称 T2）的石制品有三个地点。由于断代资料贫乏，不少石制品采自地表，原研究者依石制品所处的地貌位置，将 T3 发现的石制品归于中更新世，T2 的归于晚更新世。目前最大困难在于那些地表采集品是否与阶地形成同时？谁也说不清楚，因此就出现断代宽容度很大的见解："把梁山的石器归入旧石器时代中期或者更早一些较为适宜。"① 主张把 T2 发现的旧石器归于考古时代的旧石器时代晚期似成共识。

本区发现的石制品，除花石浪地点做过正式发掘，出土石制品数以万计，尚无正式报告发表外②，其余地点的石制品基本上是采集的。从已发表的资料看，其埋藏情况各不相同：有裸露在地表或基岩面上的；有埋于"红色亚黏土含结核的十层之下的砾石层中"③，但有人认为"少数几件发现于第三阶地砾石层，但人工痕迹不清"④；另依汤英俊等的记述："淡红色砂质亚黏土，其中含有零星的大块钙质结核，丰富的旧石器和破碎的脊椎动物化石。"⑤ 在洋县大沟坝地点从上述地层中与石制品共存的哺乳动物化石属中国南方的大熊猫 - 剑齿象动物群，包括大熊猫、熊、东方剑齿象、中国犀、猪、赤鹿、羚羊、水牛和水鹿等，似可认为该地点出土的石制品断代材料较好，可能代表中更新世某一时间段；还有人在"紫红色网纹黏土"中"采集到少量人工打制的脉石英小石片"⑥。上述不同层位出土的石制品时间差距有多大，也因没有更好的证据予以判明。如上述，花石浪地点石制品的研究报告尚未发表，其余地点石制品又分不出时序和工业上的差别，无奈之下，只好暂时称为 T3 和 T2 的石制品，并分别将以简要的记述。在此基础上，对它们的工业特点加以归纳，进而探讨该区石制品在中国旧石器工业中的地位。

1. T3 石制品

（1）原料

这方面研究比较的不细，多是宏观鉴定或只分大类。依记载，石制品的原料有 8 种：石英、石英岩、火山岩、石英片岩、硅质岩、砂（质）岩、细粒结晶岩和硅质砂岩。火山岩依色泽可分为黑色和灰白色两种；石英有乳白色、灰白色和灰黄色之别。总的来看，主要原料是石英、火山岩和石英岩。在南郑梁山石制品中有较多的硅质岩。这些石料的原材均为砾石，无论磨圆度、砾径和岩石或矿物种类都与 T3 基岩上的砾石层中的砾石可比。由此看来，生产石制品的原料均是就地取材，没有远距离搬运石料的迹象。

---

① 阎家祺、魏京武：《陕西梁山旧石器之研究》，《史前研究》1983 年第 1 期，第 51~56 页。

② 王社江、胡松梅、张学锋等：《洛南花石浪龙牙洞穴遗址发掘收获》，《中国文物报》1996 年 9 月 29 日第 3 版。

③ 阎家祺、尹申平：《汉中梁山高阶地砾石层中之旧石器》，《考古与文物》1988 年第 4 期，第 8~21 页。

④ 黄慰文、祁国琴：《梁山旧石器遗址的初步观察》，《人类学学报》1987 年第 4 卷第 3 期，第 236~244 页。

⑤ 汤英俊、宗冠福、雷遇鲁：《汉水上游旧石器的新发现》，《人类学学报》1987 年第 6 卷第 1 期，第 55~60 页。

⑥ 陕西省考古研究所汉水考古队：《陕西南郑龙岗寺新出土的旧石器和动物化石》，《史前研究》1986 年第 3~4 期，第 46~56、142 页。

（2）打片技术

依现有公布的资料，打片技术研究相当薄弱，不少文章对石核和石片的记述十分简单或未曾提及，但从已有文献中及笔者在该区考察的感受，可知其生产石片技术的梗概。

石核　已发现的有100多件，个体多粗硕，原材为砾石，长、宽、厚度常超过100毫米。石核无一定形状，原材形态基本上可窥。多数为自然台面，少数为打击台面，后者多见于双台面以上石核上，往往是由转向打法而形成的，真正的打击台面很少。打片既有沿原材一端进行，也有沿一侧进行，多工作面或多向打击（多台面）的不多，故单台面石核远多于多台面的。石核的利用率很低，每件标本上常遗有2~3个片疤，多台面或多工作面的石核利用率稍高一些。笔者在龙岗寺爱国砖厂脱层了的石核中看到过有片疤多达10个以上的，它是罕见的。石核上诸人工特征是：打击点集中，半锥体阴痕微凹，放射状线痕明晰，不见同心波纹。由这些人工特点分析，绝大多数石核是曾用锤击法生产石片。

在石核中有少数较扁平的石核，台面角相当锐，打击点呈宽口型，具有用碰砧法生产石片的特点，表明可能用过碰砧法打片。但依打片试验研究，用锤击法也能出现类似特点。在梁山旧石器研究中，有三篇论文中提到过可能用过砸击技术，黄慰文等提到"砸击生产的两极石核和石片所占比重不大，其原料均为脉石英"[①]。可惜的是并没有附图；另文有附图，但砸痕不明显，却具有两两对向打片的特点，故是否曾用过砸击法，对其定性颇难。

石片　总数可能超过200件，大小均有，形状不规则的占绝对多数，少量的略呈梯形或三角形。若以长度超过100毫米为大型石片，则中、小型石片多于大型石片。其上诸人工特征：台面以自然的居多，中、大型的占较高比例，石片角以100°~110°居多，打击点清楚，半锥体常见较凸的，很凸的或不显的占比例大体相仿，放射状线痕清楚，疤痕极少，破裂面平坦或微中凹，未见同心波。石片背面或多或少保留自然面，单疤或双疤以上的远多于完全自然面的。以上特点与锤击石核上诸人工特点互为印证，表明锤击法是当时人的主要打片方法。若干宽大的石片具有碰砧石片的特点。

总之，从石核和石片各方面特点说明当时人所使用的打片技术是很原始的，用锤击法作为主要打片方法，既不预制石核体，又未见修理台面，常用自然砾石面作台面，其结果是石核利用率很低，石片形状多不规则，大小不一。偶尔使用碰砧法打片，是否使用砸击法，有待进一步研究。

（3）石器

因使用要求不同，笔者将它们分成两大类：第一类主要是用于生产石制品的石器，第二类主要用于获取和加工生活资料的工具。第一类石器的破损痕迹是在生产过程中受反作用力而产生的，故有人将它归于使用材料类。在本区这类石器不多，包括锤击石锤和石砧，见于梁山地区的采集品中和出自关庙砖厂T3红褐色砂质黏土、含大量结核的堆积中，对其形态记述从略。第二类石器（下简称石器）是真正意义上的工具，是经古人谋划，将毛坯修整成有一定使用目的、有刃和有形的石器，因此，它们能在很大程度上反映当时工业水平、特点和其创造能力，也能折射当时人的生产、生活概貌，故以下按五级分类予以描述。

本区本时段的石器包括宽刃类的砍砸器、刮削器和手镐；尖刃类的尖刃器、手斧、手镐和钻器；

---

①　黄慰文、祁国琴：《梁山旧石器遗址的初步观察》，《人类学学报》1987年第4卷第3期，第236~244页。

无刃类的石球和球形器。做这些石器的毛坯是多种多样的，计有砾石、断块和石核，以及石片和断片。一般来说重型石器主要是用砾石等块状毛坯做的，可能有个别外，有用大石片做的；这里的钻器不是常见的小型石器，而是大型的、用块状毛坯做的。尖刃器和刮削器则基本上是用石片做的。

A. 宽刃类

a. 砍砸器　是本区最常见的石器类型。据报道，有占总研究标本 1/3 的[①]，最高可达 55.6%。它多是用整块大砾石打制而成的，其第三级分类以边刃居多，端刃次之，第四和第五级分别是单刃多于两刃及多刃之和，单直刃和凸刃在数量上差别不大，凹刃不多。其修理工作不论是什么毛坯，加工均十分简单而粗糙，刃口钝锐不一且偏钝，刃缘曲折，基本上是单层修疤且以深宽型为主，但也有个别修理较佳的，刃口较锐，刃缘相对平齐，有双层修疤，但未见平整的修理痕迹。

b. 刮削器　在本区不是重要类型，主要是用石片做的，数量不多，如 1981 年公布的梁山 436 件标本，其中刮削器不到 10 件，有些报道中则无此类石器，还有记述 200 件标本中包含 6 件刮削器的。由这些有数据可查者来看，刮削器在每组采集品中占 2%～3% 左右。刮削器各级分类因原报告无详细记述，无可考。从所附图来看，修理均用锤击法，以向背面加工居多，修理总情况稍优于砍砸器，少数标本刃缘较匀称和有双层修疤，但无平整修理的标本。总的说来，刮削器加工仍粗糙，修疤多是深宽型的，也有其他修疤型，如浅宽和浅长型，但比较少见。刮削器三、四和五级分类特点是边刃多于端刃；单刃超过多刃（包括两刃）；直刃居首，次为凸刃，凹刃不多。

c. 手锛　这类石器在本区本期有多少量，目前不详，从发表的资料看，数量可能不多。见于明确记述的仅 1 件[②]，称薄刃斧，是从英文 Cleaver 译过来的，由于没有对应物名（厚刃斧），故笔者用自己的译名——手锛，名形能相符。它是用大石片做的，系向背面加工，两侧有修理痕迹，毛坯的左上半部被制成凸刃，右侧长边遗有粗糙的修理，前端薄锐，无修理，宜似斧作砍劈等之用，手握部分钝厚，仍留砾石面。总之，手锛在本区这类工业中不是石器的主要类型。

B. 尖刃类

尖刃类石器是比较庞杂的，包含轻型、小型的尖刃器，还有大型的、重型的，如手斧、手镐和钻器。无论哪一类石器，数量都不多，大多数石器加工相当粗糙，除小型的尖刃器外，器身保留一半左右砾石面，颇具特色。以下予以分类简要的记述。

a. 尖刃器　指轻型的、小型的，多用石片为毛坯，两侧边被修理并于前端相交成尖刃的石器。这里不把原分类中的大尖状器包括在内。这类石器只有梁山地区 1981 年报道的材料中提到过，有 4 件[③]，占所记述石制品的 0.92%。由此看来，它的数量不多，是工具组合中非主要类型，其加工稍优于以下各类。

b. 手斧　是本期、本区最常见到的大型、重型石器，但数量不多，多以砾石为毛坯，两侧两面的一部经粗糙的加工，有较短的曲折的刃缘，侧刃相当钝，两侧刃在前端相交生成一尖刃，尖刃钝厚者多，后跟仍然保留砾石面、钝厚而便于手握。若与阿舍利期者相比，相形见绌，但自具特色，出自中

---

① 阎家祺：《陕西汉中地区梁山龙岗首次发现旧石器》，《考古与文物》1980 年第 4 期，第 1～5、99 页。
② 阎家祺：《陕西汉中地区梁山龙岗首次发现旧石器》，《考古与文物》1980 年第 4 期，第 1～5、99 页。
③ 阎家祺：《陕西汉中地区梁山旧石器的再调查》，《考古与文物》1981 年第 2 期，第 1～4 页。

国南方者大体相仿，故不能以形似而纳入后者的工业传统中。

c. 手镐　它外形同手斧，如前面提到两者区别是本类系单面加工的。这类大型的尖刃器与手斧一样备受关注，它也被叫作"啄掘器"，颇难让人理解，还是大家都常用的叫镐为宜，其实译成英文都叫 pick，没有歧见。这类石器大多数是用砾石做的，极个别的用大石片做的，加工有比较粗糙的，指尖刃部没有做进一步加工，仅遗有几块大的修疤，如 P.6210 号①，又如 A.K89002 号②的尖刃则做过细致的修理，显得比较尖锐。

d. 钻器　见于报道的仅 1 件，在关庙发现的 5 件石制品中，其一原定为刮削器③，但从图版上看，它是用砾石加工而成的，两侧上部可见修理痕迹，至相交处，两侧重击，使这部分刃缘明显凹入，相交处生成一个龟头状尖刃，酷似中国北方旧石器中的短尖钻器。

C. 无刃类

石球　是常见的类型。在汉水上游采集的约 200 件石制品中有 10 件，黄慰文等记述的标本石球占 7.1%。阎家祺记述的 436 件石制品中石球有 100 多件，最大径为 130 毫米，最小径为 60 毫米，最重的达 2432 克，最轻的为 316 克，常见者直径为 80~90 毫米，重量为 300~500 克。这类石器外形呈球状，球度有较好的，也有比较差的，其上遗有多个石片疤，呈鳞状分布，夹角大于 90°。不留自然面的为少数，绝大多数石球面上保留着少许砾石面。由此看来，本区本期球形器远多于石球。

（4）石制品的特点及其意义

从对已有成果的综述，可把本区本期石制品归纳为以下几点：

A. 石制品以粗大的为主，小型的很少。

B. 石制品的原料有 8 种，石英为最常用的石料，火山岩和石英岩使用较多；原材均为砾石，磨圆度良好，砾径常超过 100 毫米。这表明原料属就地取材，取自古老的砾石层中。

C. 打片基本上用锤击法，也可能用过碰砧法，是否用过砸击法待考。

D. 石核和石片多自然台面，缺乏相对稳定的形态。石核不预制，利用率低，每件标本上以 2~3 个片疤的居多。

E. 石器类型多样，包括宽刃类的砍砸器、刮削器和手锛；尖刃类的手镐、手斧、尖刃器和钻器，未见雕刻器；无刃类的球形器和石球。

F. 石器的大多数是大型和重型的，其中以砍砸器为主要类型，石球是重要类型；手斧和手镐为数量不多的常见类型；小型的、轻型的石片石器很少，在数量上刮削器居首位，偶见尖刃器。

G. 石器的毛坯大多数是块状的，用整块砾石做的相当多，故有砾石石器工业之称；以石片为毛坯的用量不大。

H. 宽刃类石器的三、四、五级分类是：边刃远多于端刃，单刃超过两刃和多刃之和，直刃居首位，凸刃次之，凹刃甚少。石器的侧刃多比较钝，依笔者测量的部分标本，刃角在 60°~75°的常见。

I. 石器的修理基本上是简单而粗糙的，器形"个性"较强，刃缘曲折或呈波纹形，修疤多单层，

---

①　黄慰文、祁国琴：《梁山旧石器遗址的初步观察》，图 6，《人类学学报》1987 年第 4 卷第 3 期。

②　阎家祺、杨忠梅：《陕西安康首次发现的旧石器》，《史前研究》（1990~1991 年辑刊），第 265~272 页。

③　王社江、李厚志：《安康关庙旧石器地点》，《考古与文物》1992 年第 4 期，第 1~10 页。

且以深宽型为主，具偶用型石器的特点。

本区本期旧石器的发现与研究意义重大，从上述特点不难看出属于中国南方旧石器时代主工业（下简称南方主工业），将此工业的分布区向北展宽了约 1°，由长江水系扩展到黄河水系。

已知南方主工业以往所知分布于平原或丘陵区，海拔多在 600 米以下，本区曾在海拔 900~1000 米的梁山主体发现过石制品，洛南花石浪的龙牙洞海拔为 950 米，表明南方主工业的创造者也活动于低山河谷区，拓宽了这一工业活动区的视野。

本期本区石制品发现区的地理位置比较特殊，夹于大巴山和秦岭之间的河谷区，在主要特征与南方主工业相同外，有没有一些地区特色呢？依现有资料，似可追索到一点蛛丝马迹，石球含量较多，在龙岗寺爱国砖厂发现的 108 件石制品中石球有 15 件，占 13.88%[①]，在梁山 436 件标本中，石球有 100 多件。已发现的超过 150 件（不包括洛南盆地发现的石球，因有此类，而不知量）。比相近地区的湖南、湖北、安徽、江西和重庆的三峡地区在各石制品组合中的量要多。镐与手斧也多颇具特色，与上述地区，特别与三峡地区差别较显著。此外，1 件大型的短尖钻器是南方主工业前所未记录的，诚然，孤例也难排除偶然性；几位研究者曾提到，梁山地区有用砸击法生产的石片，如能证实，也应是南方主工业中的区域特色。

在汉水上游河谷区和洛南盆地（龙牙洞例外）发现的旧石器地点具分布点多、标本量少的特点，加工精致的标本极少，基本上是偶用型的，与长期居住的旧石器时代遗址相比迥然相异。由此可以想到，当时人沿河而动，谋求生活资料，由于当时人过着游移流动性大的生活，无暇制作石器精品，只要能满足觅食和临时居住的起码要求即可，上述特点应是近河生活者实际生活要求的反映，石制品发现多在大河的阶地上或大河与支流交汇处也能说明这一点，这样地方采集资源是丰裕的，也有利于狩猎活动。

2. T2 石制品

报道出自 T2 的石制品很少，只有王社江等较详细地记述了出自安康两地点的 67 件石制品（关庙 58 件，中岭 9 件），石制品出自紫红色砂质黏土层中[②]。依笔者 1998 年冬短期对洛南盆地和梁山的考察，以石英为主要原料的小型石制品在 T2 或 T3 阶地顶部黄土状堆积中均有，前者在洛南有多个地点，后者见于龙岗寺地点顶部堆积，在长达至少 100 米的范围内，在耕土中就可捡到石英制品。另外，依邻近地区资料，南方主工业大体延续到旧石器时代临近结束，本区 T2 应仍有这类工业遗存，至今未见报道。

这里先介绍一下王社江等发表的安康市关庙和中岭 T2 发现的石制品分类情况，而后谈一谈石制品特点及其来源问题。

两地点共发现石制品 67 件，可分类标本为 63 件，有石核 6 件、锤击石片 26 件、砸击石片 1 件、碰砧石片 3 件、半边石片 1 件、断片 6 件、刮削器 10 件、尖刃器 4 件、雕刻器 2 件和钻器 1 件。现以此批材料为主要依据及笔者考察的认识，可把此时（包括 T3 顶层发现者）的石制品的一般性质归纳

---

① 陕西省考古研究所汉水考古队：《陕西南郑龙岗寺发现的旧石器》，《考古与文物》1985 年第 6 期，第 1~2 页。

② 王社江、李厚志：《安康关庙旧石器地点》，《考古与文物》1992 年第 4 期，第 1~10 页。

为以下几点：

（1）石制品基本上是小型的，长度超过 50 毫米的极少；石制品基本上是轻型的，无重型石器。

（2）石制品的原料主要是石英，占 80.7%，变质砂岩占 13.4%，石英岩占 5.9%（百分比，依王社江等提供的分类资料求出，下同）。在其他地点还可见到少量的燧石和火成岩。

（3）打片以锤击法为主，石核不预制也不见修理台面，单台面者多于多台面的（依王社江等为 6∶2），锤击石片亦多不定型，自然台面占较高比例；偶尔使用砸击法，在这类地点的地层中均发现数量不等的砸击石片；在王社江等报道中发现过 3 件碰砧石片，表示这个地点的古人类曾用碰砧法生产石片，其他地点则未见到。

（4）石器基本上是用石片做的，块状毛坯制成者极少。石器类型多样，主要类型是刮削器，占石器的 58.82%，尖刃器居较重要地位，占 23.53%。

（5）石器个体较小，多数长度在 30 毫米左右，超过 50 毫米的仅 3 件。石器的修理以向背面加工为主，占 41.18%，交互打击较为常用，占 17.65%，还有错向加工、复向修理和向破裂面加工的。石器的修理粗糙的多于精致的，部分刮削器和尖刃器以及钻器修理稍佳。修疤多单层，以深宽型居多。石器刃口锐者多，常见的刃角为 35°~60°，达 78°仅 1 例。

（6）石器中单刃工具多于两刃工具，若将雕刻器不计在内，则为 10∶5。

根据以上特点不难看出，它与同一地区 T3 采到的或可能是中更新世地层中出土的以砾石石器为代表的工业特点迥然相异。因此，这些以小石制品为主要特征的组合不可能由后者的技术传统发展而来，而类似组合已在中国南方（安徽、湖北、湖南、广西、贵州、云南、四川）的许多地方发现，在时间上，基本上限于旧石器时代晚期，距今 2 万年左右或更晚，此时进入最后冰期的最冷期（距今 1.8 万~1.5 万年），北方以小石制品为代表的旧石器时代一些人群，由于环境变化，可能引发食源匮乏，为减少生存压力，不得不南移，带着他们的技术，在南方各地创造出与北方主工业特点基本一致的工业。上述石制品特点能够说明这一点，故笔者认为，这是北方主工业空间扩大的证据。

（二）陕西北部旧石器

陕西北部旧石器地点指秦岭以北陕西省的行政辖区内已发现的，至少有 100 个地点，最南点是蓝田公王岭，最北点是府谷扫河湾，最西点是岐山鱼家山，最东点是吴堡宋家川，已发现区的地理坐标为北纬 34°11′~39°23′、东经 107°36′~110°44′。在发现区内，工作明显的不平衡，西安市最好，蓝田县地点多，其次是渭南市，大荔县地点也多，宝鸡市、咸阳市和延安市各只发现一或两个地点，榆林市发现较多地点。基本上是新中国成立前做的，铜川市至今仍是空白区。

所发现材料在时间上也很不平衡，依目前测年结果，可能达到 100 万年前，距今 60 万~50 万年仅有零星的发现，再则为距今 30 万~20 万年的材料，此后只有旧石器时代晚期的遗物，有碳十四测年数据仅距今 1 万多年。原定黄土底砾层的石制品，依目前研究的进展，有些可归旧石器时代晚期，有些在未做年代学研究前，时间待定。故本文在综述已有研究成果时，将旧石器时代早期分为两段，旧石器时代晚期作单独的一期，因目前旧石器时代中期仍然无可靠的断代资料，暂时空着。

1. 旧石器时代早期Ⅰ段（时间大约距今 100 万~50 万年）石制品

本区这个时间段遗物单一，仅石制品，别无可靠的人类遗物和遗迹。地点多，但各地点采到的石制品数量少是其特点。记述的基础资料是在公王岭地点三次发掘和采集的石制品 26 件①和陈家窝 10 件（4 件出自地层，6 件 1975 年采自发掘的虚土中）②，还可以把锡水洞发现的几件有打言痕的石英块归于本段。

除上述 3 个地点外，依原研究者的报告，还有 24 个地点的石制品出自红色土层的不同部位③，但据目前了解，不少地点的石制品是脱层的或黏附在红色土层的某一部位，严格地说来，它们埋藏的层位是存疑的。从这些地点获得的石制品数量不详，可计数的来自 12 个地点的共 15 件标本，估计总量不会超过 50 件。这些石制品多是粗大的石核、砍砸器及手斧和镐等重型工具，被不少学者看作蓝田猿人文化的代表性器物，笔者以为不妥，拙见见本文稍后。

公王岭地点的石制品包括石核 12 件、石片 7 件和刮削器 7 件；陈家窝 10 件：石核 3 件（其一原定砍砸器，因只见单向打片，无修整痕迹，故归此类）、石片 5 件和刮削器 2 件。标本虽不多，情况复杂，陈家窝脱层的多于地层中出土的，公王岭的垂直和水平跨度相当大，依戴尔俭等④，石制品分布于南北长 42.5 米（当年发掘东西宽为 17 米），垂直距离最短的 7.5 米，最大的距离为 12 米，若依地质学家们平均沉积速率计算，上、下时间差在几万乃至几十万年。诚然，笔者不赞成这样做。另从当年（1966 年）该地点发掘面积，依石制品实际分布区长度、发掘区宽度和厚度，求出 $0.48/m^3$（最小厚度值）或 $0.3/m^3$（最大厚度值）。另外，石核数大于石片数也说明组合（假定）是不完整的，故公王岭地点既不是猿人的住地，也不是石制品生产场所，只不过时不时来此或偶然路过丢弃少量的石制品。尽管有这些复杂的情况，又不能不对它们有所提及，因此勉强地把它看作一个时间段的制品。从以上 36 件石制品的研究结果来看，它们的一般性质可归纳为以下几点：

（1）石制品除石核很大外，石片和刮削器均属小型，长度小于 50 毫米，仅一件例外。

（2）石制品的原料主要是石英岩，其次是石英，还有少量的石英砂岩；原材为磨圆度良好的砾石，表明系就地取材。

（3）打片用锤击法，15 件石核和 11 件石片具有锤击法打片的特点；可知台面性质的石核 10 件，自然者 8 件，打击者 2 件。石核上片疤不多，且厚度大，往往接近长度，这表明石核的利用率不高。有 1 件大石片（108 毫米 ×184 毫米），台面大而倾斜，具有用碰砧法生产的特点。

（4）石器类型简单，仅刮削器一类，用石片做成的 7 件，块状毛坯者 2 件；刮削器可再分为单边直刃 1 件、单边凸刃 4 件、单端刃 2 件，两刃和多刃各 1 件。宽刃类第三、四、五级分类主体是边刃、单刃和凸刃。

（5）石器修理多简单粗糙，单层修疤，深宽型，刃缘曲折。它们均用锤击加工而成，加工方式多样：向破裂面加工的 4 件，复向和交互打击的 2 件，向背面加工的 1 件。

① 张森水：《中国北方旧石器时代早期文化》，见吴汝康等主编《中国远古人类》，科学出版社，1989 年，第 97～158 页。
② 魏京武：《蓝田人遗址新发现的旧石器》，《古脊椎动物与古人类》1997 年第 15 卷第 3 期，第 223～224 页。贾兰坡、盖培、黄慰文：《陕西蓝田地区的旧石器》，中国科学院古脊椎动物与古人类研究所编《陕西蓝田新生界现场会议论文集》，科学出版社，1966 年，第 151～156 页。戴尔俭、许春华：《蓝田旧石器新材料和蓝田猿人文化》，《考古学报》1973 年第 2 期，第 1～12 页。
③ 贾兰坡：《中国最早的旧石器时代文化》，吴汝康等主编《中国远古人类》，科学出版社，1989 年，第 81～96 页。戴尔俭：《陕西蓝田公王岭及其附近的旧石器》，《古脊椎动物与古人类》1966 年第 10 卷第 1 期，第 30～34 页。
④ 戴尔俭、许春华：《蓝田旧石器新材料和蓝田猿人文化》，《考古学报》1973 年第 2 期，第 1～12 页。

从以上石制品性质可以看到，其主要修理方式——向破裂面，在中国北方旧石器主工业中尚无先例，因为标本量少，很可能是偶然性造成的假象。若与时代相当或稍早的旧石器组合，如河北阳原小长梁组合①相比，后者不仅类型多，修理精致的石器也多，这从另一侧面反映出上述两地点的性质之不同，公王岭非古人类长期生活之地。此不赘述。

介绍蓝田猿人石制品的研究成果时，想到了相关的一些问题，如"蓝田猿人文化"，它在中国旧石器工业中的地位问题以及西安市和渭南市辖区内被定为属红色土层的零星采集的石制品的意义等，拟作可能的讨论。

"蓝田猿人文化"是由戴尔俭和许春华于1973年正式提出来的，理由是：公王岭和陈家窝的蓝田猿人与"上述石器有着密不可分的关系，而且在蓝田地区同一时代地层中，从未发现蓝田猿人以外的第二种人，因此，蓝田猿人应该就是上述石器的制造者和使用者"。"上述同一时代红色土层中所得到的石器，在性质上是统一的，而且在我国旧石器时代初期的文化中，又有其本身的一定特点，因此，按照考古学上的惯例，我们现在可以正式称之为蓝田猿人文化。"② 笔者认为要确定一种新考古学文化，应有时代相同的、有一定量（假定不少于200件）的石制品能反映其特点的组合，若是多层遗址则其主要特点贯穿始终，前者如"丁村文化"③，后者如"中国猿人文化"④。依此来衡量，且不说层位存疑之采集品，即就蓝田猿人两地点的石制品而言，仅36件标本（包括6件脱层的），石核多于石片，石器仅一类，表明组合不完整，也根本谈不上有显明的特点及支持这些特点的较多标本。至于未发现第二种人，得出非蓝田猿人莫属也值得慎酌，未发现不等于就是。以周口店为例，第15地点未发现中国猿人化石，但没有谁说那里的石器是中国猿人制造的，归于中国猿人文化。公王岭地点人化石层的时代可能已越出中更新世，从其层上面层位发现的石制品究属何时，延续时间多长，目前无可靠年代依据。凡此种种，笔者认为，将蓝田猿人地点及附近的采集品统归蓝田猿人的石制品是不妥当的，因此给予"蓝田猿人文化"新的考古学命名目前条件是不成熟的。从两地点石制品，特别是石片和刮削器基本是小型的，且以石片石器居多这两点看，它与中国北方旧石器主工业可能关系密切。诚然，要比较准确地确定其在中国旧石器文化中的地位，尚需从相同或相近的地层中发现更多的石制品。

贾兰坡等⑤提出华北的旧石器存在两大平行发展的文化传统以来（其中匼河－丁村系，以大石片和用它做的三棱大尖状器为标志，俗称"大传统"），一些学者把蓝田红色土层或可能是该层的石制品归于"大传统"中，如与匼河、丁村的石器"则可能有着较为密切的传承关系"⑥；又如在平梁"与公王岭含人化石层相当地层中发现了一件三棱大尖状器……判断和匼河文化和丁村文化属于同一系统"⑦。这里笔者不想讨论两个传统是否确有事实证据的存在，想仅就原提出者的工业特征，来探讨蓝田地区发现的石制品的工业归属问题。

① 尤玉柱、汤英俊、李毅：《泥河湾组旧石器的发现》，《中国第四纪研究》1980年第5期，第1～13页。黄慰文：《小长梁石器再研究》，《人类学学报》1985年第4卷第4期，第301～307页。
② 戴尔俭、许春华：《蓝田旧石器新材料和蓝田猿人文化》，《考古学报》1973年第2期，第1～12页。
③ 裴文中、吴汝康、贾兰坡：《山西襄汾丁村旧石器时代遗址发掘报告》，科学出版社，1958年。
④ 裴文中、张森水：《中国猿人石器研究》，科学出版社，1985年，第1～277页。
⑤ 贾兰坡、盖培、尤玉柱：《山西峙峪旧石器时代遗址发掘报告》，《考古学报》1972年第1期，第39～58页。
⑥ 戴尔俭、许春华：《蓝田旧石器新材料和蓝田猿人文化》，《考古学报》1973年第2期，第1～12页。
⑦ 贾兰坡：《中国最早的旧石器时代文化》，吴汝康等主编《中国远古人类》，科学出版社，1989年，第81～96页。

已如上述，在发掘所得、地层可靠的石制品中，除石核外，石片中只有 1 件大型的，刮削器全部是小型的，也未曾发现过镐（三棱大尖状器），故无法将其归于"大传统"中。从零星的采集品中有两个特点：粗大的石核和砾石砍砸器较多，平梁那件标本无论层位和分类都在上面说清楚了，不再重复，在采集品中粗大的石片也不多，更无像丁村文化中那样用大石片做的镐。蓝田地区有镐，出自涝子河地点红色土层中那件 P. 2875 号[①]即是用砾石加工成的。两者毛坯不同。砾石砍砸器在丁村文化中很少见，在中国南方主工业中是常见的，而且是主要类型，若从这一点去考虑，这些砾石砍砸器暂时可看作是与南方旧石器主工业交流的证据。

总之，蓝田地区（包括西安市和渭南市其他地点）虽发现地点不少，但发现石制品量少，出土层位欠实，特点不明，故称"蓝田猿人文化"时机尚不成熟；现有石制品难以把它们归于华北的"大传统"中，发掘出土的标本更接近北方主工业；采集的砾石砍砸器可能是南方主工业的交流物。

2. 旧石器时代早期 II 段（距今 30 万 ~ 15 万年）石制品

在记述本区时段石制品研究成果以前，谈一下大荔人地点群中的早更新世地层中出土的石制品问题。据陕西省考古研究所等报道[②]，从 DT18 地点的第 2、3 层和 DY15 地点的第 1、2 层发掘出土石制品 2291 件。笔者 1987 年曾在大荔看过一些石制品，其上有清楚的水磨痕迹，片疤或"修疤"有新有旧，人工痕迹清楚者不多。上述看法当时与周春茂先生谈过，后来专著出版前审稿中也提过。对其性质，目前没有更多话要说，以下客观地记录，以备考。

这些石制品的原料主要是燧石，计 1750 件，占 76.38%；石英岩居次，487 件，占 21.26%；石英 53 件，占 2.31%；灰岩 1 件，占 0.04%。石制品分类如下：锤击石核 100 件，石片 350 件，砸击石核和石片分别为 36 件和 58 件，石器 1737 件，其中单直刃刮削器 668 件、单凸刃 484 件、单凹刃 71 件、直端刃 66 件、凸端刃 101 件、凹端刃 2 件、双刃 105 件、多刃 41 件；正尖尖刃器 111 件、扁尖 32 件、喙状 8 件、小三棱 33 件、角尖 12 件；单直刃和单端凹刃砍砸器各 1 件，还有石球 1 件。石器的毛坯：锤击石片 857 件、断片 354 件、砸击石片 110 件和断块 416 件。全部石器均为锤击加工，修理方式多样，向背面加工者 1132 件，向破裂面的 306 件，错向的 64 件，复向的 222 件，还有单面加工的 13 件。

旧石器时代早期 II 段已发现 20 个地点，基本上分布于大荔县段家乡解放村和育红河村周围不大的区域，只有大荔人地点做过年龄研究。依铀系法，大荔人化石层测了三个样品，只有一个是封闭，年龄为距今 20.9 ± 2.3 万年，因此，原研究估计"大荔人地点第 3 ~ 4 层年代为距今 18 ~ 23 万年"，"第 5 层只测了一个样品，基本封闭，其年代要明显晚些，在 11.4 ~ 14.6 万年间"[③]。最近，有人对该地点进行铀系和 ESR 测年综合研究，"认为大荔人化石所在的层位的年龄应大于距今 26CKa 和小于距今约

①　戴尔俭、计宏祥：《陕西蓝田发现之旧石器》，《古脊椎动物与古人类》1964 年第 8 卷第 2 期，第 152 ~ 162 页。

②　陕西省考古研究所、大荔县文物管理委员会：《陕西大荔发现的早期旧石器文化遗存》，《考古与文物》1994 年第 1 期，第 1 ~ 20 页。陕西省考古研究所、大荔县文物管理委员会：《大荔 - 蒲城旧石器——大荔人遗址及其附近旧石器地点群调查发掘报告》，文物出版社，1996 年，第 1 ~ 241 页。

③　陈铁梅、原思训、高世君：《铀子系测定骨化石年龄的可靠性研究及华北地区主要旧石器地点的铀子系年代序列》，《人类学学报》1984 年第 3 卷第 3 期，第 259 ~ 269 页。

350Ka，比较合理的估计应为距今260～300Ka"[1]。此外，可将岐山县鱼家山地点发现的石制品归于本段，含石制品的地层用铀系法测年的结果为"距今20±1.5万年"[2]，韩城横山的石制品亦可归于其中[3]。

这个时段工业内涵简单，仅有石制品，别无其他遗迹、遗物发现。这可能与地点性质有关。它们都埋藏于T3古土壤层之下的砂层或砂砾层中，多数石制品有不同程度的冲磨痕迹，表明经水流不同距离搬运过，失去活动场所原貌，故目前状况只能部分地反映其工业水平，而不能全面反映当时人的文化创造能力所达到的生产水平。这个时段已发现的石制品共2186件，各个地点发现多寡悬殊，多则达851件，少则仅3件（详见附表）。其分类及相关问题的探讨分述于后：

（1）原料

石制品的原料种类计有石英岩、燧石、石英、石英砂岩、安山岩、火成岩、白云质灰岩、砂岩、石英长石砂岩等。由于有两篇论文缺乏统计资料，故难以给出各类岩石或矿物的数量。原料中以石英岩和燧石为主是无疑的。前者常用于生产石片，后者常用于制造石器；石英亦较常用。火成岩原报告称"个别"，其余的均只有1件标本。

（2）锤击石核与石片

用于打片技术的材料，包括石核、石片、断块和残片。断块指有片疤、偶可见打击点、形状不规则的石块；断片反映人工特征的已残缺，从其上尚残留的人工痕迹分析，原应是锤击石片。后两者对探讨生产技术作用不大，介绍从略。石核和石片是了解当时人生产石片方法和打片水平的重要遗物，故稍加综述，甚有必要。

锤击石核 106件，占石制品的4.88%，占初级产品的6.59%。其个体变异较大，其长、宽分别为17～84、21～108毫米，厚度为20～147毫米，但常见者长为40～60毫米，宽度多大于长度，厚度多与长度相当。单台面石核和多台面石核在数量上差别不大（依分类标本），前者稍多几件。石核的台面以自然的为主，打击者不多，未见修理过的。台面角变异较大，为55°～101°，多数为70°～80°。石核的工作面短宽，其上打击点等诸人工痕迹清楚或比较清楚，片疤量不多，形态多不规则，其中单台面的片疤量比多台面的少。石核上或多或少保留自然面，多则达4/5，少则为1/5。石核缺少规则的形态，往往是因原材而异。

锤击石片 975件（包括半边石片57件）。其变异亦较显著，长度18～108、宽度12～68、厚度5～30毫米，但大多数长为30～50毫米，长宽之比约为4:3，宽厚之比大体为3:1。其中长型石片占80%，远超过宽型石片。石片台面以自然居多，占59.2%～73.1%，打击台面的约占30%（29.6%～31.1%），还有5.5%（依1980年材料）疑为修理台面者。石片角常见的为100°～115°，其变异范围为77°～126°。石片破裂面平坦，诸人工特点可见，其背面多保留大小不一的砾石面，少数遗满片疤。石片形状常见者是不规则的，少数呈三角形、梯形或类似长石片（Flake - blade）。在石片中一些标本

---

① 尹功明、孙瑛杰、业渝先：《大荔人所在层位贝壳的电子自旋共振年龄》，《人类学学报》2001年第20卷第1期，第34～38页。尹功明、赵华、尹金辉等：《大荔人化石地层的年龄》，《科学通报》2002年第47卷第12期，第938～942页。

② 王桂增、黄慰文、刘有民：《陕西岐山鱼家山旧石器地点的发现》，《中国地质科学院天津地质矿产研究所所刊》1982年第5期，第101～105页。

③ 阎家祺、徐抗学：《记韩城矿区黄土地层中发现的几件旧石器》，《考古与文物》1993年第2期，第12～13、112页。

的边缘上留有细疤，因它们被冲磨过，是否是使用痕迹无法肯定；少数未冲磨的石英岩石片边缘有连续的细疤，可以认为是使用石片。

（3）砸击石核与石片

砸击石核 34件，其中两件存疑。其基本形态是上尖下宽、呈不规则的多面体，少数呈多棱柱形。其长、宽、厚变异为22～63、12～57、11～37毫米，最常见的长度为30～40毫米，宽度为10～20毫米，厚度多不到20毫米。它有一端见砸痕的，也有两端多面可见砸痕的。少许标本既可分于石核又可分于石片，它们是一面多疤、一面平。这是砸击法打片特有的，最后一砸两半，造成片核难分的结果，在打片技术中可使石核消失是别的打片方法所没有的。

砸击石片 207件。基本上是长型的，其长、宽、厚变异为24～80、13～66、5～28毫米，最常见的长度为20～35毫米。砸击石片可分为一端和两端的，比例大约为3:2。一端石片砸痕见于一端，既有一面的，也有两面的；两端石片的砸痕比较复杂，常见的是两端两面遗有剥落碎屑的痕迹，还有一端见于两面的，另一端只见于一面的，其形态较一端的规整，呈长方形或圭形。

（4）石器

536件，占石制品的25.89%。包括宽刃类的刮削器和砍砸器；尖刃类的尖刃器、钻器和雕刻器，以及无刃类的球形器。做石器的毛坯（依424件计算），有锤击石片159件、断片121件、砸击石片41件、断块101件以及锤击和砸击石核各1件。

A. 宽刃类

a. 刮削器 394件，占17.58%/73.51%（前者指占石制品的百分比，后者指占石器者，下同），可再分为单刃组，包括单边直刃占7.46%/30.22%，单边凸刃占4.56%/18.47%，单边凹刃占2.21%/8.95%，单端刃占2.29%/9.33%；两刃组占1.19%/4.85%，基本上是石片做的，多数是双侧成刃，少数是端侧成刃的；多刃组占0.41%/1.68%，每件标本均有3个以上刃口，将原分类的圆刃归于其中，其中片状及块状毛坯分别为6和3件。刮削器无相对稳定的形态，大小不一，个体变异较大，长、宽、厚为22～84、8～65、3～26毫米，重3～174克，但多数长为30～50毫米，重在20克以下。其修理工作多粗糙，刃缘不平齐，多单层修疤，且以深宽型的居多。刃口以锐者占多数，常见者刃角为60°～70°，其变异为48°～80°。

b. 砍砸器 3件，占0.14%/0.56%，用砾石加工者2件，石片加工的1件。个体粗硕，平均长、宽、厚为93.7、85.0、39.7毫米，重448.3克。其修理工作简单，将毛坯一侧加工成凸刃，仅见单层修疤。它们虽都是用锤击法修理而成，但加工方式各不相同，分别向背面、复向和向砾石一面加工而成，修理成的刃口多较钝，刃角分别为74°、78°和80°。

B. 尖刃类

a. 尖刃器 116件，占5.34%/21.64%，是一类主要用石片做的、加工较好的小型的石器。其虽有一定变异，长、宽、厚分别为15～80、9～51、4～17毫米，重2～81克，但长度集中于20～30毫米之间，重量小于15克。尖刃器尚有正尖、角尖和复尖之别。正尖尖刃器指尖刃在纵轴的一端者，把原分类的扁尖和小三棱尖归入其中，共101件，占4.56%/18.84%；角尖者凡尖刃在侧角上或偏离中轴者均属之，把原分类的喙状尖纳入此类，占0.51%/2.05%；复尖指每件标本有两个尖刃者，占

0.18%/0.75%。

尖刃器的加工，总体来说稍好于其他各类石器，不同的尖刃器的修理状况略有不同，正尖的最佳，依次是角尖和复尖的。正尖者尖刃在毛坯的远端，仅1件例外，将台面修整成尖刃。多数正尖尖刃器两侧长边均加修理，制成若芒状的尖刃，但有少数标本一侧经较细的加工，另侧仅在尖端处遗有修疤，尖刃角在60°以上者居多；角尖尖刃器是侧刃修理优于端刃，尖刃短与锐，尖刃角大于70°；复尖者加工粗糙，刃缘曲折，尖刃较钝，恐是加工不善偶成之器。本类石器修疤多单层，且以深宽型为主。

b. 钻器　11件，虽有长尖（占0.09%/0.37%）和短尖（0.41%/1.68%）之别，但它们都是很小的石器，长度小于30毫米，重量未越出15克。长尖者器身长大于宽，两侧有修理痕迹，至中部重击，形成肩状，使上部明显变窄，再经细修，使前部生成较长而壮的尖刃；短尖者毛坯宽大于长，在前端两侧向一面打击，使前中部生成一个龟头状的尖刃，有些到此为止，也有些将尖刃做进一步加工，使变得粗壮，尖刃角超过90°。

c. 雕刻器　11件，也是一类小石器，雕刻器刃的产生均不甚规范，长不超过40毫米，重在7克以下，都是用石片做的，可分为笛嘴形，占0.37%/1.49%，角形占0.09%/0.37%，平面刃形占0.05%/0.19%。本类石器侧边多无加工痕迹，仅个别被单面修理成直刃。

C. 无刃类

球形器　1件，除两端遗有少许砾石面外，通体遗有鳞状的片疤，其上有较深的坑疤，略呈圆形，直径为105毫米，重1450克。从其人工痕迹看，可称球形器，并兼作砸击石锤用。

（5）石制品的特点及其系统位置

早期Ⅱ段石制品的特点比较鲜明，与Ⅰ段地层中出土的较相近，而与本省南部可能属旧石器时代早期者则迥然不同，一大一小，泾渭分明。本段主要特点如次：

A. 石制品基本上是小型的，中型的不多，大型、重型的石器奇缺。

B. 石制品原料有10种，常用石料为4种：石英岩占58.71%/77.08%/23.35%（前者指有统计数字的百分比，中者指占初级产品的百分比，后者指在石器中所占的百分比，下同），燧石占35.24%/17.65%/69.10%，石英占5.97%/5.26%/7.31%，安山岩占0.08%/0.01%/0.24%。从以上计算结果可以看出石核和石片的主要原料为石英岩，燧石则主要用于生产石器。这些石料均可在T3下部砂砾层中找到，属就近取材。

C. 打片主要用锤击法，锤击产品多自然台面，少数为打击台面，曾记述过少许可能是修理台面的标本，至今无石核印证，后续发现大量的石片与石核也未见这方面记述，故其性质难定，它的存在可能与对石核采用转向打法有关。依石核分类有数可查者，单台面稍多于多台面的，但相差甚微。石核和石片多不定型，石片中有少量呈三角形、梯形和似长石。在初级产品中包含约占11%的砸击制品，表示当时人生产石片有时也用砸击法。

D. 石器类型多样，包括宽刃类的刮削器和砍砸器，尖刃类的尖刃器、钻器和雕刻器以及无刃类的球形器。刮削器是主要类型，占石器的73.51%，其中单刃石器压倒多数，占刮削器的93.65%。刮削器的次级分类以单边刃居首位，占78.43%；边、端刃比例以边刃最多，占84.94%，端刃少，占15.06%；刃形以直刃为主，占刮削器的41.11%。

E. 石器的毛坯多样，其中锤击石片占 37.50%，断片占 28.54%，砸击石片占 9.67%，断块占 23.83%，锤击和砸击石核各占 0.23%。加以归类，片状毛坯占 75.71%，块状毛坯占 24.29%，无疑是以石片石器为主的工业。

F. 石器均用硬锤加工，加工方式多样：向背面的占 69.81%，向破裂面的占 15.57%，复向的占 10.38%，错向的占 3.54%，单面的占 0.47%，对向的占 0.23%，可以肯定向背面加工是其主要修理方式。

G. 石器的修理多粗糙，修疤单层，常见的为深宽型。石器缺乏相对稳定的形态，刃缘曲折，常呈波纹形，刃口较锐，刃角多在 60°～70°。

从以上特点不难看出它与中国北方旧石器时代主工业（下简称北方主工业）的特点十分相像，可归入其中。从时间上看，它以比较丰富的石制品填补了北方主工业从中国猿人工业到周口店第 15 地点之间（约距今 20 万～14 万年）的一段空白，为北方主工业增加一节发展链。

本区这一时段的石制品也有一些是北方主工业不常见的特点，如大型、重型石器奇缺，大的石核也少，石片长度超过 100 毫米的十分罕见，单台面石核与多台面石核在数量上差别不大；自然台面占比例很高，超过锤击石核和石片的 60%；最有意思的是不同类石制品所用的主要原料的差异，即石核和石片主要原料为石英岩，石器的主要原料是燧石；若与中国猿人石器相比，其单刃刮削器居多、而多刃（包括两刃）的很少。如何理解这些特点及其存在的原因，以下仅就现有资料及本人在大荔地区工作实践，表述管窥之见。

大型石制品（石核、石片和砍砸器）奇缺，以及长度小于 40 毫米的石制品特多，可能与当地资源供给有关。在解放村至育红河村洛河两岸 T3 砾石层（大荔人化石层）或其上的砂砾层（8014 地点）的砾石很小，常见的砾径在 50 毫米以下，超过 100 毫米的极为罕见，在就近取材的状况下，自然无法生产出大量的、较大的石制品，只好因材施工，生产出大量的小石制品就很好理解了。石核和石片中自然台面多，也许与无大砾石有关，不大的砾石要先打出台面，乃至修理台面都是很困难的，而当地砾石不少磨圆度欠佳，常有稍平的面，可将就打片。其结果使石核得不到高度利用，石核所反映的产片率不高应与此有关。以上特点是当时人对环境的适应，不能视为打片技术的原始或工业特殊的证迹。

关于石核和石片与石器的主要原料的不同，确实在中国旧石器文献中没有记录过。依笔者孔见，这既是对资源的适应，也是当时人智慧的体现。在 T3 砂砾石层中，通常是石英岩块体要大于燧石的，自然所生产石片也略大，在生产之前古人可能有所谋划，打下的石英岩石片，大部分直接用于加工生活资料，8014 地点几件石英岩石片上可清楚地看到使用痕迹。诚然，关于大荔地区这个时段石片的使用痕迹研究还相当薄弱，有待加强。

单刃刮削器尤其单边刃的大增，双刃、多刃锐减，可能是工业发展的产物，走向单刃石器集中化。在中国猿人时期，单刃者占 77.11%，多刃者占 22.88%[1]，本区本时段单刃者占 89.82%，多刃者占 10.17%，时间稍晚的周口店第 15 地点单刃占 89.81%，多刃的占 10.19%[2]。上述列子能说明刃量向

---

[1]　裴文中、张森水：《中国猿人石器研究》，科学出版社，1985 年。

[2]　高星：《关于周口店第 15 地点石器类型和加工技术的研究》，《人类学学报》2001 年第 20 卷第 1 期，第 1～18 页。

着简化方向发展。

3. 旧石器时代晚期石制品

本区本期发现的地点有 26 处，分布于西安市、咸阳市、渭南市和榆林市（详见附表）。大多数地点的出土物仅石制品一类，少数地点共出的有哺乳动物化石和用火遗迹，如禹门口地点"发现火烧灰烬层，有的火烧面厚达 5 厘米，还有烧过的骨块、木炭屑和石块"[1]。

从这些地点发现的石制品，多缺少分类统计，仅有 8 个地点有这方面资料，其中大荔地区就有 6 处[2]，另两个地点是禹门口和长武窑头沟[3]。这些地点出土的石制品总数为 4966 件，其中初级产品 2381 件，石器 2585 件。它们基本上是用硬锤直接打制的，只有 DY11 号地点第 7 层发现的 11 件细石核，系非直接锤击产物。本区本期石制品有一个重要特点：石器在数量上与本区 Ⅱ 段一样超过初级产品，这在别处是罕见的。本期综述研究成果，既重视技术上的传承，更给发展性以必要的关注。

（1）原料

石制品的原料主要是石英岩，占 51.39%，其次是燧石，占 44.51%，石英占 4.08%。此外，有些地点的石制品除用上述三种石料外，还提到用少量的硅质岩和火成岩。它们的原料均为砾石，仍然表示是就地取材，无远地取料的证迹。

（2）打片技术

讨论打片技术的依据标本计有：单台面锤击石核占 6.81%，多台面石核（将原分类的双台面石核、多台面的、圆形的、一面或两面周边打片的归入之）占 4.18%，锤击石片占 70.05%，小长石片占 0.97%，断片占 2.67%，砸击石核占 3.08%，砸击石片占 11.73%，还有 11 件细石核，占 0.51%。从这些锤击产品的技术特征和形态可以清楚地看到继承性一面，又可看到明显的发展性。砸击制品数量增多，质上则没有显著的改善。

（3）石器

石器的分类与原研究者稍有不同，做了一点简化和类型修订。在宽刃类石器中，单直刃刮削器占 28.52%，单凸刃的占 25.92%，与其前期相比，后者在数量上有明显的增加，比例的提高意味着其在石器组合中作用的加强，处于与单直刃者同等重要地位，凹刃（包括原分类的凹凸刃和凹缺刃）占 7.08%，端刃占 8.44%。两刃占 9.38%，按比例呈上升趋势，复刃作用仍微弱，占 3.13%；砍砸器（不包括原分类的尖刃砍砸器）包括单边直刃占 0.82%，单边凸刃占 0.82%，手镐（原斧形器）占 0.37%（图一，7）。尖刃类石器计有正尖尖刃器占 9.92%（依图将原分类的 3 件石镞，其一归于此，另两件归于长尖钻器，因为它们不具备镞的要素），角尖的占 1.07%，双尖的占 0.53%，三尖的占 0.08%；钻器长尖者占 0.16%，短尖的占 1.69%；雕刻器中笛嘴形的占 1.56%，平面刃形的占 0.16%。原尖刃砍砸器 14 件，依单面加工为手镐、两面加工为手斧的分类原则，其中有手镐 10 件，

---

① 刘士莪、张洲：《陕西韩城禹门口旧石器时代洞穴遗址》，《史前研究》1984 年第 1 期，第 45~55 页。

② 陕西省考古研究所、大荔县文物管理委员会：《陕西大荔发现的早期旧石器文化遗存》，《考古与文物》1994 年第 1 期，第 1~20 页。高星：《陕西大荔育红河村旧石器地点》，《考古学报》1990 年第 2 期，第 187~203 页。

③ 盖培、黄万波：《陕西长武发现的旧石器中期文化遗物》，《人类学学报》1972 年第 1 卷第 1 期，第 18~29 页。

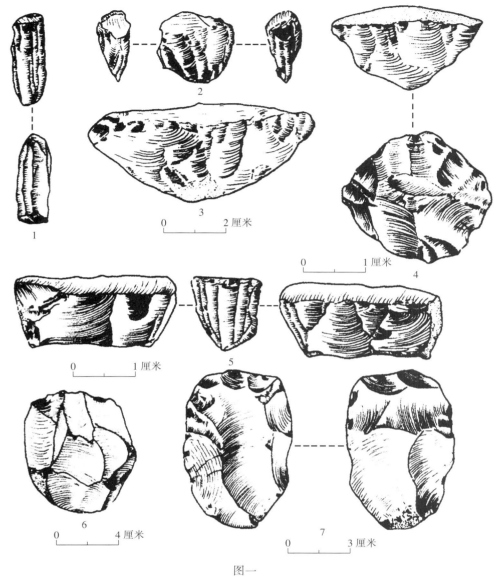

图一

1. 锥状石核　2. 楔状石核　3. 漏斗状石核　4. 盘状石核　5. 船底形石核
6. 长方形石核　7. 手镐（原比例不准，长度为 94 毫米）

占 0.41%，手斧 4 件，占 0.16%；还有无刃类的球形器占 0.04%。

　　石器的毛坯以锤击石片居多，占 72.51%，断片占 12.26%，砸击石片占 5.09%，块状毛坯只占 10.13%。石器的加工基本上用硬锤直接打片。有人曾记述过 58 件石器"很可能是用压制法加工的"[①]。但从所附的插图和图版看，难以看出它们是压制加工的，无论是器形和修疤都是如此。石器的修理方式是多样的：向背面的占 62.38%，向破裂面的占 19.20%，错向的占 3.01%，复向的占 14.8%，单面的占 0.37%，交互打击的占 0.23%。加工成的石器，缺乏稳定规整的形态，刃缘多呈波纹形，修疤以深宽型为主，个别的为浅宽、浅长的。刃口锐钝不一，最锐刃角为 45°，最钝者为 89°，常见者为 60°～70°。

_____

　　① 裴文中、张森水：《中国猿人石器研究》，科学出版社，1985 年，第 160 页。

这里有必要说明一下关于尖刃砍砸器问题，此词可能是笔者先用的，见于《中国猿人石器研究》。此前则多称"大尖状器"，如本文关于分类的说明，分别归手镐和手斧。依记述："尖刃砍砸器 14 件，向背面加工的 7 件，向破裂面加工的 2 件，复向加工的 2 件，错向和向一面加工的各 1 件。"现依加工方式（单、双面之别）将其中的 10 件归于镐类，4 件属手斧，以下举例做具体说明：DY11⑦：455 号，毛坯为砾石或石核，一面的大部遗有片疤和修疤，另一面修疤约占一半的面，具双层修疤，近缘为深宽型，远缘为浅宽型，尖端稍残，长 94、宽 75、厚 45 毫米，重 320 克。其形态与蓝田平梁发现的那件手斧有些相像（图二，1、2）。DY11⑦：65 号的毛坯为石片，两侧长边均可见修理痕迹，系向背面加工而成，修疤单层，深宽型，前端被制成一个锐的尖刃，尖刃角约为 60°，长 104、宽 88、厚 36 毫米，重 350 克。它的加工方式类似丁村的同类石器（原称三棱大尖状器）（图二，4），但前者的加工精致程度远不如后者，显得简单粗糙。

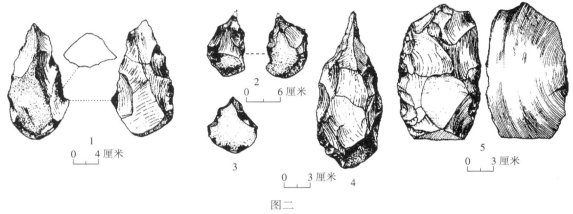

图二

1. 手斧（来自蓝田平梁，依戴尔俭）　2. 手斧（来自大荔 DY11 地点）　3. 手镐　4. 手镐（来自山西襄汾丁村 5498 地点）
5. 手锛（来自丁村砂砾堆积中）（2、3 来自同一地点，均依陕西省考古研究所；4、5 均依裴文中、贾兰坡）

（4）继承与发展

本期的石制品，若与其前期（旧石器时代早期Ⅱ段）相比，无论从生产技术和类型上既可看到其继承性的一面，也显示出明显进步性的一面。它不是停滞不前的，而是有所发展。

本段拟先述工业的传承关系，继论其发展性。

A. 继承性

从石制品上可见到本区的工业的继承性，现举以下各点以证明之。

a. 石制品仍以小型占绝对优势。

b. 原料组分简单，以石英岩为主，如其前期，初级产品主要用石英岩，占初级产品的 73.58%，燧石占 17.27%；石器主要是用燧石做的，占 82.73%，而石英岩石器只占 11.77%。

c. 它仍然是以石片石器为主的工业，片状毛坯占 89.86%，块状毛坯占 10.13%。

d. 宽刃类石器仍然是单刃居优势，单刃刮削器占 84.78%，砍砸器全部为单刃。

e. 石器的制作仍采用硬锤加工，修理方式依然是向背面加工为主，占 62.38%，兼有他种修理方式：向破裂面、错向、复向、交互打击和单面加工，分别占 19.20%、3.01%、14.81%、0.23% 和 0.37%。

f. 石器的修理工作简单粗糙，修疤往往是单层的，常见的为深宽型，刃口锐者多，常见刃角为 60°～70°，刃缘多呈波纹形，器形规整的少，绝大多数石器属偶用型，常用型的很少。

如上所述，它的技术等方面的传承关系清楚，归于同一工业传统当无疑问，由此也可见到，即使到旧石器时代晚期，北方主工业仍未见衰败的迹象，大概是生产方式没有发生根本改变以前，传统影响着技术的创新，工具组套基本适应生产、生活的需求。

B. 发展性

这个时期石制品及其生产技术的进步从多方面表现出来，首先见于初级产品的生产上，出现若干规则的石核类型，如漏斗形石核（图一，3）、盘状石核（图一，4），有单面和双面之别，还有类似水洞沟的长方形石核（图一，6）[①]。此外，在石核中 4 件标本可见修理台面的痕迹，若干石片也有此特征。盘状石核表明当时人沿石核周边向心剥片，在很大程度上保留锐的台面角，有利于提高石核的产片率，由于向心打片，在一定程度上能影响石片形态，产生较规则的三角形石片。漏斗形和长方形石核为产生较长的石片提供了良好的基础。那些小长石片与其说是用间接法生产的，而更可能是用软锤从以上两类石核上打下来的。修理台面标本的发现以及较多的三角形、梯形的石片和似长石片和似石叶的存在，既反映技术上进步，也说明当时人使用锤击技术更趋娴熟。更有意思的是 DY11 地点发现 11 件细石核，包括锥形的 3 件（图一，1）、半锥形 6 件、楔状和船底形各 1 件（图一，2、5）。这些细石核可能是外来的，将另行讨论。但它们的发现于此意义重大，是中国北方（秦岭以北）属旧石器时代晚期细石器工业分布最南的资料。

从石器方面看，石片石器有明显增加的趋势，从本区早期 Ⅱ 段占 75.71%，至本期增加至 89.86%，从而使石片石器走向占绝对优势的地位；从质上看，器形规整和刃缘较平齐的有所增加，特别是手锛一类石器，形制相当规则，修疤浅宽，或许暗示曾使用过软锤技术。手锛在本区无疑是一种新的类型。值得注意的另一点是重型石器：砍砸器、手斧和手镐在数量上有所增加，好像是北方主工业沿着石制品长宽等比小型进程中的一个小的、局部的反常，更可能是交流的产物。

细石核以及上述重型石器与以小石制品、刮削器和向背面加工为主的组合见于 DY11 地点的第 7 层（至少依陕西省考古研究所等描述是这样），是非常引人注目的，它们的共存是值得探索的。首先考虑细石核，11 件标本是典型的细石核，其上石叶疤很细长，表明遗址里出土的小长石片，不是从其上打下来的，也就是说细石核可能是外来的。外来动力有二，其一是水流搬运而来，另一是交流之所得。若是前者，按一般规律，石制品组合是不完整的，经水流搬运，发生分选，重的滞后，轻者前飘，但该地点目前发现的石制品多达 2955 件，大小均有，种类无缺，细石核也无明显的冲磨痕迹，总的来看，该地点应是石制品制造场。如上述，细石核无相对应的产品（细石叶 Micro－blade），故倾向于认为是交流之所得。若从细石核主要是锥形和半锥形这一点看，与其关系最近的应是"下川文化"[②]，其余大型、重型的石器既可在本区，也可在周边地区时代较早或相近的石制品组合中找到对比的标本。

---

① M. Boule, H. Breuil, E. Licent, P. Teihard de Chardin, 1928, Le Paléolithique de la Chine, Archives de l'Institute de Paléontologie Humaine, Mem. 4：1－138, Masson, Paris. 贾兰坡、盖培、李炎贤：《水洞沟旧石器时代遗址新材料》，《古脊椎动物与古人类》1964 年第 8 卷第 1 期，第 75～83 页。

② 王建、王向前、陈哲英：《下川文化——山西下川遗址调查报告》，《考古学报》1978 年第 3 期，第 259～288 页。

由此看来，DY11 地点的古人曾有较多的工业交流活动。

四、研究简史分期与启迪

陕西省的旧石器考古学研究已有 80 年历史，若从发展的持续性、人事变动和理论探讨等方面看，大体上可分前、后两期，以 1978 年为界。前期特点是工作断断续续，缺乏连续性。调查、采集的多，大多数工作人员为地质古生物工作者，在做第四纪地质和古脊椎动物研究的同时，也注意石制品的采集，本省无专职人员从事旧石器考古学研究。后期本省专业人员逐渐成长，至 20 世纪 90 年代，起到担纲作用，工作面向全省，持续开展，创出陕西旧石器考古新局面。以下对两期重大历史事件做简要的记述和评议。

（一）研究史前期（1922～1977 年）

1922 年夏，法国地质学家、古生物学家桑志华（Licent, E.）在靖边县小桥畔村外寻觅古生物化石时，在后来被命名为萨拉乌苏建造的砂层中采到一批化石，在运回天津黄河—白河博物馆（也称北疆博物馆——为天津自然博物馆前身，编者注）整理中，在化石中找到一枚人的左上外侧门齿（I^2），后经步达生（Black, D.）研究，定名为"鄂尔多斯牙齿"（Ordors tooth）。[①] 这项发现，促成桑志华和德日进（Teilhard de Chardin, P.）再次考察河套地区，并在小桥畔教堂北、距地表 54 米的地层中找到一批化石和数以百计的小石制品。河套考察的材料由多位法国学者分别进行研究。旧石器的研究者是步日耶教授（Breuil, H.），后来成为裴文中的导师。他们的研究成果 *Le Paléolithique de la Chine*（《中国旧石器文化》）于 1928 年出版。1923 年还在横山县油坊头附近的砂砾层中发现 6 件石制品。1931 年德日进和杨钟健在去新疆参加西北考察团途中亦曾考察过上述地点，采到几件石制品。

小桥畔的石制品，经步日耶研究，可归纳以下几点：（1）除个别石片稍大（7 厘米×6 厘米）外，绝大多数石制品十分细小；（2）石器加工十分粗糙，既有用石片做的，也有用小石块做的；（3）石器类型包括刮削器、尖刃器和雕刻器，还可能有很小的石球（原报告图 46，11；笔者依插图判断，它可能是石核）。此外还记述有磨制的（脱层）和打制的骨器以及有加工痕迹的鹿角，并"观察到无可怀疑的火烧遗迹"[②]。

1929 年 6～9 月，德日进和杨钟健赴山西北部和陕西西部考察晚新生界地层，在榆林市鱼河堡等地发现了几个旧石器地点，从黄土层或其下的砂砾层中采到若干石制品，仅有简要的报道，没有分类记述[③]。1932 年，以上两位学者曾旧地重游，采到若干石制品。1963 年，在裴文中领导下我们对河套地区进行一次较大规模的考察，上述地点都去过，因行色匆匆，收效甚微。

1963 年，在蓝田地区开展新生界地质考察，张玉萍、黄万波等在县城东北原厚镇公社涝子河红色土层上的砂质黏土层中"发现了一些旧石器及少量的哺乳动物化石"[④]，揭开了蓝田地区旧石器考古的

① Licent, E., Teihard de Chardin, P. and Black, D., 1927, On a Presumably Pleistocene Human Tooth from the Sjara-osso-gol Deposits, *Bull. Geol. Soc. China*, 5 (4): 585－590.
② 国家文物局主编：《中国文物地图集·陕西分册》，西安地图出版社，1998 年，第 53 页。
③ P. Teihard de Chardin, and C. C. Young, 1930, Preliminary Observation on the Pre-Lossic and Post-Pontian Formantions in Western Shansi and Northern Shinsi, *Mem. Geol. Sur. China*, Ser A, 8: 1－37.
④ 戴尔俭、计宏祥：《陕西蓝田发现之旧石器》，《古脊椎动物与古人类》1964 年第 8 卷第 2 期，第 152～162 页。

序幕。次年对涝子河多个地点的发掘，收获甚丰，石制品数以千计；当年在陈家窝地点发现猿人化石及几件石制品，公王岭哺乳动物化石地点也是那一年找到的。这些发现使蓝田地区无论从旧石器考古学上或第四纪地质学上的意义突显，促成了此后两年蓝田地区大规模的野外工作，重点发掘公王岭地点，1965 年发现蓝田猿人头骨化石；两年的发掘，在蓝田猿人化石层上的地层中找到一些零星的石器，从而扩大了猿人化石的分布区，延长了古人类在中国境内生存的历史。此时开展的多学科综合研究，第四纪哺乳动物学、孢粉学以及古环境的研究，都获得了新的认识。在 20 世纪 50 ~ 60 年代陕西其他地方也有旧石器发现，如 1957 年王择义在潼关的发现①以及 1963 年邱中郎等在乾县的工作②。至"文革"前，陕西省蕴藏着丰富的、在时间上已有从旧石器早期到晚期的文化地点，工作上良好的前景已露端倪。

"万马齐喑究可哀"。正当蓝田地区旧石器考古学研究如火如荼地在进行中，却因为"文化大革命"而被迫中断，及至 20 世纪 70 年代初，在"抓革命，促生产"的口号下，科研工作渐渐得到恢复，野外工作少，仅有黄万波等在长武窑头沟地点的发现③。20 世纪 60 年代蓝田地区旧石器材料的积累，使若干理论问题的探讨有了一定的基础。戴尔俭等对蓝田地区 1966 年发现的石制品进行了研究，把包括公王岭在内不同地点的石制品（地表采的不计在内）统归蓝田猿人名下，定名为"蓝田猿人文化"，并做了时空对比，认为蓝田猿人石器与中国猿人文化差别明显，而与匼河和丁村文化有更多相似点的看法④。盖培等对蓝田和渭南诸地点发现的石制品进行分期研究，分为早（Q_{II}）和晚（Q_{III}）两期，并列举它们的不同之点⑤。盖培等通过对窑头沟地点的石制品的研究，提出旧石器时代中期存在不同的文化类型："汾河文化"和"泾渭文化"，并认为后者"与水洞沟文化可能有更密切的渊源关系"⑥。此时的陕西省旧石器考古学研究，已从单纯材料报告转入了若干理论问题的探讨。

（二）研究史后期（1978 年至今）

以大荔人头骨发现为契机，陕西省旧石器考古学进入了新时期。1978 年 3 月本省科研人员刘顺堂在大荔县甜水沟发现了大荔人头骨化石。同年 11 月，吴新智主持了大荔人地点的发掘，本省派科研人员多人参加工作⑦，为今后本省有专人研究旧石器时代考古学初步建立起人才基础。这次发掘在大荔人化石层发现了 181 件石制品及一些哺乳动物化石。1980 年笔者主持大荔人地点发掘，对大荔人的文化加深了认识，并发现了新的含文化遗物的层位，在第 4 及 5 层找到了石制品和一些哺乳动物化石。当年还扩大了调查、发掘区，延伸至育红河村，初步认识到从大荔人地点至育红河村洛河右岸有密集的古人类活动地点⑧。此后，周春茂等持续多年工作，拓宽了时空分布。在 20 世纪 70 年代末岐山鱼家山地点的发现以及黄龙人地点的考察也有一定意义。

进入 20 世纪 80 年代，是陕西省旧石器考古学的发展时期，无论是深度或广度，都是前期无法与

---

① 贾兰坡、王择义、邱中郎：《山西旧石器》，科学出版社，1961 年，第 3 ~ 4 页。
② 邱中郎：《陕西乾县旧石器》，《人类学学报》1984 年第 3 卷第 3 期，第 212 ~ 214 页。
③ 盖培、黄万波：《陕西长武发现的旧石器中期文化遗物》，《人类学学报》1972 年第 1 卷第 1 期，第 18 ~ 29 页。
④ 戴尔俭、许春华：《蓝田旧石器新材料和蓝田猿人文化》，《考古学报》1973 年第 2 期，第 1 ~ 12 页。
⑤ 盖培、尤玉柱：《陕西蓝田地区旧石器的若干特征》，《古脊椎动物与古人类》1976 年第 14 卷第 3 期，第 198 ~ 203 页。
⑥ 盖培、尤玉柱：《陕西蓝田地区旧石器的若干特征》，《古脊椎动物与古人类》1976 年第 14 卷第 3 期，第 198 ~ 203 页。
⑦ 吴新智、尤玉柱：《大荔人遗址的初步观察》，《古脊椎动物与古人类》1979 年第 17 卷第 4 期，第 294 ~ 303 页。
⑧ 张森水、周春茂：《大荔人化石地点第二次发掘简报》，《人类学学报》1984 年第 3 卷第 1 期，第 19 ~ 29 页。

其相比的，特别是陕南的一系列发现。在 20 世纪最后 20 年，在考古学研究方法上、理论上以及年代学研究等方面都有长足进步，这里无法详书，只好用以管窥豹的方式加以记述。在新发现方面，大荔的成果，前已提到，不赘述。主要是汉水上游和洛南盆地的持续多年的工作，发现了不少于 70 处含旧石器的地点，为确立南方主工业提供了相当丰富的资料。这类以粗大石制品和以砍砸器为主的砾石工业，最早发现于 1972 年的大冶石龙头遗址，当时并未认识它在中国旧石器文化中的意义，笔者在 20 世纪 80 年代前期写《中国旧石器文化》时，总觉得它与中国猿人文化不同，究竟有多大意义很难把握，无奈之下，冠以"长江边上粗化文化"一词①。从发现史角度看，陕南的工作很有意义，调查始于 1980 年，至 1985 年，西起勉县胡家渡、东至安康关庙的汉江两岸发现了地点众多、石制品性质相近的遗存，而湖南和安徽类似石制品组合的发现，最早在 1987 年，江西则要更晚些。

在汉水上游发现的石制品研究中，提出了一些重要看法，如怀疑本区石器与北方的不同"是以砾石石器为主，这一事实和国内已报道的中国境内的旧石器以石片石器为主的结论相矛盾"②。从总结石制品组合角度提出"砾石石器"这一术语，在国内是最早的。他们对该区石器特点作了较好的总结，并对时空关系进行探讨："梁山旧石器外貌粗犷、古拙。类型以砾石石器为主，砍砸器和石球占主导，属华北大型石器类型，接近于蓝田猿人文化。"③

在工艺学和类型学方面该区旧石器研究也有新见，如几篇文章④提到存在砸击技术，这在中国南方主工业其他地区石制品组合中未见报道；在类型学方面，将原大尖状器分出手斧和手镐，还记述有手锛⑤。洛南盆地工作很重要，把南方主工业的分布向北推进 1°，由长江及其南水系北扩至黄河水系。1981 年发现的蓝田锡水洞地点⑥，是本省不多的洞穴类型地点之一。

在陕西旧石器考古学史应特别提到的是《大荔－蒲城旧石器》的出版，这是多年研究的结晶，至今仍是中国区域旧石器考古学研究独一无二的著作。且不说书中提供丰富的材料，研究工作相当细，对该区的第四纪地层和脊椎动物化石做了扼要的介绍，石制品按时代不同做了详细的分类，并给出大量的测量统计数据，提供了不可多得的量化对比资料，对时空评价和工业关系的论述也相当准确。笔者摘其一段，以飨读者："大荔人文化与北京人文化、许家窑文化、峙峪文化的关系极为密切，晚于北京人而早于许家窑，是华北旧石器文化周口店第一地点－峙峪系以小石器为主的文化传统中的重要一员。在时间上起着承上、启下、继往开来的作用，在空间上起着左邻右舍的作用。它既有贯穿始终的共性，又有一个较为清楚的发展过程。"⑦

在 20 世纪最后 20 年或稍长一点，研究工作面增广，更多地涉及人类环境、古气候以及年代学研

① 张森水：《中国旧石器文化》，天津科学技术出版社，1987 年，第 1～336 页。
② 国家文物局主编：《中国文物地图集·陕西分册》，西安地图出版社，1998 年，第 53 页。
③ 国家文物局主编：《中国文物地图集·陕西分册》，西安地图出版社，1998 年，第 55 页。
④ 阎家祺、尹申平：《汉中梁山高阶地砾石层中之旧石器》，《考古与文物》1988 年第 4 期，第 8～21 页。黄慰文、祁国琴：《梁山旧石器遗址的初步观察》，《人类学学报》1987 年第 4 卷第 3 期，236～244 页。阎家祺：《陕西汉中地区梁山龙岗首次发现旧石器》，《考古与文物》1980 年第 4 期，第 1～5、99 页。
⑤ 黄慰文、祁国琴：《梁山旧石器遗址的初步观察》，《人类学学报》1987 年第 4 卷第 3 期，第 236～244 页。
⑥ 黄春长：《蓝田辋川锡水洞旧石器时代文化遗址的发现与初步研究》，《西北大学学报》1982 年第 2 期，第 16～27 页。
⑦ 陕西省考古研究所、大荔县文物管理委员会：《大荔－蒲城旧石器——大荔人遗址及其附近旧石器地点群调查发掘报告》，文物出版社，1996 年，第 228 页。

究等领域。

关于古环境和古气候的研究，始于蓝田猿人化石的发现，从 20 世纪 70 年代起一直有人从事这方面研究，因此，对这一地区古环境和古气候的变化有一定的了解。计宏祥通过对蓝田地区更新世不同时期哺乳动物化石研究，认为早更新世气候温暖，到公王岭蓝田猿人时期，秦岭高度可能达到 1000 米（现海拔在 2000 米以上，最高峰太白山海拔为 3660 米），未能形成有效的动物迁移的地理障碍，在公王岭动物群中有若干南方种就是例证；此时植物，依孢粉分析，以温带为主，兼有少量的亚热带植物。中更新世较早期以陈家窝动物群为代表，基本上是华北型的，植物多草本，属半干旱温暖的间冰期气候[①]。更新世晚期的哺乳动物主要是草原型的，中夹有森林和灌木丛[②]。对大荔地区哺乳动物群的研究，得出与上述相近的结论，从早更新世到晚更新世"气候逐渐变干变冷"，但"当时的气候较今日的都要温暖、湿润"[③]。关于后一点，与孢粉分析结果不同。"晚更新世——渭南平原出现云杉——冷杉林及云杉林，当时年平均气温较今低 8℃"[④]，而早、中更新世的气候和动、植物分析基本一致。

绝对年代研究，在我国始于 20 世纪 60 年代，用于测定蓝田猿人年龄起步较早，用古地磁测年在 20 世纪 70 年代末已发表一些数据，如程国良等得出公王岭人头骨化石层年龄为距今 98 万年，而"陈家窝子剖面，利用外推法，可求得蓝田猿人下颌骨层位年代为距今 53 万年，即距今 50 万年左右"[⑤]。马醒华等认为，由于在公王岭标本的极性序列中，一直到底未出现正极性段落，因此，其下界不早于贾拉米拉事件，即距今 89 万年，而陈家窝猿人的年龄定在距今 65 万年，其理由是：依磁性测年猿人化石产于距今 69 万 ~ 50 万年中间偏下的位置，并认为公王岭猿人的年龄为距今 80 万 ~ 75 万年[⑥]。此外，有人根据含人化石的黄土层位与深海古气候旋回的对比，认为陈家窝的年代为距今 59 万 ~ 50 万年，公王岭的年代为距今 80 万 ~ 73 万年[⑦]。针对蓝田两个猿人化石地点年龄的大同而有差别的情况，安芷生等于 1984 年及其后"多次考察了公王岭和陈家窝地点含蓝田猿人化石的黄土和古土壤序列，并在 98 个不同采样面上采取了 200 个边长为 3 厘米的立方体样品"[⑧]，做古地磁测年研究，依不同的平均沉积速率及与洛川黄土对比，得出"公王岭地点的蓝田猿人化石的磁性地层年龄应为距今 115 万年"[⑨]，用同样方法求得"蓝田猿人下颌骨的磁性地层估算为距今 65 万年"[⑩]。对于用平均沉积速率求地层年龄的方法，有人提出质疑："在陆相沉积里就一个建造复杂的地层剖面，其厚度大小和时间长短

---

①　计宏祥：《陕西蓝田地区第四纪哺乳动物群的划分》，《古脊椎动物与古人类》1980 年第 19 卷第 3 期，第 220 ~ 228 页。

②　计宏祥：《陕西蓝田涝子河晚更新世哺乳动物化石》，《古脊椎动物与古人类》1974 年第 12 卷第 3 期，第 222 ~ 227 页。

③　陕西省考古研究所、大荔县文物管理委员会：《大荔 - 蒲城旧石器——大荔人遗址及其附近旧石器地点群调查发掘报告》，文物出版社，1996 年，第 44 页。

④　中国科学院植物研究所、地质部地质研究所新生代孢粉组：《陕西蓝田地区新生代古植物学研究》，中国科学院古脊椎动物与古人类研究所编《陕西蓝田新生界现场会议论文集》，科学出版社，1966 年，第 157 ~ 196 页。

⑤　程国良、林金录、李素玲：《蓝田人地层年代的探讨》，中国科学院古脊椎动物与古人类研究所编《古人类论文集》，科学出版社，1978 年，第 151 ~ 157 页。

⑥　马醒华、钱方、李普等：《"蓝田人"年代的古地磁学研究》，《古脊椎动物与古人类》1978 年第 16 卷第 4 期，第 238 ~ 243 页。

⑦　刘东生、陈梦麟：《中国早期人类化石层位与黄土——深海沉积古气候旋回的对比》，《人类学学报》1984 年第 3 卷第 2 期，第 93 ~ 101 页。

⑧　安芷生、高万一、祝一志等：《"蓝田人"的磁性地层年龄》，《人类学学报》1990 年第 9 卷第 1 期，第 1 ~ 7 页。

⑨　马醒华、钱方、李普等：《"蓝田人"年代的古地磁学研究》，《古脊椎动物与古人类》1978 年第 16 卷第 4 期，第 242 页。

⑩　马醒华、钱方、李普等：《"蓝田人"年代的古地磁学研究》，《古脊椎动物与古人类》1978 年第 16 卷第 4 期，第 241 页。

常常不是成正比的，所以，应用地层的速率推算它的形成年龄，其方法显然是不可取。"① 总之蓝田猿人年龄研究已取得一些成果，数据不同，原因种种，应在现在单一方法基础上，让更多的、可行的方法参加进来，以求得更客观和可信度高的年龄数据。

大荔人地点年代学研究也做了一些工作。1980 年发掘后，笔者提供第 3、4、5 层样品，请北京大学考古学系年代研究实验室做铀系法测年，初步结果业已公布②。近年尹功明等用 ESR 测大荔人化石层年龄，继而用 ESR 和铀系法综合研究年龄，所得结果见于上述③。此外，孙建中等用热释光方法测"大荔人"的年龄，认为不老于距今 30 万年④。

（三）历史的启迪

从陕西省旧石器考古研究史中可以获得许多宝贵的经验和一些值得思考的问题，无论是前者或后者，对陕西省，乃至中国旧石器考古学今后的工作都是有益的，有可借鉴之处，以下以己之感受谈几点意见。

首先，一个省旧石器考古研究要能持续发展，需要有本省的旧石器考古专业人才，且要相对稳定，陕西省在这方面颇有令人深思之处。在其研究史前期（1922～1977 年）的 55 年间，工作断断续续，很难深入下去，虽有政治原因，究其根源主要是没有本省专业人员参加工作，主要任务是由地质古生物工作者来承担，留下地质古生物工作方法的深深烙印，其地层观既影响前期，也遗留在研究史后期的野外工作中。自 1978 年起，本省专业人员逐步成长，做出了良好的业绩。研究史后期的 25 年的研究成果，数倍于其前，发现了新的旧石器文化类型，初步看到本省旧石器文化是如此丰富。

其次，工作成绩显著与否，与持续开展工作有密切关系。大荔人地点及其附近和洛南盆地持续多年工作，成绩斐然。相反，榆林地区最早发现，但新中国成立后基本上无人工作，其文化特点与面貌至今仍是雾里看花，似明若暗。蓝田地区实际工作停滞 30 多年了，本有好的工作基础和良好前景，但因研究工作停步不前，这些采集点的石制品究竟与地层中出土者是什么关系，至今各说不一，难有可靠定论。汉水上游的工作已经付出很大的辛劳，地点多，缺少深入工作，至今没有建立起文化序列和标志点。记得 1998 年考察龙岗地区，龙岗寺剖面很好，给我留下深刻的印象，曾与尹申平同志谈过，该地点若能按考古操作规程和国际上先进的发掘方法，连续干几年，或许能把陕南主要含石器层位弄清楚，建立起标志点，以点带面，把这一地区的旧石器考古学向更深方向推进。自思五年前的想法仍有一定道理，希望能做起来，必要时争取全国力量来予以支持。

第三，基于陕西省地理位置在中国旧石器考古学中的意义，借用周春茂同志的话：处于左邻右舍之间，当然还是南、北文化交流必经之地。只有河南和陕西旧石器考古学有较大发展，时空缺环有较大填补，中国旧石器考古学这盘棋才能活起来。目前陕西省旧石器考古研究时空发展很不平衡。时间上旧石器中期无准确地点，向两端延伸，除大荔外，材料不多，在寻找更多材料的同时，非常必要加

---

① 卫奇：《蓝田猿人地层年龄的思考》，《文物季刊》1995 年第 4 期，第 34～37 页。

② 陕西省考古研究所、大荔县文物管理委员会：《陕西大荔发现的早期旧石器文化遗存》，《考古与文物》1994 年第 1 期，第 1～20 页。

③ 尹功明、孙瑛杰、业渝先：《大荔人所在层位贝壳的电子自旋共振年龄》，《人类学学报》2001 年第 20 卷第 1 期，第 34～38 页。尹功明、赵华、尹金辉等：《大荔人化石地层的年龄》，《科学通报》2002 年第 47 卷第 12 期，第 938～942 页。

④ 孙建中、赵景波：《黄土高原第四纪》，科学出版社，1991 年。

强年代学研究，把文化序列建立在有较充分科学依据的基础上。

陕西旧石器考古空间不平衡也较明显。大荔地区和洛南盆地工作做得较好、较深；蓝田地区和汉水上游地点不少，深度似不够；榆林地区点较多，需要重新认识；其余市，除铜川市仍是空白区外，旧石器地点均寥寥无几。若以县为单位，已发现旧石器时代遗物或人化石的只占 22.4%（依 1991 年出版、1996 年第三次印刷的《陕西省地图册》）[①]，为 10 市辖 88 县（区和市），也就是说 3/4 以上的县仍是旧石器考古研究的空白区，这样的情况要完成地理位置所承担特有的任务是不可能的。正如魏京武等 1988 年时指出，调查和发掘缺乏长期计划，希望借西部大开发之机，集思广益，做好规划，在若干年后能有较多的空白县被划掉，缩小空间的距离。

旧石器考古学在解决原始社会史问题中有极重要的作用，是一门科学，有它一定的规律和要遵守的规则。牢固树立考古学的层位观，谨记人类行为的复杂性，还要不辞辛劳、脚踏实地去干，察沟探洞，索史求真。可以预见陕西省旧石器考古学将有更大的发展，在解决中国旧石器考古学难题和热点上会起到更大的作用。

后　记

本文为庆祝石兴邦先生八十华诞而作。我衷心祝愿先生健康长寿，为中国考古学做出更大贡献。石先生是我难忘的良师，对我的指导和帮助，一直铭记在心。半坡岁月，手把手地教，使我得到良好的田野考古训练，第一篇考古报告也是在先生的指导下完成的。工作后，先生一直关怀我，经常给予指导帮助。这篇拙文算是对先生的一个工作汇报。

（原载《中国史前考古学研究——祝贺石兴邦先生考古半世纪暨八秩华诞文集》，三秦出版社，2003 年）

---

① 西安地图出版社：《陕西省地图册》，1991 年。附表的旧石器地点的地理坐标均依这本书求出。

附表

陕西旧石器文化遗址或地点一览

编号	地点名称	相对地理位置	地理坐标	发现者或研究者	发现时间与工作状况	材料摘录	地层或时代	文献	遗址或地点类型
1	涝子河63708	蓝田县城东北	30°15'N 109°31'E	计宏祥 戴尔俭	1963年采集	石制品100多件: 石核22件, 石片48件; 石器有砍砸器、刮削器和尖刃器4件	晚更新世	V.P.	旷野
2	陈家窝	蓝田县城西北约10千米	34°12'N 109°14'E	黄万波 吴汝康等	1964、1975年采集	猿人下颌骨1件、石制品10件和丰富的哺乳动物化石	中更新世	V.P. L.P.	旷野
3	沙河沟	陈家窝化石点西南	34°12'N 109°14'E	赵资奎 贾兰坡等	1964年春采集	一些石制品	中更新世	L.P.	旷野
4	支家沟	油坊街附近灞河右岸	34°12'N 109°14'E	赵资奎 贾兰坡等	1964年春采集	一些石制品	中更新世	L.P.	旷野
5	于家西沟	十里河附近	34°12'N 109°14'E	赵资奎 贾兰坡等	1964年春采集	一些石制品	中更新世	L.P.	旷野
6	毛家坪	马家河附近	34°12'N 109°14'E	赵资奎 贾兰坡等	1964年春采集	一些石制品	中更新世	L.P.	旷野
7	安沟	公王岭对面	34°12'N 109°14'E	赵资奎 贾兰坡等	1964年春采集	几件石制品,包括石核、石片和石器	中更新世	L.P.	旷野
8	水子沟西坡	公王岭地点西	34°11'N 109°29'E	赵资奎 贾兰坡等	1964年春采集	几件石制品,其中有1件大型盘状刮削器	中更新世(?)	L.P.	旷野
9	涝子河64.091	涝子河沟东岸龙潭沟出口处	34°15'N 109°31'E	计宏祥 戴尔俭等	1964年4~6月采集	9~11号地点共采到石制品2000多件, 已研究的标本为162件	晚更新世	V.P. L.P.	旷野
10	涝子河64.092	涝子河村西陈家村北约250米	34°15'N 109°31'E	计宏祥 戴尔俭等	1964年4~6月采集	石制品若干件: 石片、砸击石片、刮削器和石核砍砸器7件	晚更新世	V.P. L.P.	旷野
11	涝子河64.095	陈家村北500米	34°15'N 109°31'E	计宏祥 戴尔俭等	1964年4~6月采集	几件石制品,可能有修理台面标本	晚更新世	V.P. L.P.	旷野
12	后沟	十里河村灞河右岸	34°15'N 109°31'E	计宏祥 戴尔俭等	1964年4~6月采集	几件石制品	晚更新世	V.P. L.P.	旷野

续表

编号	地点名称	相对地理位置	地理坐标	发现者或研究者	发现时间与工作状况	材料摘录	地层或时代	文献	遗址或地点类型
13	魏家沟	马家河村	34°15′N 109°31′E	计宏祥 戴尔俭等	1964年4~6月采集	一些石制品	晚更新世	V. P. L. P.	旷野
14	姚家沟	马家河村	34°15′N 109°31′E	计宏祥 戴尔俭等	1964年4~6月采集	一些石制品	晚更新世	V. P. L. P.	旷野
15	63706	地理位置不详，应在浐子河附近	34°15′N 109°31′E	计宏祥 戴尔俭等	1964年4~6月采集	镐1件（原称大尖状器）	中更新世	V. P.	旷野
16	公王岭	蓝田县东约10千米	34°11′N 109°29′E	吴新智 戴尔俭等	1965，1966年发掘	猿人头骨1件和丰富的哺乳动物化石，石制品26件	早更新世末和中更新世	V. P.	旷野
17	平梁	公王岭东约2千米	34°11′N 109°29′E	吴新智 戴尔俭等	1966年春发掘	手斧（原称大尖状器）	中更新世（依吴新智口头告知）	V. P.	旷野
18	司马沟	公王岭猿人化石点东约100米	34°11′N 109°29′E	戴尔俭等	1966年春采集	带尖的小石器和石核各1件	中更新世	V. P.	旷野
19	万金沟口	公王岭东北	34°11′N 109°29′E	戴尔俭等	1966年春采集	盘状刮削器1件	旧石器时代	V. P.	旷野（水底捡出）
20	万金沟	公王岭东北	34°11′N 109°29′E	戴尔俭等	1966年春地表采集	石核1件	旧石器时代	V. P.	旷野
21	公王岭南坡	猿人化石附近	34°11′N 109°29′E	戴尔俭等	1966年春地表采集	镐1件	旧石器时代	V. P.	旷野
22	草圪塔	公王岭南约1千米赵村北	34°11′N 109°29′E	戴尔俭等	1966年春采集	大石片1件	中更新世	V. P.	旷野
23	樊家沟	公王岭北灞河河北岸	34°11′N 109°29′E	戴尔俭等 许春华	1966年3~6月采集	石核和砾石石器各1件	中更新世	A. P.	旷野

续表

编号	地点名称	相对地理位置	地理坐标	发现者或研究者	发现时间与工作状况	材料摘录	地层或时代	文献	遗址或地点类型
24	稠水河沟	公王岭北灞河北岸	34°11′N 109°29′E	戴尔俭等 许春华	1966年3~6月 采集	石球(?)1件	中更新世	A. P.	旷野
25	胡家村西沟	公王岭北灞河北岸	34°11′N 109°29′E	戴尔俭等 许春华	1966年3~6月 采集	单边小砍砸器和刮削器各1件	中更新世	A. P.	旷野
26	铁万沟	公王岭北灞河北岸	34°11′N 109°29′E	戴尔俭等 许春华	1966年3~6月 采集	石核1件	中更新世	A. P.	旷野
27	公王岭东南	猿人化石点附近	34°11′N 109°29′E	戴尔俭等 许春华	1966年3~6月 采集	石核3件、单边直刃刮削器4件、小砍砸器和使用石片各1件,共9件	旧石器时代	A. P.	旷野
28	平梁	公王岭附近	34°11′N 109°29′E	戴尔俭等 许春华	1966年3~6月 采集	石核和中型砍砸器各1件	旧石器时代	A. P.	旷野
29	司马沟	公王岭附近	34°11′N 109°29′E	戴尔俭等 许春华	1966年3~6月 采集	石核和大型砍砸器各1件	旧石器时代	A. P.	旷野
30	万金沟西	公王岭附近	34°11′N 109°29′E	戴尔俭等 许春华	1966年3~6月 采集	多边砍砸器1件	中更新世	A. P.	旷野
31	铁万沟Ⅱ	公王岭附近	34°11′N 109°29′E	戴尔俭等 许春华	1966年3~6月 地表采集	石核1件	旧石器时代	A. P.	旷野
32	官村东路	公王岭附近	34°11′N 109°29′E	戴尔俭等 许春华	1966年3~6月 地表采集	石核1件	旧石器时代	A. P.	旷野
33	北王沟	公王岭附近	34°11′N 109°29′E	戴尔俭等 许春华	1966年3~6月 地表采集	石核1件	旧石器时代	A. P.	旷野
34	胡家村西沟	公王岭附近	34°11′N 109°29′E	戴尔俭等 许春华	1966年3~6月 地表采集	石制品5件:锤击石片2件、砸击石片、使用石片和单边直刃刮削器各1件	旧石器时代	A. P.	旷野
35	万金沟Ⅱ	公王岭附近	34°11′N 109°29′E	戴尔俭等 许春华	1966年3~6月 地表采集	石制品2件:砸击石片和单边刮削器各1件	旧石器时代	A. P.	旷野

续表

编号	地点名称	相对地理位置	地理坐标	发现者或研究者	发现时间与工作状况	材料摘录	地层或时代	文献	遗址或地点类型
36	李沟	公王岭附近	34°11′N 109°29′E	戴尔俭等 许春华	1966 年 3～6 月 地表采集	石制品 3 件：锤击石片，使用石片和单边凸刃刮削器各 1 件	旧石器时代	A. P.	旷野
37	谢家河东沟	公王岭附近	34°11′N 109°29′E	戴尔俭等 许春华	1966 年 3～6 月 地表采集	锤击石片 1 件	旧石器时代	A. P.	旷野
38	公王岭东北公路旁	公王岭附近	34°11′N 109°29′E	戴尔俭等 许春华	1966 年 3～6 月 地表采集	单边凹刃刮削器 1 件	旧石器时代	A. P.	旷野
39	公王岭东南	公王岭附近	34°11′N 109°29′E	戴尔俭等 许春华	1966 年 3～6 月 地表采集	复刃刮削器 1 件	旧石器时代	A. P.	旷野
40	北草疙瘩	公王岭北沟南坡	34°11′N 109°29′E	戴尔俭等 许春华	1966 年 3～6 月 地表采集	使用过石标本和复刃刮削器各 1 件	旧石器时代	A. P.	旷野
41	公王岭	猿人化石点发掘区	34°11′N 109°29′E	戴尔俭等 许春华	1966 年 3～6 月 地表采集	小型砍砸器 1 件	旧石器时代	A. P.	旷野
42	铁匠村西南沟	公王岭附近	34°11′N 109°29′E	戴尔俭等 许春华	1966 年 3～6 月 地表采集	中型砍砸器 1 件	旧石器时代	A. P.	旷野
43	李家村和方家村之间	公王岭附近	34°11′N 109°29′E	戴尔俭等 许春华	1966 年 3～6 月 地表采集	大型砍砸器 1 件	旧石器时代	A. P.	旷野
44	樊家沟	公王岭附近	34°11′N 109°29′E	戴尔俭等 许春华	1966 年 3～6 月 地表采集	有使用痕迹的石标本 1 件	旧石器时代	A. P.	旷野
45	贺回	公王岭附近（？）	34°11′N 109°29′E	盖培 尤玉柱	1974 年采集	石制品若干件	中更新世	V. P.	旷野
46	焦家湾对岸	泄湖镇沙河沟右侧	34°13′N 109°14′E	盖培 尤玉柱	1974 年采集	一些石制品	中更新世	V. P.	旷野
47	锡水洞	蓝田县东南锅川镇	34°04′N 109°21′E	黄春长	1981 年 7 月发掘	报道材料较多，石制品 30 多件，还有骨制品。就笔者所见，只有几件石英块有打击痕迹	中更新世	J. U.	洞穴

续表

编号	地点名称	相对地理位置	地理坐标	发现者或研究者	发现时间与工作状况	材料摘录	地层或时代	文献	遗址或地点类型
48	三里河	临潼县	34°03′N 109°13′E	盖培 尤玉柱	1974年采集	一些石制品	中更新世	V. P.	旷野
49	党家咀	临潼县龙沟	34°03′N 109°13′E	盖培 尤玉柱	1974年采集	尖刃器等石制品	晚更新世	V. P.	旷野
50	北刘村	渭南市	34°29′N 109°31′E	盖培 尤玉柱	1974年采集	一些石制品	中更新世	V. P.	旷野
51	楠张村	渭南市西河乡	34°29′N 109°31′E	盖培 尤玉柱	1974年采集	砾石砍砸器等石制品	中更新世	V. P.	旷野
52	阳郭镇	渭南市	34°29′N 109°31′E	盖培 尤玉柱	1974年采集	石核1件	中更新世	V. P.	旷野
53	北刘村Ⅱ	渭南市	34°29′N 109°31′E	盖培 尤玉柱	1974年采集	石核等石制品	晚更新世	V. P.	旷野
54	十里河	渭南市	34°29′N 109°31′E	尤玉柱	1974年采集	石核等石制品	晚更新世	V. P.	旷野
55	大荔人地点78006	大荔县城西北解放村甜水沟	34°52′N 109°43′E	吴新智 张森水等	1978、1980、1983年发掘	人化石1件，第3、4、5层共出土石制品828件和一些哺乳动物化石	旧石器时代早期	V. P. A. N. D. P.	旷野
56	78009	在大荔人地点东北约200米	34°52′N 109°43′E	吴新智等	1978年采集	石制品若干件和一些哺乳动物化石	旧石器时代早期	A. N.	旷野
57	DJ1	大荔人地点附近	34°52′N 109°43′E	周春茂等	1983、1984年采集	57~62号地点，石制品309件和一些哺乳动物化石：披毛犀、梅氏犀和大角鹿等	旧石器时代早期	D. P.	旷野
58	DH2	解放村北后河村南	34°52′N 109°43′E	周春茂等	1983、1984年采集	石制品和普氏野马	旧石器时代早期	D. P.	旷野
59	DS4	解放村东北约2千米孙家嶷	34°53′N 109°43′E	周春茂等	1983、1984年采集	石制品和普氏野马及似肿骨大角鹿等	旧石器时代早期	D. P.	旷野

续表

编号	地点名称	相对地理位置	地理坐标	发现者或研究者	发现时间与工作状况	材料摘录	地层或时代	文献	遗址或地点类型
60	DQ5	解放村东北称家村	34°53′N 109°43′E	周春茂等	1983、1984年采集	石制品	旧石器时代早期	D. P.	旷野
61	DL7	解放村东北老君寨村西	34°52′N 109°34′E	周春茂等	1983、1984年采集	石制品	旧石器时代早期	D. P.	旷野
62	DH3	解放村东北后河村东	34°52′N 109°43′E	周春茂等	1983、1984年采集	石制品	旧石器时代早期	D. P.	旷野
63	DD8	解放村东北约9千米，东华坡村北	34°54′N 109°48′E	周春茂等	1983、1984年采集	63～67号地点共出石制品261件和一些哺乳动物化石：牛、鹿、马和野驴等，还有丽蚌化石	旧石器时代早期	D. P.	旷野
64	DY9	解放村东北约10千米，育红河村西	34°52′N 109°49′E	周春茂等	1983、1984年采集	石制品和丽蚌化石	旧石器时代早期	D. P.	旷野
65	DY10	育红河村北	34°55′N 109°49′E	周春茂等	1983、1984年采集	石制品和野驴化石	旧石器时代早期	D. P.	旷野
66	DB12	育红河村东北约1千米，北至村西	34°55′N 109°49′E	周春茂等	1983、1984年采集	石制品	旧石器时代早期	D. P.	旷野
67	DF13	育红河村东北约2千米，坊镇村东北	34°55′N 109°49′E	周春茂等	1983、1984年采集	石制品和马、鹿化石	旧石器时代早期	D. P.	旷野
68	DT18	大荔人地点（78006）沟南	34°52′N 109°43′E	周春茂等	1986、1987年发掘	石制品1834件和一些哺乳动物化石：步氏羚羊、轴鹿、李氏野猪和似三门马等	旧石器时代早期	D. P.	旷野
69	DY15	育红河村东	34°55′N 109°49′E	周春茂等	1986、1987年发掘	石制品557件和一些哺乳类化石：犬科、披毛犀、马、鹿和牛等	旧石器时代早期	D. P.	旷野
70	DY11	育红河村北	34°55′N 109°49′E	周春茂等	1986、1987年发掘	70～75号地点共出土石制品3155件和一些哺乳动物化石：诺氏古菱齿象和普氏羚羊等	旧石器时代晚期	D. P.	旷野
71	PC14	育红河村东北2千米，蒲城县旦且社村东	34°56′N 109°49′E	周春茂等	1983、1984年采集	马、鹿等化石和石制品	旧石器时代晚期	D. P.	旷野

续表

编号	地点名称	相对地理位置	地理坐标	发现者或研究者	发现时间与工作状况	材料摘录	地层或时代	文献	遗址或地点类型
72	PN16	大荔人地点南约3千米，蒲城南湾村	34°51′N 109°49′E	周春茂等	1983、1984年采集	石制品和大角鹿及似李氏野猪等化石	旧石器时代晚期	D. P.	旷野
73	PB17	大荔人地点南约1千米，蒲城北鹿村	34°52′N 109°49′E	周春茂等	1983、1984年采集	石制品和野马、野驴等化石	旧石器时代晚期	D. P.	旷野
74	PN6	解放村西南约3千米，蒲城南湾	34°51′N 109°49′E	周春茂等	1983、1984年采集	石制品和野马、野驴等化石	旧石器时代晚期	D. P.	旷野
75	PB17	大荔人地点南约1千米，蒲城北湾村	34°52′N 109°49′E	周春茂等	1983、1984年采集	石制品和善氏羚羊等化石	旧石器时代晚期	D. P.	旷野
76	8017	育红河村北约1千米蒲城甘北村	34°55′N 109°47′E	张森水等	1987年11月采集	石制品64件	旧石器时代晚期	未发表	旷野
77	8009	育红河村西约100米	34°55′N 109°49′E	张森水等	1980年10月发掘	石制品633件，鹿、大角鹿和马等化石	旧石器时代早期（相当于大荔人地点L.4）	未发表	旷野
78	8010	育红河村西洛河南300米	34°56′N 109°49′E	张森水等	1980年9月采集	石制品40件	旧石器时代晚期	未发表	旷野
79	8011	育红河村西8009地点东50米	34°56′N 109°49′E	张森水等	1980年10月采集	石制品34件	旧石器时代早期（同8009地点）	未发表	旷野

续表

编号	地点名称	相对地理位置	地理坐标	发现者或研究者	发现时间与工作状况	材料摘录	地层或时代	文献	遗址或地点类型
80	8012	大荔人地点东约50米	34°52′N 109°43′E	张森水	1980年10月采集	石制品3件	旧石器时代早期（同大荔人地点L.4）	未发表	旷野
81	8013	大荔人地点东北约200米瓦窑背后	34°52′N 109°43′E	张森水	1980年10月采集	石制品7件和丽蚌化石	旧石器时代早期（时代同上）	未发表	旷野
82	8014	大荔人地点附近泉水流出处	34°52′N 109°43′E	张森水	1980年10月采集	石制品8件及马化石	旧石器时代早期（时代同上）	未发表	旷野
83	8015	在8014地点东北约100米处	34°52′N 109°43′E	张森水	1980年10月采集	石制品31件	旧石器时代早期（时代同上）	未发表	旷野
84	8016	在上一地点北50米	34°52′N 109°43′E	张森水	1980年10月采集	石制品16件	旧石器时代早期（时代同上）	未发表	旷野
85	87008	育红河村西小学北约250米	34°55′N 109°48′E	高星等	1987年10～11月发掘	石制品529件和诺氏古菱齿象化石等	旧石器时代晚期 ^{14}C年龄距今17330±550年	A. P.	旷野
86	禹门口	韩城县东北约25千米的黄河西岸	35°40′N 110°37′E	刘士莪等	1973年发掘	石制品140件，用火遗迹，少量哺乳动物化石：犀牛、牛和鹿等	旧石器时代晚期	P. H.	洞穴
87	横山	韩城北约3千米的象山	35°31′N 110°27′E	阎家祺等	1989年9～10月采集	石制品10余件，记述5件	旧石器时代早期	A. R.	旷野

续表

编号	地点名称	相对地理位置	地理坐标	发现者或研究者	发现时间与工作状况	材料摘录	地层或时代	文献	遗址或地点类型
88	张家湾	潼关县城南约10千米潼川河西岸	34°28'N 110°14'E	王择义等	1957年采集	砍砸器1件（另地表采集3件）	红色土下部	S. P.	旷野
89	卧龙铺南沟	在张家湾北	34°28'N 110°14'E	王择义等	1957年采集	石片2件	红色土下部	S. P.	旷野
90	东堡子63547	乾县大北沟下游周城乡	34°37'N 108°11'E	邱中郎等	1963年采集	91和93号地点石制品8件，加63546（大北沟）共采到田鼠，大角鹿等9种化石	旧石器时代晚期	V. P.	旷野
91	贾圭	东堡子南梁村乡	34°37'N 108°11'E	邱中郎等	1963年采集	石制品和哺乳动物化石	旧石器时代晚期	V. P.	旷野
92	龙头	在63547地点100米处	34°37'N 108°11'E	邱中郎等	1963年地表采集	手斧1件	旧石器时代	V. P.	旷野
93	窑头沟	长武县城关附近	34°41'N 108°14'E	黄万波等	1972年10月采集	94和95号地点石制品221件和9种哺乳动物化石（附：在药材收购站采到人牙1枚）	旧石器时代晚期	A. P.	旷野
94	鸭儿沟	长武县城关附近	35°12'N 107°47'E	黄万波等	1972年10月采集	石制品和动物化石	旧石器时代晚期	A. P.	旷野
95	鱼家山	岐山县高店镇西南约7千米	34°15'N 107°36'E	王桂培等	1979，1980年采集	石制品22件，用火遗迹和哺乳动物化石13种，包括梅氏犀和水牛等	中更新世，铀系年龄距今20万～15万年	B. L. T.	旷野
96	徐家坟山南坡	黄龙县城东莲花山	35°35'N 110°05'E	李毅等 王令红	1973，1980年	人头骨1件和斑鹿骨1段	旧石器时代晚期	A. P.	旷野
97	扫河湾	府谷县城北麻镇与杨家湾之间	39°23'N 110°04'E	德日进 杨钟健	1929年采集	一些打击的砾石器	黄土底砾石层	GM	旷野
98	宋家川	吴堡县城北	37°27'N 110°44'E	德日进 杨钟健	1929年采集	若干石制品（砾石石器多于石片石器）	黄土底砾石层	GM	旷野

续表

编号	地点名称	相对地理位置	地理坐标	发现者或研究者	发现时间与工作状况	材料摘录	地层或时代	文献	遗址或地点类型
99	永兴堡	神木县东北约20千米	38°58'N 110°45'E	德日进 杨钟健	1929年采集	几件石制品	黄土层	GM	旷野
100	鱼河堡	榆林市南约30千米	37°49'N 109°45'E	德日进 杨钟健	1929年采集	大量石制品（被认为是石制品制造场）	红色土层上的砂层	GM	旷野
101	石马圪	横山县北芦河人无定河处	38°03'N 109°18'E	裴文中 李有恒	1963年发掘	人额骨连眶部1件，下层出巨驼化石	旧石器时代（?）	A. P.	旷野
102	油坊头	横山县大理河南岸	37°48'N 109°13'E	桑志华 德日进	1923年发掘	石制品6件，刮削器和盘状器各1件（其中脱层石器4件，出自地层2件）	旧石器时代	B. G. A. I. P.	旷野
103	小桥畔村北	靖边县西北	37°38'N 108°25'E	桑志华 德日进	1922，1923年采集、发掘	人左I²1枚（地表采人股骨2件，胫骨1件），一批很小的石制品和丰富的哺乳动物化石	旧石器时代	B. G. A. I. P.	旷野
104	温泉	勉县城西南约5千米南岸	33°08'N 106°33'E	汤英俊等	1985年采集	105～114号地点石制品200件左右和一些哺乳动物化石	中更新世	A. P.	旷野
105	胡家渡	勉县城西南约12千米汉水南岸	33°07'N 106°38'E	汤英俊等	1985年采集	尖刃器4件和刮削器5件	中更新世	A. P.	旷野
106	杨家湾	勉县城东北约20千米外汉河东	33°11'N 106°39'E	汤英俊等	1985年采集	一些石制品	中更新世	A. P.	旷野
107	赤土岭	勉县城东约20千米汉水北岸	33°09'N 106°40'E	汤英俊等	1985年采集	丰富的石制品和一些破碎的哺乳类动物化石	中更新世	A. P.	旷野
108	地河坝村	城固县城北约10千米湑水河东岸	33°12'N 107°19'E	汤英俊等	1985年采集	丰富的石制品	中更新世	A. P.	旷野
109	大坝沟村	洋县倪家北溢水河西岸	33°12'N 107°24'E	汤英俊等	1985年采集	一些石制品和大熊猫、剑齿象等8种化石	中更新世	A. P.	旷野

续表

编号	地点名称	相对地理位置	地理坐标	发现者或研究者	发现时间与工作状况	材料摘录	地层或时代	文献	遗址或地点类型
110	八龙	洋县城西约10千米傥河东岸	33°16′N 107°34′E	汤英俊等	1985年采集	石制品若干件	中更新世	A. P.	旷野
111	杨家庄	洋县城东约30千米西水西河西岸	33°17′N 107°29′E	汤英俊等	1985年采集	一些石制品	中更新世	A. N.	旷野
112	金水	洋县城东约40千米金水河东岸	33°18′N 107°31′E	汤英俊等	1985年采集	几件石制品	中更新世	A. N.	旷野
113	陈丁村	城固县东南约10千米汉水南岸	33°07′N 107°22′E	汤英俊等	1985年采集	石制品若干件	中更新世	A. N.	旷野
114	龙岗寺	南郑县梁山镇汉水南岸	33°06′N 106°56′E	阎家祺等	1980、1981年地表采集	115～112号地点共采集石制品800多件	中更新世(?)	P. H.	旷野
115	营盘梁	南郑县梁山镇龙岗寺西北	33°07′N 106°56′E	阎家祺等	1980、1981年三次地表采集	石制品若干件	中更新世(?)	P. H.	旷野
116	黄家山	南郑县梁山镇龙岗寺西北	33°07′N 107°55′E	阎家祺等	1980、1981年三次地表采集	一些石制品	中更新世(?)	P. H.	旷野
117	白虎寨	龙岗寺西北	33°07′N 106°55′E	阎家祺等	1980、1981年三次地表采集	一些石制品	中更新世(?)	P. H.	旷野
118	中梁山	龙岗寺西北	33°09′N 106°53′E	阎家祺等	1980、1981年三次地表采集	一些石制品	中更新世(?)	P. H.	旷野
119	油树场	南郑县龙岗和中梁山之间	33°06′N 109°55′E	阎家祺等	1980年6月采集	石制品百余件	中更新世—晚更新世	A. P.	旷野
120	土地岭	龙岗西北	33°10′N 106°51′E	阎家祺等	1980、1981年三次地表采集	一些石制品	中更新世(?)	P. H.	旷野

续表

编号	地点名称	相对地理位置	地理坐标	发现者或研究者	发现时间与工作状况	材料摘录	地层或时代	文献	遗址或地点类型
121	苏家山	龙岗寺西北	33°08'N 106°54'E	阎家祺等	1980、1981年三次地表采集	一些石制品	中更新世（？）	P. H.	旷野
122	爱国砖厂NLDI	梁山镇北龙岗南坡	33°06'N 106°55'E	汉水考古队	1983、1985年采集	石制品108件（1998年冬尹申平和张森水等采集50多件）	黑褐土底部网纹红土上部	A. R.	旷野
123	黄龙寺挖塔	梁山镇汉水南岸	33°06'N 106°55'E	尹申平等	1986年采集	石制品6件，出自T3砾石层	中更新世	A. R.	旷野
124	龙岗寺东明	梁山镇东汉水南岸	33°06'N 106°55'E	阎家祺等	1980、1981年采集	石制品5件，出自T3砾石层	中更新世	A. R.	旷野
125	白家梁	安康市郊汉水南岸	31°42'N 109°02'E	阎家祺等	1989年7月地表采集	126～128号地点石制品33件[石核9件、石片1件、砍砸器18件、尖状器（镐）3件、球形器和石锤各1件]	中更新世（？）	P. H.	旷野
126	火车站I	安康市火车站附近汉水北岸	31°44'N 109°02'E	阎家祺等	1989年7月地表采集	几件石制品	中更新世（？）	P. H.	旷野
127	火车站II	安康市火车站附近汉水北岸	31°44'N 109°04'E	阎家祺等	1989年7月地表采集	几件石制品	中更新世（？）	P. H.	旷野
128	关庙	安康市东约100千米关庙乡	31°43'N 109°06'E	王社汇等	1989年9～11月采集	石制品58件和一些破碎的动物化石	旧石器时代晚期	A. R.	旷野
129	中岭	安康市东约10千米关庙地点东	31°43'N 109°06'E	王社汇等	1989年9～11月采集	石制品9件	旧石器时代晚期	A. R.	旷野
130	关庙砖厂	安康市关庙镇	31°43'N 109°06'E	王社汇等	1989年9～11月采集	石制品5件（T3红褐色砂质黏土层）	旧石器时代早期	A. R.	旷野
131	中渡台	安康市区汉水南岸	31°43'N 109°06'E	巩启明等	采集	石制品若干件	旧石器时代	P. H.	旷野

续表

编号	地点名称	相对地理位置	地理坐标	发现者或研究者	发现时间与工作状况	材料摘录	地层或时代	文献	遗址或地点类型
132	双眼窑	洛南县梁头源乡河口村	34°29′N 107°31′E	王宜涛等	1980年冬采集	石制品300余件（石器280件：石球30件，余为砍砸器）	旧石器时代	A. R.	旷野
133	上集窑场	商州市北腰市附近	34°04′N 109°57′E	王社江等	1995～1997年采集	许多小石英制品	旧石器时代晚期	A. R.	旷野
134	东河村窑场	洛南城北约3千米	34°07′N 110°08′E	王社江等	1995～1997年采集	一些砾石石器	旧石器时代早期	A. R.	旷野
135	周村窑场	洛南县城北	34°07′N 110°08′E	王社江等	1995～1997年采集	一些砾石石器	旧石器时代早期	A. R.	旷野
136	上白川	洛南县城郊	34°06′N 110°07′E	王社江等	1995～1997年采集	丰富的以石英为主要原料的小石制品	旧石器时代早期	A. R.	旷野
137	东北角窑场	洛南县城郊	34°06′N 110°07′E	王社江等	1995～1997年采集	一些砾石石器	旧石器时代早期	A. R.	旷野
138	龙牙洞	洛南县城北约3千米花石浪	34°07′N 110°08′E	王社江等	1995～1997年发掘	石制品6.5万件，人牙1枚和大熊猫等多种化石	旧石器时代早期，ESR年龄距今40～21万年	A. N.	洞穴—旷野
139	东河村窑场	洛南城北约3千米	34°07′N 110°08′E	王社江等	1995～1997年采集	一些砾石石器	旧石器时代早期	A. N.	旷野

文献注释：V. P.（《古脊椎动物与古人类》），L. P.（《陕西蓝田新生界现场会议文集》），A. N.（《人类学学报》），D. P.（《大荔-蒲城旧石器——大荔入遗址及其附近旧石器地点群调查发掘报告》），A. P.（《考古学报》），A. R.（《考古与文物》），P. H.（《史前研究》），S. P.（《山西旧石器》），B. L. T.（《天津地质矿产研究所所刊》），G. M.（《地质专报》），B. G.（《中国地质学会志》），A. I. P.（《法国人类古脊椎动物研究所集刊》），J. U.（《西北大学学报》）。Ⅰ是笔者加上的，原均称铁万沟，为避免误解，Ⅱ是笔者加上的，以示有两个地点。

* 铁万沟Ⅱ与铁万沟地点相近，原均称铁万沟。

我国南方旧石器时代晚期文化的若干问题[*]

我国南方旧石器文化的研究有较悠久的历史。自 1913 年起，埃德加（Edgar）在四川（包括当时的西康省）和湖北省寻找石器时代遗物，在其所采集的标本中，可能有旧石器①。1931 年鲍勒斯（Bowles）也曾在川西做过工作。1935 年，德日进（Teilhard de Chardin）和杨钟健在四川万县曾发现过石片。同年，裴文中在广西发现了可能是中石器时代的遗物②。1937 年卞美年在云南邱北黑箐龙村的一岩厦内的堆积物中发现了用火遗迹和两件石片，并认为其时代早于桂林的发现⑤。但限于条件，新中国成立前的成果寥寥无几。

新中国成立以来，在我国南方开展广泛的旧石器文化的考察，发现了许多旧石器时代的文化地点，积累了丰富的资料，其中以晚期者最为显著。虽然目前存在一些问题，对我国南方旧石器文化进行系统的总结是有困难的，但对这一广大地区旧石器时代晚期文化作一简要的总结是有条件的。继往开来，似有必要，也是有益的。

一、主要的成果和研究的现状

在我国南方已发现含智人化石或旧石器文化遗物或遗迹的地点 59 处，其中河南、湖南、江苏、浙江和江西省各有 1 个地点，湖北省有 2 个地点，台湾省有 4 个地点，四川省有 6 处，贵州省有 7 处，广西壮族自治区有 16 处，云南省有 19 处。属于本研究区的安徽、福建和广东省没有发现旧石器时代晚期的资料。

各地点发现的材料多寡不一，文化内涵亦有差异，加以归纳，大体可分 7 类：1. 在同一地点内既发现人化石，又有石器、骨器和角制品者有 4 个地点；2. 人化石和石器共存仅有 2 个地点；3. 只发现智人化石的地点共 10 处；4. 仅发现石器的地点共 38 处；5. 石器和骨、角器共存者仅 2 个地点；6. 石器和装饰品一起出土者亦只有 1 处；7. 只发现骨器或角制品者有 2 个地点（表 1）。

在本区已发现的智人化石，依初步统计：有头骨 4 件、上颌骨 2 件、下颌骨 5 件、单个牙齿 18 枚、股骨 6 件、顶骨 1 小块和其他体骨多件。依人类学家的研究，其形态特征，尽管或多或少保留着原始性，但基本上具有蒙古人种的体质特征，有些可能稍原始一些，例如"柳江人为形成中的蒙古人

---

  * 本文所说的我国南方是指北纬 22°~33°、东经 100°~122°的广大地区。西藏因地理位置特殊，暂不包括在内。

  ① Graham, D., 1935, Implements of Prehistorical Man in the West China Union University Museum of Archaeology, *West China Bor. Res. Soc.*, 7：47－56.

  ② Pei, W. C., 1935, On a Mesolithic（?）Industry of the Cave of Kwangsi, *Bull. Geol. Soc. China*, 14：393－408.

  ③ Bien, M. N. and Chia, L. P., 1938, Cave and Rock Shelter Deposits in Yunnan, *Bull. Geol . Soc. China*, 18：325－347.

    Boule, M. et al., 1928, Le Paléolithique de la Chine, *Arch. L'inst. Paléont. Hum*, 4.

种的一种早期类型"①。

在 49 个含文化遗物的地点中，只有几个地点是含文化遗物丰富的或比较丰富的，如富林遗址、铜梁地点、猫猫洞和穿洞遗址等。台湾省台东县潮音洞出土物也很丰富，其余的多为零星采集，少则仅1 件石器，多则有 10 或 10 余件，个别的可超过百件。在我国南方，已发现有用火遗迹的地点 9 处，有骨器及角制品的地点 8 处，后者多数地点只有 1 件标本，最丰富者则数以百计。

如上所述，在我国南方研究工作中存在着明显的不平衡。就地区论，广东、福建和安徽是空白区，浙江、江苏、河南、湖南等省可以说是基本空白区，湖北的旧石器时代晚期的研究工作也是曙光初露，本区其他各省情况稍好，但分布区相当不平衡；从研究工作重要性来看，材料丰富的遗址寥寥无几；最薄弱的环节是缺乏可靠的断代资料，绝大多数地点未做或无法做年代的测试，亦缺相对年代的资料，已做过 ¹⁴C 或铀子系法年龄测定的只有猫猫洞等 5 个地点，显然这方面工作亟待加强，因之，目前也无法排出不同地点的时间序列。

二、原始技术的概述和工业的一般性质

我国南方旧石器时代晚期的人类，在制作石器的技术方面显示出多样性。如果将其所处的时代和国内外旧石器工业发展的一般规律结合起来考虑，其特点是鲜明的，可以将其归纳为以下几点：

1. 在打片方面曾用四种方法：锤击法、锐棱砸击法、砸击法和碰砧法。这四种方法都是直接打法，至今未见使用旧石器时代晚期发展起来的击棒法（Punched technique）和压制技术（Pressured technique）来生产石片，也未发现长石片、石叶及与其相应的柱状、锥状和楔状石核。

以锤击法生产石片而论，很少或基本上不修理台面和石核体；在打片中常采用转向打法，从而使石核和石片的形制多不规整。石核多呈不规则的多边形且比较短宽，常常是宽度大于长度，其厚度相当大，往往与长度相仿。若是单台面石核基本上不改变砾石的原貌，其上石片疤也不多，这表明石核的利用率不高；另外，石核多自然台面，也在一定程度上影响石片的生产率。石片缺乏相对稳定的形态，多长大于宽，但长宽比差超过一倍的标本很少，也有一部分石片是宽大于长的。总的说来，石片长度稍大于宽度，其长宽指数②都在 80 以上。

从各地点出土的石片来看，不同地点的远古居民所采用的打片方法各有侧重。锤击法是普遍应用的方法，绝大多数地点的远古居民以它作为主要打片方法，只有猫猫洞文化和穿洞上部文化是个例外，它们的文化创造者以锐棱砸击法为其主要打片方法，并以锤击法为其辅助的打片方法；用砸击法打片只见于几个地点，且均居很次要的地位，基本上见于以小石器为主的文化中；碰砧法偶被用于打片，只见于铜梁地点和猫猫洞遗址出土的石片中。由此可知，它总是与以大、中型石器为主的文化相联系。

2. 从总体上看，石片工具占多数，是以石片工具为主的工业，但石核工具仍占相当比例，百色盆地出土的石工具③大多数是砾石和石核做的。另依有统计数字的资料，石核工具占比例最高的（占石工具总数的 54%）是富林文化，最低的是猫猫洞文化，占 17.3%。

---

① 吴汝康：《广西柳江发现的人类化石》，《古脊椎动物与古人类》1959 年第 1 期，第 97～104 页。
② 长宽指数 = 宽/长×100。
③ 这里用石工具一词，以区别这个时代出现的磨制的骨、角工具。

3. 石工具分两大类：第一类与制作工具有关的石工具——砸击石锤、石砧、锐棱砸击石锤和锤击石锤，将广西等地常见的打击砾石暂归此类中；第二类石工具主要是指加工生活资料的工具——刮削器、尖状器、砍砸器和少量的雕刻器。至今未发现石锥、石镞和石球等工具，显示出其第二类工具类型简单的特点。

在绝大多数地点出土的第二类石工具中，刮削器是占绝对优势的类型。尖状器虽然在数量上比刮削器少得多，但修理多较好，是重要的工具类型。砍砸器在多数地点出土的工具中普遍占有较高的比例，其中占比例较低的是猫猫洞遗址，占第二类石工具的 8.1%，在元谋地区采集品中，它占 17%，铜梁者占 33%，新州采集品中它占 54%，呈贡县发现的已报道的石工具 8 件，原作者认为有刮削器和砍砸器各 4 件。这一特点与华北同期重要地点的工具组则迥然不同。例如水洞沟出土的砍砸器约占工具总数[①]的 2%，甘肃环县刘家岔[②]占 0.8%，山西的下川文化[③]约占 0.5%，甘肃泾川南峪沟和桃山嘴、内蒙古乌审旗大沟湾一带（萨拉乌苏）没有发现砍砸器，山西朔县峙峪和河南安阳小南海[④]提到有砍砸器，数量不多（峙峪 1 件，小南海 4 件），但体积很小，重量轻，失去了砍砸器的本来意义。雕刻器很少，基本上见于以小石器为主的文化中。

4. 第二类石工具的修理多用锤击法，未见采用压制修理的标本。用锤击法修理工具的方式是多样的：有向背面、向破裂面、复向和错向加工的，基本上不用交互打击法修理石工具。但各地点的原始居民所采用的修理方式亦各有侧重。向背面修理虽然应用普遍，但只是在以小石器为主的文化中居主要地位，在以大、中型的石器为主的文化中则居次要地位；向破裂面和复向加工则分别是猫猫洞文化类型和铜梁文化的第二类石工具的主要加工方式；用错向加工方式修理成的标本不多，各重要地点均有发现，但均居很次要的地位。由于使用上述的加工方式方法，影响其最终产品。我国南方发现的旧石器时代晚期的第二类石工具形制多不规整，显得"个性"强，刃缘曲折和刃口上小石片疤深凹者习见，刃口钝锐均有，缺乏相对的稳定性。总之，其第二步加工给人的印象相当粗糙。

5. 这个地区石器大小相差悬殊，但其长宽比差基本一致，都是沿着等比方向变大或小型化的，其长宽指数在 70 左右，这与华北某些地点的工具变化倾向是不一样的，例如水洞沟和下川地点群的石器是沿着长宽不等比细化方向发展的，其长宽指数在 40 以下。两者所使用的加工技术也是不同的，前者均用直接打法，后者部分地采用间接打法和压制技术。

6. 在一些地点发现了磨制的或刮制的骨器和角器。骨器的类型有骨锥、骨铲、骨刀、骨针（？），还有用途不明的、尾部带叉的扁骨器和扁平无刃骨器；角器仅有角铲一种。此外，还有数以百计的、属多种类型的打击骨器，其中一部分可能是磨制骨器的毛坯。

7. 这个地区发现的装饰品和艺术品很少，成型的艺术品至今没有找到。从上面对华南旧石器时代晚期工业的总述和其一般性质的略论可以看出，此时这一地区的旧石器文化既有继承性的一面，又有特殊性和发展性的一面。从石器性质来看，比华北同时代文化要显得原始；从骨、角器上看，其文化

---

①　依 1963 年的发掘资料。
②　甘肃省博物馆：《甘肃环县刘家岔旧石器时代遗址》，《考古学报》1982 年第 1 期，第 35～48 页。
③　王建、王向前、陈哲英：《下川文化——山西下川遗址调查报告》，《考古学报》1978 年第 3 期，第 259～288 页。
④　安志敏：《河南安阳小南海旧石器时代洞穴堆积的试掘》，《考古学报》1965 年第 1 期，第 1～27 页。

上的进步，在这方面比华北显著。这可能说明两方面的问题，其一是工业重心的转移，由着眼于改进石器技术和创造新类型而转向发展骨、角器工业；其二可能是优越的自然条件，生活资料不难得到，对改进石工具没有那么迫切。存在较多的砍砸器，暗示砍伐树木等用途占相当重要的地位。

三、关于区域性文化问题及其成因的探讨

在以往的我国旧石器文化的文献中，某一旧石器文化常指空间的某一点，几乎没有涉及面（分布区），这里所说的区域性文化是指有一定分布区的某一旧石器文化类型，着眼于其在空间的分布。其实考古"文化"一词本来就包含区域分布，在此，只是根据旧石器研究的现状，故用"区域性文化"这一术语。

事物总是相比较而存在的。在确定一区域性文化时，笔者提出以下几方面对比原则：1. 打片方法的种类及其主要打片方法；2. 毛坯的种类及主要毛坯；3. 石工具的类型及其主次；4. 石工具的大小及主要倾向；5. 石工具修理的方式方法及其主要的方式方法；6. 是否存在骨和角器、装饰品以及艺术品等。这里着重强调主要方面，是从定量分析入手，突出重点，以减少或避免打击石器中的偶然因素。以上各点有一点以上相同者可归于同一区域性文化（或同一文化类型），反之，属不同的区域性文化。依据上述原则，在我国南方至少可以看到以下几个区域性文化。

（一）富林文化[①]

富林文化已知分布区在大渡河沿岸，典型地点在四川汉源县富林镇（北纬29°20′、东经102°42′）。其最重要特点有：石器（包括石核、石片和第二类石工具）非常小，长度很少超过30毫米，锤击石片平均长度为14.9毫米，刮削器（包括端刃刮削器）平均长度为26.9毫米，是至今所知我国南方旧石器中尺寸最小的，即使在全国也是罕见的；其石工具的毛坯用小石块和小石核制成者占56%，石片工具只占42%，少数毛坯性质难定。此外，其主要用锤击法生产石片，辅以砸击法石片和石核形制多不规整；石工具类型简单，主要是刮削器，次为尖状器，雕刻器少而且多不典型，砍砸器仅1件，没有发现骨、角器和其他遗物；修理石工具以向背面加工为主，也有向破裂面、错向和复向加工的，不用交互打击法修理石工具。以上各点亦是富林文化的特点。

（二）铜梁文化[②]

铜梁文化因首先发现于四川铜梁县西郊（北纬29°56′、东经106°02′）而得名。依目前所知，它是分布于涪江和沱江河谷区，东起铜梁、西至资阳的一种区域性文化。铜梁地点含旧石器地层的时代，依同层出土的木化石和核桃壳做[14]C年代测定，其年龄分别为距今23550±310年或27450±850年。

铜梁文化的特点如下：

打片主要用锤击法，次为碰砧法。无论是石片或石核，其形制原始，大小相差悬殊，但以大、中型者居多，且较短宽，石核长宽指数为132，石片为84。石片边缘常见个别打击痕迹，缺乏完整的、锋利的边缘是其重要特点。

---

① 张森水：《富林文化》，《古脊椎动物与古人类》1977年第15卷，第15～27页。
② 李宣民、张森水：《铜梁旧石器文化之研究》，《古脊椎动物与古人类》1981年第19卷，第359～371页。

铜梁文化以石片工具为主，占 63.6%，石核工具占 36.3%。在石片工具中有 6.2% 的标本是用碰砧石片做的，这是我国南方旧石器资料中前无记录的。

石工具类型简单，刮削器是其主要类型，次为砍砸器，占 33.2%，而尖状器居末位，只占 15%。在铜梁工具组合中砍砸器占比例之大，在我国南方仅次于百色盆地的采集品和时代稍早的大冶石龙头①的工具组合，居第三位；就全国范围而论，也只低于襄汾丁村工具组合②和河南三门峡的采集品。在砍砸器中，端刃砍砸器占砍砸器的 1/3，这是国内任何地点工具组合所没有的。

其石工具多粗大而厚重，长在 60 毫米以上的大型者占 57.1%，而长度在 40 毫米以下的小型石工具只占 11%。由此可见，在其工具组合中，大、中型石工具占压倒优势。

在工具组合中，复刃工具多于单刃工具，前者占 71.8%，后者占 28.2%。此特点未能在国内同时期文化中找到对比资料；若不限于时代，也只有观音洞出土的石工具可与其相比。

在铜梁文化中，石工具修理方法基本上用锤击法，偶用碰砧法（仅有 3 件标本），后者只见于中国猿人遗址下部地层出土的砍砸器中，国内再无可靠的对比资料。

复向加工是其主要修理方式，也是其文化的重要特征。此外，也采用向背面加工、向破裂面修理和错向加工，基本上不用交互打击法。

从石工具上可以看到相当粗糙的修理工作，刃口上小石片疤凹凸不平，刃缘曲折，显得与其时代很不相称。在修理石工具时，远古的铜梁居民常用陡向加工，刃口很钝，刃角常超过 80°，这也是其重要特征之一。

（三）猫猫洞文化③

猫猫洞文化的典型遗址位于贵州兴义县猫猫山东侧一岩厦内（北纬 25°12′、东经 105°01′）。用同层出土的鹿牙化石做铀子系法年龄测定，其年代为距今 14600±1200 年。与其文化面貌基本一致、材料相当丰富的还有贵州普定县穿洞遗址的上部文化层。由此可知，这种区域性文化已知分布区是黔西南。其特点如下：

打片主要用锐棱砸击法，用此法生产的石片和打片后留下来的石核占可分类的石器总数的 66%，而锤击石片和石核只占 12.9%④，表明锤击法居次要地位。

石片工具占比例很高，占石工具总数的 82.7%，其中有 79.5% 是用锐棱砸击石片做的，这一点为别的旧石器文化所不具有。

其修理石工具的方式与国内习见的主要方式不同，绝大多数是向破裂面加工的，占石工具总数的 85.2%。

石片或石工具都比较长而薄，长度多在 60 毫米以上；其石工具修理多较精致或相当精致，类型稳定，其中尤以单凸刃刮削器和尖状器最为规整；石工具的刃口多平整而锐利，刃角多在 60° 左右，钝刃（刃角超过 80°）者只占 3.2%。

---

① 李炎贤、袁振新、董兴仁等：《湖北大冶石龙头旧石器时代遗址发掘报告》，《古脊椎动物与古人类》1974 年第 12 期，第 139~157 页。

② 裴文中、吴汝康、贾兰坡等：《山西襄汾县丁村旧石器时代遗址发掘报告》，科学出版社，1958 年。

③ 曹泽田：《猫猫洞旧石器之研究》，《古脊椎动物与古人类》1982 年第 20 卷第 2 期，第 155~164 页。

④ 这两个百分比都把已制成石工具的锐棱砸击石片和锤击石片分别计算在各自的百分比中。

存在磨制的或刮制的、造型精美的多种骨、角器也是其文化的最重要特征之一。

（四）百色盆地的石器

百色盆地的石器已记述者仅 3 个地点：上宋村、治塘村和长蛇岭，分布于右江两岸的第二和第三级阶地上，绝大多数是地表采集品。其石器别具一格，十分粗大，大多数石工具是用整块砾石做的砍砸器，其中以单面加工的尖刃砍砸器最具区域性色彩；小型的石片工具很少，仅有几件刮削器。各类石工具加工均很粗糙，刃缘多较曲折。这样特点的石工具为同时代所未见，显示出其区域性文化的特点。限于材料多采自地表，暂不命名。

（五）元谋－宜良（路南）的石器①

这一小区的石器主要来自三个县，即元谋、路南和呈贡县的 15 地点。大多数地点的石器采自地表，数量也很有限，只有个别地点出自地层，但这些地点的石器有一些明显的共同点。

打片用锤击法。石片和石核均较大，且多短宽，宽大于长的石片占有一定的比例；石工具大小均有，类型简单，主要是刮削器，其次为尖状器，砍砸器极少，别无其他类型见于记述。石工具以大、中型者居多，且主要是向背面加工的，也有一些向破裂面、错向和复向加工的。尽管它们仍有些共同点，因其研究情况与百色相仿，故也暂不命名。

在贵州和湖北等省发现了一些以小石器为主的地点，但其中包含一些大的石器，如大的石片和砍砸器等，其中偶然还发现过骨制品，如贵州桐梓马鞍山地点。其石器的主要方面是接近富林文化的，但也存在少许差异。看来，随着将来工作的深入，富林文化类型尚可再划分成若干个文化变体（Variety）。

在我国南方存在多种区域性文化，究其成因，依笔者揣测可能与地理环境和氏族形成有关。我国南方有高山、丘陵和平原，多样的地形会给古人类生产带来影响，在一定程度上（在旧石器时代可能是微弱的）反映到生产工具的成分上来。从塔斯马尼亚人的部落有固定的迁移区和狩猎区，以及塔斯马尼亚人或澳大利亚土著居民工具的制造由成年男子来承担等民族学资料来分析，我国南方多种区域性文化的出现可能与氏族形成关系更为密切，地理因素和氏族形成对区域性文化的出现起着互相促进的作用。地理障碍在一定程度上影响文化的交流，氏族的初步发展，使以自然地理为界的固定活动区日渐建立，久而久之，势必导致区域性文化的萌发和发展，因之，氏族的形成在这方面可能起着主导作用。

四、各地点的文化关系及工业发展的趋势

为了便于讨论各地点（或地点群）的文化关系，把各地点的工具及加工的方式方法列一简表（表2），以资对比。从表 2 可以看出，各主要地点或区域性文化都有一定的相似成分。元谋－宜良的石器与铜梁文化有较多的相似性，较之于其他区域性文化，两者在文化上似较密切。

如上所述，四川境内的富林文化与铜梁文化，分属不同的文化类型。类似富林文化的，以小石器

① 文本亨：《云南元谋盆地发现的旧石器》，《古人类论文集》，科学出版社，1978 年，第 126～133 页。李炎贤、黄慰文：《云南宜良旧石器调查简报》，《古脊椎动物与古人类》1962 年第 6 期，第 182～189 页。胡绍锦：《云南呈贡发现的旧石器》，《古脊椎动物与古人类》1977 年第 15 卷，第 225～228 页。

为主的文化的若干特点：如打片以锤击法为主，兼用砸击法，石器很小，类型简单，砍砸器作用很微弱，骨、角器极少以及石工具沿着等比小型化方向发展等方面，见于华北一些重要的旧石器时代晚期地点的石器中，如内蒙古的萨拉乌苏、山西的峙峪和甘肃庆阳的楼房子、桃山嘴等①。富林文化显示出与华北以小石器为主的文化的密切关系是很有意义的，也是值得今后工作中重视的。

在广西山洞中采到的打击砾石②见于猫猫洞文化中，台湾省台东县潮音洞等地点③出土的石器以锐棱砸击法为主与猫猫洞的主要打片方法一致，似可认为，它们在文化上有较密切的关系。

贵州普定穿洞文化遗址（北纬28°18′、东经105°45′）的发现，为探讨我国南方旧石器时代晚期文化发展提供了有意义的资料。依1981年发掘的结果，已挖部分堆积物可分10层，依文化遗物可分上、下两个文化带，其主要差别如下：上文化带石器多而大，打片主要用锐棱砸击法，修理石工具主要是向破裂面加工的，骨器数量多，类型也较复杂，还有少量的角制品；下文化带石器少而小，打片主要用锤击法，修理石工具主要向背面加工，骨器少，类型简单，无角制品。

由以上各重要的不同地点显示出从早期到晚期石器有由小变大的趋势；在打片方法上，由以锤击法为主代之以锐棱砸击法为主；在修理石工具方面，以向破裂面加工为主要方式取代了以向背面修理为主的加工方式；骨器有明显增加的现象。穿洞文化综合体（complex）的文化发展趋势与华北同期旧石器文化发展趋势是不同的。此时的华北旧石器文化在石器方面，虽有沿着长宽等比小型化或长宽不等比细化方向发展之别，但都是变小的；至于骨器，至今未能见到在华北旧石器时代晚期有所发展，只有很少的几个地点发现骨器，其发现寥若晨星，仅1或2件。

邱中郎同志校阅了全文，并提出了一些宝贵的意见，谨此致谢。

（原载《人类学学报》1983年第2卷第3期）

---

① 张映文、谢骏义：《甘肃泾川南峪沟与桃山嘴旧石器时代遗址的发现》，《考古与文物》1981年第2期，第1～4页。贾兰坡、盖培、尤玉柱：《山西峙峪旧石器时代遗址发掘报告》，《考古学报》1972年第1期，第39～58页。谢骏义、张鲁章：《甘肃庆阳地区旧石器》，《古脊椎动物与古人类》1977年第15卷，第211～222页。
② 贾兰坡、邱中郎：《广西洞穴中打击石器的时代》，《古脊椎动物与古人类》1960年第2卷，第64～68页。
③ 宋文薰：《长滨文化——台湾首次发现先陶文化（简报）》，《中国民族通讯》1969年第9期，第1～27页。

表1　华南旧石器时代晚期地点发现情况

地点编号	地点名称	发现或发掘时间	发现者或研究者	材料摘要	发现情况	遗址类型	文化遗物分类编号
1	云南路南县山（三）冲	1961.1	裴文中、周明镇等	几件石片	地表采集	旷野	4
2	云南路南县安仁村	1961.1	裴文中、周明镇等	20多件石片和石核	地表采集	旷野	4
3*	云南路南县板桥白石岭	1961.1	裴文中、周明镇等	加工精致的半月形刮削器1件等	地表采集	旷野	4
4	云南路南县板桥青山口	1961.3	李炎贤、黄慰文	刮削器1件	地表采集	旷野	4
5	云南路南县板桥小野马畔	1961.3	李炎贤、黄慰文	20多件石器	地表采集	旷野	4
6	云南路南县红土坡	1961.3	李炎贤、黄慰文	一些石器	地表采集	旷野	4
7	云南路南县羊角基村北	1961.3	李炎贤、黄慰文	几件石器	地表采集	旷野	4
8	云南西畴县仙人洞	1965、1973等	袁振新、陈德珍等	5枚人牙化石和32种动物化石	产自地层	洞穴	3
9	云南马关县龙口洞	1973冬	袁振新、陈德珍等	2件石器和18种动物化石	产自地层	洞穴	4
10	云南丽江县木家桥	1960、1965等	林一璞、李有恒等	人头骨1件，股骨3件，石器6件和动物化石等	产自地层	洞穴	1
11	云南元谋县写龙村	1971	尤玉柱、潘悦容	石器2件	地表采集	旷野	4
12*	云南元谋县四家村	1973.10~12	文本亨	石器30多件	部分地表采集	旷野	4
13	云南元谋县下棋柳	1973.10~12	文本亨	一些石器	地表采集	旷野	4
14	云南元谋县新村	1973.10~12	文本亨	几件石器	地表采集	旷野	4
15	云南元谋县火车站	1973.10~12	文本亨	一些石器	地表采集	旷野	4
16	云南元谋县老鸦塘	1973.10~12	文本亨	砍砸器1件	地表采集	旷野	4
17	云南呈贡县龙潭山	1975.2	胡绍锦	一些石器和动物化石	产自地层	洞穴	4
18	云南呈贡县龙潭山一号洞	1975.2和7	胡绍锦、张兴永	人牙化石2件，10种动物化石	产自地层	洞穴	3
19	云南邱北县黑箐龙村	1937.4	卞美年、贾兰坡	石片2件，用火遗迹及一些化石	产自地层	洞穴	4
20	贵州普定县穿洞	1979.6、1981.6	曹泽田、张森水等	许多石器、骨器、用火遗迹及一些人化石	产自地层	岩厦	1
21	贵州普定县白岩脚洞	1978.7	秦启万、蔡回阳	许多石器、几件装饰品、用火遗迹	产自地层	洞穴	6
22	贵州普定县双山红土洞	1979.7、1981.7	曹泽田、张森水等	一些石器和角器	产自地层	岩厦	5
23	贵州兴义县猫猫洞	1974冬、1975	曹泽田等	许多石器、一些骨器、角器、人化石、用火遗迹	产自地层	洞穴	1
24	贵州织金县大岩洞	1977.4、1978.1	曹泽田	几十件石器	产自地层	洞穴	4
25	贵州桐梓县马鞍山	1980、1981.4	张森水、曹泽田	约有200件石器和用火遗迹等	产自地层	岩厦	4
26	贵州长顺县威远	1976	曹泽田	一些石器	地表采集	旷野	4
27	四川资阳县黄鳝溪	1951.9、1981.4	裴文中、张森水	人头骨化石、骨锥、一些石器和动物化石	产自地层	旷野	1
28	四川资阳县虾子河	1973.5	李宣民等	几件石器	产自地层	旷野	4
29	四川资阳县鲤鱼桥	1974	秦学圣等	一些石器	产自地层	旷野	4
30	四川汉源县富林镇	1961、1972.10	杨玲、张森水等	几千件石器、用火遗迹及少量动物化石	产自地层	旷野	4

续表

地点编号	地点名称	发现或发掘时间	发现者或研究者	材料摘要	发现情况	遗址类型	文化遗物分类编号
31	四川铜梁县张二塘	1976, 1978	李宣民、张森水	300多件石器和10种动物化石	产自地层	旷野	4
32	四川蓬溪县郪口	1973.5	李宣民	石器2件和中国犀等化石	产自地层	旷野	4
33	广西来宾县麒麟山	1956.1	贾兰坡、吴汝康	残破的人头骨和几件石器	产自地层	洞穴	2
34	广西柳州市白莲洞	1956.1	贾兰坡、邱中郎	一些石器	产自地层	洞穴	4
35	广西柳州市多思洞	1956.1	贾兰坡、邱中郎	一些石器	产自地层	洞穴	4
36	广西柳州市都乐岩	1974夏	易光远	人乳齿化石和股骨化石各1件	产自地层	洞穴	3
37	广西崇左县矮洞	1956.1	贾兰坡、邱中郎	一些石器	产自地层	洞穴	4
38	广西崇左县陈家岩	1956.1	贾兰坡、邱中郎	一些石器	产自地层	洞穴	4
39	广西邕江县通天岩	1958.9	吴汝康等	人头骨、股骨、部分体骨和动物化石	大部产自地层	洞穴	3
40	广西百色县上宋村	1973.10	李炎贤、尤玉柱等	石器11件	产自地层	旷野	4
41*	广西田东县长蛇岭	1979.6	覃圣敏、覃彩鑾	石器106件	地表采集	旷野	4
42	广西田东县冶塘村	1979.6	覃圣敏、覃彩鑾	石器31件	地表采集	旷野	4
43	广西都安县干淹岩	1972冬	广西壮族自治区	人牙化石2件	产自地层	洞穴	3
44	广西都安县久浸岩	1978.1	王令红等	人牙化石4件和一些动物化石	产自地层	洞穴	3
45	广西荔浦县水岩东洞	1961.11	吴新智等	人牙化石1件等	产自地层	洞穴	3
46	广西桂林市穿山月岩	1961.11	吴新智等	几件石器	产自地层	洞穴	4
47	广西桂林市北门四号洞	1934.1	裴文中	几件石器	产自地层	洞穴	4
48	广西桂林市宝积岩	1979.7	王令红等	人牙化石2件、石器12件、动物化石	产自地层	洞穴	2
49	湖南桂阳一洞穴	1964	张森水等	骨锥1件	产自地层	洞穴	7
50	湖北房县文峰塔	1976.12	袁振新、周国兴	一些石器	产自地层	旷野	4
51	湖北房县莲花湾	1977	周国兴	一些石器	地表采集	旷野	4
52	河南新蔡县诸神庙	1955	裴文中	有割剖痕迹的鹿角1件	地表采集	旷野	7
53	江苏泗洪县下草湾	1954.6	吴汝康、贾兰坡	人股骨化石1件	地表采集	旷野	3
54	浙江建德县乌龟洞	1974.12	韩德芬、张森水等	人犬齿化石1件、16种动物化石	产自地层	旷野	3
55	江西乐平县涌山洞	1962.11	黄万波、计宏祥	几件石片和7种动物化石	产自地层	洞穴	4
56	台湾台南县茉赛溪	1970	林朝棨	人顶骨化石1小块	地表采集	旷野	3
57	台湾台东县乾元洞	1969.1~2	宋文薰、林朝棨	石器20多件	产自地层	洞穴	4
58	台湾台东县海雷洞	1969.1~2	宋文薰、林朝棨	石器100多件	产自地层	洞穴	4
59△	台湾台东县潮音洞	1969.1~2	宋文薰、林朝棨	石器约3000件、骨器100多件	产自地层	洞穴	4

* 3号地点有1件，12号地点有部分石器和41号地点有4件标本采自地层中。

△ 此地点未发现陶片和陶光石器，其文化面貌有些像猫洞。但C14年代很晚，最早的数据为5370±260B.P.，原作者对此数据存疑，它可能归于文化发展的旧石器时代晚期的文化或中石器时代文化，是原始社会早期文化发展不平衡的有意义的倒证，故录以备考。

表2　几个重要地点（或地点群）石器、骨器和角器类型以及石器生产方式方法的对比

项目		富林	铜梁	猫猫洞	穿洞	宜良—元谋	百色盆地
打片方法	锤击法	主要	主要	次要	上部次要，下部主要	基本	主要
	砸击法	次要	无	无	上部无，下部次要	无	无
	碰砧法	无	次要	偶然使用	无	无	可能有
	锐棱砸击法	无	无	主要	上部主要，下部无	无	无
石片和石核的主体		基本上是小型的	基本上是大、中型的	基本上是大、中型的	上部以大、中型为主，下部小型	以大、中型为主	以大型为主
石工具毛坯的主体		石核工具稍多	以石片工具为主	以石片工具为主	以石片工具为主	以石片工具为主	以砾石工具为主
第一类石工具	砸击石砧	1件	无	较多（15件）	无	无	无
	砸击石锤	2件	无	少量（9件）	很少	无	无
	锤击石锤	很少（4件）	很少（5件）	很少（5件）	很少	无	无
	锐棱砸击石锤	无	无	相当多（51件）	上部稍多，下部无	无	无
	打击砾石	无	无	相当多（66件）	很少	无	无
第二类石工具	刮削器	主要	主要	主要	主要	主要	次要
	尖状器	次要（居第二位）	次要（居第二位）	次要（居第二位）	次要	次要	很次要
	砍砸器	只有1件	次要（居第二位）	次要（居第三位）	上部次要，下部无	更次要	主要
	雕刻器	少量（7件）	基本缺失	只有1件	基本缺失	无	无
锤击加工方式	向背面加工	主要	次要	次要	上部次要，下部主要	主要	主要
	向破裂面加工	次要	更次要	主要	上部主要，下部很少	很少	可能有
	错向加工	更次要	少量	更次要	很少	很少	无
	复向加工	极少	主要	更次要	更次要	很少	可能有
	交互打击	无	基本缺失	少量（7件）	无	无	很少
碰砧加工		无	很少（3件）	无	无	无	很次要
骨器		无	无	有	很多（已有几百件）	无	无
角器		无	无	有	很少	无	无

五年来中国旧石器文化的研究

——纪念北京猿人第一头盖骨发现 55 周年

1929 年 12 月 2 日，裴文中先生在周口店第一地点的"下洞"中发现了北京猿人第一个完整的头盖骨，谱写了周口店研究史和古人类研究史的新篇章。

在周口店研究史上，1929 年是特别有意义的一年。这一年揭开了研究北京猿人文化的序幕，中国人开始研究中国的旧石器文化。裴文中先生在主持周口店发掘中，留心汇集文化遗物，取得了良好的结果，"在发现北京猿人第一头盖骨的下洞中，找到了一件清楚地打了一下的石英片"[1]；同时，他还采集了出自北京猿人遗址地层中的烧骨，如步达生后来所指出的："从 1929 年起，由周口店主堆积发掘的材料中，随时可发现零散的、清楚地烧过的或部分炭化的兽骨。由于怀疑它已经是用火的证迹，故将这样的标本收藏于小房间内。"[2]

这些发现和稍后的深入研究，充分肯定了北京猿人是会制造工具和懂得用火的古人类，从而解决了关于爪哇猿人是人还是猿的旷日持久的争论。人类学家们承认，在形态上与北京猿人相近的爪哇猿人是原始人类，进而确立了在人类进化过程中猿人阶段的存在。

周口店第一地点发现的烧骨和灰土，经宏观的对比研究和多次的化学分析，证实它是北京猿人用火遗迹无疑，因此，将人类用火的历史从旧石器时代中期提到旧石器时代早期，向前推移了几十万年；石器的发现与研究，把古人类在我国境内劳动、生息的时间上溯到四五十万年前。

1979 年在北京召开了北京猿人第一头盖骨发现 50 周年纪念会。在那次会上，全面检阅了我国人类化石、旧石器文化及与其相关学科研究的成果，交流了经验，起到了继往开来的作用。会后至今，发现了许多新材料，发表了不少新的研究成果和一些新的看法。在这段不长的时间里，旧石器文化研究，前进步伐较快，形势喜人，对此作一简要的回顾和浅析，对今后的工作或许是有益的，并以此作为对北京猿人第一头盖骨的发现及其文化研究发端 55 周年的纪念。

一、成果概述

从 1980 年初到 1984 年夏季，发表了 40 多个地点[3]的新材料[4]。这些地点的材料，大多数是 1980

---

[1] Pei，W. C.，1931，Notice of the Discovery of Quartz and Other Stone Artifacts of the Choukoutien Cave Deposits，*Bull. Geol. Soc. China*，11：109 – 146.

[2] Black，D.，1931，Evidences of the Use of Fire by *Sinanthropus*，*Bull. Geol. Soc. China*，11：107 – 108.

[3] 实际数字要大得多，如广西百色地区据报道有 71 个地点，在陕西汉中龙岗近 20 平方千米内发现石器多处，均各按一个地点计算。

[4] 北京大学历史系考古教研室、四川省博物馆：《四川资阳鲤鱼桥旧石器地点发掘报告》，《考古学报》1983 年第 3 期，第 331 ~ 346 页。曾祥旺：《广西百色地区新发现的旧石器》，《史前研究》1983 年第 1 期，第 81 ~ 88 页。阎嘉祺：《陕西汉中地区梁山旧石器的再调查》，《考古与文物》1981 年第 2 期，第 1 ~ 4 页。

年以后发现的，有些是 20 世纪 70 年代末发现、此后继续工作的新资料，少数是 70 年代发现的、80 年代初研究的新成果。

这些新研究的旧石器文化地点分属于旧石器时代的不同阶段，其中有是或可能是旧石器时代早期的地点 5 处，发现于河北、山西和陕西省境内；中期或可能是中期的地点也有 5 处，见于山西和陕西省境内；至少在 13 个省、自治区找到旧石器时代晚期新的遗物，它们是黑龙江、吉林、辽宁、山西、陕西、甘肃、河南、湖北、云南、贵州、四川、江苏和广西壮族自治区。

新的发现，扩大了我国旧石器文化的分布范围。与 5 年前相比，在纬度上向北扩展了 1°，远至黑龙江省的漠河县[①]，向南亦稍增宽，在云南省河口县[②]发现了旧石器地点。由于这些新资料以及过去的工作成果，似可看到，我国旧石器文化在时空上的发展趋势。旧石器时代早期文化分布于北纬 25°41′～41°15′、东经 101°55′～124°08′；到旧石器时代中期，向东、南、北三个方向文化扩散不明显，分布区大体与前期相当，向西似有较大的发展，可能到达东经 87°21′，即西藏自治区定日县的苏热地点；旧石器时代晚期文化则向更西、更北地区发展，分布于北纬 20°40′～53°20′、东经 80°01′～126°21′的广大地区。

近 5 年来，发现的各时期的旧石器时代文化遗物和遗迹相当丰富，石器数以万计，还有数以百计的骨器、几十件角器和装饰品；不少地点发现用火遗迹，找到了大量的烧骨、厚度不等的灰烬层等，使得人们对我国旧石器文化有了更多的了解。在石器方面，从打片技术、工具类型和修理技术等方面看，虽无明显的突破，但在磨制的和刮制的骨、角器的发现和研究方面则有显著的进展，大大地丰富了这方面的知识。

从 20 世纪 30 年代初到 70 年代末的 40 多年里，发表的旧石器时代磨制的或刮制的骨、角器是很少的，计有骨质工具 5 件[③]，3 件鹿角上有加工痕迹，但无一是用于生产的工具，颇有骨、角器贫乏之感。自 1980 年以来，这种情况大有改观。1982 年曹泽田研究发表了猫猫洞的骨、角器[④]，该遗址位于贵州省兴义县境内，系 20 世纪 70 年代中期发掘的，被记述的标本计有骨器 4 件[⑤]和角器 8 件。1980 年初至今，贵州普定穿洞、红土洞以及辽宁省海城仙人洞的多次发掘，找到了相当丰富的骨、角器，其总数至少有 500 件。这是近 5 年来，我国旧石器文化研究中一个很重要的成果。

骨器从类型上看，已由原来的骨锥和骨针两类而增加到六类：骨锥、骨针、骨刀、骨铲、带叉骨器和骨棒。在骨锥中，猫猫洞的钝尖骨锥，是以前未曾记录过的骨器。

由于骨器大量的发现以及找到为数众多的半成品，使我们对它的生产程序有了一定的了解。骨器的制作，大体经历以下工序：取宜做骨器的哺乳动物长骨，将其打碎，从中选出适用的毛坯；进一步将毛坯打琢成某一类工具的雏形；在雏形工具上，加以刮削，刮平打击时留下的骨片疤，使成初型；

①　杨大山：《漠河出土的打制石器》，《黑龙江文物丛刊》1982 年第 1 期，第 1～4 页。

②　张兴永：《云南沧源、河口发现旧石器》，《人类学学报》1984 年第 3 期，第 182 页。

③　辽宁营口金牛山 C 地点上文化层一件穿孔的骨器未包括在内，因其类属难定，也暂不包括台湾省的长滨文化的骨器，因其年代较晚。

④　曹泽田：《猫猫洞旧石器之研究》，《古脊椎动物与古人类》1982 年第 20 卷第 2 期，第 155～164 页。曹泽田：《猫猫洞的骨器和角器研究》，《人类学学报》1982 年第 1 期，第 36～41 页。

⑤　不包括原分类中的斜尖骨锥。

再加以粗磨和精磨，最后定型，制成形制规整、表面光洁或比较光洁的某类骨质工具。

角器有角铲和鱼叉①，前者又可分为角干铲和角片铲。角器的加工程序简单，分两道工序：选取毛坯和刮制成器。具体地说，先要剁下一段鹿角，既可能是主干，也可能是角叉，如是角片角器，还要劈成角片，而后将剁断面磨平，第一道工序——选取毛坯，即行完成。第二道工序，在鹿角段或片的一端用刮削器纵刮出一个刃口，刃口为一个斜面，刃角约为45°。这是角铲加工的全过程。它主要是单面加工的，少数是两面刮削而成的。

从20世纪80年代以来，获得了较多的我国旧石器文化的新知，使一些地点的石器年代，在长期悬而未决之后，有得到解决的可能。然而，新材料的发现和研究的深入，也提出一些新问题，以下分时代予以择要记述。

二、旧石器时代早期

属于或可能是这个时代的材料出自5个地点：山西省万荣县马鞍梁②、山西省新绛县西马村③、山西省大同市青磁窑、河北省阳原县小长梁④和陕西省蓝田县的锡水洞⑤，其中断代依据比较充分的是马鞍梁地点。这个地点发现石器不多，仅14件标本，可看到以下几点：打片曾用两种方法，主要是锤击法，其石片多比较小，形制规整，台面打击，背面石片疤浅平；也用砸击法，在一件石英片上可见清楚的砸痕；工具仅有两类：刮削器和石球。刮削器是用石片做的，均较小，向背面修理，加工粗糙，分属单直刃和单凸刃两型；石球多较粗大，重量常超过1000克，器面遗有鳞片状小石片疤。

这些石器发现于离石黄土中，一起出土的哺乳动物化石有9种，其中有"中华缟鬣狗（Hyaena sinensis）、三门马（Equus Sanmeniensis）和李氏野猪（Sus lydekkeri）都是中国北方中更新世的典型种属，可与周口店动物群对比，因此，含石器的地层时代为中更新世"⑥，依此可以归于旧石器时代早期。由于发现小的锤击石片和砸击标本，以及石片做的小型刮削器，其文化看来与北京猿人文化关系较密切，为研究旧石器时代早期洞穴类型和旷野类型遗址的文化关系提供了重要线索。首次在红色土层中发现砸击标本，其意义也不可忽视。西马村地点依原作者意见，在地层上可与马鞍梁地点对比，已采到的石器很少，仅1件石核和9件石球。

另一个地点——小长梁地点的石器是有意思的，最近发表的资料与以往的工作结果大体相仿。其石器均相当细小，打片主要用锤击法，偶尔也用砸击法；工具有刮削器、尖状器和石锥等，且有以向背面加工为主等特点。依其文化面貌，颇像峙峪文化，它无疑是我国北方以小石器为主的文化传统的一员。关于它的年代，尤玉柱依地层对比和当地古地磁研究资料，改定为距今100万年或稍大于100万年⑦。由于小长梁石器的明显的进步性，多数学者对改定后的年代仍抱进一步工作的态度。

---

① 依傅仁义在1984年2月25日《辽宁日报》第四版上发表的消息。
② 汤英俊、宗冠福、徐钦琦：《山西万荣的旧石器》，《人类学学报》1982年第1期，第156～159页。
③ 王向前：《山西新绛西马村发现旧石器》，《人类学学报》1984年第3期，第82页。
④ 尤玉柱：《河北小长梁旧石器遗址的新材料及其时代问题》，《史前研究》1983年第1期，第46～50页。
⑤ 黄春长：《蓝田辋川锡水洞旧石器时代文化遗址的发现与初步研究》，《西北大学学报》1982年第2期，第16～27页。
⑥ 汤英俊、宗冠福、徐钦琦：《山西万荣的旧石器》，《人类学学报》1982年第1期，第156～159页。
⑦ 尤玉柱：《河北小长梁旧石器遗址的新材料及其时代问题》，《史前研究》1983年第1期，第46～50页。

可能属于这个时代但不能排除归于较晚时代的地点有青磁窑地点和锡水洞，前者有丰富的石器，在文化上与许家窑文化亲近；后者已经发现的、清楚地可看到人工打击的标本为数甚少，至于其年代和用火遗迹均有待进一步工作。

在旧石器时代早期文化研究方面，还应提到贾兰坡和王建提出的新看法，他们认为旧石器时代肇始的时代是在上新世。他们通过对山西芮城县西侯度地点材料的分析，指出它"已有多种类型，说明那时在日常生活中和生产中，工具的使用已有相当的分工了。因之，我们认为西侯度石器不可能是最早的"，"我们认为应到与更新世相接的上新世地层中去寻找最早的人类和他们制造的石器遗存"①。这样的看法在国内属首次提出，必然要引起各方面的关注。

三、旧石器时代中期

这个时代的文化，比较重要的是丁村 80：01 地点②和 1980 年再次发掘的大荔人地点③的新材料；还有时代可能晚的窑头沟地点。此外，在山西西北部（河曲县河会地点和石梯子地点）的零星采集品，依古丽蚌（*Lamprotula antiqua*）日前的地层记录，以归入旧石器时代中期为宜。

丁村 80：01 地点位于丁村西，1980 年和 1981 年发掘，获得近 300 件石器，绝大多数是粗大的，长度常超过 60 毫米。打片用碰砧法和锤击法，石核以多面体居多，石片多短宽，宽大于长的石片稍多于长大于宽的石片；经第二步加工的不多，有刮削器、砍砸器和石球。刮削器数量不多，砍砸器要比刮削器多，但两类工具加工均粗糙，达不到原丁村发表的材料的水平；在砍砸器中包括几件大三棱尖状器，加工亦较粗糙；石球数量居工具的首位，是丁村文化诸地点前所未见的。尽管它的文化面貌与以往的丁村文化稍有差异，仍不失是丁村文化的成员，因为基本文化面貌是一致的。

第二次发掘大荔人地点，发现了新的含石器的层位，在第 4、5 层中找到了少量的石器，在原出石器和人化石的第 3 层则出土了 300 多件石器。在附近调查和发掘，获得了更丰富的文化遗物，从而对大荔人文化加深了认识。

大荔人石器主要是用石英岩和燧石做的，都比较小，长度超过 60 毫米的很少见。基本上用锤击法打片，偶尔也用砸击法。石片和石核形制多不规整。工具多用石片制成，有刮削器、尖状器、雕刻器和石锥等，前两者是主要类型，后两类数量很少；全部工具基本上是小型的，修理工作较粗糙，且以向背面加工为主，兼用向破裂面等方式修理工具。

对大荔人地点新的工作，加深了对其意义的理解。大荔人文化作为我国北方以小石器为主的文化传统的一员，在时间上，起着承上启下的作用，它晚于北京猿人文化，而早于镇原姜家湾和许家窑等地点；在空间上，在旧石器时代中期，以小石器为主的文化分布于东起辽宁喀左的鸽子洞，西至甘肃省镇原县的姜家湾，大荔人文化地点居其中，从而把这一文化传统在地理分布上联系得更紧。

陕西省长武县窑头沟地点发现了数百件石器，由盖培和黄万波做了研究。这里发现的石器主要是

---

① 贾兰坡、王建：《上新世地层中应有最早的人类遗骸及文化遗存》，《文物》1982 年第 2 期，第 67～68 页。
② 临汾行署文化局、丁村文化工作站：《丁村旧石器时代文化遗址 80：01 地点发掘报告》，《史前研究》1984 年第 2 期，第 57～68 页。
③ 张森水、周春茂：《大荔人化石地点第二次发掘简报》，《人类学学报》1984 年第 3 期，第 19～29 页。

用石英岩做的，多是较小的，打片基本上用锤击法，有时也用砸击法。石核有单台面和多台面之别，石片有不规则的，也有一些呈梯形和三角形的；工具主要是用石片做的和向背面加工成的，其中以刮削器占多数，还有尖状器和砍砸器等。

盖培等依地层对比将其时代定为旧石器时代中期。在此基础上提出在旧石器时代中期存在大体以吕梁山为界的"泾渭文化"和"汾河文化"的概念，进而认为"在华北旧石器时代中期文化中，水洞沟文化最接近泾渭文化，它可能导源于泾渭文化"[①]。

对上述观点刘玉林等首先表示了不同的看法。他们认为窑头沟地点及其与邻接的地区5个含旧石器地点，在地层上可以对比，"动物群的性质明显地和萨拉乌苏动物群一致，因而，它们的时代也应该相同"[②]，表示了以丁村文化为代表的"汾河文化"和所谓的"泾渭文化"不属于一个时代的看法。此外，他们还指出以石球有无作为两种文化的不同特征之一是不妥当的，因为两者均有石球，对水洞沟文化起源于"泾渭文化"也畅抒己见，表明了不同的见解。这些看法我个人是赞同的，有些问题还可进一步讨论。

所谓"汾河文化"或"丁村文化"是相当复杂的，我在1983年一个报告中[③]曾指出过，把主要分布于汾河流域中、下游的和以角页岩为主要原料的石器文化统称为"丁村文化"，依目前资料，是困难的，因为它们之间差别是很大的。以襄汾县丁村诸地点和太原古交矿区发现的石器为一组，石器多粗大，小石器很少，砍砸器在工具组合中居重要地位，可以叫作"典型的丁村文化"；而以曲沃县西村西沟和交城县范家庄诸地点石器为另一组，石器小型的多于大型的，刮削器是主要类型，称为"非典型的丁村文化"，它与以小石器为主的文化传统的石器相比，则保留较多的粗大石器，因之，"非典型的丁村文化"可能是"典型的丁村文化"的发展和与以小石器为主的文化传统交流的结果。

盖培等所总结的汾河文化的特点，实际上是典型丁村文化的特点，其中有些特点如"两面加工的砍砸器"和"小尖状器少而粗"等也欠妥当。因为典型丁村文化的砍砸器单面加工者多于两面加工的，因之，以砍砸器单面加工或两面加工作为汾河文化与泾渭文化的文化区别之一也是不恰当的。此外，典型丁村文化中小尖状器虽然少，但加工并不粗糙。

至于水洞沟文化导源于泾渭文化的看法，从现有资料看，没有可靠的资料来说明它。水洞沟文化内涵是相当复杂的。从石器上看，或许可以分为两部分：其一是长石片及用它做的端刃刮削器和尖状器等，以及生产长石片的各种石核：长方形、半锥形和柱形等；另一部分是在以小石器为主的文化传统中常见的各种石片、石核和工具，后者是我国北方旧石器文化所固有的，而前者则可能是文化交流之所得。它来自何方？目前尚不清楚，有待今后的工作。

四、旧石器时代晚期

依新发现的材料和对以往发现材料的新研究，可以看出，我国北方和南方旧石器时代晚期文化有相当大的差异，现分区说明之。

---

① 盖培、黄万波：《陕西长武发现的旧石器时代中期文化遗物》，《人类学学报》1982年第1期，第18~29页。
② 刘玉林、黄慰文、林一朴：《甘肃泾川发现的人类化石和旧石器》，《人类学学报》1984年第3期，第11~18页。
③ 在中国科学院古脊椎动物与古人类研究所成立30周年庆祝会上所做的"我国北方旧石器时代中期文化初探"的报告。

（一）北方

在北方，旧石器时代早、中期以小石器为主的文化传统继续得到发展，东起吉林、西至甘肃均有发现①，其中有代表性的地点如陕西韩城禹门口和辽宁海城仙人洞。此外，山西蒲县薛关地点则是另一种文化类型的代表。

在禹门口洞穴遗址中发现了 1000 多件石器、用火遗迹和鹿、犀牛等化石②。其石器主要是用石英岩和燧石做的，基本上是小型的，除砍砸器和石核外，余者长度超过 40 毫米者极少；打片用锤击法，石片和石核多不规整，少数较规则，如三角形、梯形石片和盘状石核；工具主要是用石片做的，类型较简单，分为刮削器、尖状器和砍砸器三类，以刮削器和单刃工具为主；工具均用锤击法修理而成，以向背面加工居多，修理工作较粗糙。禹门口遗址的石器工业，基本上保留了我国北方以小石器为主的文化传统的特点，是它的重要成员之一。它的发现把黄河两边这类文化紧密地联结起来。

仙人洞遗址发现于 1981 年春，同年 10 月和 1983 年进行两次发掘，获得了丰富的文化遗物和遗迹。除发现近 1 万件石器（多数是小型的）和丰富的用火遗迹外，还有多枚动物牙齿和石料制作的钻孔装饰品、用鹿角和骨片磨制的骨针、骨锥以及两侧有倒刺的鱼叉。骨针及用狼或獾犬齿做成的有孔的装饰品（孔见于齿根中部，系用尖状器对挖而成），曾在周口店山顶洞遗址内发现过，鱼叉在我国旧石器时代晚期文化遗物中属首次发现，为这个时代人类从事捕鱼活动提供了直接证据。这些遗物表明，其时代不可能"大概为晚更新世早期"③，无疑是属于旧石器时代晚期，或更新世晚期的后期。其文化与山顶洞文化有密切关系是清楚的，它以大量石器补山顶洞石器不多的欠缺，从而对有大量的小石器又有一定数量的装饰品和骨、角器的文化类型有了较全面的了解。

蒲县薛关地点④发现于 1964 年，1979 年和 1980 年作了两次发掘，获得石器 4777 件。依 ^{14}C 年代测定，为距今 13550 ± 150 年。其石器包含两个部分，其一是细石器，有大量的石叶、一些长石片、锥状和楔状石核以及用它们做成的细小工具；另一部分是较大型的工具，主要是用石片做的，系用熟练的指垫法修理成的，形制相当规整，最有代表性的工具是单凸刃刮削器和尖状器，加工精致，刃口锐利，刃缘匀称。

这样的既有细石器又有加工精致的尖状器和刮削器的工具组合早在 20 世纪 50 年代末在内蒙古清水河县、准格尔旗和山西偏关县以及 1963 年在宁夏灵武县均曾发现过，地点均在黄河边基座阶地上，且都采自地表，当时仅依石器的类型和加工技术，推测其为旧石器时代晚期的遗物⑤。薛关地点的研究成果，为广泛分布于黄河边（西起灵武县、东至蒲县）的这一文化类型提供了可对比的地层和年代依据。

---

① 甘肃省博物馆：《甘肃环县刘家岔旧石器时代遗址》，《考古学报》1982 年第 1 期，第 35～48 页。甘肃省博物馆、庆阳地区博物馆：《甘肃镇原黑土梁发现的晚期旧石器》，《考古》1983 年第 2 期，第 97～100 页。孙建中、王雨灼、姜鹏：《吉林榆树周家油坊旧石器文化遗址》，《古脊椎动物与古人类》1981 年第 19 卷，第 281～291 页。张映文、谢骏义：《甘肃泾川南峪沟与桃山嘴旧石器时代遗址的发现》，《考古与文物》1981 年第 2 期，第 1～4 页。

② 刘士莪、张洲：《陕西韩城禹门口旧石器时代洞穴遗址》，《史前研究》1984 年第 1 期，第 45～55 页。

③ 傅仁义：《鞍山海城仙人洞旧石器时代遗址试掘》，《人类学学报》1983 年第 2 期，第 103 页。

④ 王向前：《山西蒲县薛关细石器》，《人类学学报》1983 年第 2 期，第 162～171 页。

⑤ 张森水：《内蒙中南部和山西西北部新发现的旧石器》，《古脊椎动物与古人类》1959 年第 1 期，第 31～40 页。张森水：《内蒙中南部旧石器的新材料》，《古脊椎动物与古人类》1960 年第 2 卷，第 129～140 页。

（二）南方

我国南方旧石器时代晚期文化，曾于去年作过小结。总的说来，此时这一地区的旧石器文化既有继承性的一面，又有特殊性和发展性的一面①。在研究铜梁文化时，曾提出应注意我国旧石器文化发展的不平衡性、曲折性和复杂性的问题，也曾表述"那种直线发展的观点、一点中心向四外发射的文化发展学说，随着我国旧石器考古学的发展，越来越难以解释"的看法②。

此外，1982 年在贵州威宁草海发现的石器是上述小结中未曾提及的。其石器均用锤击法制成，工具常用复向和陡向加工，致使工具常呈不规则的多边形，复刃多于单刃，刃口钝，刃角往往超过 80°。由此可见，其文化面貌酷似观音洞文化，似可认为草海的石器与观音洞文化同属一个文化传统，它既可能是观音洞早期文化的继承者，也可能是观音洞晚期文化的一个变体③。由草海石器的发现，不难想到，在黔西北可能存在以观音洞晚期文化－草海石器为代表的文化类型。

五 相关学科的重要成果

这里所指的是古人类和旧石器文化遗址的年代学研究和古气候的研究。这些方面的研究虽不属旧石器文化研究的范畴，但与它休戚相关，对研究旧石器文化序列，人、文化和自然界的关系都有不可忽视的意义，故择要述之，以求有较全面的了解。

从 1980 年起，除^{14}C 测定年龄外，陆续发表了用古地磁、热释光、铀系和氨基酸等方法测定主要古人类和旧石器遗址年代的数据④，工作做得最多的是北京猿人遗址。有关这方面的成果、元谋猿人古地磁测定年代的分歧等均已由吴汝康教授作了详细的论述，这里从略。另补充一些研究成果，如和县猿人的年代，依热释光测定"和县人在该地点生存的年代距今不应该超过 20 万年"⑤；许家窑文化的年代依铀系法测定年代约为距今 10 万年⑥；萨拉乌苏的年代距今 5 万～3.7 万年⑦；安志敏则依一些遗址的^{14}C 测定的年代数据，改定了个别遗址的年代，如山顶洞人遗址，不应是公元前 16915 ±420 年，而应是公元前 8520 ±360 年，对另外 9 个地点的年代或文化性质也提出订正或质疑⑧。

古气候的研究已发表的资料只有北京猿人遗址和丁村人地点及邻近的文化地点。北京猿人遗址的古气候研究做得最多，比较统一的意见是北京猿人在周口店居住时期气候是温暖的，有过几次干湿和冷暖的变化。至于对各层气候的解释，则众说纷纭，莫衷一是。对丁村人地点等的研究，则认为在丁村附近晚更新世有过两个冷热变化周期。"丁村人是生活在温暖而湿润的暖温带南部和亚热带北部的气候环境中"，其上第 5 层上部和第 6 层则与"反映出干燥而凉爽的草原型气候相吻合"。丁村附近汾河

① 张森水：《我国南方旧石器时代晚期文化的若干问题》，《人类学学报》1983 年第 2 期，第 118～130 页。

② 李宣民、张森水：《铜梁旧石器文化之研究》，《古脊椎动物与古人类》1981 年第 19 卷第 4 期，第 359～371 页。

③ 吴茂霖、张森水、林树基：《贵州省旧石器新发现》，《人类学学报》1983 年第 2 卷第 4 期，第 320～330 页。

④ 仇士华、黎兴国：《山顶洞人生活时期动物化石的^{14}C 年代测定》，《科学通报》1980 年第 25 卷，第 191～192 页。赵树森、夏明、张承惠等：《应用铀系法研究北京猿人年龄》，《科学通报》1980 年第 25 卷，第 192 页。钱方、张景鑫、殷伟德：《周口店猿人洞堆积磁性地层的研究》，《科学通报》1980 年第 25 卷，第 192 页。

⑤ 李虎侯、梅屹：《和县人的上限年龄》，《科学通报》1983 年第 11 期，第 703 页。

⑥ 陈铁梅、原思训、高世君等：《许家窑遗址哺乳动物化石的铀子系法年代测定》，《人类学学报》1982 年第 Ⅰ 期，第 91～95 页。

⑦ 原思训、陈铁梅、高世君：《用铀子系法测定河套人和萨拉乌苏文化的年代》，《人类学学报》1983 年第 2 期，第 90～94 页。

⑧ 安志敏：《中国晚期旧石器的碳－14 断代和问题》，《人类学学报》1983 年第 2 期，第 342～351 页。

对岸的 7701 地点（^{14}C 年代为距今 26400 ± 800 年）含细石器的地层属"温暖而湿润的气候环境"，向上各层气候变得"干燥而凉爽"[1]。

在纪念北京猿人第一头盖骨发现和其文化研究开始 55 周年之际，我们更加怀念为开创周口店工作、为发展中国古人类学而呕心沥血的先辈学者李捷教授、杨钟健教授和裴文中教授。学习他们坚强的事业心，勇于探索和努力工作的精神，调动积极因素，加强基础训练，踏实苦干，可以相信，我国旧石器考古事业将会有长足的进步。

（原载《人类学学报》1984 年第 3 卷第 4 期）

---

[1] 陈万勇：《山西"丁村人"生活时期的古气候》，《人类学学报》1983 年第 2 期，第 184 ~ 195 页。

管窥新中国旧石器考古学的重大发展

一

中国旧石器考古学，在新中国成立以前，因有周口店的工作，打下了较良好的研究基础。20 世纪 30 年代，以中国猿人遗址为代表的周口店旧石器时代遗址群的研究，无论是研究思想、发掘方法和野外记录的规范和缜密度，在当时都是立于世界旧石器时代考古学的先进行列，所取得的成果十分丰硕[①]。新中国成立前的中国旧石器考古学因多种因素，除周口店遗址群外，全国各地所知者寥寥无几。因此，在东亚这块广袤土地上，人类劳动生息于此始于何时？其文化发展趋势怎样？这些问题在 20 世纪前半基本上是不清楚的。

新中国成立后，中国考古学家在已有的基础上，继往开来，艰苦努力，察沟探洞，索史求真，探源揭秘，历时半个世纪，取得了丰硕的成果，大大地加强了中国旧石器时代考古学在世界史前史研究中的地位，也使中国在这个学术领域中成为令世人瞩目的和不可缺少的地区。

在过去半个世纪里，科学工作者足迹遍大江南北，大河上下，高原海岛，目前除个别省和直辖市外，全国各省（市）、自治区或多或少都有旧石器时代文化地点的发现，依粗略的估计，有 1000 多处。从这些旧石器文化地点中，发现了丰富的用火遗迹，数以十万计的石制品，数以千计的磨制或刮制的骨、角器和数量上不会少于磨刮骨、角器的打击骨制品，以及一些装饰品和有刻纹的器具。同时也找到文化创造者不同阶段的人化石，仅直立人化石地点就新增加了 12 处。这些文化遗物的发现，为探讨人类起源、工具起源、工业类型的多样性、工业发展的趋势、文化序列的更细的建立，以及历史发展不平衡发生时间的研究，提供了相当丰富的资料。通过对已发现材料的研究，已发表的论文和专著在 1000 篇（本）以上。

从目前已找到的旧石器文化地点，可以说现行中国疆域内东西南北近极点处都已找到了旧石器文化遗物，大体分布于北纬 18°17′～52°25′、东经 79°21′～127°21′的广阔地域内。中国境内的旧石器文化，从早期到晚期，向西、向北扩散明显，向东情况不明，因为东部沿海地区工作做得较少。从时间

---

① Black, D., Teihard de Chardin, P., Young, C. C. et al., 1933, Fossil Man in China, *Mem. Geol. Surv. China*, Ser A, 11：1 - 166. Boule, M., Breuil, H., Licent, E. et al., 1928, Le Paléolithique de la Chine, *Archives de L' Institute de Paléontologie Humaine*, Mem, 4：1 -138, Paris：Masson. Breuil, H., 1939, Bone and Antler Industry of the Choukoutien Sinanthropus Site, *Pal Sin New*, Ser D, 7：1 -41. Pei Wenchung, 1939, A Preliminary Study on a New Palaeolithic Station Known as Locality 15 within the Choukoutien Region, *Bull. Geol. Soc. China*, 19：147 - 187. Pei Wenchung, 1939, The Upper Cave Industry of Choukoutien, *Pal. Sin. New.*, Ser D, 9：1 -41.

上看，旧石器时代早期的分布区已相当广阔，其最东的地点是辽宁本溪的庙后山，最西点是云南元谋上那蚌，最南点是广西田东牛坪坡①，最北点是庙后山，其地理坐标大致为北纬23°39～41°15′、东经101°58′～124°07′。旧石器时代中期，可能是由于研究的深度和广度不够，向北、向西传播不明显，但从秦岭以北地区看，大约向西扩大了2°，即从泾川的大岭上向西至镇原姜家湾。至旧石器时代晚期，特别是最后冰期的后期（距今1.8万～1.5万年），虽气候严寒，环境恶劣，但由于人类装备的改善，适应能力的增强，很快扩散到中国的各个角落，向北到达北纬52°以北地区②，向东、向南进入海岛③，向西深入到世界屋脊西藏。自1996年在定日苏热（海拔4500米）发现旧石器时起，此后续有发现，如各厅地点④，海拔4663米，已知海拔最高地点是申扎县绥拉绍西侧，海拔5200米，充分显示出人类适应高寒地区生活的能力。

在1000多个旧石器文化地点中，属旧石器时代晚期的最多，其次是早期，再次是中期。出现旧石器时代早、中期地点数量倒置现象，究其原因有二：其一，中期地点工作做得不多；其二，中期时间无统一认识，有些可能被归于早期。还有数十个地点的工业组合，在技术和类型上与旧石器时代者无甚区别，但其时代已非旧石器时代，在大陆可晚到距今6000年⑤，在海岛（台湾）可延至距今约5000年（4970±250年）。

50年来，中国旧石器考古学不断向广、深方向发展，修正了一些旧看法，提出了一些新看法和新理论。例如对20世纪40年代提出的代表旧石器时代中期的"河套文化"，经过研究，取消了这一文化名称，原所代表的典型遗址之一——水洞沟，也因1963年的新发现，确有实据地改定为旧石器时代晚期；对中国猿人石器的原始还是进步性质的问题提出了新看法；还提出在华北旧石器时代至少存在两种并存的文化传统的看法；因1954年发现丁村文化和1964年末至1965年初发现观音洞的石制品，指出在中国境内存在不同文化类型的看法。进入20世纪80年代，对中国境内文化类型多样性进行了较深入的探讨，90年代初提出中国南、北方各存在一个旧石器主工业，并存若干区域性工业的看法⑥。在研究思想方面，逐步地由以器物为中心转向以遗址为研究中心。取得了《阎家岗——旧石器时代晚期古营地遗址》⑦等一些成果。若干遗址采用多学科综合研究，得到了良好的结果⑧。对一些多层的、量大的石制品组合开展定量分析，理出其发展趋势，使一些不同认识趋向接近⑨。对石制品分类、加工技术及如何与西方旧石器类型学接轨等问题都做了有益的探索⑩。

① 曾祥旺：《牛坪坡旧石器材料的发现与初步研究》，《考古与文物》1995年第4期，第1～9页。
② 干志耿、魏正一：《黑龙江省旧石器时代考古发现与研究》，《北方文物》1989年第1期，第3～14页。
③ 宋文薰：《长滨文化——台湾首次发现的先陶文化（简报）》，《中国民族学通讯》1969年第9期，第1～27页。郝思德、王大新、孙建平等：《海南"三亚人"遗址发掘报告》，《人类学学报》1994年第13卷第2期，第104～116页。
④ 钱方、吴锡浩、黄慰文：《藏北各厅石器的初步观察》，《人类学学报》1988年第7卷第1期，第75～83页。
⑤ 俞锦标、杨立铮、章海生等：《中国喀斯特发育规律典型研究》，科学出版社，1990年。
⑥ 张森水：《中国北方旧石器工业的区域渐进与文化交流》，《人类学学报》1990年第8卷第4期，第322～333页。
⑦ 黑龙江文物管理委员会等：《阎家岗——旧石器时代晚期古营地遗址》，文物出版社，1990年。
⑧ 吴汝康、任美锷、朱显谟等：《北京猿人遗址综合研究》，科学出版社，1985年。黄慰文、侯亚梅、斯信强等：《贵州盘县大洞旧石器遗址阶段性研究（1991～1993）专号》，《人类学学报》1997年第16卷第3期，第171～253页。
⑨ 裴文中、张森水：《中国猿人石器研究》，科学出版社，1985年。
⑩ 林圣龙：《关于尖状器的定义——中、西方的比较》，《人类学学报》1993年第12卷第1期，第8～22页。林圣龙：《中西方旧石器文化中技术模式的比较》，《人类学学报》1996年第15卷第1期，第1～20页。黄慰文：《东亚和东南亚旧石器初期重型工具的类型学——评Movius分类体系》，《人类学学报》1993年第12卷第4期，第297～304页。

　　旧石器考古的基础研究取得了喜人的成绩。石制品的试验研究，有针对性地开展起来，其中石钻的试验研究，对装饰品、骨针等穿孔技术的探索起到了良好的作用，把试验研究与考古标本结合起来、把宏观观察和微磨痕分析结合起来的研究方法无疑是值得提倡的[①]；对试验的和考古的石制品的微磨痕分析也做了一点工作[②]，为今后这方面研究，打下了初步基础。打片的试验研究对同一种方法或不同方法所产生的一组标本大小和形态特征的复杂性增进了认识[③]。旧石器时代打击骨器的研究，在步日耶 1938 年《周口店中国猿人遗址的骨、角工业》的基础上有了较大的进步[④]，做了相当数量的打击骨骼的试验，大体上可以把敲骨取髓所产生的疤与修理骨器所产生的修疤组区别开来。农试验的结果，可较准确地识别出从旧石器文化遗址中出土的碎骨中是否存在骨制品或打击骨器。已见记述的有打击骨制品遗址达数十处之多。已有的成果表明，在旧石器时代存在打击骨器，但数量不多，未见超过占碎骨总量的 3%。此外，在辨别真假石制品、骨制品、装饰品和用火遗迹等方面也做了一些工作，采到和记录了一些可以以假乱真的标本。

　　对建立旧石器文化序列有重要意义的年代学研究，取得了不少成果。年代学研究，用于解决中国旧石器考古遗址的年代，紧随世界步伐，已用古地磁、铀系、裂变径迹、热释光、电子自旋共振和 ^{14}C 等方法，测了几十个地点的年龄[⑤]，把它与生物地层学结合起来，使中国旧石器文化序列建立在比较可靠的基础上。通过共生的哺乳动物化石和植物化石的研究，特别是孢粉分析，对认识古人类的生活环境和旧石器时代经济提供了一批不可多得的资料。此外，对中国旧石器时代的经济形态、生产活动、与境内外文化交流和中、西方旧石器文化比较研究等方面也取得了一些有意义的成果。

　　周口店的研究，在新中国成立后也有较大的发展。从 1949 年开始至 20 世纪 90 年代初，断断续续地进行了约 10 年的发掘工作，主要发掘地点是中国猿人遗址，第 4 地点也曾做过发掘。从中国猿人遗址发现了一些新的猿人化石、许多石制品和丰富的哺乳动物化石[⑥]，特别是 1959 年在第 10 层中既发现肿骨鹿化石，也发现扁骨鹿化石，为周口店第 1 地点下部地层在时代上与第 13 地点相当提供了有力的证据。此外在龙骨山附近开展调查，发现和清理了第 19～23 地点，其中第 22 地点发现有石制品，从而把周口店地区旧石器时代文化遗址扩大到周口河以东地区。

　　完成了中国猿人石器的研究。这项工作从 1958 年开始，20 世纪 60 年代开始的关于中国猿人石器性质的讨论，促进了研究方法的改进，从分类研究转向分层分类研究并加入了量化分析。其结果如上

①　顾玉才：《海城仙人洞出土钻器的实验研究》，《人类学学报》1995 年第 14 卷第 3 期，第 219～226 页。顾玉才：《海城仙人洞遗址装饰品的穿孔技术及有关问题》，《人类学学报》1996 年第 15 卷第 4 期，第 294～301 页。黄蕴平：《小孤山骨针的制作和使用研究》，《考古》1993 年第 3 期，第 260～268 页。

②　侯亚梅：《石制品微磨痕分析的实验性研究》，《人类学学报》1992 年第 11 卷第 3 期，第 202～215 页。侯亚梅：《考古标本微磨痕初步研究》，《人类学学报》1992 年第 11 卷第 4 期，第 354～361 页。黄蕴平：《沂源上崖洞石制品研究》，《人类学学报》1994 年第 13 卷第 1 期，第 1～11 页。

③　李莉：《碰砧法和锤击法的打片实验研究》，《南方民族考古》1992 年第 5 期，第 180～197 页。

④　吕遵谔、黄蕴平：《大型肉食动物啃咬骨骼和敲骨取髓破碎骨片的特征》，见北京大学考古系编《纪念北京大学考古专业成立 30 周年论文集》，文物出版社，1990 年，第 4～39 页。张俊山：《峙峪遗址碎骨的研究》，《人类学学报》1991 年第 10 卷第 4 期，第 333～346 页。周信学、孙玉峰、王志彦等：《大连古龙山遗址研究》，北京科学技术出版社，1990 年。

⑤　吴汝康、吴新智、张森水（主编）：《中国远古人类》，科学出版社，1989 年。

⑥　邱中郎、顾玉珉、张银运等：《周口店新发现的北京猿人化石及文化遗物》，《古脊椎动物与古人类》1973 年第 11 卷第 2 期，第 109～131 页。

述，使得原来有些不同的认识趋向接近。《中国猿人石器研究》于 1985 年由科学出版社正式出版①。

在这本书里，把中国猿人石器的特点归纳为 15 点，显示出其统一性，但通过分层研究又可看到其发展的阶段性，将其分为早、中、晚三期，并列出各期的特点，进而探讨了它在中国旧石器文化中的地位。至此基本上完成了中国猿人遗址出土物分门别类的研究，大体可以将 20 世纪 60 年代初关于中国猿人文化是进步的还是原始的讨论告一段落。

为了解中国猿人及其后人类的生活环境，1959 年，在裴文中和刘东生教授领导下，在周口店地区开展大规模的第四纪地质调查，参加者有十余人，历时月余，考察范围达数十平方千米，为研究周口店古人类生存的自然环境提供了较丰富的资料。更大规模的工作是 1977～1979 年由中国科学院古脊椎动物与古人类研究所主持，组织了 16 个科研单位，对周口店遗址开展多学科综合研究，取得了丰硕成果。对中国猿人化石资料进行了初步整理和总结，结合世界上猿人化石研究的现有成果，提出了存在的问题，对人类狩猎行为进行了探讨。特别重要的是对中国猿人时期的生活环境、当时的古气候变迁以及“猿人洞”形成和堆积过程的研究，对“猿人洞”发育阶段作了探讨，形象地绘出了“猿人洞”演化图；曾用 6 种方法测定中国猿人遗址的年代，测出了一批年龄数据。中国猿人遗址大体上经历了从距今 60 万年至 20 万年的岁月。《北京猿人遗址综合研究》一书共收集论文 17 篇，于 1985 年由科学出版社出版②。这项工作加深了对周口店地区古人类自然历史背景的认识，更加了解古人类何以能长期在此生存的条件。

以上所提到的工作与成果，仅是新中国成立后至今中国旧石器考古学成就的豹之一斑。笔者无力深入地进行 50 年来中国旧石器考古学的全面总结，只想从中找出在中国旧石器考古学中有意义的问题，撷众师友之劳绩，表述己之孔见，以此纪念中华人民共和国 50 岁华诞、中国科学院古脊椎动物与古人类研究所（前身）成立 70 周年和中国猿人第一个头盖骨发现 70 周年以及它的发现者和中国旧石器考古学的奠基人裴文中教授诞辰 95 周年。

二

旧石器考古学以复原早期人类历史为己任，在过去的半个世纪里，旧石器考古学家们努力地探索在中国土地上人类历史究竟有多久的问题。有关这个问题是随着中国旧石器考古学的发展，不断地加深认识。从 1964 年起，先后发现了一批属于更新世早期的文化地点，出土了一批石制品，这是中国旧石器考古学重要成果之一，也为史学服务和再造史前史做出了有益的贡献，为认识上述问题提供可靠的证据。

新中国成立前，由于中国猿人及其文化的发现与研究，以丰富的实物史料证明，早在四五十万年前，先民们就在这块土地上劳动生息，并根据文化遗物的研究，提出中国境内应有更早人类存在的看法：“由上述各种石器证之，可知当时中国猿人之石器，实相当进步，已超过最原始和最简单之程序。换言之，中国猿人之文化，实非原始之文化，将来或可发见，较中国猿人时代更早之人类。”③ 这段预

---

① 裴文中、张森水：《中国猿人石器研究》，科学出版社，1985 年。
② 吴汝康、任美锷、朱显谟等：《北京猿人遗址综合研究》，科学出版社，1985 年。
③ 裴文中：《中国史前时期之研究》，商务印书馆，1948 年。

言，到新中国成立后，才不断地被证实。

20 世纪 60 年代初，在陕西蓝田地区开展大规模的野外调查工作，最先于 1963 年 7 月在陈家窝地点发现一具相当完好的蓝田猿人下颌骨，在其附近相当层位中找到几件石制品。继之于 1964 年 10 月在公王岭地点出土了蓝田猿人头盖骨[①]。在 1965 年和 1966 年对公王岭地点进行大规模发掘，在人化石层上面的红色土层中找到少量的石制品，从附近与其相当的地层里也采到一些石制品。它们包括石核、石片、刮削器和砍砸器等。依人头盖骨化石研究，有若干特征比中国猿人原始，依哺乳动物化石研究，其动物群性质早于中国猿人动物群；经古地磁测年，陈家窝地点年龄为距今 65 万或 53 万年，公王岭地点为距今 80 万～75 万年，亦有人主张为距今 98 万年，甚至更早，可达距今 115 万～110 万年[②]。尽管对公王岭地点古地磁所测的"绝对年龄"有不同看法，但有一点可以肯定，因蓝田猿人及其附近发现石制品，古人类在中国境内生存的时间，已不是距今四五十万年，而是提前了几十万年，不晚于距今 80 万～75 万年。

元谋猿人牙的发现（1965 年）与研究[③]（1973 年）以及 1974 年大规模发掘中发现了几件石制品和一批哺乳动物化石。哺乳动物群的性质说明其生存时代为早更新世。古地磁测年结果与依哺乳动物群断代的认识基本相符。元谋猿人化石埋藏的层位在距今 1.7 ± 0.1 百万年，即吉尔萨事件（1.61 百万～1.79 百万年）范围内。依此研究成果，把人类在中国大地上生息的历史大大地向前推移，至少提前了 60 万年左右，甚至可能到 100 万年。

自 1978 年秋，尤玉柱等在河北阳原发现早更新世小长梁旧石器地点以来的 20 多年里，许多科学家在那里做了大量的考古工作、地质工作和年代学研究。无论是不同地点石制品或年代学研究的结果尚无一致认识。依古地磁研究结果，推测小长梁地点时代很早："小渡口[④]剖面底部仍对应于松山负极性带，而小长梁遗址靠近剖面的底部，在基岩之上 8.4 米处，遗址之上 7 米为泥河湾层中部的标志层，由此推测小长梁遗址的层位大致相当于 Olduvai 正极性亚时的底部，其年龄应在距今 1.87～1.67 Ma 之间。"[⑤] 若能用其他手段验证这一推论无误，其意义是十分重大的，不仅把华夏大地上人类生存史再提前数万年，而且对文化起源及早期人类文化传播速度的研究都十分重要，因为小长梁地点位于北纬 40° 以北（北纬 40°13′、东经 114°39′）。

中国境内古人类历史的延长又有了新进展。1998 年初夏，主要是同年的 10～11 月，在安徽省繁昌县孙村镇的癞痢山南坡的人字洞里褐红色亚黏土夹灰岩角砾层内发现了数十件石制品和几件加工痕迹清楚的打击骨器。石制品的原料有铁矿石、燧石、石英砂岩、片麻岩、硅质灰岩和硅质泥岩等 6 种。石制品的种类有石核、石片、刮削器和几件有雕刻器打法的标本。石器的加工粗糙，用硬锤修理，多数是向凸面（块状毛坯）和向背面（片状毛坯）加工成的。在打击骨器中，其中以 1 件犀牛下颌骨和

① 根据有关资料，武文杰在公王岭地点发现蓝田猿人牙齿是在 1964 年 5 月。因有此发现，将发现人牙附近的大块堆积套箱取回，在研究所里，李公卓从堆积中修理出蓝田猿人头盖骨是当年 10 月。
② 安芷生、高万一、祝一志等：《"蓝田人"的磁性年龄》，《人类学学报》1990 年第 9 卷第 1 期，第 1～7 页。
③ 胡承志：《云南元谋发现的猿人牙齿化石》，《地质学报》1973 年第 1 期，第 65～69 页。
④ 距小长梁地点不远，约 2 千米。
⑤ 袁宝印、朱日祥、田文来等：《泥河湾组的时代、地层划分和对比问题》，《中国科学（D 辑）》1996 年第 26 卷第 1 期，第 67～73 页。

1 件骨片加工最为清楚。前者其左侧加工略简单，仅遗有几块大疤，右侧加工细致，其上有三层疤，两侧于下颌骨后部相交略呈铲刃状的尖刃；后者原为小骨片（64 毫米×19 毫米），它的两端的两面及侧边的局部，均可见双层的或单层的修疤，使被加工部位变成较锐利的刃口[①]。

与上述人工制品同时出土的有丰富的哺乳动物化石，包括 獏鼠、低冠竹鼠、小种大熊猫、桑氏鬣狗、似剑齿虎和爪兽等数十种，依初步研究，其哺乳动物群的性质与重庆市巫山县大庙龙骨坡者较相近，其中绝灭种可能略多于后者，似可认为在时代上与后者相当，很可能要稍早一些，后者古地磁测年结果为距今 2.01 百万～2.04 百万年[②]，由此可知，人字洞的人工制品产生于 200 万年前。这是至今所知欧亚大陆上最古老的文化遗物，从而把人类在中国生活的历史至少再向前延伸了 30 多万年。这批材料的发现，对石、骨器的起源以及人类对不同材料的应用的研究都有重要的意义。

繁昌发现石制品和骨制品具如此的古老性，对其人工痕迹是否难以判断呢？依旧石器考古已有的成果，人工制品的基本要素是可认识的，依此不难判断所发现的标本是人工制品，或自然力破碎的，简述于后。

什么是石制品最基本的人工要素，就个体标本言，可归纳为向、位和形三点；对群体来说应具有三个多样性。

个体标本，若是初级产品——石核或石片，看其打击方向是单向的还是多向的，即是否有转向打法，从石核上看有无一个打击台面，石片上是否有打击台面，若有，则基本可以肯定是人工的，非人工力量是难以准确地转 90°再打的，就可与因自由落体和挤压造成的非人工石核与石片区分开来；形指石器刃口有一定形状，以适于工作的需要；位指加工有一定的部位，是人劳动本质的反映，加工以达到预期使用的目的，尽力避免作无效的劳动，这与一些由自然力造成的"遍体鳞伤"的石标本迥然不同。

判别一群石标本是否是人工制品应从三个多样性去衡量。其一是原料的多样性，生产石制品要求石料有一定的硬度，以适应使用，从一地获得单一适用的石料，往往难以做到，故需要采相近硬度的他种石料来补充，这就形成了在一群石制品中原料种类的多样性，从中国旧石器考古资料来看，一个较大的遗址出土的石制品组合均有石料多样性的特点，如中国猿人石制品组合中原料多达 44 种，其中有少量的灰岩，虽不是好石料，偶被使用亦不难理解，若是洞中发现的基本是这种原料，则要慎重处之。如上述，人字洞石制品所用的石料已达 6 种。其二，是品种的多样性，这是打击石制品生产过程所决定的。只要生产，就会有石核、石片和石器，除采集者外，中、外较大的石制品组合都具此特点。其三是石制品类型或形态的多样性，如石核有单台面、双台面和多台面等，石片则有各种形状，石器有多种类型或同一类石器有不同的刃口形态，即使在旧石器早期的早段，如中国河北阳原小长梁地点的石制品和东非的 K. B. S. 工业均有此特点，人字洞石器类型目前主要是刮削器一类，有单刃和双刃之别，刃口形态有直、凸、凹之不同，石核和石片亦具多样性。由于人字洞出土的石制品具有人工制品最基本的要素，故它们是人类生产的是无疑的。

---

① 韩立刚、郑龙亭、徐繁：《繁昌旧石器考古重大突破》，《中国文物报》1998 年 12 月 16 日第 1 版。
② 黄万波、方其仁等：《巫山猿人遗址》，海洋出版社，1991 年。

三

旧石器工业类型的研究是新中国成立以来中国旧石器考古学家们研究的重点课题之一，认识这块土地上存在工业类型多样性也是中国旧石器考古学的重大成果之一。划分工业类型，首先要确定划分的原则，本文采用多元划分法，即有以下 3 种情况者均可自成一工业类型。其一，凡具有共同特点的，有相当广阔分布区的，基本上贯穿旧石器时代始终的；其二，特点相同的，时空分布有一定局限的；其三，在一组合中具有两个工业类型的主要特点的。把具有第一种情况的叫主工业类型，以其主要分布区命名；第二和第三类者称之为区域工业类型，以最早发现地点或能全面反映该工业类型的地点命名。

（一）主工业类型

从新中国成立后大量工作结果看，中国北方与南方各存在一个主工业类型，现将它们的工业特点、目前所知的分布区、发展趋势等作扼要的介绍。

1. 中国北方主工业类型（简称北方主工业）

北方主工业研究史较长，但真正认识它的存在和其价值是近 20 年的事。由于其材料多，对其特点和相关问题了解较深。依石制品，其工业有如下特点：大多数石制品是小型的，多数长度在 40 毫米左右，超过 60 毫米的占比例不大，依中国猿人石器，前者占 73%，后者占 9%；北方主工业石制品的原料可能多达 50 种左右，但主要原料是石英、燧石、硅化灰岩、石英岩、砂岩和水晶等；打片曾用 3 种方法：锤击法、砸击法和碰砧法，除中国猿人很特殊地以砸击法为主要打片方法外，其余无例外地以锤击法为主，辅以砸击法，碰砧法仅是偶被使用的方法；无论是打片或修理石器基本上用硬锤打击；用锤击法生产石片的石核，既不预制石核体，也基本上不修理台面，故石片和石核缺乏相对稳定的形态，因有以上原因及用硬锤打片，在较大程度上影响石核的出片率，为补救此欠缺，常采用转向打法，其结果是单台面石核少于多台面石核；使用石片比较多；石器①的毛坯主要是石片，其中断片占较高比例，故它是以石片石器为主的工业；石器类型多样，绝大多数是轻型工具，其类型包括刮削器、尖刃器、石锥、雕刻器，砍砸器和石球等重型石器数量不多，其中刮削器是主要类型，尖刃器是重要类型，其余各类在各自组合中占有量不大（据报道石球在许家窑组合中占有较重要的地位），没有手斧和镐等重型石器；修理石器基本上用锤击法，且以向背面加工为主，兼有向破裂面、错向、复向加工和交互打击；由于用硬锤修理石器，修疤多为宽深型，常见于近缘，致使刃缘不平齐，器形不甚规整；单刃石器多于多刃石器，刃口锐者多，常见刃角为 50°～70°；由于石器"个性"较强，不同类型或不同刃形存在一定数量的过渡类型，使得石器类型或刃形的界线显得不十分清楚。

北方主工业的分布区十分广阔，是随着时间推移不断地拓宽。旧石器时代早、中期，西至贺兰山、屈吴山和六盘山的东麓，东起辽宁千山山脉的西麓，南界秦岭北坡，北抵大青山南坡。已知地点的分布，最东为辽宁营口金牛山，最西是甘肃镇原姜家湾，最南是陕西蓝田公王岭，最北是辽宁喀左鸽子洞，其地理坐标大致为北纬 34°10′～41°15′、东经 107°29′～122°10′。到旧石器时代晚期，在北方向东

---

① 这里指笔者 1987 年提出的第二类石器（见张森水：《中国旧石器文化》，天津科学技术出版社，1987 年），下同。

扩展到张广才岭的西麓，最远点可能是黑龙江哈尔滨市的阎家岗（北纬45°36′、东经126°18′），向西由姜家湾至黑土梁（北纬35°36′、东经107°06′），还可能更西进到青海小柴达木湖地点（北纬37°28′、东经95°31′），原研究者依附近地点[14]C测定的年龄，推测该地点的时代："看来，将距今30000年左右作为石器地点的年代是比较恰当的。"① 此时北方主工业不限于中国北方地区，广泛发现于南方各省，在云南、四川、贵州、广西、湖南、湖北、安徽和福建等省（自治区）有类似上述特点的组合发现，向西进入了西藏，如各厅地点（北纬31°35′、东经89°22′）和苏热地点（北纬28°45′、东经87°21′），其分布区拓宽了很多，大体在北纬24°55′~45°36′、东经87°21′~126°18′的广大地区内。至此时，它可看作全国性的主工业类型。

北方主工业发展是比较缓慢的，其发展速度有加快趋势，尤其是旧石器时代晚期，使用磨制和钻孔技术，制造出骨针（包括象牙针）、锥等骨器和装饰品，此时的发展水平几乎与世界旧石器时代同期者同步，但石制品的生产略逊一筹。就石制品而言，仍可见其发展的脉络。总的发展趋势是向着长宽等比方向发展。对石制品的原料趋向选优汰劣，燧石等优质石料有所增加，砂岩等质较软者不断地减少。从打片技术上看，使用锤击法的比率从早到晚明显增加，技术日臻娴熟，形态规则的石片量有所增加；砸击法的应用走了一个马鞍形的发展，即早期从少到较多，中期骤减，晚期略有回升。用碰砧法打片从早期到中期渐趋衰落，至晚期基本不用。石器类型的变化是：刮削器作为主要类型的地位不断地加强，尖刃器的作用渐显重要，砍砸器趋向衰落，至晚期基本消失。石器的修理，由粗糙向较精细转变，石器的精品量有不断地增加的趋势等。

2. 中国南方主工业类型（简称南方主工业）

南方主工业的研究史较短，真正认识它的意义是在20世纪80年代后期，但其发现比较早。1971年冬至次年春，在湖北大冶石龙头地点出土了数十件石制品，其器体粗大，多用块状毛坯，且以砍砸器为主要类型等，笔者深感它与中国猿人石器的不同，但对它的存在究竟说明什么认识不深，在写《中国旧石器文化》时，冠以"长江边上粗化文化"之名。此后在陕西南部和广西百色地区发现了大量的这类石制品，特别是1987年后在湖南的澧水和沅水流域以及安徽水阳江流域发现数以百计的这类旧石器地点②，从不同阶地的地层中出土了大量的石制品，从中可看到与北方主工业迥然相异的特点，这才认识到，在中国南方也存在与北方主工业平行的主工业，在中国旧石器工业发展中存在主工业二元结构③。

南方主工业的特点有：石制品以大型的为主，长度多在100毫米以上，长度小于40毫米的很少；打片主要用锤击法，也用碰砧法，无可靠的用砸击法打片的证据；石器毛坯以块状（砾石、石核和断块）为主，因用砾石为石器的毛坯在组合中占比例高，故有砾石工业之称；石器中重型石器远多于轻型的，类型包括砍砸器、手镐、手斧、手锛、石球等，以砍砸器为主要类型，其余为常见类型，唯石球未在百色地区被记录，此外，还有少量的轻型石器，如刮削器和尖刃器，石锥和雕刻器几乎缺失；

① 黄慰文、陈克造、袁宝印：《青海小柴达木湖的旧石器》，见中国科学院中、澳第四纪合作组编《中国澳大利亚第四纪学术讨论会论文集》，科学出版社，1987年，第168~175页。
② 袁家荣：《略论湖南旧石器文化的若干问题》，见中国考古学会编《中国考古学会第七次年会论文集》，文物出版社，1992年，第1~12页。房迎三：《皖南水阳江旧石器地点群调查简报》，《文物研究》1988年第3期，第74~83页。
③ 张森水：《中国北方旧石器工业的区域渐进与文化交流》，《人类学学报》1990年第8卷第4期，第322~333页。

修理石器用锤击法，也用硬锤加工，且以向背面（包括块状毛坯的凸面）为主，交互打击的较多，还有向破裂面、错向和复向修理的，但数量不多；修理工作多粗糙，修疤以深宽型为主，刃缘曲折；使用石片较多等。

南方主工业已知分布区比北方的要狭窄，其最东点是安徽宣州市的向阳地点（北纬30°31′、东经118°53′）①，最西边的地点是资阳人B地点（北纬30°06′、东经104°38′），最南者为广西田东县的牛坪坡（北纬23°39′、东经107°44′），最北的是陕西洋县金水地点（北纬33°22′、东经106°47′）②，其地理坐标大致为北纬23°39′~33°22′、东经104°38′~118°53′。这是目前已知的分布区，向西扩展到青衣江和岷江流域，向东到达沿海地区，向南越出国境③和向北越过秦岭④（在洛南盆地多处发现类似的组合⑤）都是可能的。可以预测南方主工业的分布区比已知的要广一些。但从目前在四川西部、西藏、云南和贵州的工作来看，南方主工业未能深入到高原地区，即中国地形的第一、二级阶区，可能只限于第三级阶区。南方主工业可否再分若干小区，虽有人提出⑥，尚待资料的增加，但南北（目前界线不明）的石制品似有些差别，若以湖南为北区南界，广西百色为南区，至少可见南区无石球，北区常见；南区的手斧加工远比北区的好，限于目前空间缺环较大，衡阳以南、柳州以北地区工作做得不多，故能否再分，留待今后解决。南方主工业绝大多数地点缺乏可靠的断代资料，目前断代主要依河流阶地的地貌对比，年代学研究成果不多，向阳地点测年的结果可能超过70万年，最晚的地点，有测年结果的是资阳人B地点，¹⁴C年龄为距今3.9万~3.6万年。

关于南方主工业的发展趋势问题，由于工作起步晚，虽发现地点可能超过400处，但做过发掘的不多，各地点采集的石制品，超过100件的地点很少，故稍详细的文化序列尚难建立，因此其发展脉络尚不清楚。若将最早的和最晚的组合加以对比，从中窥探到一点发展线索：石片石器有所增加，早期或可能是早期的石片石器没有超过40%的，如龙岗寺占38.47%（依1983年发表的资料），牛坪坡的占4.6%，望城岗的占10.02%，而晚期的资阳人B地点者则占55.5%，重庆市丰都县烟墩堡地点，据报道，石片石器也超过半数。此外，虽无石制品测量、统计的大量数据，但有迹象表明，也可能是沿着长宽等比方向发展的。

（二）区域性文化类型

在南、北主工业分布区内或外，在旧石器时代不同时期存在着若干区域性工业类型。由于一些区域如西藏阿里地区和云南保山地区从遗物中可看到一些区域特点，前者以粗大的长石片和割切器为特色，后者以大量的骨、角器为代表，但因工作深度和年代等问题，暂不单列为区域性工业类型。可看作区域工业类型的有以下几个：

---

① 房迎三：《安徽宣州市陈山旧石器地点发掘报告》，《人类学学报》1997年第16卷第2期，第96~106页。
② 汤英俊、宗冠福、雷遇鲁：《汉水上游旧石器的新发现》，《人类学学报》1987年第6卷第1期，第55~60页。
③ 1995年8月在长沙召开"长江中游史前文化暨第二届亚洲文明学术讨论会"，在会上看过泰国朋友放的一组幻灯片，其石制品特点与华南者酷似，因此，才有以上说法。
④ 吕遵谔：《从巩义和洛南之行浅谈砾石工业》，《考古与文物》1999年第1期，第27~35页。
⑤ 1997年冬，笔者应陕西省考古研究所之邀，考察过洛南盆地的几个地点和陕西省考古研究所所藏的标本。
⑥ 袁家荣：《湖南旧石器文化的区域性类型及其地位》，见湖南省文物考古研究所编《长江中游史前文化暨第三届亚洲文明学术讨论会文集》，岳麓书社，1996年，第20~47页。

1. 庙后山工业类型

这个文化类型，目前只有一个地点——辽宁本溪庙后山，1978 年发现，1982 年进行多学科综合研究，取得了丰硕成果。从遗址地层中出土了 70 多件标本和一些骨制品。其石制品的特点有：大多数标本是粗大的，长度超过 60 毫米的石片约占 60%，石器约占 3/4；石器的毛坯以宽型大石片居多；其类型基本上是宽刃类的刮削器和砍砸器，尖刃类仅有 1 件尖刃器；修理石器用硬锤直接打击，且以复向加工为主要方式。

庙后山地点出土石制品的层位的时代分属旧石器时代早期和晚期，大多数属于前者，约 10% 属于后者；依铀系测年，其早期年龄跨度为距今 24.7 ± 8.3/4.9 万年 ~ 14.2 ± 1.3/1.1 万年，其晚期年龄为距今 24570 ± 570 年（ ^{14}C 年龄）或距今 17700 ± 1600 年（铀系年龄）。第 7 层中、下部铀系测年结果是，其下部为距今 9.6 ± 0.8 万年；中部为距今 4.5 ± 0.3 万年；核实了出自第 7 层的 7 件标本距第 7 层层面的深度，无一来自中、下部的，故只能认为庙后山的第 7 层堆积时间跨旧石器时代中、晚期，不知何故中期无人类遗存。早、晚两期石制品都比较粗大，故可视为工业上一脉相承，属于同一工业类型。

2. 丁村文化 B 组工业类型

1954 年对丁村遗址群开展大规模调查发掘，采到了两千多件石制品。通过研究，当时就认识到，不同地点石制品有些差别："襄汾丁村发现的石片，一般说来都较大较厚，也有较小较薄的石片，特别是在 54∶100 和 54∶102 地点较多。"[1] 笔者在 20 世纪 80 年代对那些石制品进行再观察、测量及分类，从尺寸和类型上，可以分为两组，A 组的各种特点是接近北方主工业的，B 组则不甚相同，自有一些特点：石制品主要是大、中型的，尤其是石器，大型的（依 54∶90 地点的）占石器的 83.3%；打片用锤击法，有些石片具有碰砧法打片的特点；石器类型宽刃类占绝对优势，砍砸器和刮削器在数量上差别不大，尖刃类包括尖刃器和手镐（三棱大尖状器），还有石球和手锛等。

在 20 世纪 80 年代前丁村文化统归旧石器时代中期。从 1976 年起在丁村地区开展多年的野外工作，其中有与 B 组相近的组合出自"地质时代为中更新世晚期"[2] 的堆积中。这说明 B 组的时代可上溯至旧石器时代早期。B 组石制品从尺寸上看与庙后山的较相像，修理方式和北方主工业无明显差别，但镐类石器是在国内最早被记录的，也是迄今所知时代最早的，可看作这个工业类型有代表性的器物。

3. 水洞沟工业类型

水洞沟地点是 1923 年发现的，并做过发掘，此后亦有人做过工作，只有到了 1963 年对该地点进行从顶向下的系统发掘，才得知它是多层的史前文化地点，只有第 8 层的石制品属旧石器时代晚期，代表水洞沟文化，也是这个工业类型的典型组合。那次发掘的主要成果已作过简要的报道。

水洞沟工业类型的特点比较复杂，既包含北方主工业的主要特点，也包括一些非北方主工业技术生产的石制品。属于北方主工业的特点如存在大量的小型石制品，用硬锤打片，不修理石核，这类石片和石核形状不甚规则，多台面石核多，同时还偶用砸击法打片；大多数石器是用较短（长宽指数在

① 裴文中：《中国旧石器时代文化》，见郭沫若等编《中国人类化石的发现与研究》，科学出版社，1955 年，第 30 ~ 45 页。
② 王建、陶富海、王益人：《丁村旧石器时代遗址群调查发掘简报》，《文物季刊》1994 年第 3 期，第 1 ~ 75 页。

80 左右）的石片做的；石器类型有刮削器、尖刃器，分别为主要和重要类型，兼有几件石锥和砍砸器；修理石器用硬锤加工，以向背面加工为主，修疤多深宽型，刃缘显得较曲折等。非北方旧石器主工业技术生产的石制品特点如次：存在约占石片 20%[①]的长石片以及数量相当多的石核体和台面经过修理的石核，其形态可分长方形的、半锥形的、梯形的和柱形的等，有些石核利用率极高，厚度只剩10 毫米左右；若干石器是用长石片做的，包括部分端刃刮削器、雕刻器和尖刃器，它们的修理相当细致，器形规则，刃缘匀称，修疤以浅长疤或浅宽疤居多，个别石器可能是用指垫法修理的，可见层叠的阶疤。依已有的打击石器试验，生产长石片和用长石片做的以上石器很可能是用软锤生产的。在以往研究中，对前者重视不够，对后者展示得比较充分，实际上水洞沟文化是由两个工业类型的主要特点组成的新工业类型。

目前可归于这个工业类型的有发现于新疆吐鲁番市交河故城附近西沟地点的石制品组合。该地点的石制品目前仅有地表采集，有不少长石片，但尚未发现砸击制品[②]。此外，在甘肃西部肃北蒙古族自治县下霍勒扎德盖的灰黄 – 灰白色细砂层中也发现过长石片，或许可归于其中。

4. 清水河工业类型

这个工业类型最早在 1958 年发现于内蒙古清水河县和准格尔旗黄河沿岸，此后在河套地区的东西两侧续有发现，北部地区因未做工作，情况不明。这个工业类型已发现的地点主要分布在宁夏[③]、内蒙古和山西，有几十处，但无一出自地层中，都是地表采集的，它以大中型的、加工精致的单边凸刃刮削器和尖刃器为代表，伴有数量不等的细石器工业制品，两者在时代上是同时的或不同时的，目前不清楚。若与水洞沟文化层者对比，有些可能是同时的，但其中那些非常成熟的细石器工业制品，不见于水洞沟文化层，而常见于新石器文化遗址中，故有一些可能是不同时的。这一工业类型的特点有：石片的台面很小，多可见修理痕迹，石核亦是，石核和石片形状多规则，呈三角形或梯形，有少量的长石片，由此可见其打片技术相当高，可能以软锤打片为主；石器的毛坯基本上是石片，且经过严格的选择，选长而薄的。石器类型有各式刮削器、尖刃器、砍砸器、石锥和不典型的雕刻器等，其中最有代表性的是单边凸刃刮削器和尖刃类石器，后者有一般意义上的尖刃器，还有手斧、半手斧和矛头形器等，石器的形态多规则，刃口锐利；大部分石器是用指垫法（莫斯特技术）修理成的，器面的大部和全部遗有浅平的修疤，主要疤型有浅长疤、浅宽疤、叶疤和阶疤，多数器面相当平整，横断面呈单或双凸镜体状，有些尖刃器尾端有明显打薄的痕迹，可能是为安把所做的特殊加工。

如上述，由于所发现的石制品缺乏地层依据和其他断代资料，目前仅依其类型和加工技术，暂定为旧石器时代晚期。若依与此工业类型关系较密切的地点的[14]C 年代学研究成果，如山西蒲县薛关地点为距今 13550 ± 150 年，河北阳原虎头梁为距今 11000 ± 2100 年[④]，宁夏青铜峡鸽子山地点为距今 10020 ±60 ~ 11660 ± 70 年等。上述三地点其主体是细石器工业制品，但其中有类似的加工精致的刮削器和尖刃器，这部分石器，无论从加工技术上或形态上都与本类型者相近，故从这一角度看它们在工业上有

---

① 统计数字依 1963 年发掘资料，未发表。
② 该地点于 1995 年夏由新疆文物考古研究所伊德利斯等发现，同年冬笔者曾考察过该地点。这批材料至今尚未研究发表，以上看法是调查中所得印象。
③ 张森水：《小口子史前地点发现的石制品研究》，《人类学学报》1999 年第 18 卷第 2 期，第 81 ~ 101 页。
④ 中国社会科学院考古研究所：《中国考古学中碳十四年代数据集（1965 ~ 1991）》，文物出版社，1991 年。

密切的关系。由此看来，清水河工业类型的时代可能是旧石器时代晚期的偏后阶段。

5. 下川工业类型

下川工业类型属细石器工业传统。新中国成立前，中国境内发现的细石器工业制品基本上归于新石器时代，裴文中①曾主要把满洲里市附近扎赍诺尔发现的细石器定为"扎赍期"，属中石器时代，但因缺乏地层依据，所定的时代存疑。直至1972年10月，在山西沁县下川"找到了含细石器的原生的地层"②，从而揭开了我国旧石器时代细石器工业研究新的一页。此后，在山西和河北等省发现多个地点，如山西蒲县薛关、榆次大发③，河北阳原虎头梁、油坊④和昌黎的汀泗涧⑤等。

这个工业类型特点鲜明，存在相当数量的各式细石核和石叶，与其共组的、有用它们做毛坯的加工精致的细小石器。已见记录的细石核类型有楔状（有宽体和窄体之别）、船底形、锥状、柱状、半锥形和漏斗形等；石叶长而薄，多数长宽指数在30以下。石器的毛坯既有少量用石叶、长石片和细石核做的，多数是用短而宽的石片做的；石器类型包括刮削器、尖刃器、长或短身端刮器、石锥和雕刻器，其中短身端刮器在石器中数量多，加工细致，具有很重要的地位。此外，个别地点记述过镞（？）和砍砸器。其修理总水平高于北方主工业者，刃缘匀称，修疤多为浅长或浅宽疤，两面加工的和修疤比高的标本也多于和高于后者。

下川工业类型无明显区域分布特征，穿插于北方主业的分布区内，已知的地理坐标大致为北纬35°23′~40°19′、东经111°59′~119°10′。这个文化类型的时代，依下川文化（上文化层）的^{14}C年龄为距今23900~16400年。从这个地点出土的细石器工业制品的技术和类型看，是相当成熟的，故超过距今2万年似显偏老。蒲县薛关和河北阳原虎头梁地点的^{14}C年龄已见上述，不赘。总的看来，细石器工业存在于华北大地上很可能在距今1万多年，一直延续到很晚时期。

细石器工业类型在华北似非孤立存在，而是与北方主工业有所交往，在山西榆次大发地点、河北阳原虎头梁地点和昌黎汀泗涧地点发现过少量的砸击产品，包括砸击石核13件和两端石片5件。这些北方主工业所特有的产品在细石器工业产品组合中存在，可视为有所交往的证迹。

6. 孟家泉工业类型

这是一个混合的工业类型，典型地点发现于河北玉田孟家泉⑥。各组合的主体是具有北方主工业特点的制品，但也包括一些细石器工业制品，前者包括形状不规则的石核和用它生产的小石片，一定数量的砸击石片与石核，石器以刮削器为主要类型，短身端刮器占有较高的比例，兼有尖刃器、石锥和雕刻器等。这部分石器（不包括短身端刮器）主要是用硬锤修理的，以向背面加工为主，多单层修疤，以深宽型居多。

这个工业类型还包括少量的细石核（楔形、锥形和柱形）、石叶、长石片，以及用它们加工成的长身端刮器、单面的或两面加工的尖刃器和琢背刀等。这个工业类型已在河北、山西和黑龙江等省找

①　裴文中：《中国史前时期之研究》，商务印书馆，1948年。
②　王建、王向前、陈哲英：《下川文化》，《考古学报》1978年第3期，第259~288页。
③　高星、尤玉柱、吴志清：《山西榆次大发旧石器地点》，《人类学学报》1991年第10卷第2期，第147~154页。
④　谢飞、成胜泉：《河北阳原油坊细石器发掘报告》，《人类学学报》1989年第8卷第1期，第49~58页。
⑤　王恩霖：《河北昌黎汀泗涧细石器遗址的新材料》，《人类学学报》1997年第16卷第1期，第1~10页。
⑥　河北省文物研究所等：《河北孟家泉旧石器遗址的发掘简报》，《文物春秋》1991年第1期，第1~13页。

到了一些地点，除命名的地点外，较重要的如山西大同山自造[①]和右玉张家山[②]，河北滦县东灰山[③]以及黑龙江省齐齐哈尔市的大兴屯[④]等。此工业类型的时代，依地层和古生物，暂定为旧石器时代晚期，大兴屯地点的[14]C 年龄为距今 11800 ± 150 年。

7. 观音洞工业类型

观音洞工业类型，从 1974 年底至 1975 年初在贵州黔西县发现观音洞地点[⑤]以来，在贵州西部做了大量的工作，对其特点了解比较清楚，如下：石制品以中、小型的为主，大型的不多，"大部分石核不加修理，即行打片，少数石核在石片台面上有修理痕迹"[⑥]。为提高石片生产率，常用转向打法，其结果是多台面石核（包括双台面石核）多于单台面石核，用硬锤打片，石片形态规则的不多；石器多用石片制成，类型有刮削器、尖刃器以及少量的砍砸器、石锥和雕刻器；在宽刃类石器中多刃石器多于单刃的；石器用硬锤加工而成，多采用陡向修理，故多数石器刃口很钝，刃角在 75°以上，其修疤常层叠，深宽型者习见。

观音洞工业类型目前只发现于贵州西部，多数地点在黔西北，东起桐梓马鞍山（下文化层），西至威宁草海的王家院子[⑦]，南界盘县大洞，北达桐梓的马鞍山，已知分布于北纬 25°38′ ~ 28°07′、东经 104°13′ ~ 106°49′的区域内。其技术曾更向北传播，其主要特点，如多刃多于单刃、常用陡向加工和钝刃石器数量多等见于重庆市的铜梁文化中（见后）。

这个工业类型的时代可能始于旧石器时代早期某个阶段，终于旧石器时代晚期。为进一步说明其起始时间问题，对已有的年代学研究作简略地说明。就工业类型典型地点——观音洞而言，原研究者意见明确："观音洞文化根据地层、古生物以及文化遗物本身的证据，可以确定其文化时代为旧石器时代初期，而且大致可分为早晚两期，B 组发现者代表早期，A 组发现者代表晚期。"[⑧] 最后研究报告（1986 年）亦保留此看法。后来铀系年龄测定与原相对年代论定差距较大，A 组为距今 5.7 ± 0.3 万年，B 组为距今 11.9 ± 1.0 万年（L.4），8.4 ± 0.5 万年、7.6 ± 0.4 万年和 10.4 ± 0.6 万年（L.5），11.5 ± 0.7/0.6 万年（L.8）。这项测试结果均在旧石器时代中期范围内。后来用铀系法再对该地点做年龄测定，用两种样品（碳酸岩和骨化石），同是第 6 层，碳酸岩者年龄为距今 18.1 ± 1.7/1.4 万年，骨化石者为距今 7.3 ± 0.3 万年[⑨]，相差竟达 10 万年以上。由此看来，对观音洞以及与此相关的地点的绝对年龄尚需进一步研究，故这个文化类型的肇始时间目前无法肯定。观音洞工业类型有测年结果的最晚的是马鞍山下文化层，铀系年龄为距今 5.1 万年或 3.7 万年（前者样品稍不封闭，后者封闭）。它可能还不是最晚的，王家院子地点可能更晚些，因为旧石器文化层上直接压着新石器时代文化层。

---

① 李超荣、任秀生：《大同县山自造地点旧石器研究》，《人类学学报》1992 年第 11 卷第 1 期，第 86 ~ 92 页。

② 石金鸣、胡生：《张家山旧石器的初步研究》，《人类学学报》1992 年第 11 卷第 2 期，第 117 ~ 125 页。

③ 河北省文物研究所等：《燕山南麓发现的细石器遗址》，《考古》1989 年第 11 期，第 967 ~ 970、966 页。

④ 黄慰文、张镇洪、缪振棣等：《黑龙江省昂昂溪的旧石器》，《人类学学报》1984 年第 5 卷第 3 期，第 259 ~ 266 页。

⑤ 裴文中、袁振新、林一朴等：《贵州黔西县观音洞试掘报告》，《古脊椎动物与古人类》1965 年第 9 卷第 3 期，笫 270 ~ 279 页。

⑥ 李炎贤、文本亨：《观音洞——贵州黔西旧石器时代初期文化遗址》，文物出版社，1986 年。

⑦ 吴茂霖、张森水、林树基：《贵州旧石器的新发现》，《人类学学报》1983 年第 2 卷第 4 期，第 320 ~ 330 页。

⑧ 李炎贤、文本亨：《贵州黔西观音洞文化的发现及其意义》，见中国科学院古脊椎动物与古人类研究所编《古人类论文集》，科学出版社，1978 年，第 77 ~ 93 页。

⑨ 沈冠军、金林红：《贵州黔西观音洞钟乳石样的铀系年龄》，《人类学学报》1992 年第 11 卷第 1 期，第 93 ~ 100 页。

8. 猫猫洞工业类型

猫猫洞工业类型[①]的特点是：打片用锐棱砸击法、锤击法，还可能用过碰砧法和砸击法，但以前者为主要打片方法，打片前既不预制石核体，也不修理台面，造成石核的产片率低和原料消耗大的结果，尤其用锐棱砸击法打片，每件石核上常常只有一或两个片疤；石器的毛坯主要是石片，且多用锐棱砸击石片；石器类型简单，主要类型是刮削器和尖刃器，还有相当数量的砍砸器和个别不典型的雕刻器；修理石器用锤击法，大多数是向破裂面加工的，修理石器水平较高，石器形态规则，刃缘匀称，以单边凸刃刮削器和尖刃器最优，后者自有明显特点，尖刃多较钝，若芒状者很少；石制品以大、中型的居多，小型的为数很少；除个别地点外，或多或少发现过磨制的或刮制的骨、角器，其制作水平较高，加工有序，类型稳定，形态精美，刃口锋利，类型有锥、铲、针、棍、笄和刀等。

猫猫洞工业类型已知的分布区，西起水城的硝灰洞，东至普定的穿洞（上文化层），南界安龙观音洞[②]，北达普定的红土洞，即大体发现于北纬 25°03′126°17′、东经 104°50′ ~ 105°02′的狭长地带。但此工业类型的主要特点的石制品组合在台湾省有多处发现，如台东县"长滨文化"的潮音洞（其[14]C 年龄为距今 5340 ± 260 年 ~ 4970 ± 250 年）[③] 和台东县小马洞及屏东县鹅銮鼻第二地点等[④]。猫猫洞工业类型的技术影响怎样东迁进入台湾岛，由于中间地带没有类似组合发现，暂时存疑。

猫猫洞工业类型在贵州境内出现和发展的时间比较晚，晚于观音洞工业类型的大多数组合。依已有的测年资料，硝灰洞最老，铀系年龄为距今 5.7 ± 1.0/0.8 万年。若以硝灰洞组合作为本工业类型最早的代表，其主要特点之一以锐棱砸击法为其打片的主要方法已经形成，其余特点似乎未萌发。距今 5 万 ~ 2 万年缺这个工业类型的资料。在距今 1.5 万年左右，如普定白岩脚洞的第 3 层[14]C 年龄为距今 12800 ± 200 年，第 5 层为距今 14600 ± 200 年，兴义张口洞第 14 层为距今 14550 ± 450 年[⑤]。本工业类型典型地点猫猫洞用不同方法测试的年龄结果差别较大，铀系年龄为距今 14600 ± 1200 年[⑥]，[14]C 年龄为距今 88200 ± 300 年[⑦]，这个时期可视为本工业类型的定型期，其主要特点均可见到。进入地质时代的全新世，这个工业类型仍继续发展，可称发展期，以发展磨、刮制的骨、角器和石器精品量增加为标志，其代表性组合如张口洞的第 6 层，[14]C 年龄为距今 9965 ± 100 年，普定穿洞上文化层[14]C 年龄为距今 9610 ± 100 ~ 8080 ± 100 年，普定双山红土洞[14]C 年龄为距今 6000 ± 175 年，台湾的潮音洞还要晚些。从后者看，及至距今 5000 年左右该工业类型尚未见明显衰落的迹象。

9. 铜梁工业类型

此工业类型于 1976 年发现于重庆市铜梁县西郊的张二塘（北纬 29°55′、东经 106°02′），至今仍只有这一个组合，系由南方主工业和观音洞工业类型的一些特点组合而成[⑧]。其特点有：石核和石片形

① 曹泽田：《猫猫洞旧石器之研究》，《古脊椎动物与古人类》1982 年第 20 卷第 2 期，第 155 ~ 164 页。
② 《贵州旧石器考古浅论》即将发表于纪念贾兰坡教授 90 寿辰论文集中。
③ 宋文薰：《长滨文化——台湾首次发现的先陶文化（简报）》，《中国民族学通讯》1969 年第 9 期，第 1 ~ 27 页。
④ 黄士强：《从小马洞穴谈台湾地区先陶文化》，《田野考古》1991 年第 2 卷第 2 期，第 37 ~ 54 页。李光周：《垦丁国家公园的先陶文化及相关问题》，《台湾大学考古人类学刊》1984 年第 44 卷，第 79 ~ 147 页。
⑤ 曹泽田：《贵州重要古人类遗址年代学研究新进展》，《贵州文物工作》1995 年第 3 期，第 26 ~ 34 页。
⑥ 原思训、陈铁梅、高世君：《华南若干旧石器时代地点的铀系年代》，《人类学学报》1986 年第 5 卷第 3 期，第 179 ~ 190 页。
⑦ 张森水：《穿洞史前遗址（1981 年发掘）初步研究》，《人类学学报》1995 年第 14 卷第 2 期，第 132 ~ 146 页。
⑧ 张森水：《四川省旧石器文化与古人类研究》，《巴渝文化》1994 年第 3 期，第 1 ~ 40 页。

制古朴，大多数是自然台面，石片缺乏规则的几何形；石片几乎没有完整的边缘，可见不连贯的打击痕迹，石器也几乎没有纯单面加工的，单面加工的另一面或另一个或数个边偶可见打击痕迹，因此，石片边缘有缺口和石器单面加工不净构成其特有之点；石器类型简单，只有刮削器、尖刃器和砍砸器，后者占石器总数的1/3，其中主要用大石片做的端刃砍砸器约占砍砸器的1/3，是前所未见的（这是南方主工业在三峡和四川盆地内石器中的重要特点），石器中复刃（占71.8%）多于单刃（占28.2%）；石器以复向加工居多，常采用陡向加工，刃口钝，刃角多在75°以上，修疤以深宽型为主；石制品多数是大型的，砾石石器占有较高的比例，块状毛坯占石器总数的36.4%。

铜梁工业类型虽只有一个地点，或许可把郫口地点几件标本归于其中，但其代表组合的特征表明它是多来源的。其时代，依哺乳动物化石定为更新世晚期，用文化层顶部的乌木做[14]C年龄测定，其年龄为距今21500±310年，另用文化层中的核桃壳做[14]C年龄测定，为距今25450±850年，由此可把它定为旧石器时代晚期的工业类型。

四

这部分拟讨论与工业类型有关的一些问题。如上所述，目前至少可看到各有特点的11个工业类型，形成了中国南、北方主工业二元结构与多种区域性工业类型并存的格局（表1）。从空间上看，除两个工业类型只有一个代表地点外，其余的都有或大或小的分布区；从时间上看，可能贯穿旧石器时代始终的除两主工业类型外，还有观音洞工业类型（或许始于旧石器时代早期的后期），属于早、中期的1处（丁村文化B组工业类型），归早期和晚期的1处（庙后山工业类型），晚期的5处（水洞沟、清水河、下川、孟家泉和铜梁工业类型），猫猫洞工业类型从旧石器中期的后期至距今5000年左右。从不同时代工业类型的量看，依序是晚、早、中，其中晚期最丰富多彩。以下就诸工业类型关系、分布区特征及其意义、文化交流和历史发展不平衡等问题作点浅识，最后对未来工作谈点想法。

（一）诸工业类型的关系

我国诸多的工业类型虽各具有特色，如果把细石器工业及与其相关的长石片工业制品暂且排除在外，它们之间可以找到一些共同点，用硬锤打片和修理石器，至少有9个工业类型是如此。与此相关的有石核不预制，基本上不修理台面，故使石核与石片缺乏相对稳定的形态，石器形态不甚规整，刃缘曲折，常呈波纹形，修疤单层者多，且以深宽型为主，以及石制品向着长宽等比方向发展等。这些共同特点大体贯穿旧石器时代始终。若以此为考虑的出发点，则它与非洲、欧洲和西亚的主体旧石器工业有着明显的不同，后者其重要特点之一是总趋势向着长宽不等比小型化方向发展，应属不同的工业传统，可以把这些共同点看作是中国旧石器工业大区域连续发展的证据。这与中国大地上古人类演化以区域进化为主，与周围地区基因交流为辅的模式互为印证。区域连续演化的人所使用灼制造石器的一些技术代代相传，一直被应用，形成主要技术上和类型上的共同性。

在诸多的工业类型中，依特点有些可以找到其源，如水洞沟工业类型和铜梁工业类型等。另依各工业类型特点的对比，观音洞工业类型从以小型石制品为主和刮削器是主要类型以及用硬锤打片和修理石器等来考虑，它与北方主工业更接近一些。庙后山的大石片及用大石片做的砍砸器为主要类型等诸点则显得与丁村文化B组有更多的相似点。猫猫洞工业类型与诸工业类型的亲疏问题，目前难以说

表1　各工业类型特点分布区及起始时间一览

编号	工业类型名称	工业类型特点	分布区	起始时间
1	北方主工业	以小型石制品为主，多数长度在40毫米左右；石核不预制，多台面石核多于单台面石核，石核和石片缺乏相对稳定的形态；用多种方法（锤击法、碰砧法和砸击法）打片，除中国猿人遗址外，均以锤击法为主要方法；石器主要是用石片做的；多数石器属轻型石器，包括刮削器（主要类型）、尖状器（重要类型）、石锥和雕刻器，重型石器不多，有砍砸器和石球等；修理石器主要用锤击法，且以向背面加工为主，由于用硬锤修理，故使器形和刃缘修整不甚规整；使用石片比较多	早、中期在秦岭以北（北纬34°10′~41°15′，东经107°29′~122°10′），晚期几乎遍及全国（北纬24°55′~45°36′，东经87°21′~126°18′）	可能始于百万年前，结束于距今1万年左右
2	南方主工业	多数石制品是大型的，长度超过100毫米；石核不预制，单台面石核多于多台面石核，打片多用硬锤锤打击，有时也用碰砧法；石核和石片缺乏相对稳定的形态；石器主要用块状毛坯做的，不少是用砾石做的，故有砾石工业之称；石器主要是重型石器，轻型石器少，后者是主要类型，修理石器用硬锤和砍砸器，后者是主要类型，其中以向背面（凸面）为主要方式，交互打击较多，修疤多深宽型，刃缘曲折；使用石片较多	在秦岭以南广大地区（北纬23°39′~33°22′，东经104°38′~118°53′）	可能始于70多万年前，结束于旧石器时代晚期（有测年结果最晚的为距今3.9万~3.6万年）
3	庙后山工业类型	大多数标本是粗大的，长度超过60毫米的占2/3以上；石器多是用大石片做的，刮削器和砍砸器居重要地位；多数石器是用复向加工成的	目前只有辽宁省本溪市庙后山一个地点	可能始于旧石器时代早期的后期，结束于旧石器时代晚期（距今24.7万~1.77万年）
4	丁村文化B组工业类型	石制品主要是大、中型的，用锤击法和碰砧法打片，石器主要用石片做的，其中重型石器占有重要地位，包括篇（三棱大尖状器）、砍砸器、手镐和石球；轻型石器占有较高的比例，主要类型有刮削器和尖状器，后者的尖刃多较钝，呈小圆头状	在山西襄汾丁村附近的小区域内	旧石器时代早期的后期至旧石器时代中期
5	水洞沟工业类型	除有北方主工业的主要特点外，还有相当数量长石片及用于生产长石片的、石核体经预制的、半锥形的、梯形的和柱形的）的石核，石核利用率相当高；少数石器是用长石片做的，包括端刃刮削器（长身）、尖刃器和雕刻器等；一些石器采用指垫法修理；以上石器形态相对规则，刃缘匀称	宁夏和新疆	其始末时间不详，属旧石器时代晚期。水洞沟地点14C年龄为距今3.8±0.2万年或距今3.4±0.2万年

续表

编号	工业类型名称	工业类型特点	分布区	起始时间
6	清水河工业类型	石核和石片多有修理台面痕迹，形态规则，有一定量的长石片；石器主要是用石片做的，并经严格选择；石器有刮削器、尖状器、少量的砍砸器和石锥；前两类石器形态规整，多数用指垫修理而成，刃缘匀称；以向背面加工居多，但有相当数量是两面加工的，特别是尖刃类中有些可归手斧	内蒙古、宁夏和山西省	其始末时间不详，暂归旧石器时代晚期
7	下川工业类型	以存在大量细石器工业制品为其特点，包括各式石核，主要有楔状、船底形和锥状，大量的石叶；石器类型包括刮削器、长身或短身端刮器、尖刃器（不少是两面加工的），石锥和雕刻器等；小部分石器采用压制修理，组合中量大，加工精致是重要特点	山西和河北省	旧石器时代晚期至更晚时期。下川地点14C 年龄为距今 23900～16400 年
8	孟家泉工业类型	其主要特点同北方主工业特点，但组合中包含少量细石器工业制品，如楔状、锥状和柱状细石核；有长石片和石叶，及用它们做的石器，单面或两面加工的尖刃器和琢背刀等	河北、山西和黑龙江省	旧石器时代晚期。大兴屯地点14C 年龄为距今 11800±150 年
9	观音洞工业类型	石制品以中、小型的居多；多台面石核多于单台面的，石核形态多不规则；石器主要是用石片做的，单刃石器多于多刃石器；石器形态少，刃向加工，刃口钝，多数刃角超过75°；石器形态不规则，刃缘很曲折	贵州的西部（北纬 25°38′～28°07′，东经 104°13′～106°49′）	可能始于旧石器时代早期后期至旧石器时代晚期。已知测年最早数据为距今 18.1±1.7/1.4 万年，最晚者为距今 5.1万年或3.7万年
10	猫猫洞工业类型	打片主要用锐棱砸击法；多数石器是用锐棱砸击石片做的；大多数石器工作相当好，修理工作相当好，修理向破裂面加工的，器形规整，刃缘方正，刃口较高，其中砍砸器和砍砸器，尖刃石器和刮削器，尖刃器之尖较钝；石制品以大、中型居多	贵州西南部（北纬 25°03′～26°17′，东经 104°50′～105°02′）	可能始于旧石器时代中期之末延至后旧石器时代。14C 年龄最早者为旧石器时代。14C 年龄为距今 5.7±1.0/0.8 万年，最晚者为距今 4970±250 年
11	铜梁工业类型	其组合包括南方主工业的一些特点，显著的是砍砸器是主要类型，其中用大石片做的端刃砍砸器占砍砸器的1/3，也含有观音洞工业类型的一些特点，多刃石器多于单刃石器；其特有观音洞的单面加工者不见完整锋利的边缘，常见缺口，石器无绝对的单面加工者	重庆市铜梁县	旧石器时代晚期。14C 年龄为距今 21550±310 年或距今 25450±850 年

准，若以大、中型石器居多和砍砸器数量较多等方面看，其与南方主工业的关系稍显密切。

（二）各工业类型分布区特征

各工业类型，除庙后山和铜梁工业类型外，虽有一定的分布区，但各工业类型间是穿插分布着的，北方的区域性工业类型几乎都在北方主工业分布区内，至旧石器时代晚期，北方主工业广泛分布于南方，南方的观音洞工业类型与猫猫洞工业类型，前者主要分布于黔西北，后者偏于黔西南，彼此有一定交错区，还插有北方主工业若干组合。这些表明各工业类型没有形成依江湖或山脉为界排他性地、相对稳定的氏族活动区，而不像塔斯马尼亚人那样，"有固定的迁移区和狩猎区，常以江河、湖泊或山岭为界，不得逾越"[1]。日本学者也曾报道过旧石器时代晚期的末段，某些石叶工业有明显的分布区，并依此推测它是氏族活动有一定的区域的证迹[2]。一般说来，在旧石器时代晚期氏族组织已经有相当的发展，氏族作为一个社会组织已有了严格的形式，例如苏联曾多处发现过旧石器时代晚期氏族公用的大房子以及从一些艺术品上反映氏族的存在。在我国虽尚未找到这些直接的证据，但应相信在原始社会早期社会发展差距不会很大，故可推测，旧石器时代晚期在华夏大地上氏族组织应是存在的，不同的工业类型可能与不同氏族或几个氏族有关，其所以没有形成相对稳定的活动区，可能与我国幅员辽阔，尚不需要有严格的活动区，可以共存于同一区域。

（三）工业交流

由一些工业类型，如铜梁和孟家泉等工业类型的特点就可看到不同工业类型的融合产生新类型，应是工业交流的结果。南、北主工业存在一定交流，由于在河南南部发现一些旧石器时代晚期组合，既有南方主工业又有北方主工业的一些特点，故推测交流的路线可能是走"南阳通道"[3]。近年来不少学者讨论东、西方文化交流问题，已有多篇论文问世。

从目前考古资料看，在旧石器时代早、中期，虽有一些可作为东、西方旧石器文化对比的资料，如蓝田曾发现1件手斧，周口店第一地点有3件具有修理台面特点的石核和1件具有似指垫法修理的端刃砍砸器，丁村有1件盘状石核和几件手镐等，终因数量太少，难以做肯定的论证。旧石器时代晚期，东、西方工业交流应是活跃的，装备改善也为此提供可能，这个问题值得深入研究。清水河工业类型广布于河套地区，有些技术传播至更广的地区，使笔者遐想，曾有一群拥有一些莫斯特和奥瑞纳技术的人群在那里生活过。

（四）历史发展不平衡现象

在研究铜梁地点出土的石制品时，因其有诸多原始性，促使"我们提出应注意我国旧石器文化发展的不平衡性"的问题[4]。对讨论这个问题有意义的材料是1969年发表的"长滨文化"，其中的潮音洞出土的石制品和骨制品，无论从类型或技术上看与旧石器时代晚期者相似，但时间仅在距今5000年左右。在此后的30多年里，类似组合在中国南方多处发现，如猫猫洞（依^{14}C年龄）、穿洞上文化层、

---

① 坎诺（Cunow，H.）著，吴觉先译：《经济通史》，商务印书馆，1936年。

② 佐藤宏之：《日本石叶工业所见的游动和行为模式》，见中国考古学会等编《汾河湾——丁村文化和晋文化考古学术研讨会文集》，山西高校联合出版社，1996年，第77～87页。

③ 张森水：《贵州旧石器时代晚期文化的若干问题》，见广东省博物馆、曲江县博物馆《纪念马坝人化石发现三十周年文集》，文物出版社，1988年，第119～126页。

④ 李宣民、张森水：《铜梁旧石器文化之研究》，《古脊椎动物与古人类》1981年第19卷第4期，第67～76页。

普定红土洞、兴义张口洞（第 6 层以上）、安龙观音洞、云南昆明大板桥①、保山塘子沟②和峨边老龙洞（上文化层）③ 等，时代都晚于距今 10000 年；广东、广西也可能有类似组合。年代在距今 11000 ~ 10000 年的有四川炉霍的哑吧沟④和河北阳原的虎头梁。这些全新世早、中期组合的存在说明历史发展不平衡现象的出现可能始于旧石器时代晚期，在一些地区存续到很晚时期，大约在距今 5000 年左右或更晚。

历史发展不平衡现象的出现和延存下去可能主要与环境有关。在全新世的早、中期，在中国地形划分的第三级阶区已有农业，但在第一、二级阶区和第三阶区的一些地方，不利于农业生产，或采集经济特别富足，因此，在这些地方仍经营着非生产性的自然的狩猎－采集经济，旧石器时代晚期的工具组套被相当完整地保存下来，并应用于生产。

由历史发展不平衡现象的存在，若从中国今日疆域来考虑，应不存在统一的从旧石器时代向新石器时代的过渡时期和过渡的经济模式。旧石器时代向其后的过渡，因我国地域辽阔，地形复杂，不同地区气候差别大，其经济模式应是多种多样的，因此旧石器时代向更高阶段过渡的形式也应是多样的，从这个意义上说，在中国作为一个发展阶段的中石器时代是不存在的，至于在个别地区是否存在这样的阶段，还要看今后的发现，是否有有别于旧石器时代晚期工具特点和时间表的支持。总之，这个问题是很有意义的，应是 21 世纪中国旧石器考古学的重点研究课题之一。

（五）结束语

20 世纪，特别是后 50 年，中国旧石器考古学的发展，为 21 世纪持续发展打下了坚固的基础，但我们工作中仍存在不足，首先是工作的不平衡，东、西部旧石器考古工作相当薄弱，影响全面了解旧石器文化面貌、工业区划和文化交流等问题的讨论；其次，任务重、专业人员少；再者，迫切需要建立起以考古资料为基础的、较细密的文化序列表和如何规范旧石器考古学术语以及与国际接轨等。如果这些方面能在较短的时间内做出很好的成果，那么，中国旧石器考古学在 21 世纪为人类和文化起源研究，为再造世界史前史能做出更大的贡献。

参考文献：

Black, D. , Teihard de Chardin, P. , Young, C. C. et al. , 1933, Fossil Man in China, *Mem. Geol. Surv. China*, Ser A, 11: 1 – 166.

Boule, M. , Breuil, H. , Licent, E. et al. , 1928, Le Paléolithique de la Chine, *Archives de L' Institute de Paléontologie Humaine*, Mem, 4: 1 – 138, Paris: Masson.

Breuil, H. , 1939, Bone and Antler Industry of the Choukoutien Sinanthropus Site, *Pal Sin New*, Ser D, 7: 1 – 41.

Pei Wenchung, 1939, A Preliminary Study on a New Palaeolithic Station Known as Locality 15 within the Choukoutien Region, *Bull. Geol. Soc. China*, 19: 147 – 187.

---

① 杨正纯：《昆明大板桥史前洞穴遗址试掘报告》，《人类学学报》1993 年第 12 卷第 4 期，第 305 ~ 318 页。
② 张兴永（主编）：《保山史前考古》，云南科技出版社，1992 年。
③ 白子麒：《老龙洞史前遗址初步研究》，《人类学学报》1998 年第 17 卷第 3 期，第 212 ~ 220 页。
④ 宗冠福、陈万勇、汤英俊：《四川甘孜藏族自治州炉霍发现的古人类和旧石器材料》，《史前研究》1987 年第 3 期，第 59 ~ 61、58 页。

Pei Wenchung, 1939, The Upper Cave Industry of Choukoutien, *Pal. Sin. New.*, Ser D, 9: 1 – 41.

Wu Rukang, Olsen, J. W. (Chief editors), 1985, *Palaeoanthropology and Palaeolithic Archaeology in the People's Republic of China*, Orlando: Academic Press, 1 – 289.

（原载《人类学学报》1999 年第 18 卷第 3 期）

近 20 年来中国旧石器考古学的进展与思考

一、引言

裴文中先生离开我们已经 20 年了。他追求真理、光明磊落、疾恶如仇、敢于直言、尊师重情、公私分明、严以律己、宽以待人以及治学严谨、刻苦勤奋、富有探新和独创精神的崇高品德，是留给我们的宝贵精神财富，激励着人们为中国旧石器考古学走向世界而努力。

在过去的 20 年里，中国旧石器时代考古学继 20 世纪 30 年代裴先生和其他师辈创造的周口店高潮以后，出现了一个新的、无论是研究深度和广度都是过去不能与其相比的高潮。这个时期研究出现了许多新的特点。例如，扩大了时空分布；人才方面新秀辈出，老骥伏枥；试验考古学和国际学术交流空前活跃，东、西方旧石器文化对比研究也有新进展。本文将扼要地记述这些特点所带来的结果，以此纪念裴先生逝世 20 周年，也向同行求教。

二、时空分布的扩大

目前中国旧石器文化地点粗略统计不少于 1000 处，其中的 80% 是后一阶段发现的，它们中的 60% 发现于长江中、下游和淮河流域。其中，湖南、安徽等省从 1987 年至今发现了大量的旧石器文化地点，已分别超过 300 处和 100 处左右；在珠江水系和闽江水系也有新发现。广大的北方地区亦增新知，世界屋脊西藏阿里地区亦发现多处可能是旧石器文化的地点。通过对这些新材料的研究，从时间上看，旧石器时代早期的前段（相当于地质时代的早更新世）成果丰硕，其后段南方的分布区在海拔 600 米以下，且基本上分布于中国地形的第三级阶区内。旧石器中期的文化已进入高山区，在神农架犀牛洞发现约 0.1 MaB. P. 的旧石器文化地点，出土几十件石制品和大量的哺乳动物化石，该地点的海拔为 2102 米。旧石器时代晚期文化地点遍布全国各地，与 20 年前相比，向西扩大了 8°，向南约扩大 1°。此时北方的石器组合似与环境有密切关系。以草原为主的广大地区，石器小型化明显，穿插分布着细石器工业，砍砸器极为稀少；而以森林为主的地区，不仅砍砸器数量多，而且个别地点石制品相当大，如吉林桦甸仙人洞出土者。

三、旧石器时代早期前段的成果

人类起源和文化肇始问题的研究是旧石器考古学的热点之一。20 年前，只发现 6 个地点：元谋上那蚌、蓝田公王岭、郧县龙骨洞、阳原小长梁和阳原下沙沟，还有西侯度；近 20 年来重点工作在河北阳原泥河湾盆地，发现了 16 个可能属于这个时期的文化地点。此外，还有巫山龙骨坡、云南江川甘棠箐、安徽繁昌人字洞、湖北建始龙骨洞和安徽宣州陈山（指其底文化层，ESR 测年结果为 0.814 MaB. P. ）。到目前为止，共发现的 25 个地点中的 76% 是这个阶段发现的。对文化传播方向以往总认为是由南向北传播，就目前材料看则可能是多向的，因为目前材料最早的是繁昌人字洞的石制品组合，其时代初步定为 2.0~2.5 MaB. P. 。从已知的分布区（北纬 25°40′~40°13′、东经 101°58′~114°36′）看，早期人类的扩散速度是相当快的，至少在早更新世后期，人们跨长江，越黄河，到达北纬 40°以北地区。在已发现的这个时代的 25 个地点中，毋庸讳言，一些地点或石制品性质或时代问题存在争议，但这不妨碍对其总性质的了解。在这些地点中没有发现用火遗迹，多数地点只有石制品，少数地点发现过少量的骨制品或打击骨器。

各地点发现的石制品多寡不一，多则据称数以万计（云南江川甘棠箐地点，据说石制品性质存疑），少则一件（郧县龙骨洞）。已采到的石制品的一般性质[①]是：打片用锤击法，偶尔用砸击法，是否用过碰砧法尚待深入研究；石核和石片多不定型，无修理台面标本；石器既有用片状毛坯做的，也有用块状毛坯做的，石器类型有刮削器、砍砸器以及少量的尖刃器、雕刻器和石锥；它们的修理工作粗糙，多单层修疤，见于毛坯近缘，且以深宽型居多，刃缘显得曲折，刃口钝者多。这些石制品组合有区域的差别，还可以看到时间上的差别，北方的和这个时代较早阶段的以小型的为主，南方稍晚的以大型的居多。

这里简单地记述湖北建始龙骨洞发现的文化遗物。这个地点是 1970 年发现的，裴先生曾考察过，那年只发现几枚硕大的人牙和巨猿牙化石，未发现文化遗物。2000 年春，郑绍华和李超荣对该地点进行发掘，除发现更多的人牙和巨猿牙齿外，同层出土了一些石制品和骨制品[②]。石制品的原料主要是燧石，还有少量的石英等其他岩石；数十件石制品基本上是小型的，长度多小于 40 毫米，它们包括石核、石片、断块、碎屑、残片和几件石器（多是刮削器，至少有一件可称尖刃器）；生产石片用锤击法，无论石核或石片都未见有修理台面痕迹，形态亦多不规则。与上述石制品一起出土的有少量的骨制品，依我们敲骨取髓和修理骨器的试验，其中有几件可归打击骨器类。其修理方式多数是向骨腔壁打击，少数是向骨表面加工的。建始龙骨洞依共生的哺乳动物及巨猿等化石初步推测其时代为更新世早期，约 1 MaB. P. 。

四、中国北方和南方旧石器时代主工业

中国旧石器时代工业的基本框架：北、南方各存在一个主工业，同时并存若干区域性工业。笔者曾对它们的分布区、工业特征和发展趋势做过简要的论述[③]，但对北、南方主工业从打片技术和石器类型的比较叙说其差别稍嫌欠缺，另外对两者分异的时间也疏于探讨。下面对这些问题做点补充。在论述这两方面问题之前，附带将南方主工业新发现（1999 年）的材料介绍给读者。

1999 年发现的福建省三明市灵峰洞遗址位于三明市西约 17 千米处，埋于当地叫万寿岩（北纬 26°

---

①　一般性质以无争议者为准。

②　这批材料尚未发表，笔者征得郑绍华和李超荣先生同意，允许笔者发表自己观察的结果，笔者表示衷心的感谢。

③　张森水：《管窥新中国旧石器考古学的重大发展》，《人类学学报》1999 年第 18 卷第 3 期，第 193~214 页。

16′、东经117°30′）的一洞穴内，高出当地河水面37米。从浅黄色的中细砂层中发现75件石制品和一些哺乳动物化石。石制品包括断块27件、断片6件、石核8件、锤击石片2件、锐棱砸击石片2件、锤击石锤2件、刮削器6件、砍砸器2件和雕刻器（?）1件。从这些石制品中可看出其主要特点：1）石制品以大、中型为主，小型的很少；2）原料以石英砂岩为主，原材均为砾石；3）打片主要用锤击法，偶用锐棱砸击法，不预制石核，多自然台面；4）石器类型简单，可靠的仅有刮削器6件和砍砸器2件，毛坯以片状居多，亦有块状的；5）石器加工粗糙，器无定型，刃缘曲折，多单层修疤，刃口较钝等。依此石制品总性质可把它归入南方主工业。与其共存的有中国犀和巨貘等8种化石，铀系年龄测定结果约为0.185 MaB.P.，考古时代应为旧石器时代早期的后段[①]。

中国南方旧石器时代主工业的地点基本上发现于河流阶地上，断代资料贫乏，万寿岩是这个工业类型发现于洞穴中仅有的两处之一，又是断代资料相当丰富、南方主工业分布区最东边的遗址之一以及距海最近的遗址和福建省第一个旧石器时代早期遗址。这组石制品包括2件锐棱砸击石片。这种石片常发现于中国台湾省后旧石器文化组合中，为台湾省史前文化溯源拉近了空间距离。

中国北、南方旧石器主工业各有自己的分布区，延续时间相当长。近年在陕西洛南化石浪地点找到丰富的南方旧石器主工业的制品，知其分布区在秦岭东端已越过北纬34°，到达华山南坡脚下。两个主工业在石制品上表现出明显的差异，兹列表以示之（表1）。

中国北、南旧石器主工业的分异时间，依最近的研究成果已初露端倪。具有北方主工业特点的最早石制品组合出自河北阳原小长梁地点，依古地磁测定，一般认为逾1 MaB.P.；具有南方主工业特点的最早石制品组合来自湖北郧县曲远河口学堂梁子地点，与石制品同层出土有桑氏鬣狗等22种哺乳动物化石。对其时代，原研究者提出："我们根据动物群性质，认为相当于公王岭蓝田人的年代，大致为1 MaB.P.。"[②] 但ESR测得的年龄为0.58 ± 0.093 MaB.P.，因有桑氏鬣狗化石存在，这一数据恐偏年轻。从目前已有的研究成果看，中国北、南方主工业分异时间可能在1 MaB.P.或稍晚，至0.50～0.30 MaB.P.进入各自的盛期，诸特点充分显示出来。

五、大型遗存的发现与其功能的探索

这些年中国旧石器考古研究重大成果之一是在旷野类型遗址中发现若干与古人类活动有关的大型遗存。以下介绍几处重要的发现，并对其功能稍作探讨。

1. 毛竹山遗址（旧石器时代早期）

毛竹山遗址1996年发现，1997年发掘。它位于安徽省宁国县城西北4.5千米的毛竹山上（北纬30°40′、东经118°57′）。在网纹红土底部发现一古人类活动遗存。略呈半圆形，长轴约10米，短轴约6米。该遗存中间有东西向4.7、南北向4米的空白区，在呈环带状地区存放着砾石和石制品。两者无一定的分选，在此环带内还有20个小圈，直径20～40厘米，中无砾石和石制品。原作者对遗存的功

---

① 李建军、陈子文、余生富：《灵峰洞——福建省首次发现的旧石器时代早期遗址》，《人类学学报》2001年第20卷第4期，第247～256页。

② 李炎贤、计宏祥、李天元等：《郧县人遗址发现的石制品》，《人类学学报》1998年第17卷第2期，第94～120页。

表1 中国北、南方旧石器时代主工业的差异

分项 \ 区域		北方	南方
石制品总性质		以小型为主	以大型为主
打片方法	砸击法	常用或较常用	基本不用
	碰砧法	偶然使用	比较常用
	锐棱砸击法	不用	个别地方偶然使用
石核	锤击的	多台面多，单台面少	单台面多，多台面少
	碰砧的	很少	较多
	砸击的	较多	未见可靠标本
石片	碰砧的	很少	较多
	砸击的	多或较多	未见
	锐棱砸击的	无	偶见于个别区域
石器	总性质	以小型和轻型的为主	以大型和重型的为主
	毛坯	以片状的为主，用断片较多	以块状为主，砾石占较高比例
	刮削器	数量多，主要类型	数量少，次要类型
	砍砸器	数量少，次要类型	数量多，主要类型
	手镐	极少见	较常见
	手锛	非常罕见	数量不多
	尖刃器	数量较多，重要类型	只有几件标本
	石锥	较常见，数量不多，次要类型	未见
	雕刻器	较常见，数量不多，典型的少	偶见个别不典型标本
	手斧	基本不见	比较常见
	石球	较常见，数量不多*	数量较多**

* 许家窑遗址例外。

** 至今未见于百色盆地诸旧石器地点。

能提出是"储料场和石器制造场"，又因小圈的存在，"推测砾石环带还可能有其他用途"①。

笔者有幸考察过该遗存，并与发现者房迎三先生交换过意见，现概述于后。这些砾石是精选来的存于该地，作为储料场和石器制造场等看法我都赞成。至于把它看成建筑遗存证据不足，因为砾石环带的地面是自然的，稍起伏不平，没有作为建筑地面修整痕迹，有些小圈周围有石制品，大小均有，有刃或边向内的，也有向外的，起不到固柱洞的作用。退一步考虑，若是柱洞会留下人工痕迹。建议解剖一个小圈和取圈内和圈外的土样分析，前者当日解剖一个大的，既未发现人工挖掘痕迹，也没有找到竹或木灰迹，圈内土样与周围土样已做过分析，"小圈内土样的有机质含量没有增高……或者小圈不是柱洞"②。诚然，原研究者对这一大型遗迹的功能做多方面的探索应是可取的。

---

① 房迎三、黄蕴平、梁任又等：《安徽宁国毛竹山发现的旧石器早期遗存》，《人类学学报》2001 年第 20 卷第 2 期，第 115～124 页。

② 房迎三、黄蕴平、梁任又等：《安徽宁国毛竹山发现的旧石器早期遗存》，《人类学学报》2001 年第 20 卷第 2 期，第 115～124 页。

2. 鸡公山遗址（旧石器时代中期）

该遗址 1984 年发现，1992 年发掘。它位于湖北省荆州市荆州区郢北村（北纬 30°19′、东经 112° 12′）。鸡公山遗址有上、下两个文化层，在下文化层的下部（4B）发现一长 20、宽约 20 米的人类活动面。它可再分为两类：1）砾石和石制品密集的"石堆区"；2）砾石和石制品稀少或无的"石圈"，包括小型的直径 1.5～1.8 米，大型的直径 2.0～2.5 米。原研究者认为："从大量的石制品和砾石混杂堆积的情况看，应是人类活动的产物，可能与打制石器有关，也可能兼与居住或其他活动有关，但尚需要进一步寻找证据。"[①] 笔者数次考察过该遗址，赞同上述看法。关于该遗址的时代，原研究者认为："把鸡公山阶地堆积与下蜀土的下层对比，应是比较合适的。"[②] 因此，其地质时代可能是中更新世末期或晚更新世早期。

3. 阎家岗遗址和船帆洞遗址（旧石器时代晚期）

（1）阎家岗遗址

该遗址位于黑龙江省哈尔滨市西南 25 千米的阎家岗，1982 年发现，发掘持续到 1985 年。[14]C 年龄为 22370±300a B. P. 。在 1983 年和 1984 年发掘中各发现一处由哺乳动物碎骨堆成的半圆或大半圆圈，其一弧残长 5、宽 40～60 米，另一外径 5、内径 3.5 米。叠压的化石可分 3 层：下层粗大，中、上层稍细碎。原研究者认为："呈半圆形圈分布的化石条带更可能是古人类构筑临时营地的基础。"[③] 依笔者所见，两圈骨带均有向北开的口，不宜挡风御寒，1984 年发现的有口开向运粮河的，故推测："猎人为了狩猎在动物正常出没的地方构筑掩体。"[④]

（2）船帆洞遗址

该遗址 1999 年发现，发掘工作持续到 2000 年。与上述灵峰洞在同一座山上，位于万寿岩西坡脚下，高出地面仅 5 米。该遗址有上、下两个文化层，在下文化层发现一处石铺地面，已揭露的约 120 平方米，呈不规则的"凸"字形，石灰岩块单层摆放，大小均有，以砾径 10～15 厘米的居多，排列不规则，无定向性，石块间不夹水流作用填充的砂，在石铺地面上或石块间有不少的石制品和做石器的原料。由其埋藏情况及共存石制品分析，石铺地面遗存无疑是人工之所为[⑤]，其功能有待进一步研究。

近 20 年来，这些大型遗存的发现，标志着我国旧石器考古的进步。在方法论上，从长期以器物为研究中心转向以遗址为研究中心，为此，发掘方法更加细密，采用大面积平面揭露的方法，导致发现这些与人类活动有关的大型遗存，进而拓宽研究领域，探索它们与人类行为的关系，成为中国旧石器考古研究的新热点。

六、试验考古学的成果及其他

试验考古学是通过模拟制作不同质的工具及其他遗物，从中可以提供有关生产方法、工艺技术和

---

① 刘德银、王幼平：《鸡公山遗址发掘初步报告》，《人类学学报》2001 年第 20 卷第 2 期，第 102～114 页。
② 刘德银、王幼平：《鸡公山遗址发掘初步报告》，《人类学学报》2001 年第 20 卷第 2 期，第 102～114 页。
③ 黑龙江省文物管理委员会、哈尔滨市文化局、中国科学院古脊椎动物与古人类研究所东北考察队：《阎家岗——旧石器时代晚期古营地遗址》，文物出版社，1987 年，第 1～133 页。
④ 张森水：《中国旧石器考古的新转折——〈阎家岗旧石器时代晚期古营地遗址〉评述》，《北方文物》1991 年第 2 期，第 3～8 页。
⑤ 陈子文、李建军、余生富：《福建三明船帆洞旧石器遗址》，《人类学学报》2001 年第 20 卷第 4 期，第 257～271 页。

工序的信息；通过复制工具使用的微痕分析，有助于对考古标本使用情况的了解。因此它是旧石器考古学的一个组成部分。在我国，从裴文中先生开始就重视这方面的工作。1931 年从中国猿人遗址发现石英制品，他就是通过复制石英器与考古标本做对比研究，论证后者的人工性质。近 20 年来这方面工作无论其深度和广度都是以前无法与其相比的，并已取得一批研究成果，石器使用痕迹的研究从宏观走向微观，开展了微痕分析。

打片的试验，在以往基础上有所深化，复制了石叶生产过程，进行了碰砧法和锤击法打片的比较试验研究。对两者的产品——石片的特征的复杂性有了新的认识：无论从石片大小、石片角的钝锐或其他人工性质明显程度等都有相当的重叠性，其产品分类存在一定局限性[①]。

在复制石器及模拟使用和微痕分析方面都做了一些工作，取得了初步的结果，后者在国际上是 20 世纪 70 年代开创的研究石器使用痕迹的新方法。在我国，复制石器及模拟使用和微痕分析，既有为掌握微痕分析方法而较广泛的模拟研究，也有有针对性地开展工作，如针对我国旧石器中以石英为原料的较多，专做石英制品的微痕分析，总结出石英制品微痕的特点；还有针对某类器物做这方面工作，顾玉才的钻器研究颇具代表性。他从海城仙人洞 1990 年出土的石制品中选出具有钻器特征的标本 29件，自制了 44 件，取出 20 件做钻孔试验，使用后进行微痕分析。崩疤是最常见的微痕，数量多，遍及整个使用部位，且常呈叠压状。在此基础上，将出土的 29 件钻器进行微痕分析，只有 7 件钻器有使用微痕[②]。这一对比研究说明同类石器形态相同其功能未必相同，给石器分类提出新课题。

骨器的模拟研究也在这段时间做了较多的工作，包括两个部分：打击骨器和敲骨取髓产生碎骨的区别及磨制骨器制作、使用（包括制作骨器的石制品）和微痕分析。有人针对海城仙人洞发现的兽牙和蚌壳装饰品，复制出同类制品，并对它们进行微痕分析。在此基础上也对考古标本进行了微痕分析，与原宏观判断略有不同。宏观者认为标本 1 是先两面挖孔而后再钻，微痕分析未见旋纹，小坑是挖的；又如，标本 3 宏观判断为对钻成孔，而经微痕分析认为其孔是先挖后钻而成。对牙根磨平工艺，认为不是为了钻孔，而“更可能是为了美观”[③]。“还做过复制骨针，用石片钻孔试验，并进行微痕分析，看到不同石料上的微痕略有差异：从骨针使用中认识到，薄的皮容易缝制，厚的皮，如麋鹿的皮骨针难穿透。”[④]

在辽宁营口金牛山 A 地点发掘中，找到 9 个灰堆遗存，呈圆形或椭圆形，最小的直径 45 厘米，最大的直径 77 ~ 119 厘米，一般直径为 55 ~ 60 厘米。“灰堆底部一般是稍凹于地面，呈浅锅底形，也有在底部垫几块大石块。”[⑤] 发掘者通过试验认为：大石块可使火堆留有大的空隙，有利于进空气助燃，灰堆中小的或扁的石块可能是封火措施。由此可见金牛山人有相当高的用火水平。

试验考古学虽在解决旧石器考古学问题中起到了作用，但还是很不够，与国外相比差距还相当大，缺乏有针对性的规划和长期的计划，也没有专门人才和常设的试验室，因此，这方面是亟待发展的。

①　李莉：《碰砧法和锤击法的实验研究》，《南方民族考古》1992 年第 5 期，第 180 ~ 197 页。
②　顾玉才：《海城仙人洞遗址出土钻器的实验研究》，《人类学学报》1995 年第 14 卷第 3 期，第 219 ~ 226 页。
③　顾玉才：《海城仙人洞遗址装饰品的穿孔技术及有关问题》，《人类学学报》1996 年第 15 卷第 4 期，第 294 ~ 301 页。
④　黄蕴平：《小孤山骨针的制作和使用研究》，《考古》1993 年第 3 期，第 260 ~ 268 页。
⑤　吕遵谔：《金牛山遗址 1993、1994 年发掘收获和时代的探讨》，见韩国国立中北大学校、中国辽宁省文物考古研究所编《东北亚旧石器文化》，汉城：曰山文化出版社，1996 年，第 131 ~ 141 页。

以上的成果为这方面打下了初步基础。

国际交流和学术讨论空前活跃。改革开放，国门洞开，研究人员学术交流频繁，走出去，请进来，对外国考古动态、研究思想和发掘方法等方面不断地获得新知，初步地改进我们的工作，使中国旧石器考古学研究一步一步地向国际水平方向迈进。上述成果的取得与此无疑有一定的关系。

这个时期，国内学术讨论是前所未有的活跃，研究和讨论面很广，如东、西方旧石器工业对比研究（具体项目包括手斧、手镐、尖刃器、砸击技术和槽割技术等），中国旧石器类型学问题，中国旧石器时代问题（包括两分法和三分法），真假人工制品的鉴别问题和对莫维士（H. Movius）理论评价，等等。

对于所讨论问题，各抒己见，百家争鸣，相互启发，引向深化，出版的论文已达数十篇。对其中大家关注的两个问题（莫维士理论问题和中国旧石器类型学与国际接轨问题）谈点个人看法。

（1）莫维士理论问题。在半个多世纪以前，美国考古学家 H. Movius 把旧大陆的旧石器时代早期分成两个文化区：手斧文化区和砍砸器文化区[①]。现在来看，无论其分类或文化区划分都是不完善的，似有必要做部分增补和修正。但从历史上看，还是比较客观的。以中国材料言，H. Movius 依据的只有周口店的材料，中国南方的材料仅有地表零星的采集，未被采用。现在的南方，数十处早期地点，石器中有手斧应无疑问，但仍是以砍砸器为主。如何重新规划旧石器时代早期文化区应是可以讨论的学术问题。

（2）中国旧石器类型学与国际接轨问题。目前在国内各专家进行东、西方旧石器工业对比研究中，都认为中国的有特殊性，其实这是裴文中先生在20世纪30年代就已指出的[②]，但又有一种使人感觉到的倾向，即用欧洲类型学和类型术语来代替现行中国所用的。这就有一个如何处理特殊性问题。笔者认为，"搬轨"未必行得通，要解决这一问题，应有专人细致地研究一下中国类型学和类型术语的形成历史，逐一进行对比研究，提出一个可行的方案，经讨论付诸实施。总之，这是一个很繁杂的事情。接轨不易，当努力去做。

新秀辈出，老骥伏枥，是他们不辞辛劳，察沟探洞，索史求真，笔耕不止，发现了那么多的新的旧石器文化地点，写了大量的专著和论文。据不完全统计，专著和论文集有30多本，各类论文达800多篇，大大地充实了中国旧石器考古学的文献库，为世界史前学发展做出了良好贡献。

中国旧石器考古学已有80年历史，出现过两个高潮，其一是20世纪30年代以周口店工作为代表，另一次是20世纪最后20年，其标志是在长江中、下游和淮河流域发现数百处旧石器地点，大体弄清中国旧石器工业的基本框架。第三次何时到来，不敢预言。想象的标志应是用高科技手段，多学科综合研究，为再造史前史工程做出不可替代的贡献。为它的到来，愿以残躯鼓与呼。

（原载《第四纪研究》2002 年第 22 卷第 1 期）

---

① Movius H. , 1949, The Lower Palaeolithic Cultures of Southern and Eastern Asia, Transactions of *the American Philosophical Society*, 38（4）：329 – 420.

② Pei Wen – chung, 1939, An Attempted Correlation of Quaternary Geology, Palaeontology and Prehistory in Europe and China, Geochronw – logical Table, 11：3 – 10.

后　记

2002 年，古稀之年的张森水先生来到西苕溪，主持了浙江省旧石器考古调查，在安吉、长兴发现 31 处旧石器地点和 330 余件石制品，填补了浙江境内无旧石器文化遗物的空白。

2020 年初，我与刘斌所长、中国考古学会旧石器专业委员会主任高星谈起张森水先生对浙江旧石器考古的贡献，动议在安吉古城的浙江省文物考古研究所安吉考古保护中心专门辟出一间工作间，设立"张森水纪念室"，以存放先生的藏书、书稿等，并布置简要陈列，介绍先生的学术之路。

这个动议，得到先生女儿张蕴敏和张韶彬两姐妹的全力支持。大约 3 个月之后，先生的全部藏书、书稿、工作日记、中外资料复印件、大量的往来信件、照片、底片等，共计 58 个大纸箱，通过物流运抵安吉考古保护中心。又与先生的大弟子高星博士商量，征集张先生在各地工作考察时的工作照、手迹等，这个倡议得到众师友的响应和支持。

2021 年 3 月开始，我们分门别类，整理所有物品。随后，我所资料信息中心按档案要求，将藏书编目、手稿等做档案保存，并将所有手稿、照片等扫描制成电子档案永久保存。

2021 年上半年，与我所时任主持工作的方向明副所长汇报"张森水纪念室"的筹备进展时，方向明副所长提议编一本张森水先生以南方旧石器考古为主的文集。这个提议同样得到家属和高星博士的支持。

文集内容设计和材料收集整理无疑又是一个学习的过程，有发自内心的不自觉的动容，也有忍俊不禁的开怀大笑。先生的音容笑貌不时浮现，先生润物无声的教诲会清晰地在耳畔响起。"经师易遇，人师难遭"，这便是我时常涌出的感觉。

感谢刘斌所长、方向明所长、李晖书记的大力支持。感谢高星博士提供照片，就内容编排等提出宝贵的建议，并拨冗撰写了引言。感谢王新金、徐繁、吉学平、李建军、付仁义、盛立双等诸师友的慷允，提供了先生的部分工作照。感谢刘亚林、徐永芳、刘倩、罗玲等，我们一起整理归档先生的藏书书稿等，还一块承担遴选照片、转换文章格式、校对等繁重工作。感谢沈丽燕在整理书稿和纪念室施工时的支持帮助。

由衷感谢张蕴敏、张韶彬两位姐姐，将先生所有的藏书、手稿、资料等无偿捐赠给浙江省文物考古研究所。家乡的考古人将永远铭记在怀。

在浙江旧石器考古工作取得突破性进展 20 周年之际，我们编辑出版这本《路石——张森水旧石器考古学术之路》，一则感恩先生的奉献，二则激励吾辈学人沿着先生的足迹继续努力进取。

本书付梓之际，心中自有千千结。在先生铺就的旧石器考古学术路上，我将继续前行。

徐新民

2022 年 4 月 28 日

窗灯下

- 手稿／工作日记
- 照片
    — 与家人
    — 工作
    — 在浙江
    — 国内考察
    — 国外考察
    — 参加会议

2000.9.27于6#

遗憾与快慰
——忆建德人牙发现始末

　　1974年冬浙江的野外考察，我个人有个心愿．想为家乡摘掉无旧石器文化帽子尽绵薄之力。那年的浙西，武斗频乃，11月7日到金华，街上荷枪执棍比之皆是，根本不可能在金衢盆地开展工作。为安全计，次日转道建德，那时建德是相对平静的港湾。我们到达时，受到当时县政宣组的热情接待，根据以往工作，在建德和淳安进行野外考察。11月24日上午，从上新桥公社出发，徒步北行约一小时，抵达乌龟洞。此前浙江区测队黄正维等报道过那里曾发现化石，我们希望找到更多的材料，特别是能了却心愿的文化遗扬。上午对乌龟洞及其周围做了一些调查，考察组魏丰、韩德芬和张森水等认为有必要对乌龟洞进行发掘。

　　下午雇了三个民工，开始发掘，探坑东西向，南北宽为2米。头天收获不多，次日继续，主要发掘含化石的层位，堆积物为黄色色粘土，中夹大量碰击碎屑，局部胶结的很坚硬，由南空白区，即使是整个中国南方，旧石器时代文化遗址也是寥寥无几，当时中国科学古脊椎动物与古人类研究所和浙江省博物馆合作，开展这方面工作，起步不谓不早。在那次调查中，曾对建德市上新桥乡乌龟洞的第四纪堆积进行发掘，从中出土了一批哺乳动物化石和一枚人的右上犬齿化石以及一些碎燧石，"我个人的注意力偏重这些碎燧石，并将之逐一洗净，仔细进行观察，结果令人失望，看了几百件碎燧石，无一人工痕迹清楚的"①。此后，由于种种原因，此项工作在长达28年里驻足不前。

在20世纪最后20年以中国南方旧石器时代主工业（下简称南方主工业）的新发现和研究的深化，出现了中国旧石器时代考古学的第二个高潮，特别应提到的是从1987年起，安徽发现了旧石器，此后，在江西、福建和江苏相继发现了旧石器时代不同阶段的文化地点和一批石制品，从而使浙江省成为华东地区，乃至全中国旧石器文化研究的空白区，对探讨南方主工业种种问题构成了区域性的障碍，使旧石器考古工作

序

舟山群岛，列布于钱塘江口外东海之上，由570多个大小岛屿组成，以舟山岛为最大。象一帆渔舟，飘泊在万顷碧波之中，极目远眺，水天相接一线，帆影如云，林幽石奇，风光绮旎。舟山不仅景美，而且历史悠久，已发现了孙家山等接近河姆渡文化的新石器遗址。舟山市博物馆馆长胡进荣等同志经四年的艰辛工作，征集到和视目采到从舟山海底的海底打捞上数百件化石，加以研究，撰写成书《舟山海底化石与古人类生存环境》，从而把当地生活的历史提前了数万年。索史探源，倪端初露，揭开古人类在舟山地区悠久历史的一角。

《舟山海底化石与古人类生存环境》的出版是值得庆贺的，在学术上是颇有意义的事。东海海底发现哺乳动物化石地点不多，南至福建的东山，北至浙江舟山，台湾海峡两侧尤为丰富，虽有零星报道，但无对一地区发现材料加以整理、研究，全面地公布研究成果的，因此，这本书是一部鸿蒙之作，开海底第四纪化石研究之先河。

在这本书中记述了长鼻目化石1种，奇蹄

▲《舟山海底哺乳动物化石与古人类生存环境》序

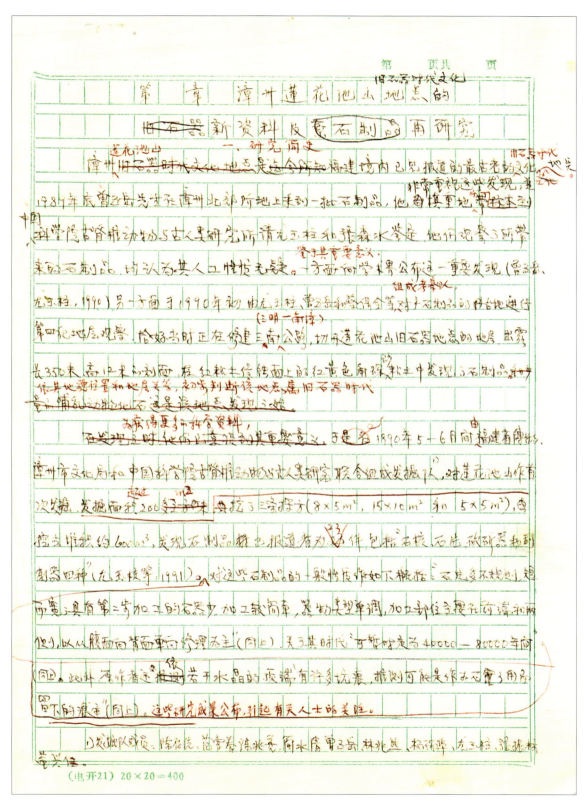

▲《漳州莲花池山旧石器时代文化地点的新材料及再研究》

一、前 言

旧石器文化遗址（下简称人字洞）

人字洞发现人工制品，因其年代的古老和主要原料铁矿石的其人工痕迹前无记录，通过标本展示和消息报道，已引起各方面的关注，是与非、与疑之论见诸报端。我们重视这些意见。由此促我们想起1931年在周口店第1地点鸽子堂石英I和II层中发现了大量的石英制品，对其人工痕迹的特征，一般教科书无载，国内也无这方面资料，也曾在内部引起过是与非的争论。对此，裴文中（1955）曾回忆说："到1931年，裴文中宣布发现了石器的时候，曾有许多人反对，到1932年后，才用大量的实物说服了反对者"。这是很好的历史经验。我们将通过对历年发现的标本的观察，所得结果，原2本3地在学术刊物上公布。依此想法，首先这将1998年人字洞遗址发现的材料加以初步研究，本文所记述的是对这些材料观察的主要结果，重点放在对非质岩石质标本的分析，同时也记述几件骨制品，以利于窥其文化概貌。

安徽繁昌人字洞旧石器时代文化遗址的地

▲《繁昌人字洞旧石器遗址 1998 年发现的人工制品》

陕西省旧石器时代考古的几个问题

张森水

（中国科学院古脊椎动物与古人类研究所）

一、前言

陕西省是中国旧石器时代考古学发祥地和最早期从地层中发现人化石和旧石器的省份之一，在中国旧石器时代考古学史上占有重要地位。从小桥畔发现"河套人"牙化石至今已有80年了。在这段时间里，陕西省旧石器时代考古学断断续续地开展着，有所发现，波浪形地前进，_{从20世纪80年代末开始持续地发展，}取得了较丰硕的成果，已找到旧石器或人化石地点或遗址可能有190处，已拥有人类演化三个所段的化石代表，石制品可能达到80,000件，一些地点还伴出有哺乳动物化石，试验考古学研究迈出了可喜的一步。此外，在古环境、古气候和年代学研究等方面也获得了一批成果。发表了数十篇旧石器考古研究的论文和报告，积累了较丰富的旧石器考古资料和工作经验，为陕西省新世纪旧石器时代考古学的发展奠定

20×20＝400

▲《陕西省旧石器时代考古的几个问题》

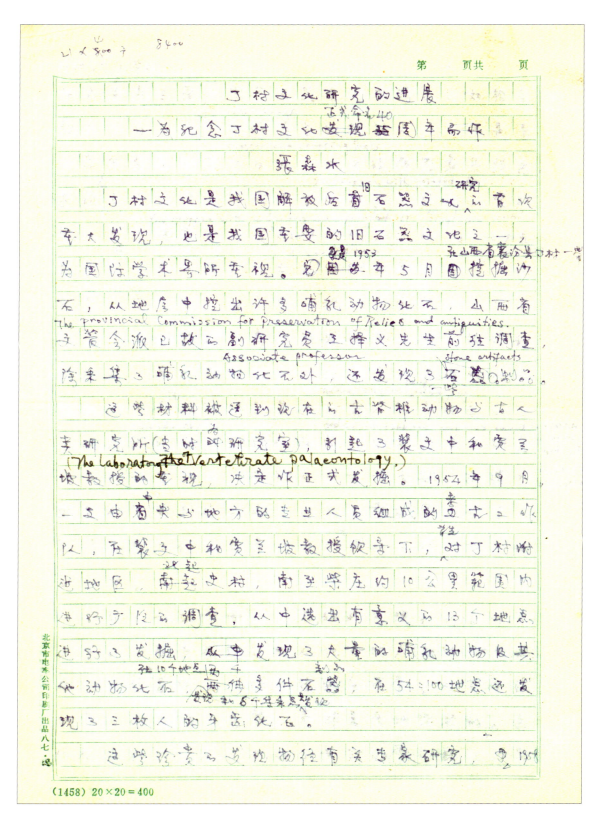

《丁村文化研究的进展》

甑皮岩新石器时代遗址打击石器的研究

张森水　阳吉昌

（摘　要）

为探讨旧、新石器时代打击石器的差别，对甑皮岩打击石器进行了深入的研究。现将所得的结果与时代相近的旧石器时代晚期工具组群和时代相当、地区相近的新石器遗址出土的工具组群作了对比。

甑皮岩遗址中已采到的打击石器共347件，可分为了大类和24型。打击砾石类数量最多，占46.7%，石砧类最少，占0.6%，石锤类占18.1%，石核类占18.1%，石片类占6.0%、刮削器类占28%和砍砸器类7.5%。

石片和石核形制不规整，自然台面居多，石核的利用率很低；工具类型简单，仅两类：刮削器和砍砸器，它们主要是用块状毛坯制成的，修理工作多简单粗糙，器形不规整，刃口钝者多，刃缘多曲折

在与猫a洞组群和南宁附近贝丘遗址发现

周口店文化比较研究

一.简况和基本材料

在以周口店龙骨山为中心,大约2km范围有人类活动的,或可能有人类活动的遗址或化石地点有:Loc.1 Loc.13 Loc.13A Loc.22 Loc.15. Loc.4. 山顶洞;Loc.3. Loc.10. 和Loc.9. Loc.13A 10处.

①大体可分为两大类:I.有人类活动直接证据的(包括人化石、石制品、骨制品及其他遗物和用火遗迹共存者)计6个遗址. Locs. 1.13.15.4.22和山顶洞;Ⅱ.人类活动证据不充份者(用火遗迹或骨骼上推测)有人工痕迹)Loc.13A.(烧骨)Loc.3. Loc.10.(少许烧骨). Loc.9和3.(骨骼上有敲砸痕迹)

二. 研究简史

周口店遗址1921年发现,同年找到一枚人牙. 1927年正式发掘 左下M1 人牙是定新属新种Sinanthropus pekinensis 之人北京种, 1929年发现第一头盖骨. 到1930年基本奠定中国猿人在人类进化中的地位.

1929 年开始研究人类活动. 当年采用火标本. 次年末年1次化学分析 1931年用火遗迹①研究发表.

1930年发现石制品. 1931年发表. 1932年做综合研究. 1985 年发表综合研究报告《中国猿人石器研究》, 20 30th①确定了中国猿人工业在世界旧石器中的地位. 1927年发现第4地点.37.38.1973发掘 1933年发现Loc.13. 1930年发现山顶洞 1932年发现第15地点. 1951年发现22地点. 1930和1937 9.(1929) 1930发 Loc.3 1927. Loes10 1929. Loc.13A 1951 合一 1930.1950发掘简报

三.材料简介.

Loc.1. Loc.15. Loc.13. Loc.4 山顶洞

从中国猿人文化早期（包括Loc.13）到晚期，砸击技术的运用经历了一个不成熟到成熟及走向顶峰的过程。在已研究的标本中，砸击制品4136件，占初级产品73.79%。大量用砸击石片做石器毛坯，占石器25.92%，居毛坯之首位，还用这种方法修理石器，占石器的2.73%。还有一整套砸击工具——石砧和石锤。锤击法的生产意义渐被认识。其余各地点情况相反，都是以锤击法作为打片的基本方法，用砸击法打片处于极度的衰落。从现有具体资料看，中国猿人的砸击制品占初级产品的74.11%，锤击产品占25.05%；第15地点，锤击产品占初级产品的88.35%，砸击产品仅占11.65%，Loc.4只有1件归一端砸击，山顶洞列举品2件，Loc.22没有，也没有发现砸击工具和基本没有以砸击石片为毛坯的。

另从产品质的比较，也可看出技术运用上的变化。中国猿人者，尤其是其晚期，有形制规则的石核，枣核形的、多棱柱形的。砸击石片较薄而形态规则的石片多。在1604件石片中，长型的占78.17%，宽型的仅占0.96%，长宽相仿的占0.87%。在长型石片中长宽比差大于一倍的524件（包括大于2倍以上的39件）占32.67%，其中有些可以与细石器中的石叶比美；Loc.15，长宽比差一倍的仅是个别的，没有超过2倍的，形态多不规则，且相对较短，宽而厚，有些象中国猿人早期的。第4地点和山顶洞的形态同Loc.15常见的与此相印。

（2）长尖器发展上有关的差别。

长尖石钻器是中国猿人工业晚期发展起来特有的一类石器。共有17件标本，代表当时人制造石器达到的最高水平，但是从第15地点及其他各石器制品地点，都没有发现这类石器，到目前为止，中国境内旧石器考古资料中无记录，似乎是他们的存在时间是短暂。

由于中国猿人以砸击法为主要打片方法及存在长尖石钻，使其工业变得特化。长1倍以上622件占15.99%，两倍39件占1.00%，全部砸击3840，长型占89.02，宽型45占1.16%，且长宽相仿32占0.82%

手　稿

周口店遗址研究的经验教训与保护的思考

张森水

一、值得纪念的日子

今天是值得纪念的日子，是裴文中先生发现中国猿人第一个完整的日子。它的发现成为20世纪中国科学的一件大事，是古人类学的划时代事件，为人类起源于亚洲学说，提供了强有力的化石证据，从而确立人类进化过程中猿人阶段的存在。今年还是有志于办学和新闻事业的裴文中先生偶得机缘，参加周口店工作，调转航向的75周年和先生百岁之年，我们共聚于此，共同商讨周口店遗址研究和保护问题，无疑是很好的纪念形式。我愿将对周口店遗址研究的一孔之见，谈一谈经验教训和保护问题，希望起到抛砖引玉的作用，不当之处，请指正。

周口店遗址研究，若从安特生(Andersson, J.)发现"龙骨山"算起，已有82年历史。这长的研究历程是十分曲折的，与20世纪中、后期民族的命运紧紧地联系在一起，几起几落，从中可获得可借鉴之处，经验教训都是值得很好地去总结，以激励后人，把中国旧石器考古学推向更广更深的发展方向，从中所得教训，可引以为戒，少走弯路，以最小的代价换得最好的结果。

二、周口店既是远古文化宝库

周口店遗址的研究，历经80多年，经几代人努力，取得了丰硕成果，在旧保护区内已发现旧石器遗址有4处：中国猿人遗址，周口店第15地点，第4地点和山顶洞人遗址；旧石器地点2处：第13地点（第13A地点，第22地点），还有多个哺乳动物化石地点(Loc.3，Loc.9和Loc.10)曾发现过几件烧骨和可能被人砸过的骨化石，还有10多处哺乳动物化石地点，在时代上从上新世到中更新晚期或晚更新世早期。

说周口店遗址是远古文化宝库当之无愧。

从材料上说，已发现人化石超过260件，代表直立人、晚期智人三个不同阶

关于中国的后旧石器时代文化

张森水

若从 J. Edgar 在我国长江流域（从宜昌→到重庆）从事旧石器考古调查，将至今已有80多年历史，若以旧石器地点地层清楚、层位可靠的庆阳发现算起，中国旧石器时代考古学的历史仅有75年，在相当长的一段时间（约半个世纪），人类是以周口店（或中国北方）为中心，不断地直线的或台阶式的向前发展，这从许多文章或序列表中可以看出来（最早向西方介绍的序列表（Pei, 1938），一直到铜梁文化发表以前，在旧石器考古学界尚普遍持如下观念：笔者等从铜梁旧石器开始研究始此，而其时代较晚，因此提出这过论，我国旧石器文化发展的不平衡性、曲折性和复杂性的问题。随着近代学研究的新成果的发表，有人为属于旧石器时代晚期的一些地点的石制品，时间不到一万年，加之80年初，晚读到宋文薰先生1969年发表的长滨文化（简报），使笔者着手考虑到，这足别旧石器时代文化和旧石器文化两者不同的含义，前者多指12000年前人类所创造的文化，后者其本身文化面貌仍具旧石器时代石质制品的全套持点，但时代已超出旧石器时代，甚至很晚，如海音洞那样，独文刊出后（张森水 1983, 1987, 1988）后，有位朋友建议，用这两个词容易误解或不理解，为如与西方考古学相表示洞，建议将旧石器文化改为 Epi-paleolithic culture，笔者乃接受这一建议，在本年发表的论文中，正式用后（表）旧石器文化（Epi-paleolithic culture（张森水，1995）。

具有旧石器时代文化面貌而时代越出旧石器时代的石制品细介有根据：

1) 李炎贤（1984），张镇洪（1987）都曾介绍过日本人伊能嘉矩在阳湖发现的两件打击石器。近有宋耀良著文（1991）认为，"根据文中描述，那根本不是旧石器"。故笔者从此说，没有起这一年宣布作为中国旧石器研究起始的时间。

▲《关于中国的后旧石器时代文化》

手稿

莫斯特工业在中国

张森水

（中国科学院古脊椎动物与古人类研究所）

一、前言 (Mousterian Industry)

这里讨论的本文所指的莫斯特工业，既包括石制品的生产技术，也包括用含此种技术生产的石制品。莫斯特工业是把直接打击生产石制品，特别是石器的制造推向颠峰的工业。依旧石器时代生产石制品技术的发展，被考古学家定为技术模式 Ⅲ，主要作为欧洲旧石器时代中期的代表。G. Clark 于1961年划分的3种技术模式的 莫斯特工业归子

莫斯特工业广布于欧洲、非洲和西亚，在我国早已记述过其若干组分期旧石器考古文献中；其存在时间，各地不甚相同，最早的可能在距今20万年前，最晚的在距今1.5万年前，发现非洲南部，有我国，个别技术要素出现在距今10万年前，比较完整出现在地有起子距今2万多年前，在一些地区存在于晚至距今1万多年前。

如上所谓莫斯特工业，由于地区分布广，因此，其区域差异非常明显。为了与中国发现的这类工业组分的对比，有必要对中国以外的

20 × 20 = 400

57

▲《莫斯特工业在中国》

寻找第一把石刀[1]

　　人类起源研究，是重大的理论课题，是人类学界和史前学界关注的热点。有关这方面的情况，吴新智先生已作全面的论述，我想谈点与此密切相关的人类最早文化的问题。

　　依恩格斯的观点，人区别于其他动物是劳动，……"劳动是从制造工具开始的"。因此，寻找第一把"石刀"[2]责无旁贷地落在旧石器时代考古学家的肩上，他们为此努力[3]近一个世纪，发现了很多材料，使文化原始的时间不断延长，空间不断扩大，争论也日渐增多。~~从已有的研究成果，谈点中国在这方面能作点什么贡献。~~

（一、历史与现状）

　　从本世纪初开始，考古学家开始在早更新统的地层中寻找人类文化遗存。E. Wayland 于 1919 年宣布在乌干达的 Kafu 河谷高阶地砾石层中找到石器，它们是一端有破碎痕迹扁平的石英和石英岩砾石，并于 1927 年将它命名为卡夫文化（Kafuan）。此后，在非洲南部、中部和北部相继发现所谓

▲《在中国寻找第一把石刀》

华东地区旧石器考古学概观研究与思考（回顾）

华东地区辖7省1市，面积约70万平方公里，地处祖国东部，界地处东经112°43′—122°43′，北纬21°45′—38°24′，地跨亚热带暖温带，雨量充沛，自然资源丰富，是目前经济发达的地区之一。在更新世，已有第四纪哺乳动物化石研究，在安徽、江苏和山东分布着反映气候温带的南北方共存的动物群—淮河过渡带动物群（裴文中，1958）其余各省均发现属于华南的大熊猫剑齿象动物群，古气候虽有波动，但总的来说，以温暖而湿润目的古气候，中更新大沱发育着两段红土。用孢粉分析资料表明这个地区采集资源丰富适宜于人类生存。40年来，在这个地区的旧石器考古工作，曾找到3含人化石的地点100多处，发现3世界最古老的之一的旧石器遗址以及旧石器时代（人类遗物）早期、中期、晚期的不同技术类型的遗址或地点。本文将对这一地区日80年来旧石器考古研究历史做简要回顾，对主要研究成果做扼要地介绍，最后从历史和发现材料中谈点个人不成熟的认识。

一、发轫期（1954—1980）　二、研究简史

　　此全国及其他地区晚

华东地区旧石器考古学研究的起步晚，各省研究工作深度和广度也很不平衡。如果说1954年6月在治淮工程于江苏、泗洪下草湾河岸上采得一段人的股骨，被吴汝康和费三坡等定为晚期智人化石，提供3古人类晚期在这一地区的信息生存的信息，11年后才发现该地区的第一处旧石器时代遗址，1965年6月戴尔俭和白云哲前往山东一洞，从人重生堆积中识别出两个灰烬层，并从中发现25件石制品；另从已的挖的堆积中采到13件石制品。同层出土3种哺乳动物化石。该地点的时代可能是晚更世。自此以后，由于众所周知的原因，四因该区地旧石器考古与全国一样进展极微。在1974年11月25日在浙江建德上新桥公社的乌龟洞内发现一枚人的右上犬齿，可能是男性30岁左右的个体，一直到1980年本区再无人化；1977年林一璞和高沿功5—8月在溧水县神仙洞发现上万年的陶片（14C测年为11200±1000中B.P.）；1988年江苏省文化局组队在东海县大贤庄一带做考古调查，发现3数以百计的打击的石制品，推测其时代可能属于旧石器时代晚期或稍晚；同这个时期发现不多，材料只限于旧石器时代晚期。

　　进入80年代至今是本区发展时期。

　　这个时期在时间上与上一期大体相当，但获得古人类信息则数

P.1

浅议国际合作与维权

路 石

近日，中国文物报载，1927年我国学术团体为争在考古中国际合作力争主权的事例，令人感慨，由衷所敬迫。该文提到"19条合作办法第14条规定，采集品的处分方法中关于考古学者，经交交多与并由中国团长或其委托之之中国团员运回本会保存。"并认为，这在我国考古学史上还是第一次。我国考古学家的发掘，稍考究全部留在中国。这样事件是曾是首创。时间地马和参与者都交待很欠详。若从详说，查图3有关相关报道，系以备考。 (1895—1949)

据《中国史前考古学史研究》载，斯文·赫定1926年底到北京，通过多特生与中国有关部门接触，并由丁文江代表北洋政府与赫定起算和了一份有损中国主权的协议，该协议1927年3月7日公开后，全国舆论哗然，全国上下均表反对。

最后，1927年4月20日，在中国学术团体协会第九次代表会议上，由当日主席，古物调查所所长周肇祥为代表与赫定拟定了"中国学术团体协会为组织西北科学考察团事与瑞典国斯文·赫定博士订定合作办法"十九条。4月26日，周肇祥与赫定代表中瑞双方在协议上签字。规定以中国学术团体协会为主体，由中瑞双方组成西北科学考察团。关于采集品的归属问题，协议第十四条规定，"关于考古学者，须经交与中国团长或其委托之中国团员归本会保存。关于地质学者，其方法同上。但将来运回北京之后，经理事会审查，得以副本一份赠与斯文·赫定博士[77]。

类似的协议已在此之前几个月已经签

从上述文字看，协议签字在4月26日。在此之前，即1927年2月14日由设版起算曾签《中国地质调查所和北京协和医学院关于合作研究华北第三纪晚期第四纪哺乳物加协议书》(英文)。在谈采述协议内容前，似有必要说明一下之国提出的历史背景。 (Andersson, J.) (Sdansky, O.)

周口店遗址是1921年夏天安特生发现的，他请集奥地利古生物学家斯坦斯基留下来做短期发掘，1923年又搞了几个星期，所挖土的化石均运回瑞典乌普萨拉研究室，至1926年夏天，才整理1923年的化石，从中发现一枚人牙，系前白齿，再检查21年的化石，又发现一枚人牙。接下页

由周口店挖来的

《浅议国际合作与维权》

手　稿

管窥 ~~50年来~~ 新中国旧石器考古学的重大发展

张 森 水

（中国科学院古脊椎动物与古人类研究所，北京，100044）

摘　要

新中国建立以来，中国旧石器考古学有了长足的发展。本文试图以旧石器考古研究一些方面，来阐述它的区域特点、工业发展的基本框架等、历史的延伸和工业趋势以及历史发展不平衡等问题。由此可看出，中国在世界史前史的研究中的重要地位，它是这个学术领域中令世人瞩目的和不可缺少的地区。

关键词　旧石器考古学，主工业结构，历史发展不平衡

一、前　言

中国旧石器考古学，在新中国建立以前，因有周口店的工作，打下了较良好的研究基础。

▲《管窥新中国旧石器考古学的重大发展》

付床

中国旧石器考古研究中的几个问题

张森水

（中国科学院古脊椎动物与古人类研究所）

中国旧石器最先见于报道的是在1907年，日本人伊能嘉矩记述过两件打制石器自更新世地层出土，但这两件石器早已佚失"（张光直，1987）。自那时至今，旧石器考古研究几起几落，-与我们民族的命运紧相连着。旧石器时代考古始于我国南方，但进展甚缓，因此，常误把法国学者桑志华（La les des des.）"在庆阳发现的石器是中国最早出土的旧石器时代的遗物"（贾兰坡，1950），其实此前尚有埃德加 (Edgar, J.) 在四川和湖北间寻找旧石器（张森水，1977），只有到了近十五年，我国南方和北方旧石器考古研究都有了快速的发展，发表了相当数量的研究成果，研究工作进入了一个新的 键 时期。回顾历史、探讨得失，继往开来，或许有所裨益，为此，笔者不揣浅陋，发表管见，与师友共研讨。

一、主要研究成果

▲《中国旧石器考古研究中的几个问题》

内蒙中南部旧石器调查和发掘

内蒙地区早在1922年就有旧石器文化地点的发现，即所谓"河套文化"，在时代上系旧石器时代中期。解放后，内蒙文化局注导手对上象文化地点作了复查，采集了一些标本，著文发表。但是内蒙中南部广调土地上，截止57年前未尝有旧石器发现。58年派张森水等前往以内蒙清水河县和准格尔旗为中心的旧石器调查，发现了以打制精致的尖状器刮削器为代表的旧石器。据石器性质，暂定为旧石器晚期的石器。59年又派遣森水等前往复查，有同样发现。60年考古所和内蒙大学历史系在准旗所主地沟林埠附近河岸上亦有数似的发现。

从歌布材料来看，这一文化发现是十分重要。文说明人类发展到这个时代，生产力一技术布很大的普遍和进步，对文深入研究可将布帮助居族发全和发展向级的解决。有助拾对地方性文化的发生问题的了解，我旧石器时代生产力水平，等等。

本年度通之休于期达到如下目的：
1) 确定石器埋藏层位
2) 找到典型地点进行发掘
3) 据历年来我学的材料，对当时人技术作深入研究，

工 2休时间：

20×25＝500　　　中国科学院古脊椎动物研究所

▲赴内蒙古的工作计划（1）

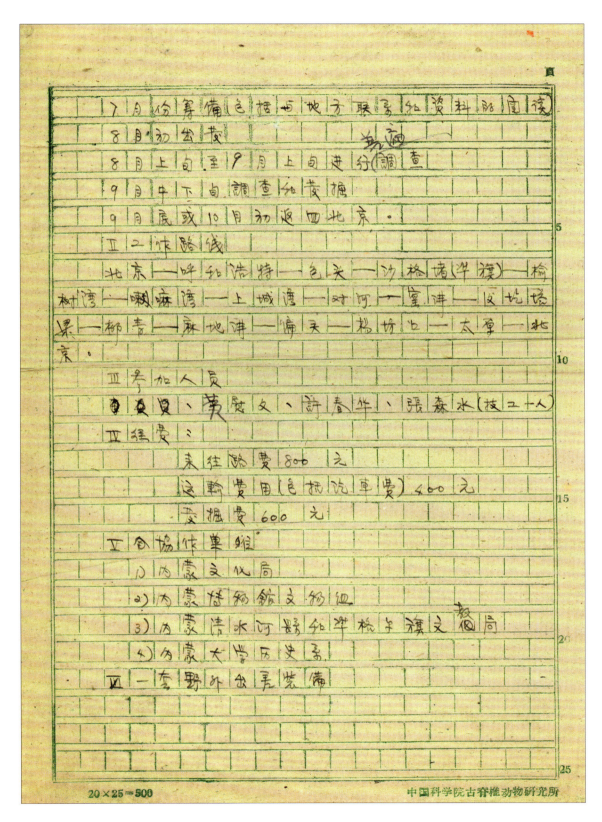

7月份筹备包括些地方联系和资料的阅读

8月初出发

8月上旬至9月上旬进行调查

9月中下旬调查和发掘

9月底或10月初返回北京。

II 工作路线

北京—呼和浩特—包头—沙格堵(准旗)—榆
树湾—喇嘛湾—上城湾—对河—窑沟—皮坊塔
梁—柳青—麻地沟—偏关—杨坊子—太原—北
京。

III 参加人员

贾兰坡、黄慰文、许春华、张森水(技工一人)

IV 经费:

　　　来往路费 800 元

　　　运输费用(包括汽车费) 400 元

　　　发掘费 600 元

V 合作单位

　　1) 内蒙文化局

　　2) 内蒙博物馆文物组

　　3) 内蒙清水河县和准格尔旗文教局

　　4) 内蒙大学历史系

VI 一套野外发掘装备

20×25=500　　　　中国科学院古脊椎动物研究所

▲赴内蒙古的工作计划(2)

鉴 定 书

名　称	产　地	时　代
石制品	福建三明市双连洞	旧石器时代晚期或稍晚

　　1999年10月，福建省博物馆与三明市文化局、文管会和市博物馆联合对三明市郊双连洞进行局部的抢救性发掘。在洞内第7层下揭露了面积约6.5m²的角砾地面，距堆积表层1.65m，从中出土了一批化石和石制品，同层未见晚期遗物，如陶瓷片等。送来鉴定的标本为石制品，共33件，鉴定结果如下：

　　除个别的石质标本人工痕迹不清楚外，绝大数为人工痕迹清楚。这些石制品包括石锤、砸击石块、石核、石片和石器。石器可分为刮削器、尖刃器和砍砸器。器体比较粗大，加工方式以向背面修理为主，与过去福建漳州莲花池山发现的旧石器有明显的不同，这属福建省史前考古重要新发现。另据所提供的照片，发现石制品和化石的面，系由大小不等的灰岩角砾所组成，无明显的定向排列和分选，不象是水流形成的堆积，可能是人工堆积成的；堆积家还有小沟，也可能与人类生活有关。若有两者的人工性质被证实，则不仅是福建史前考古的首次发现，而且在全国也是重要的史前遗存。有鉴于此，双连洞遗址必须很好保护，其附近景观亦应加以妥善地保护，以便进一步研究原始人类的文化和生活环境。

　　关于遗址的时代，依哺乳动物化石中有巨貘和中国犀，一般认为其时代属更新世晚期（不晚于距今1.2万年），但石制品中有一件有坑疤砾石，其上有清楚的磨痕，因此，也难排除稍晚的可能性（类似的标本曾发现于距今8000年前）。

鉴 定 人	张森水 研究员；国家文物局考古专家组成员

这个遗址很重要，必须保护。

贾兰坡

1999.10.15.

中国科学院古脊椎动物与古人类研究所

1999年11月15日

▲福建三明双连洞（船帆洞）遗址鉴定书

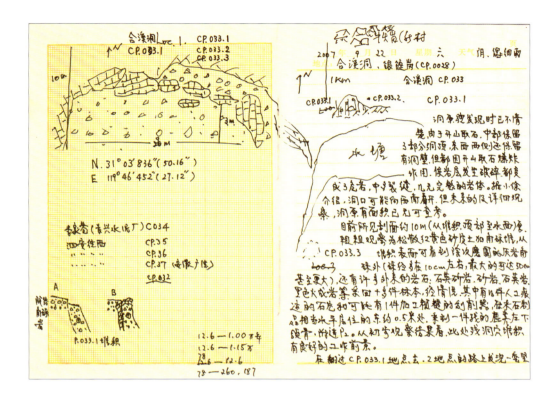

▲ 浙江省旧石器考古调查工作日记

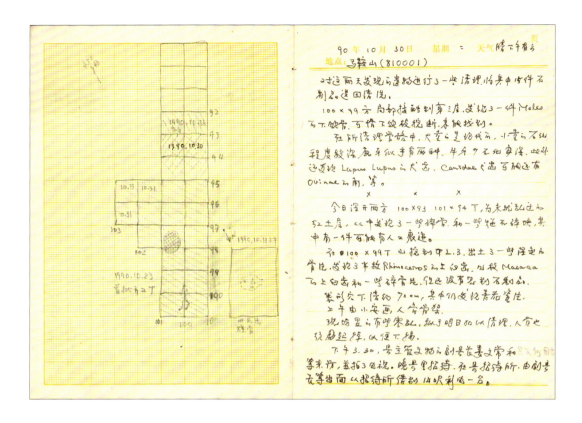

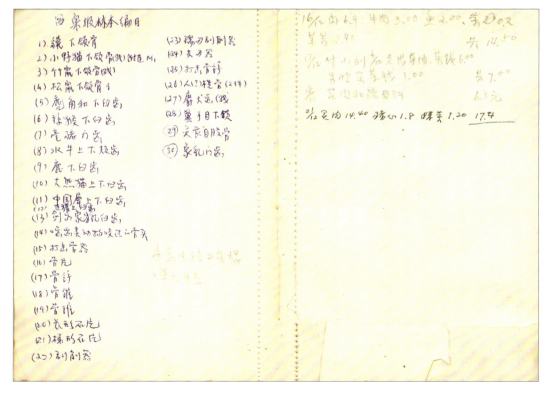

▲ 1990 年贵州马鞍山发掘工作日记

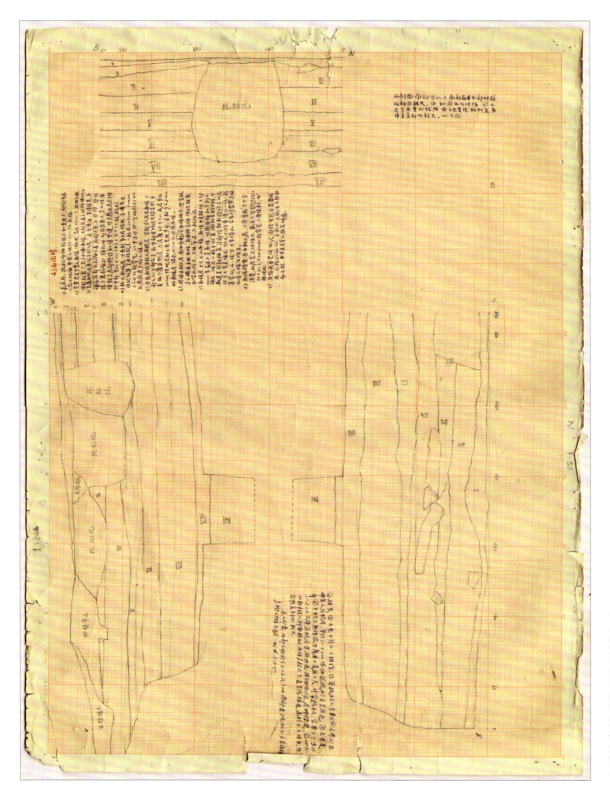

▲ 手绘贵州马鞍山地层图（1）

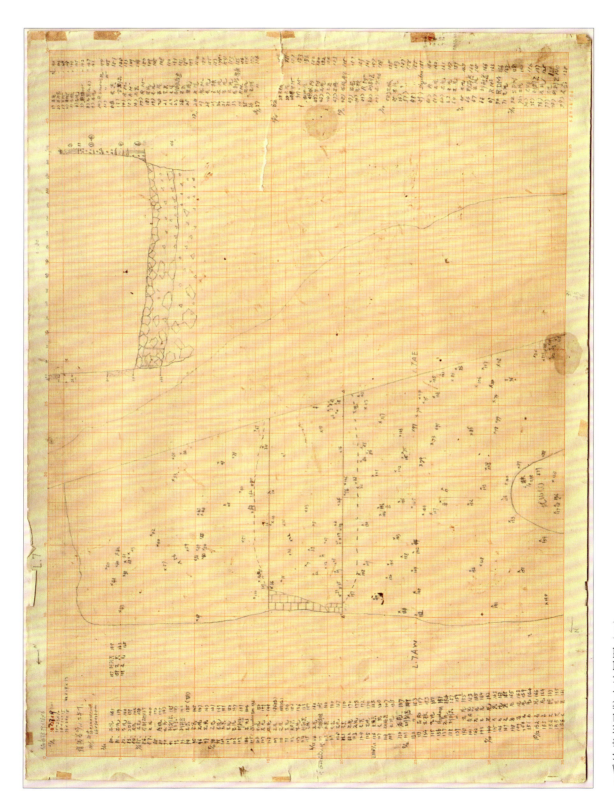

▲手绘贵州马鞍山地层图图（2）

▲ 学生时代

▲ 与夫人朱雪贞的结婚照

▲ 20 世纪 60 年代，在北京

▲ 与两个女儿在一起

▲ 与两个女儿在一起

1962 年送女儿回浙江仙居老家

1971 年从湖北干校接女儿回北京

恩爱

▲ 其乐融融一家人

▲ 2004 年，在杭州的生日家宴

▲ 2004 年 5 月，在浙江舟山

▲ 2004 年 5 月，在浙江普陀山

▲ 2005 年，在浙江安吉上马坎遗址发掘工地

▲ 2005 年 6 月，在浙江安吉上马坎遗址

▲ 2005 年 6 月，在浙江湖州 HZ001 地点考察

▲ 2005 年 6 月，在浙江安吉大竹海

▲ 2006 年 9 月，在安徽东至

▲ 2006 年 9 月，在遵义会议会址

▲ 2006 年，七十五岁生日

▲ 2006 年 11 月，参加中国古生物学会古脊椎
动物学分会第十届学术年会暨中国第四纪
科学研究会古人类—旧石器专业委员会首
届年会

▲ 1956 年，到中国科学院古脊椎动物研究室工作

▲ 考察石窟

▲ 20 世纪 60 年代，在江西参加四清

▲ 与学者们在一起

▲ 与浙江省博物馆同仁在一起

与裴文中先生在一起

与裴文中先生在一起

与中国科学院古脊椎动物与古人类
研究所同事在山东烟台蓬莱（左起
苏德兆、叶祥奎、邱中郎、张森水）

与越南代表团及同事在一起

与外国学者在一起

▲ 2002 年 11 月，在浙江安吉上马坎遗址与毛昭晰交流

▲ 2004 年 5 月，调查浙江临安洞霄宫

▲ 2004 年 6 月，重访浙江安吉溪龙大排档

▲ 2004 年 6 月，调查浙江安吉 AP014 地点

▲ 2004 年 6 月，调查浙江长兴 CP023 地点

▲ 2004 年，在浙江长兴博物馆观察石制品

▲ 2004 年 5 月，在浙江舟山博物馆观察化石标本

▲ 2005 年 6 月，在浙江安吉上马坎遗址发掘探方做记录

▲ 2007 年，考察浙江长兴合溪洞遗址

▲ 2007 年，在长兴银锭岗发掘工地观察合溪洞化石标本

▲ 2007 年，在浙江浦江博物馆观察上山遗址标本

▲ 20 世纪 70 年代，在辽宁考察

▲ 1981 年 5 月，在贵州普定穿洞遗址发掘

▲ 1981 年 5 月 21 日，在贵州省普定县穿洞遗址举办的安顺市文物员培训班时合影

▲ 1988 年，参加云南元谋古猿发现专家论证会期间考察元谋竹棚豹子洞箐古猿化石地点

▲ 2000 年 11 月，考察福建三明万寿岩船帆洞遗址

▲ 2002 年，考察云南富源大河遗址

▲ 2003 年 7 月，考察周口店田园洞发掘现场

▲ 2003 月 7 月，与谢飞在宁夏水洞沟遗址

▲ 2003 年 9 月，与王幼平、汪英华在大窑遗址

▲ 2004 年 10 月，与黄为龙在一起

▲ 2005 年 5 月，为天津文物部门评估鉴定旧石器
调查成果

▲ 2005 年 6 月，考察安徽繁昌人字洞

▲ 2005 年 6 月，在安徽繁昌调查旧石器地点

▲ 2005 年 6 月，在安徽繁昌考察途中

▲ 2006 年 3 月，在福建晋江观摩旧石器

▲ 2006 年 3 月，在福建漳州莲花池山遗址发掘现场

▲ 2006年4月，考察天津蓟州区东营坊遗址

▲ 2006年5月，与高星、张晓凌在云南富源大河遗址

▲ 与袁宝印在福建考察

▲ 2006年5月，考察云南禄丰古猿地点

▲ 2006 年 6 月，在云南大河遗址绘图

▲ 2006 年 9 月，考察贵州开阳打儿窝遗址

▲ 2006 年 8 月，考察内蒙古萨拉乌苏遗址

▲ 2006 年 9 月，考察贵州普定穿洞遗址

▶ 2006 年 9 月，考察贵州黔西
观音洞遗址

▶ 2006 年 9 月，考察贵州桐梓
马鞍山洞遗址

▶ 2006 年 9 月，考察贵州桐梓
山帽山

◀ 2006 年 9 月，考察桐梓
岩灰洞遗址

◀ 2006 年 9 月，在贵州安顺
黄果树瀑布

◀ 2006 年 9 月，在贵州省文物考古
研究所观察标本

2006年9月，在安徽东至
华龙洞现场

2006年11月，在福建三明
琵琶堡考察

2006年12月，考察重庆丰都
高家镇遗址

2007 年 5 月，与高星在野外
考察期间小憩

2007 年 9 月，考察吉林延边
合龙大洞

2007 年 10 月，在山东沂源
考察

▲ 1975 年，在非洲考察

▲ 1975 年，在非洲考察

▲ 1989 年，与盖培先生在马来西亚

▲ 1991 年，参加"全国考古工作会议"（福州）

▲ 1991 年，参加"中国考古学会第八次年会"，与浙江、上海代表在一起（内蒙古）

▲ 1994 年，参加"丁村文化与晋文化考古学术研讨会"（太原）

▲ 1995 年，参加"长江中游史前文化暨第二届亚洲文明学术讨论会"（长沙）

▲ 1998 年，参加"西南片区考古工作协作会"（成都）

▲ 1999 年，参加"中国考古学会第十次年会"（成都）

▲ 2001 年，参加"全国考古工作汇报会"（南京）

▲ 2002 年，参加"2001 年度中国考古十大新发现颁奖暨学术研讨会"（杭州）

▲ 2002 年，参加"温故知新——面向中国考古学的未来"国际学术研讨会（北京）

▲ 2003 年，在宁夏灵武水洞沟遗址接受采访

▲ 2003 年，参加"纪念水洞沟遗址发现八十周年国际学术讨论会"（银川）

▲ 2004年，参加中法合作开办的"古人类文化与环境高级研修班"

▲ 2004年10月，参加"纪念裴文中教授百年诞辰国际古人类学学术研讨会暨北京猿人第一个头盖骨发现75周年纪念会"

▲ 2005 年 10 月，参加"河南荥阳织机洞遗址与东亚旧石器文化国际学术研讨会"

▲ 2006 年，同学会

2006年1月，在香港考察黄地峒遗址期间回答媒体的问题

2006年5月，参加"禄丰腊玛古猿化石产地保护工作座谈会"

2006年7月，在吉林大学考古（国际）学术论坛——"东亚旧石器"会议发言

委员会成立大会

and Paleoanthropology

ertebrate Paleontology

eolithic Archaeology Society

2006 年 8 月，参加内蒙古"萨拉乌苏遗址国际学术研讨会"

2006 年 11 月，参加福建三明万寿岩遗址博物馆开馆仪式（三明）

2007 年，参加全国"沂源猿人学术研讨会"（沂源）